화이트헤드와 인간의 시간경험

吳榮煥

통나무 1997

인간지성의 한계에 서 있다는
안타까운 감정없이,
시간과 자연의 창조적 추이(생성과정)의 신비를
명상한다는 것은 불가능하다.

— 화이트헤드 (『자연의 개념』)

It is impossible to meditate on time
and the mystery of the creative passage of nature
without an overwhelming emotion
at the limitations of human intelligence.

— A.N.Whitehead (*The Concept of Nature*)

차 례

각주 일러두기

(1) 자주 인용되는 베르그송(Henri Bergson)과 화이트헤드(Alfred North Whitehead)의 원전을 표시할 때는 아래의 약호를 사용하였다.
(2) 괄호속의 숫자는 국문번역판의 페이지수를 표시한 것이다.

약호와 원전

AI ― Whitehead, *Adventures of Ideas* (Cambridge : At The University Press, 1933 ; 오영환 역, 『관념의 모험』, 한길사, 1996).

CE ― Bergson, *Creative Evolution* (trans. Arthur Michell, London : Macmillan & Co., Ltd., 1960).

CM ― Bergson, *The Creative Mind* (trans. Mabelle L. Andison, New York : The Philosophical Library, 1946).

CN ― Whitehead, *The Concept of Nature* (Cambridge University Press, 1920).

DS ― Bergson, *Duration and Simultaneity, with Reference to Einstein's Theory* (trans. Leon Jacobson, New York : Bobbs-Merrill, 1966).

"Imm" ― Whitehead, "Immortality," in : P.A.Schilpp (ed.), *The philosophy of Alfred North Whitehead* (The Library of Living Philosophers, Vol.3, Evanston and Chicago : Northwestern University Press, 1941 ; second edition, New York : Tudor Publishing Company, 1951), pp.682-700.

LLP-W ― P.A.Schilpp (ed.), *The Philosophy of Alfred North Whitehead, op.cit.*

MM ― Bergson, *Matter and Memory* (trans. Nancy Margaret Paul and

W. Scott Palmer, London : George Allen & Unwin Ltd., 1962).

MT — Whitehead, *Modes of Thought* (Cambridge : At The University Press, 1938, 1956 ; 오영환·문창옥 공역, 『열린 사고와 철학』, 고려원, 1992).

PNK — Whitehead, *An Enquiry Concerning the Principles of Natural Knowledge* (Cambridge : At The University Press, 1920, 1955).

PR — Whitehead, *Process and Reality : An Essay in Cosmology* (Cambridge University Press, 1929 ; Corrected edition, New York : The Free Press, 1978 ; 오영환 역, 『과정과 실재—유기체적 세계관의 구상』, 민음사, 1991).

P Rel — Whitehead, *The Principles of Relativity : with Applications to Physical Science* (Cambridge University Press, 1922).

RM — Whitehead, *Religion in the Making* (Cambridge University Press, 1926).

S — Whitehead, *Symbolism — Its Meaning and Effect* (Cambridge University Press, 1927).

SMW — Whitehead, *Science and the Modern World* (Cambridge University Press, 1926 ; 오영환 역, 『과학과 근대세계』, 서광사, 1989).

"Time" — Whitehead, Proceedings of the Sixth International Congress of Philosophy, 1926, pp.59-64, New York : Longmans Green and Co., 1927. Reprinted in A.H.Johnson (ed.), *The Interpretation of Science* (New York : The Bobbs-Merrill Company, Inc., 1961), pp.240-47.

TFW — Bergson, *Time and Free Will* (trans. F. L. Pogson, London : George Allen & Unwin Ltd., 1959).

TSM — Whitehead, "Time, Space, and Material : Are They, and If So in What Sense, the Ultimate Data of Science?" (*Problems of Science and Philosophy,* pp.44-57 (Aristotelian Society Supplementary Vol. ll, London : William & Norgate, 1919). 상게 *The Interpretation of Science*, pp.56-68에 수록.

머 리 말

　20세기의 서구 철학자들이 시간에 대하여 흥미를 갖게 된 것은 주로 베르그송(Henri Bergson, 1859~1941) 저작의 영향이라고 할 수 있다. 베르그송은 시간의 본성을 이해하는 것이 중요한 철학적 문제해결의 열쇠가 된다고 생각하였다. 화이트헤드(A.N.Whitehead, 1861~1947)의 최대의 역저인 『과정과 실재』(Process and Reality : An Essay in Cosmology, 1929)에서도 시간과 공간의 문제를 처리하는 .방법이 바로 그가 형이상학에 대하여 가지고 있는 견해의 핵심이다. 요컨대 시간의 문제가 이 두 철학자의 중심적 관심사가 되고 있는 것이다.

　화이트헤드와 베르그송을 연결시켜주는 과정철학(Process philosophy)은 주로 다음과 같은 중요한 관점을 보여 준다. 첫째는 시간이 물질성의 본질이 된다는 시간이론, 둘째는 관계가 각각의 현실성을 구성한다는 관계성이론, 셋째는 지속이 패턴의 순응적 계승(conformal inheritance)으로 설명되는 계승이론이 그것이다. 본질적 시간성(essential temporality), 총체적 관계성(total relatedness), 그리고 순응적 계승성이 과정철학의 속성인 동시에 장점으로 생각된다. 그러나 이런 원리들은 베르그송에게서 보다 화이트헤드에게서 더 많이 찾아 볼 수 있다는 것이 저자의 소견이다. 시간의 문제가 이 두 철학자 모두에게 초미의 관심사가 되고 있는 것은 사실이지만, 베르그송의 본질적 시간성은 화이트헤드의 경험하는 계기(experient occasion)를 절반밖에 충족시키지 못할 것으로 보인다는 것이다. 그렇기 때문에 총체적 관계성의 원리는 엄격한 제한조건을 붙여야만 베르그송의 세계에 적용될 수 있을 것으로 보인다. 그러나 그들이 모두 과정철학자라는 사실은 부인할 수 없다. 화이트헤드가 베르그송의 형이상학적 사색에 공감했다는 것은 분명하다. 그러나 『과정과 실재』의 서문에서 화이트헤드가 베르그송의 사고유형을 반(反)주지주의적이라는 비난으로부터 구출하겠다고 주장했을 때, 그가 여기서 사용한 형용사는 적당치 않았던 것으로 생각된다. 그가 차라리 이원론적이라는 정당한 비판으로부터 베르그송의 사상을 구출하겠다고 말했더라면 좋았을 것이다.

이 두 철학자의 관점은 근본적으로 다르며, 형이상학에서 그들 사이에 견해의 대립이 생기게 된 발단은 서로 다른 별개의 시간론을 적용시킨데 있다는 것이 저자의 소견이다. 그만큼 시간의 문제를 놓고 이 두 철학자는 날카롭게 대립하고 있다.

이 책의 제2장은 『과학 사상』(1996년 봄호)지에 실린 비교적 최신작이며, 제3장과 제5장은 미국의 화이트헤드 연구센터인 The Center for Process Studies at Claremont에서 그리고 미국 뉴욕대학(Buffalo)에서 1992년에 각각 영문으로 발표했던 것을 수정 보완하여 우리말로 옮긴 것이다.

고마운 여러분들의 도움이 없었더라면 이 책은 햇빛을 보기 어려웠을 것이다. 먼저 방대한 원고를 세밀히 정독하고 부정확한 표현을 개선하고 영문으로 된 내용을 우리말로 옮기고 다듬는데도 많은 도움을 준 연세대학교 문창옥박사, 김혜련박사, 그리고 전원섭씨에게도 깊은 사의를 표하고 싶다. 한편 우리나라에서는 그 누구 보다도 독특한 화이트헤디안으로 높이 평가되는 김용옥교수의 성원에 힘입어 통나무출판사에서 이 책을 출간하게 된 것을 깊이 감사한다. 그리고 통나무출판사의 편집장 김인혜선생의 치밀한 교정과 노고에도 깊은 사의를 표한다.
끝으로 이 화이트헤드철학연구를 위해 학술연구비를 지원해준 연세대학교에도 충심으로 감사드린다.

1997년 2월 11일
景實書屋에서
知隱 吳榮煥

謙 序

檮杌 金容沃

    우리가 일상적으로 접하는 물건, 그리고 그러한 물건들을 형용하는 언어, 그리고 그 언어가 우리의 몸속에서 구성하는 개념들, 그러니까 나무니, 집이니, 산이니, 혹은 사랑이니 정의니 아름다움이니 하는 추상적인 것들까지를 포함하여, 이런 것들은 우리의 일상적 반추를 거치지 않았을 때 그냥 우리에게 매우 상식적인 사실(fact)로서 받아들여지고 있지만, 그러한 것들은 실상 알고보면 무지무지하게 거대한 어떤 집합 혹은 결합의 사태라는 사실을 알게 된다. 우리가 흔히 알고 있는 "상식"(항상[常]스러운 의식[識])이라는 것은 이러한 거대한 사태를 어휘로 해서 성립하고 있다. 그리고 이러한 거대성 때문에 상식에는 오류가 자주 끼어든다. 우리가 흔히 물리학을 공부한다고 하는 행위는 실제적으로 이러한 거대한 결합체(nexus)를 분해하여 그 분해된 사실간의 이치(理)를 따진다고 하는데서 종종 우리의 상식의 파괴를 수반한다. 대체적으로 우리의 상식의 파괴는 바로 우리의 상식의 매크로한 어휘를 마이크로한 어휘로 바꾸는데서 일어난다. 퀀텀과 같은 근세물리학적 지식을 운운하지 않더라도 통일신라를 살았던 우리의 선조 원효의 『大乘起信論疏』같은 책을 읽거나 玄奘의 『成唯識論』과 같은 法相宗의 경전을 읽을 때도, 우리 상식의 파괴가 일어나는 대목은 그들이 분석하고 있는 우리 識의 어휘가 매크로한데서 마이크로한데로 이행하고 있다는 사실에서부터 유래됨을 우리는 종종 경험한다. 20세기의 과학혁명은 우리의 상식을 파괴하는데 주저하지 않았다. 물리학에서, 화학에서, 생물학에서 그들의 어휘는 그것이 어떠한 목적성을 지니고 있었든지간에 대체로 매크로한데서 마이크로한데로 이행하는 일반적 경향성을 지니고 있음을 부인할 수는 없을 것이다. 아마도 그러한 마이크로한 어휘로의 진입의 목적성은 내가 추측컨대 아마도 보다 단순하고, 보다 통일적인 원리를 발견하려는데 있었든 것 같다.

오스트리아의 수도승 멘델(1822~1884)이 유전의 법칙을 발견했다고 하지만, 그러한 발견은 실제로 아주 매크로한 통계적 사실의 체계적 기술에 지나지 않는다. 그것이 種의 원리를 밝히는데는 아무런 구체적 정보를 제공하지 않는다. 그런데 백여년이 지난 후에 왓슨과 클릭이 DNA의 나선형구조를 밝히는데 이르러서 비로소 보다 더 많은 사실들의 통일적 설명이 가능하게 되고, 그 사실들을 지배하는 원리적 설명이 가능하게 되었다. 멘델의 언어의 매크로함과 왓슨과 클릭의 언어의 마이크로함의 차이는 전문가적 영역에서 말한다면 소양(霄壤)의 차이라 하여도 모자랄 지경일 것이다.

이와같이 매크로한 사실들이 마이크로한 언어로 환원되는 사태야말로 20세기 과학혁명의 가장 흔한 현상중의 하나였다고 말한다면, 그리고 그러한 현상이 우리가 알고 있는 우주와 인간의 정체에 대한 보다 더 정밀하고 단순하고 통합적인 정보를 제공했다고 한다면, 과연 이러한 과학혁명의 성과는 인간의 순수한 사유의 영역, 흔히 우리가 철학이라고 부르는 사변의 세계에서는 어떻게 반영되고 있을까?

나는 매크로한 현상이 반드시 마이크로한 어휘로 분석되어야만 그 진리성에 도달한다는 상식을 신봉하지 않는다. 매크로한 현상의 마이크로한 분석이 매크로한 현상 그 자체를 왜곡할 가능성을 배제할 수 없기 때문이다. 허나 최소한 매크로한 현상을 그 현상을 기술하는 매크로한 개념으로 법칙지울 수 있다하더라도, 최소한 마이크로한 언어로의 환원이 가능할 때는, 그리고 그러한 환원이 매크로한 현상의 보다 실제적 상황에 대한 정밀한 정보를 제공할 때는 그러한 매크로한 결론을 유추하는 과정에서 반드시 그러한 마이크로한 어휘에로의 환원의 과정을 경유하는 것이 지성의 임무이며 양심일 것이라고 나는 믿는다.

그런데 20세기철학의 일반적 경향중에서 가장 유치한 사실 즉 오류라 할 수 있는것 중의 하나가 근세과학혁명이 인간과 우주에 대해 놀라우리만큼 정교한 마이크로한 언어를 개발했음에도 불구하고, 그러한 언어를 그들의 철학적 사유로 진입시키는 것을 거부하고 있다는 사실이다. 이러한 오류의 가장 단순한 이유는 대개 철학자들이 과학의 언어에 무지하기 때문일 것이고, 또 하나의 중요한 이유는 새로운 과학의 언어를 그들의 사변의 어휘로 재창조하는 작업에 과감할 수 없기 때문일 것이다. 다시 말해서, 그들의 과학적 지식과는 무관하게, 과학적 지식이 흥기하기 이전부터 내려오던 아주 매크로한 개념들의 관성이나 타성을 그냥 그대로 그들의 기초어휘로 수용할 수밖에 없는 그들 자신의 타성 혹은 창조력의 부족에 그 큰 원인이 있을 것이다.

나무나 집, 이런 것들은 참으로 거대한 개념이다. 집하나만 해도 그 설계의 기하학적 구도나 그 설계와는 별도로 설계를 완성시켜가는 과정에서 사용된 질료들의 형태나 빛깔, 그리고 그러한 질료들의 분자·원자적 성분까지를 분석해내려간다면 집이라고 하는 하나의 공간적 사태를 설명하기 위해서 얼마나 엄청난 다양한 어휘를 필요로 하는가를 상상하기란 별로 어려운 일이 아닐 것이다. 그런데 우리가 흔히 철학에서 쓰고 있는 전통적 개념들, 육체(Body)니 정신(Mind)이니, 감성(Sensitivity)이니 오성(Understanding)이니 하는 것들이 실제적으로 "집"이라는 하나의 사태를 설명하는 어휘보다도 더 복잡하고 다양한 어휘를 요구하는 더 거대한 사태라는 것을 인식하는 철학인들은 불행하게도 많질 않은 것 같다. 얼핏 생각하면, 칸트의 『순수이성비판』이 이러한 이성의 설계구도를 밝힌, 이성이라고 하는 매크로한 현상의 마이크로한 어휘로의 환원적 분석인 것같이 생각될 수도 있겠지만, 사실 칸트의 『순수이성비판』은 이성이 이성을 비판하는 사변철학의 범주를 벗어나지 못한다. 즉 칸트가 순수이성을 비판하기 위하여 동원한 개념 자체가 이성자체의 레벨에서 이루어진 것이며, 그것은 모두 매크로한 것이다. 이러한 칸트의 철학개념의 매크로한 성격은 아마도 뉴톤물리학의 매크로한 성격 그 자체와 관련있을지도 모른다. 대륙의 합리론이나 독일의 관념론의 총체적 완성이라고 할 수 있는 헤겔의 『정신현상학』도 예외일 수가 없다. 정신현상의 분석 즉 정신의 "현상함의 과정"의 분석 그 자체가 정신의 자기전개과정이라고 하는 정신자체의 매크로한 어휘들을 토대로 이루어진 것이다. "즉자"니 "대자"니 "지양"이니 하는 언어들이 모두 매크로한 언어일뿐이며 정신자체의 마이크로한 분석언어가 결여되어 있다. 다시 말해서 매크로한 언어들의 반복적 엮음의 장난에 불과한 것이다. 다시 말해서 헤겔에게는 가이스트, 정신그 자체가 하나의 거대한 사회(society)라고 하는 생각이 없는 것이다. 그것은 그냥 처음부터 합리론의 전통에서부터 축적되어 내려온 무반성적인 전제인 것이다. 그리고 이러한 모든 근세철학의 무반성적 전제들의 시원은 희랍철학에까지 거슬러 올라갈 수도 있겠지만 구체적으로는 아마도 데카르트의 심신이원론에 올라가는 것이 더 정당할 것이다.

화이트헤드는 마이크로한 언어로 더 분해할 수 있는 것을 분해하지 않는 오류를 "잘못 놓여진 구체성의 오류"(fallacy of misplaced concreteness)라고 불렀다. 그리고 데카르트가 정신(mind)과 물체(matter)를 두개의 독립된 판이한 실체 혹은 실재로 간주한 것은 바로 이러한 "잘못 놓여진 구체성의 오류"의 결과라고 보았다. 이러한 화이트헤드의 주장의 본체를 파악하기 위해서는, 즉 데카르트의 이원적 정신과 물체가 화이트헤드의 일원적 정신적 극(Mental Pole)과 물리적 극(Physical Pole)의 개념으로 바뀌는 과정을 진실로 이해하기 위해서는, 우리는 현대신경생리학자들이 대뇌피질의 시냅스의 미로를 헤매는 것보다 더 엄청난 마이크로한 개념적 언어의 미로를 헤매야한다는 것을 나는 독자들에게 귀뜸하고 싶다. 그것이 바로 『과정과 실재』라는 20세기 희대의 명저의 전내용과 관련된다는 것을 나는 말하려는 것이다. 허나 지금 나는 이러한 것을 독자들에게 설명할 자리에 서있질 않다. 단지 나는 독자들이 화이트헤드의 시간관에 관한 오영환선생의 역저를 접하기 전에 아주 상식적으로 알아야할 화이트헤드철학의 성격, 그리고 그러한 성격에 대한 나의 아주 초보적 인상을 겸손하게 전달하려는 자리에 서 있을 뿐이다.

화이트헤드의 어떠한 책을 펼쳐도 우리를 곤혹스럽게 만드는 것은 그의 문장의 난해성이다. 그런데 그의 문장의 난해성은 그가 운용하고 있는 개념의 난해성에서 유래되는 것이다. 그의 철학적 개념의 대부분이 그가 창조한 것이다. 즉 화이트헤드는 화이트헤드철학의 신(God)이다. 그런데 이러한 그의 신적 언어의 난해성은, 바로 그의 언어가 기존의 모든 철학에서 도저히 찾아볼 수 없었던 마이크로한 개념들로부터 출발하고 있다는 사실에서 유래되는 것이다.

"현실적 존재"(actual entity) 혹은 "현실적 계기"(actual occasion), 그리고 "영원적 객체"(eternal object) 도대체 이게 뭔 말인가? 이러한

개념들, 이러한 화이트헤드철학 자체의 독창적 개념들을 이해하지 않고서는 화이트헤드철학서의 단 한줄도 읽을 수 없다. 그런데 이런 개념들은 이해될 듯 하면서도 또 이해가 되질 않는다. 잡힐 듯 하면서도 잡히지 않는다. 왜 그런가? 나의 쓰라린 체험에 비추어 내가 독자들에게 전달하고 싶은 사실은 바로 이러한 개념이 아주 마이크로한 세계의 기술이라고 하는 것을 깨닫기 전에는 그의 의미체계로 진입되지 않는다고 하는 사실이다. 아주 간단하게 현실적 계기를 현상이라 하고 영원적 객체를 본체라 이해하면 어떠한가?

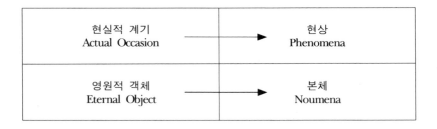

이러한 도식은 참으로 위태롭다. 이러한 단순한 도식 그 자체가 화이트헤드철학에 입문할 가능성을 봉쇄시켜버리기 때문이다. 그렇다면 현실적 계기와 영원적 객체, 현상과 본체는 관계가 있는가? 없는가? 있다고도 말할 수 있는가 하면 없다고도 말할 수 있다는데에 바로 이와같은 질문의 안티노미적 성격이 있다. 만약 관계가 있다고 한다면 왜 현실적 계기를 현상이라 하지않고 현실적 계기라고 말했으며, 왜 영원적 객체를 본체라 하지않고 영원적 객체라 말했는가? 사실 이 질문에 정확히 답한다면, 화이트헤드의 현실적 계기와 영원적 객체라는 개념의 사용이 현상과 본체라는 개념을 사용해서 철학적 건축물을 만들려했던 어떠한 기존의 철학, 최근 로티(Rorty)와 같은 철학자가 표상주의(representationalism)라고 비판하는 어떠한 근세적 철학과도 상응될 길이 없다는 사실에서 출발한다는 결론에 도달할 수밖에 없다. 따라서 우리는 현실적 계기와 영원적 객체는, 현상과 본체와 관계가 없다는 정직한 결론에 도달할 수밖에 없다.

현실적 계기와 영원적 객체를 연결하는 작업은 전통적으로 현상과 본체를 연결하는 작업과는 전혀 다르다. 그 어휘, 그 방식, 그 층차가 전혀 다르다. 그 연결하는 작업에 동원된 대표적인 어휘들이 "파악"(prehension)이니 "합생"(concrescence)이니 하는 우리에게 참으로 생소한 말들이 끊임없이 줄을 잇는다. 바로 이러한 언어들이 우리가 알고 있는 모든 현상, 정신적인 것이든 물질적인 것이든, 인간을 포함한 우주의 모든 현상의 가능한 최미세단위로부터 시작하여 가능한 최거대단위까지를 연결하는 작업에 동원된 어휘들인 것이다. 『莊子』에 나오는 惠施의 표현을 빌리자면 至小無內의 세계에서 至大無外의 세계까지를 연결하는 모든 층차를 설명하고 있는 것이다. 화이트헤드의 철학은 華嚴철학에서 말하는 毘盧遮那佛의 華藏世界와도 같은 것이다.

그런데 나는 화이트헤드철학을 독자들에게 이해시키기 위한 아주 거친 방편으로 다음과 같은 도식을 제시해보고자 한다.

현실적 계기 Actual Occasion	→	氣 Ch'i
영원적 객체 Eternal Object	→	理 Li

사실 이러한 시도는 매우 불경스러운 것일 수도 있다. 아무도 이런 생각을 해본 사람이 없을뿐 아니라, 오영환선생님과 같은 화이트헤드에 정통한 학자와의 엄밀한 검증적 토론을 거치지도 않은 발상이기 때문이다. 현실적 계기의 현실적(actual)이라는 말은 모든 존재의 현실태 (actuality)를 가리킨다. "계기"(occasion)란 말은 과거의 형이상학과 같이 존재를 실체적인 지속의 그 무엇으로 생각할 수 없다는 뜻이다. 현실적 계기 그 자체는 변화하지 않는다. 그것은 생성할 뿐이다. 생성 (Becoming)이란 生滅이다. 생성의 순간은 곧 滅의 순간이다. 동양철학에서는 존재의 모든 현실태를 "氣"로 설명했다. 그리고 氣는 끊임없이 聚散하는 관계에 놓여있다. 내가 현실적 계기가 곧 "氣"로 대치될 수 있다고 말하는 이유는 氣라는 개념이 아주 마이크로한 성격과 매크로한 성격을 동시에 띠고 있다는 것이며, 氣라는 개념이 희랍의 "아톰"과는 달리 실체성을 거부하는 관계의 개념이며, 그것은 순간적인 生滅과 聚散을 전제로 하고 있다는데 있는 것이다.

　　더구나 내가 영원적 객체를 理로 상응시킨 이유는, 현실적 계기와 영원적 객체의 관계가 현상과 본체의 관계와는 달리, 상호 호섭(互攝)적 관계에 있으며, 그것은 氣와 理의 관계에 보다 접근하는 성격을 지니고 있다는데 있다. "영원적"(eternal)이라는 말은 모든 존재의 가치적 성격을 내포한다. 그리고 "객체"(object)라는 말은 객관적으로 대상화된다는 의미에서의 전통철학적인 대상(object)의 개념이 아니다. 영어로서의 "객체"라는 말속에는 "목표" "이상"이라는 뜻이 내포된다. 영원적 객체는 그 개념적 인지가 시간적 세계의 구체적 계기에 필연적 관계를 갖지 않는다. 따라서 氣보다는 理적인 성격을 가지며, 理가 氣의 생성의 방향의 가치적 틀이 되듯이 영원적 객체는 현실적 존재의 성격을 특정지우는 구체성의 형식이다.

조선조가 우리에게 남긴 가장 자랑스러운 문화유산이라고 할 "四端七情論爭"에 있어서도 四端은 理라 말할 수 있지만 그 理는 七情인 氣의 "發而皆中節"일 뿐이라 하여, 退溪가 四端은 理之發이요 七情은 氣之發이라고 『天命新圖』에서 주장한 二元論을 반박하는 高峰의 氣一元論的 태도에 대하여 (盖性之乍發, 氣不用事, 本然之善得以直遂者, 正孟子所謂四端者也。 此固純是天理所發, 然非能出於七情之外也, 乃七情中發而皆中節者之苗脈也。) 退溪가 끝까지 理氣二元論的 입장을 버릴 수 없었던 것은, 바로 화이트헤드의 철학이 과정(Process)이라고 하는 유기체적 일원론, 그리고 이러한 일원론적 과정을 설명하는데 종래의 모든 실체적 개념을 온갖 "오류"(Fallacies)로 척결해 버리면서도, 현실적 계기외로 영원적 객체를 끝내 상정치 않을 수 없었던 것과 동일한 문제의식에서 이해될 수 있는 것이다.

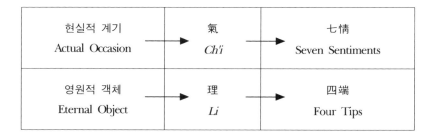

퇴계가 고봉의 기일원론적 반박이 깔고 있는 세계관의 원칙, 즉 사단이나 칠정이나 모두 "드러난 것"일 뿐임으로 그것은 구극적으로 氣의 세계에 속하는 것일 뿐이라는 원칙을 수용하면서도 그 所從來의 本然之性과 氣質之性을 따지지 않을 수 없는 것, 바로 고봉자신이

말한 "所就以言之不同"을 꼬투리잡아 그 所從來의 잠재적 근원으로 소급해들어가지 않을 수 없었던 가장 본질적 이유는 "가치의 세계에 대한 순화된 의식"의 요구 때문이다. 이것은 마치 화이트헤드가 서양철학사는 플라톤의 각주에 불과하다면서 서양철학전체를 플라토니즘의 이원론이나 초월주의의 전개로 비판해 버리면서도 플라토니즘적 냄새가 끝내 가시지 않는 영원적 객체를 상정하는 것과 동일한 의식구조에서 출발한다. 허나 화이트헤드는 결코 플라토니안이 아니다. 영원적 객체는 현실적 계기의 명멸하는 지속의 벡타(vector)를 결정하는 선택의 가능성이며 구체성이다. 그리고 영원적 객체는 일방적인 작용인이 아니다. 그것은 쌍방적이며 중성적이다. 그것은 소여의 결정자인 동시에 주체적 형식(subjective form)의 결정자이다. 그리고 그 결정의 작용은 궁극적 현실적 계기들 사이의 관계에서만 이루어지는 것이다.

퇴계가 四端의 所從來로서의 理를 포기하지않는 것은 "發"의 다양한 가능성에 대한 불안 때문이다. 그것은 곧 퇴계에 있어서 가치의 雜化에 대한 불안이다. 화이트헤드는 가치의 雜化를 불안해하지는 않는다. 허나 화이트헤드의 우주의 궁극에는 "에로스"(Eros)라고 하는 심미적 충동이 있다. 그 우주의 에로스라고 하는 조화(Harmony)를 위하여 그에겐 궁극적으로 영원적 객체가 요구되는 것이다. 화이트헤드는 현대물리학이 제공한 모든 마이크로한 시간의 사건속으로 철학적 개념을 새롭게 창출하는데 성공했지만 그러한 시도의 궁극적 소이연(所以然)은 바로 매크로한 상식적 세계의 재건에 있었다. 그리고 그의 마이크로한 분석의 성찰을 거쳐 드러난 매크로한 세계는 과거의 모든 서양철학의 에러를 씻어내버린 새로운 창진적(Creative Advance) 우주였다. 결국 화이트헤드의 에로스는 四七의 논쟁이 출발한 시원점인 "中庸"이었다. 중용은 곧 "發而皆中節謂之和"의 和며 조화(Harmony)다. 조화는 정적인 개념이 아니라 동적인 개념이며, 그것은 완전

(Perfection)에 대한 불완전(Imperfection)을 상위의 개념으로 삼는 끊임없는 창진이다.

퇴계가 고봉의 氣一元論的 반박때문에 자신의 理氣二元論의 단순한 도식적 사유에서 벗어나 그 본원적 성찰을 시도하게 된 것은 참으로 다행스러운 일이 아닐 수 없었다. 다시 말해서 퇴계는 과정철학적 전제를 수용하면서 理氣二元論의 과정적 일원성을 재주장하지 않으면 안되었던 것이다. 결국 四七논쟁이 理氣互發說로 종결되지 않을 수 없었던 이유가 화이트헤드가 플라톤적 초월성에 대한 아리스토텔레스의 반론을 현실적 계기와 영원적 객체의 관계속에서 구현하지 않을 수 없었던 이유와 전적으로 동일하다. 理와 氣는 互發한다. 四端은 理가 發하면서 氣가 隨한 것이요, 七情은 氣가 發하면서 理가 乘한 것이다. 이 말을 四端은 영원적 객체가 發하면서 현실적 계기가 隨한 것이요, 七情은 현실적 계기가 發하면서 영원적 객체가 乘한 것이라 바꾼다면 불경스러운 것일까?

이러한 나의 불경스러운 제안에 우리가 결코 부정적 결론을 내릴 수 없다고 한다면 우리를 당혹케 만드는 사실은 어떻게 하여 退高의 四七論爭의 핵심적 주제가 화이트헤드의 『과정과 실재』의 기본적 발상과 상응하고 있느냐하는 것이다. 물론 退高의 四七論爭은 어디까지나 인간의 心性에 관한 매우 매크로한 어휘로 이루어진 성찰이며 화이트헤드의 철학이 과시하는 아주 마이크로한 어휘의 성찰과 동일한 언어의 께임으로 간주할 수는 없다. 허나 비록 그 어휘가 하나는 아주 매크로한 신유학(Neo-Confucianism)의 고전한문어휘며 하나는 20세기 상대성이론의 시공관의 모든 디테일한 성과를 거친 현대영어어휘라고 할지언정, 철학적 성찰 그 자체의 매크로한 유사성은 아무리 우리가 부인할래야 할 길이 없다는 냉정한 성찰에 이르게 된다. 그렇다면 이러한 결론은 그냥 우연일까 필연일까? 이러한 매우 광대한 질문에 정확한 대답을 하기위하여서는 우리는 우리를 지배하고 있는 세계사에 대한 가능한 모든 편견을 파기시켜야 한다. 근대니 전근대니, 동양이니 서양이니, 개화니 미개니 하는 편견들, 그리고 심지어 동양역사에는 과연 근대가 있었느냐 없었느냐 하는 따위의 성립할 수 없는 질문 자체가 보유하고 있는 내재적 편견들로부터 우리는 일단 자유로울 필요가 있다. 근대라는 것은 근대성(modernity)이라고 하는 것을 우리가 어떻게 규정하느냐에 따라 결정되는 히스토리오그라피의 상대적·방편적 개념일 뿐이다. 근대는 어디에도 존재할 수 있고 어디에도 존재하지 않을 수도 있다.

화이트헤드의 컨템포러리한 과학철학적 성격과 退高의 신유학적 四七論爭의 윤리철학적 성격의 내면적 유사성을 규명하기위하여 우리는 진정한 의미에서의 새로운 보편사(Universal History)적 시각을 정립할 필요가 있다.

退高의 四七論爭은 기본적으로 朱子學(ChuHiism)이라고 하는 宋代哲學의 문제의식으로부터 출발한 것이다. 그런데 朱子學이라는 것은 역사적으로 隋唐佛學에 대한 反動이며 대자다. 헤겔의 말을 빌리자면 그 대자적 성격은 즉자가 가지고 있는 성격 그자체를 대상화하여 내면에 모순적으로 보지한다. 따라서 朱子學이 排佛의 역사적 사명, 주체의 회복이라고 하는 대자적 사명을 띠고 인류사의 지평위에 새롭게 등장했지만 이미 그 朱子學의 어휘 그 자체가 佛이 가진 모든 어휘의 성격을 대자적으로 투영한 것이다. 그런데 佛이라는 것은 기본적으로 산스크리트어의 기본발상에서 출발한 것이며 그것은 명백히 인도유러피안 언어가 가진 공통적 성격을 축으로 하는 것이다. 알렉산더大帝의 제국활동을 통하여 희랍과 인도의 문화가 교류되었다는 역사적 현실태 이전에 이미 佛敎의 모체가 된 모든 우파니샤드·베다·차르바카·쟈이나 등등의 사유체계들이 이미 인도유러피안 언어가 파생시키는 근원적 문제들, 주체와 객체, 주부와 술부, 본체와 현상, 영원과 변화, 영혼과 육체 등등의 이원론적 주제들을 중심과제로 삼고 있다는 매우 평범한 사실을 우리는 상기할 필요가 있다.

　중국철학의 본래적 세계관에 있어서는, 『韓非』나 『管子』에서 보여지듯이, 理는 본시 氣的 세계관의 條理를 나타내는 현상적·과정적 개념에 불과하였다. 허나 漢譯佛典에서는 그러한 氣哲學的 세계관의 일원적 성격이 인도유러피안사유적으로 분열되는 현상이 두드러지게 된다. 東晉의 支遁(314~366)을 효시로 해서 발전한 이러한 理의 개념은 事라고 하는 현상적·개별적·구체적 事象의 배후의 본체적·보편적·추상적 理法이라고 하는 이원론적 초월적 성격을 띠게되는 것이다. 다시 말해서 華嚴敎學의 理事無碍法界가 제아무리 현상과 본체의 화해를 말한다 할지라도 여기서 문제시된 理와 事는 이미 중국철학의 유기체철학적이고 과정철학적인 일원성에서 분열된 이원적 과제상황이다. 朱熹의 문제상황은 바로 이러한 華嚴의 理·事的 이원적 과제상황을 철저하게 기철학적으로 즉 주체적으로 일원화시키면서 어떻게 그 理의 윤리적 성격을 확보하냐는데 있었다. 華嚴의 理의 궁극적 소이연이 超윤리적 해탈에 있었다고 한다면, 그 초윤리성 그자체가 理事의 이원성으로부터 도출된 것이었다. 허나 朱熹는 이러한 理事의 이원성이 융합된 氣의 一元論的 세계관의 주체적 전제위에서 어떻게 理의 윤리적 초월성·무염성(無染性)을 순화시키느냐하는 아주 독특한 문제상황을 떠안게 되었던 것이다. 다시 말해서 朱子의 문제상황은 이미 현대철학에서 문제된 모든 서양철학의 과제상황을 떠안고 있었던 것이다. 그것도 불교라는 인도유러피안언어와의 직접적 접촉을 통해서. 다시 말해서 우리는 이러한 주쯔를 효시로 한 신유학의 과제상황을 어떤 "전근대적"이라는 매우 엉터리적 역사규정의 틀속에서 이해할 수가 없다는 것이다. 다시 말해서 우리의 조선조의 선조들이 이념적으로 싸우고 있었던 신유학적 문제상황이 20세기철학의 과제상황보다 더 크로스컬춰랄할 수도 있고 더 컨템포러리할 수도 있으며 더 구체적이며 더 성숙한 문제상황일 수도 있다는 보편사적 정리를 깨달아야 한다는 것이다. 막스 베버나 헤겔과 같은 편견에 가득찬 매우 무지한 자들의 서구중심일변도의 좁은 안목에서 규정된 "근대성"의 기준에 따라 조선왕조를 전근대니, 退高의 四七은 전근대에 속한 전근대적 사유논쟁이니를 운운해서는 안된다는 것이다. 그것은 인간존재의 사유의 초시간적 보편성에 대한 모독일 뿐이다. 朱子나 退溪가 高峰이 날카롭게 지적하는 기철학적 세계관의 一元論的 전제를 수용하면서도 理의 윤리적 초월성을 二元論的으로 확보하려는 노력은, 화이트헤드가 플라톤의 초월적 이원성을 거부하고 유기체철학의 일원적 "과정"을 고집하면서도 플라톤적 에로스를 정녕코 떨쳐버릴 수 없었던 것, 그러한 神的 에로스의 정당화를 위해 아리스토텔레스적인 동력인과 목적인을 융합시키지 않을 수 없었던 그러한 노력과 역사적으로 구체적으로 상응하는 것이다. 나 도올은 말한다. 사실 우리의 20세기가 동·서철학의 융합이라고 하는 과제상황속에서 씨름해온 것같지만, 그러한 과제상황은 이미 朱子나 退溪속에 똑같은 존재상황으로서 엄존했으며, 최소한 우리의 20세기적 철학적 성찰이나 동서융합의 성과는, 朱子나 퇴계가 도달한 언어의 성찰이나 성과에 아직도 크게 못미치는 현실이라는 냉혹한 사실을 깨달 필요가 있다. 따라서 화이트헤드의 철학은 비록 화이트헤드자신이 동·서철학의 융합이라고 인식치는 않았다 할지라도 20세기 보편과학의 모든 철학적 성과를 흡수하면서 바로 서양철학사에 내재한 모든 고질적 병폐를 광정(匡正)하는 과정에서 이미 플라토니즘이나 아리스토텔리아니즘의 모든 어휘를 근원적으로 초월하는 새로운 창조적 철학체계를 정립했다고 하는 사실,

그리고 바로 그러한 사실이 朱熹나 퇴계가 부디즘을 극복하는 과정에서 理의 초월성을 내재화시키려했던 노력과 역사적으로 정확하게 상응한다는 사실, 그러한 사실들이 결코 사유의 유사성에서 오는 우연이 아닌 역사적 필연이라는 사실을 우리는 새삼 인지할 필요가 있다. 역사는 창진하면서 역사는 되풀이 한다. 역사는 그러하면서 착종(錯綜)한다.

시간이란 무엇인가? 나 도올은 단도직입적으로 선포한다. 시간은 氣의 사건이다. 시간은 변화를 설명하는 그 무엇이다. 그런데 변화하는 "것"도 기요, 그 변화를 인지하는 인간의 의식도 기의 場이다. 따라서 시간은 현실적 계기와 영원적 객체의 모든 관계를 떠나서 생각할 수 없는 것이다.

우리는 시간을 하나의 명사로 생각하는 오류를 범하기 쉽다. 나무나 집과 같이―. 그런데 이러한 문제상황은 본 서문의 서두에서부터 시작한 모든 문제상황을 따라 같이 논리적으로 전개되는 것이다. 우리가 시간을 보통 하나의 명사로 생각한다는 것은 시간을 대상화한다는 것이다. 대상화한다는 것은 공간화한다는 것이다. 베르그송의 시간관의 가장 원초적이고 핵심적인 주장은 시간은 근원적으로 "공간화" (spatialization)될 수 있는 그 무엇이 아니라는 것이다. 그런데 실상 베르그송의 주장의 모순처는 그가 시간의 공간화를 철저히 거부하는데도 불구하고 그의 원래적 의도와는 무관하게 그가 다시 쓰고있는 시간의 언어들이 결국 또 "공간적"이라는데 있다. "지속"이니 "흐름"이니 "내재"라는 등등의 모든 언어의 메타포가 결국 또다시 공간성을 떠나지 않는다. 결국 앙리 베르그송은 시간에 대한 우리의 본질적인 새로운 인식을 불러일으키려 했지만 그 철학적 성찰의 어휘가 근원적으로 부족했고 자세하지 못했으며 또 그의 의도만큼 새롭지 못했다. 화이트헤드는 바로 이러한 베르그송의 순수한 의도를 계승하면서 베르그송의 시간관의 문제점을 해결한다.

오영환선생의 시간에 대한 베르그송과 화이트헤드의 논고를 읽기전에 나는 일반독자들을 위하여 매우 상식적인 몇가지 충고를 덧붙이려 한다. 우리가 흔히 일상언어에서 시간이라는 말을 쓸 때, 그 시간은 명사화되어있다. 명사화되어있다는 것은 곧 우리는 시간을 어떤 실체로, 어떤 물체에 가까운 그 무엇으로 생각한다는 것이다.

"시간이 흐른다"라는 말은 우리가 아주 부담없이 흔히 쓰고 있는 말이다. "시간"이 흐른다. 이때 시간은 흐른다고 하는 동사적 사태의 주어로서 존재하는 것처럼 상식속에서는 인지된다. 그럼 과연 시간은 흐르는 그 무엇, 흐르는 어떤 존재인가? 시간은 과연 존재하는 것일까? 시간은 과연 흐르는 것일까? 결론적으로 말하면 시간은 존재할 수 없다. 시간은 흐를 수 없다. 시간이 만약 어떤 일정공간을 흘러 지나가는 어떤 물체라면, 시간 그 자체는 과연 어떤 속도로 지나가고 있는 것일까? 시간의 속도 그 자체를 시계로 잴 수 있을까? 이러한 초보적 성찰이 이 책을 읽기 전에 필요하다는 것이다. "시간의 흐름"그것은 우리의 일상언어가 우리의 의식에 불러일으키고 있는 오류중의 하나며, 그것은 단순한 미성찰의 신화(the myth of passage)에 불과한 것이다. 시간은 과연 하나의 명사로서 존재할 수 있는가? 시간은 과연 존재하는가? 시간은 존재하는 것이 아니라 궁극적으로 모든 변화를 설명하는 어떤 방편적 개념에 불과하다. 아주 쉬운 예를 하나 들어보자. 어떤 학생의 감동스러운 명연설이 다음과 같은 한구절로 끝났다고 하자! "나는 우리 한민족의 미래를 변화시키겠읍니다." 그리고 우뢰같은 박수가 터져나왔다. 그런데 이런 말은 철학적 성찰을 거치면 아주 의미없는 쌩 거짓말임이 곧 드러난다. 어떠한 경우에도 우리는 "미래"

를 "변화"시킬 수 없다. 미래란 나의 존재의 인식의 오늘의 시점에 대하여 되어질 그 무엇이며, 그것은 변화의 대상이 될 수 없는 것이다. 내가 지금부터 미래의 변화를 위한 어떠한 행위를 했다할지라도 그 행위의 결과가 곧 미래일 뿐이지 미래 그것을 대상적으로 변화시킨 것은 아니다. 즉 우리는 지금 시점에서 과거에 영향을 줄 수 없는데 반하여 미래에 영향을 줄 수는 있다. 허나 그것이 곧 미래를 변화시킨 것은 아니다. A의 가능성에 대해 B의 가능성을 선택했다고 하더라도 그것은 미래를 변혁시킨 것이 아니라 B의 가능성을 선택했다고 하는 그것이 결과적으로 미래가 되었을 뿐이다. "미래를 변혁시킨다"고 하는 모든 변혁론자의 주장 그 자체가 바로 현재와 같은 상태가 미래로 지속된다고 하는 시간의 공간화·실체화를 전제로 해놓고 있다. 그렇게 공간화되고 실체화된 불변적 시간으로서의 미래를 논리적으로 부당하게 전제해놓고 그러한 관념적 미래를 고치겠다는 현재의 결의를 나타낸 은유적 표현에 불과했던 것이다. 따라서 "미래를 개혁한다"고 하는 말 자체가 성립이 되지 않는 넌센쓰인 것이다. 또 다시 李太白의 다음과 같은 詩를 한번 예로 들어보자!

君不見, 黃河之水天上來,
奔流到海不復回 。

君不見, 高堂明鏡悲白髮,
朝如青絲暮成雪 。

그대는 보지 않는가!
황하의 물이 하늘로부터
쏟아져 내려와
저 바다로 미친 듯 흘러가곤
다시 돌아올 줄 모르는 것을!

그대는 보지 않는가 !
높은 당상에서
맑은 거울을 드려다보며
백발을 슬퍼하는 이들을
아침에 푸른 실과 같던
머리카락이
저녁에 백설이 되고 만 것을 !

　사실 이것은 李太白이 우리에게 인생의 무상함을 일깨워 주면서 술을 권고하는 『將進酒』싯귀의 한 구절이다. 그런데 李太白은 현명하게도 "시간"이라는 단어를 주어로 쓰지 않았다.

　타이뿨가 쓴 표현 "奔流到海不復回"에서 비록 그가 흐름(流)이라는 표현을 썼어도, 그 흐름이 나타내고자 했던 구체적 시간의 의미는 "不復回"라는 현재 열역학의 용어를 빌리자면 "비가역성"이라고 하는 물리적 사실에 있었다. 그리고 이러한 비가역성을 한층 더 선명하게 나타낸 메타포가 바로 "朝如靑絲暮成雪"이라고 하는 靑絲(푸른 실)와 雪(백설)의 대비였다. 즉 푸른 실에서 백설에로의 이행이 비가역적 시간을 은유적으로 드러내고 있는 것이다. 그리고 이러한 이행의 시간성을 아침(朝)과 저녁(暮)이라고 하는 불가능한듯이 보이는 짧은 시간으로 함축적으로 표현했지만, 이것은 단순한 과장법의 차원을 넘어서 베르그송이 말하는 지속의 주관성을 잘 나타내주고 있다. 결국 우리에게 시간을 감지케 하는 것은 청사와 백설이라고 하는 두 물체의 대비다 ! 다시 말해서 이때의 시간이라는 것은 이 두 물체간의 대비에서 "관계적으로" 발생한 어떤 개념일 뿐이다. 그런데 이 변화를 설명하는 과정은 매우 복잡하다. 즉 머리카락의 단백구조변화에 수반된 색소의 변화, 그리고 그러한 색소의 변화를 가져온 머리카락내의 혈류의 변화, 그리고 이러한 혈류의 변화를 가능케한 "몸"전체의 변화, 그리고 그러한 변화를 일으킨 모든 시간의 사태들…… 이러한 것은 실로 무지하게 복잡한 이야기들인 것이다.

바로 우리의 시간에 대한 상식적 개념의 오류는 우리의 시간이라는 인식이 너무도 매크로하다는 데서 출발한다. 화이트헤드철학의 출발이 바로 이러한 매크로한 미성찰의 현상의 파기에서 출발한 아주 마이크로한 개념들로 이루어진다고 한다면 그의 시간론도 바로 이러한 마이크로한 개념들의 시간론에서 출발하는 것이다. 그가 대상으로 삼는 시간은 사실 우리가 흔히 생각하는 과거, 현재, 미래와 같은 "역사"의 매크로한 시간들이 아니다. 그야말로 몇 억만분의 일초와 같은 그러한 극소한 시간의 단위들로부터 출발하는 것이다.

> 우리는 미래를 몇 세기라든지, 몇 년이라든지, 며칠이라는 시간대로 생각한다. 우리는 역사라고 불리는 방대한 우화를 비판적으로 깊이 생각한다. 그 결과, 우리는 특정의 사실에 관한 직접적 관찰이 결여된, 순수한 추상적 상상력의 노력으로만 과거나 미래와 연결된다고 생각한다. 만일 이러한 결론을 받아들인다면, 과거가 있었다거나 미래가 있을 것이라는 실재적 근거는 없게 된다. 이 점에 관한 우리의 무지는 거의 완벽하다. 우리가 관찰할 수 있는 것은 현재에 있어서 관념적 설득이 전부라는 것이다. 이것이 바로 장기적인 과거나 장기적인 미래를 깊이 생각한다는 문학적인 습관의 결과이다. 문학은 인류의 지혜를 보존해준다. 하지만 문학은 이러한 방식으로 직접적 직관의 강조를 약화시킨다. 과거나 미래의 직접적 관찰을 고찰하는데에 우리는 1초라든지 1초의 몇 분의 몇이라는 크기의 시간대에 국한시켜야 한다.
>
> (화이트헤드, 오영환 역, 『관념의 모험』, 한길사, 1996, 304쪽).

우리는 너무도 시간을 비가역적 변화의 대비적 개념으로만 생각하는데 익숙해 있다. 이러한 시간은 매우 일방적이며 직선적이며 비가역적이며 목적론적이다. 허나 시간을 미시적 실제적 계기의 복잡한 연기(緣起)적 사태의 관계로서 파악할 때, 시간은 우리가 상식적으로 생각하는 것보다 훨씬 더 다양하고 복잡하다. 시간은 분명 가역적인 시간도 있다. 그것은 생명의 사실이다. 이러한 문제에 관해서 독자들은 이제 나의 말을 듣기 보다는 오영환선생의 논구를 들어야 할 것이다.

그런데 마지막으로 나의 생각을 말한다면 시간은 어떠한 경우에도 실체적일 수 없다. 시간은 결국 관계적일 수밖에 없다. 시간을 나타내는 우리의 모든 어휘는 결국 관계적일 수밖에 없는 것이다. 그리고 시간은 결국 시간을 인지하는 자의 세계관과 분리해서 생각할 수 없다. 시간론은 결국 우주론에서 도출될 수밖에 없다. 따라서 화이트헤드의 시간론은 결국 화이트헤드의 우주론과 직결되어 있는 것이다. 화이트헤드의 말대로 진리도 결국 진리를 인식하는 자의 생물학적 "몸"의 기능이라는 전제를 떠나서 말할 수 없는 것이라면, 결국 시간도 인간존재의 "몸"을 떠나서 말하기는 어려울 것이다. 시간은 변화하는 사물의 우리의 의식의 사건이라는 철학적 상식과 관련하면서 문제를 조심스럽게 천착하는 것이 오영환선생의 시간론에 대한 논의를 정당하게 따라가는데 도움이 될 것이다.

20세기의 모든 철학이 결국 20세기 한국에서 수용된 것이라면 그것은 반드시 한국말로 환원되어야 하며 또 한국말로 환원된 것인 한 그것은 모두 한국철학이 아닐 수 없다. 화이트헤드의 철학이든 이퇴계의 철학이든 한국말로 논의된 이상 그것은 구극적으로 동일한 자격으로 한국철학을 구성하는 것이다. 그런데 이러한 말을 할 수 있기 위해서는 한가지 원칙이 지켜져야 한다. 동·서양철학의 원전이 정확한 한국

말로 번역되어야 한다 ! 원전의 번역이 없이, 그러한 정보의 공유가
선행하지않은 채 그러한 철학에 "관한" "논문"만을 쓰고 앉아 있는
한심한 동포들의 글장난을 나는 인정할 수가 없다. 내가 80년대로부터
줄곧 한결같이 주창하고 주장한 "한문해석학"의 제문제가 바로 올바
른 번역문화의 풍토를 조성키위한 것이었다. 그리고 번역이야말로 학
문의 제일업적으로 인정되어야 함을 역설키 위한 것이다.

오영환선생님은 바로 이러한 번역문화의 새로운 기원을 이룩한 학
자적 삶의 전범을 보이셨다. 화이트헤드의 연구에 평생을 헌신한 학
자로서 화이트헤드의 주요저술인 3大書, 『과정과 실재』, 『관념의 모
험』, 『과학과 근대세계』를 모두 번역하셨다. 그리고 그러한 정보가
공유된 바탕위에서 『화이트헤드와 인간의 시간경험』이라는 화이트헤
드철학에 대한 자신의 독창적 연구논문을 펴내신 것이다. 오영환선
생의 이러한 작업은 범인의 연구서와는 자못 그 사회적 의미가 다르
다. 그리고 우리는 그러한 학자적 양심과 양식을 실천하신 오영환선
생님의 삶의 자세에 응분의 존경과 후학들의 격려를 위한 찬사를 보
내는데 인색해서는 아니될 것이다.

이러한 평생의 노고에서 맺어진 결실을 이 땅에 펴내시는 소중한 마
당에 후학인 나에게 序의 기회를 허락해주신 것을 나는 그저 송구스
럽게 생각할 뿐이다. 단지 나의 거친 붓길이 선생님께 누를 끼쳐드리
는 愚가 되지 않기만을 心願하고 또 心願한다.

화이트헤드의 철학은 20세기까지의 인류의 모든 철학적 지혜를 총
결산한 사유체계라 말할 수 있으며 동시에 21세기로부터 전개될 모든
철학의 출발이라고 말할 수 있다. 20세기 형이상학의 배제가 수학을
기초로한 논리실증주의로부터 시작되었다면, 그러한 수학의 본령에서

성장한 화이트헤드가 그러한 반형이상학적 혼돈의 세기의 와중에서 가장 심오한 형이상학을 재건한 아이러니는 20세기 인류의 문화의 위대한 자산이라 할 수 있다. 나는 버트란드 럿셀의 *澄徹*함을 사랑한다. 그리고 비트겐슈타인의 간결명료함을 좋아한다. 허나 이들의 형이상학적 구상이란 과격하게 표현하면 화이트헤드의 두서너줄에도 못미치는 것이다. 럿셀이든 비트겐슈타인이든 *時髦*의 한가닥에 지나지 않을 수도 있다. 자신의 코스몰로지를 정립하지 못한 사상가는 역사적 현실의 상대적 가치와 함께 부침할 뿐이다.

나는 예언한다. 동양철학적 사유가 파우어를 획득하면 획득할 수록, 서양인들이 서양의 문화권의 상대적 빈곤성을 자각하면 자각할 수록 화이트헤드철학의 진가는 더욱 더 창성할 것이다. 그는 동양의 언어와 동양철학의 실상에 무지한 자였지만 그는 사유의 정직성과 심오성을 통하여 동·서·고·금을 관통하였던 것이다.

나는 오영환선생의 『화이트헤드와 인간의 시간경험』의 출간이 곧 화이트헤드철학의 한국적 연구가 본 궤도로 진입할 수 있을만큼 성숙했다는 것을 알리는 *木鐸*이라고 판단한다. 본서의 출간을 계기로 오영환선생을 모시고 평소에 갈망했던대로 국제적 연계조직을 가지는 한국화이트헤드학회(Korean Whiteheadian Society)를 결성하여 후학들과 함께 화이트헤드철학의 연구를 심화시키는 독서마당을 만들려고 한다. 독자들의 많은 관심과 참여를 기대한다.

콩쯔는 川上에서 다음과 같이 외쳤다. "*逝者如斯夫*!"(가는 것이 이와 같구나!). 과연 콩쯔가 이 말을 외쳤을 때 그의 심중에는 어떠한 생각들이 오갔을까? 나는 생각한다. 아마도 콩쯔가 이 탄성을 말했을 때 그의 심정에 오갔던 시냇물의 흐름의 과정의 의미를 가장 정확하게 대변한 언어는 2천여년이 지난 서역의 성인 白頭(화이트헤드)의 언어일 것이다. 이러한 나의 언급은 불경일까?

이 도올의 불경을 말하기 전에 나는 독자들이 오영환선생의 이 화이트헤드의 시간관에 관한 力著를 한페이지 한페이지 차곡차곡 정독해줄 것을 갈망한다. 그 후에 날 정죄해도 늦지 않으니까.

1997년 2월 19일

새벽 1시

무정재에서

서 설

　이 책의 주요 목적은 화이트헤드(Alfred North Whitehead,1861-1947)와 베르그송(Henri Bergson, 1859-1941)의 지속으로서의 시간이론의 차이를 분석하고 평가하려는데 있다.

　과학적 분석과 철학적 분석을 통해 "시간"의 의미를 탐구하려고 할 때, 언제나 곤란한 문제를 야기시키는 것은 시간의 두 개념 사이의 상이, 즉 의식의 직접적 여건으로서의 시간과 객관적 타당성을 요구하는 논리적 구성으로서의 시간 사이의 모순이다. 경험적 세계와 과학적 개념의 세계가 "시간"의 경우처럼 두드러지게 대립되는 예는 별로 없을 것이다. 시간은 인간 경험의 영역에서 결정적인 의미를 갖지만, 시간을 과학적으로 분석할 때에는 그러한 의미관련이 무시되거나 배제되지 않으면 안되기 때문이다.

　이 책의 명제는 이러한 시간의 양극성의 문제를 둘러싸고 전개되는 이 두 과정철학자의 관점이 근본적으로 상치된다는 것이며, 그러한 불일치의 원인은 그들이 저마다 독특한 시간이론을 적용시켰다는 데서 발견할 수 있다는 것이다. 바로 시간의 문제를 놓고 이 두 철학자는 날카롭게 대립한다. 화이트헤드는 이질적이며 주관적인 시간과 동질적이며 물리적(추상적)인 시간의 구별에 냉담한 태도를 보이는데 반하여 베르그송의 철학체계에서는 그러한 구별이 주춧돌을 이루고 있다. 그리고 베르그송의 형이상학은 산 경험과 죽은 경험을 전적으로 구별하려는 이른바 자연의 이분화(bifurcation of nature)에 기초를 두고 있는데 반하여 화이트헤드의 철저한 범심론(panpsychism)적 경향은 어떠한 자연의 이분화에도 반대한다. 그리고 화이트헤드는 시간의 양극성을 이루는 형식적 측면과 비형식적 측면을 융합시킴으로써 자연의 본질인 이 두 대립적 요소를 결합시키려고 하였다. 화이트헤드의 시간론에는 이 점이 베르그송에게서보다도 더 정교하게 체계화되어 있고 더 대담한 착상으로 제시되어 있다. 시간의 과학적 인식과 내성적 경험의 융합은 우리가 느끼는 지식과 이해하는 지식의 공통적인 근원을 파악하는데 힘이 될 것이다.

제1장

시간의 문제

1. 지속으로서의 시간

2. 문제의 소재

이 연구는 화이트헤드의 지속으로서의 시간이론과 베르그송의 지속으로서의 시간이론 사이의 차이를 분석하려는 시도이다.

1. 지속으로서의 시간

시간에 관한 성 아우구스티누스의 반성은 널리 잘 알려져 있다. 특히 우리의 연구의 핵심적인 관심사가 표명되어 있는 『고백록』 제11권에서의 반성이 그렇다.

> "그렇다면 도대체 시간이란 무엇입니까? 아무도 묻는 이가 없으면 아는 듯 하다가도 막상 묻는 이에게 설명을 하려들자면 말문이 막히고 맙니다. 그러나 제법 안답시고 말을 한다면 이렇습니다. 흘러가는 무엇이 없을 때 과거의 시간이 있지 아니하고, 흘러오는 무엇이 없을 때 미래의 시간도 있지 아니할 것이며, 아무것도 없을 때 현재라는 시간도 있지 아니할 것이다.
>
> 그럼 과거와 현재의 두가지 시간이 어찌되어서 생기는 것이며, 그 과거가 있지 않게 되는 적은 언제이며, 미래가 아직 있지 아니할 때는 또 언제이냐? 현재가 늘 현재로 있다면 과거로 지나갈리 없으니, 따라서 시간은 없고 영원만이 있게 될 것이다. 이런즉 만약에 현재가 시간이기 위하여 과거로 흘러가버려야 될 수 있다치면 어찌 이것을 '있는 것'이라 일컬을 수 있겠느냐.
>
> 그의 존재이유가 차라리 없어지는 데에 있는 만큼, 시간이 존재한다고 말하기보다는 '아니 있음'에로의 흐름이라 일컬어야 하지 않겠느냐."[1]

사실상 시간에 대한 아우구스티누스의 기술은 시간에 관한 지성적 이해의 역사에서 찾아볼 수 있는 가장 섬세하고 가장 미묘한 내성적

---

1) 아우구스티누스, 『고백록』 (최민순 역, 성바오로출판사, 1970), pp.279-80.

분석의 사례에 속한다. 우리가 아주 친숙하게 알고 있는 무엇인가를 분석적으로 음미하려고 하자마자 그것이 역설들을 불러일으킨다는 것은 실로 아이러니라 하지 않을 수 없다. 그럼에도 불구하고 우리의 시간적 경험은 존재의 다른 어떤 측면보다도 포괄적이고 친밀하며 직접적이다. 삶과 죽음과 시간은 이해하기 어려운 그럼에도 불구하고 모든 위대한 종교가 상징적으로 표현하고 있는, 변증법적 통일속에 결합되어 있다. 시간은 또한 인간의 모든 경험과 지식과 표현양식의 구성 요소인 것처럼 보인다. 그것은 정신의 기능과 밀접하게 연관되어 있는 존재이며, 우주의 근본적인 특성인 것처럼 보인다. 공간이나 공간—시간과 같은 실재의 다른 특성들 가운데는 시간의 관념만큼 인간의 기본적인 관심사에 밀접하게 연관되어 있는 것이 없는 것 같다. 왜냐하면 시간 개념은 가사성(mortality)과 불사성(immortality), 영속성과 변화에 관한 인간의 관념 속에 항상 개입함으로써 종교, 문학, 역사, 철학의 연구에서 근본적으로 중요한 요인이 되어왔기 때문이다. 어떻게 인간이 생리학적, 심리학적, 사회학적으로 시간을 경험하는가 하는 것은 행동과학의 탐구과제 속에 포함되고 있으며, 구조와 변화의 요인으로서의 시간은 생물과학과 물리과학에서 본질적인 고려사항이 되고 있다. 이들 두 과학은 비록 서로 상이하기는 하지만 오늘날 인간의 자기 인식이 주로, 시간의 유용한 양상들에 대한 이와 같은 감각과 인식에 의존하고 있다는 것을 시사하고 있다.

시간의 징표는 우리 인간의 행동, 사고, 평가, 인식 등에 확고하게 새겨져 있다. 우리 각자는 시간적 배경속에서 자신의 실재성을 발견한다. 우리의 희망, 동경, 실망, 공포, 우리의 사고, 계획, 회상, 기쁨, 슬픔 등은 모두가 시간에 의해 한정되며, 시간에 의해 조건지워지고, 시간속에서 이루어진다. 개별적 존재로서의 우리 각자의 실재성은 시간적이라 불리는 이 신비스런 "사물"내지 "조건"속에 휩싸여 있다. 아우구스티누스의 성찰은 여전히 우리를 따라다니고 있다 : "누군가가 나에게 물어올 때까지는 시간이 무엇인지를 나는 안다. 그리고 이어서 나는 단지 내가 알지 못한다는 것을 알 뿐이다." 시간은 두루 퍼져있고, 삶의 가장 중요한 차원이지만 그 본성, 그 "존재"는 모호성으로 덮혀 있다. 화이트헤드는 "인간 지성의 한계에 서 있다는 안타까운 감정 없이 시간과 자연의 창조적 추이(creative passage)의 신비를 명상한다는 것은 불가능하다"고 말한 바 있다.2) 시간의 본성은 우리 시대에 있어 하나의 "신비"로 다가오며, 베르그송에 따르면 가장 중요한 철학적 문제로 다가온다.3)

　대부분의 철학사상은 시간이라는 포괄적인 사실을 솔직하게 직시하는 경향이 있었다. 플라톤은 영원의 움직이는 상(像)인 시간을 2차적인 실재로 기술함으로써 그 이후의 논의에 이정표를 제공하였다. 철학적 전통은 그의 노선을 따라 시간성으로부터 부동성으로 비행하여왔다. 보아스(Boas)는 다음과 같이 지적하고 있다. "서양철학을 지배해온 철학자들은 그들이 시간에 관해 생각하게 될 때면 그것을 현상의 지평에 올려놓고 멸시하였다."4) 인간의 경험에서의 시간의 핵심적 지위가 시간과 인간 사이의 가변적인 관계의 문제와 조화를 이루게 된 것은 단지 최근의 일이다. 칸트는 시간을 어두운 그림자속에서 끄집어내었다. 『순수이성비판』이 경고하고 있는 독단의 잠 가운데 하나는 이처럼 모든 가능한 경험의 근거로서의 시간의 기본적인 중요성을 인식하지 못하는 일이다. 시간의 개념은 제일비판서를 꿰뚫고 있는 지도원리이다. 그것은 잠재적으로 다른 모든 주요 개념에 기여한다. 인간이성에 대한 재해석에서 시간이 행하는 역할은 각각의 범주들 ― 칸트에

---

2) *CN,* p.73.
3) *DS,* p.6.
4) G.Boas, "The Acceptance of Time," *University of California Publications in Philosophy,* XVI, 12(1950), pp.249-70.

게 있어 이들은 경험 그 자체의 주춧돌이다 — 을 명료화하는 과정에서 충분히 증명되고 있다. 그러나 칸트의 시간관은 아주 상이한 여러 진영으로부터 비난받기 쉬운 것이었고, 사실상 많은 비판을 받아왔다. 그렇기는 하지만 이 모든 비난에도 불구하고, 그리고 이들 비난이 아무리 정당하다 하더라도, 칸트의 시간론은 여전히 가치있는 것으로 남아있다. 이는 그가 최초로 제기한 난제에 대해 그가 답변하고 있기 때문이 아니라 이러한 난제를 그가 정식화하고 있기 때문에, 또한 형이상학적 사변에서의 시간의 중요성을 역설하고 있기 때문에, 그리고 나아가 특히 시간을, 인간의 경험에 사건들이 연관되어 주어지게 되는 원리로 간주하여 논하고 있기 때문이다.

시간에 대한 철저한 재긍정 — 또는 "수용"(acceptance of time)은 19세기말까지 기다려야 했다. 베르그송(H.Bergson)은 그의 첫 저술 『의식의 직접 소여에 관한 시론』(*Essai sur les données immédiates de la conscience,* 1889)에서 인위적인 개념화와 원자화를 강력하게 비난하는 가운데 다음과 같은 결론에 도달하였다. 즉 내성적 경험의 연속성 —"참된 지속"(durée réelle) — 또는 심리적 시간의 역동적인 연속성은 통일성과 다양성을 동시에 지니고 있으나 수학적 시간의 추상적인 동질적 통일성이나 외적으로 연관된 무지속적 순간들의 다수성을 지니고 있지는 않다는 것, 그리고 그것은 질적인 이질성에도 불구하고 그것의 계기하는(successive) 위상들이 선명하게 가름되지 않는 그런 기억의 연속성이라는 것이다. 그 이후의 저술에서 그는 자신의 내성적 분석의 결과를 지속 전체에 적용함으로써 이를 일반화하였다. 그의 주장에 따르면 모든 지속은 그 각각의 계기(moment)가 과거에는 포함되어 있지 않았던 새로움의 요소를 이끌어들이고 있다는 의미에서 본질적으로 미완의 것이다. 베르그송에게 있어 수학적 연속성(무한가분성)은 지속 그 자체가 지니고 있는 것이 아니라 지속을 불충분하게 상징하고 있는 공간적 편린들이 지니고 있는 것이다. 다시 말해 지속이 없는 현재는 허구라는 것이다. 따라서 베르그송에 따르면 과학의 시간은 공간화된 시간인 반면, 의식의 지속은 두가지 특성, 즉 각 순간에 있어서의 절대적인 새로움과 과거 전체의 총체적인 보존이라는 성격을 지니고 있는 유동하는 흐름이다. 그래서 베르그송은 외적이고 공간적이며 양적으로 파악되는 시간과 내적이고 비연장적이며 비가역적이고 질적으로 경험되는 지속(순수지속)을 구별함으로써 시간탐구와 관련한 지성사에 새로운 판단양식을 제공하였고, 그럼으로써 또한 신선한 충격을 불러일으키면서 새로운 문제를 제기하였다. 십여 년 후, 또 한사람의 걸출한 시간론자 내지 과정철학자였던 화이트헤드(A.N.Whitehead)가 "자연의 창조적 전진"(the creative advance of nature)에 관한 결론에 도달했을 때 그는 베르그송이 발견한 길을 따라가고 있었다.[5]

2. 문제의 소재

베르그송과 화이트헤드는 모두 시간의 문제를 놓고 아주 진지하게 반성하고 있다. "실재적 시간"(real time) 내지 "참된 지속"(true duration)의 본성에 대한 호소가 베르그송의 체계에서 핵심이 되고 있다는 것은 의심의 여지가 없다. 화이트헤드의 대작 『과정과 실재』(*Process and Reality*, 1929)에서 시—공의 시간적 속성에 대한 그의 논의는 그가 택한 형이상학적 입장의 핵심을 이루고 있다. 다시 말해, 시간의 문제는 이들 두 사람을 항상 따라다니고 있다는 것이다. 나아가 차펙(Milič Čapek)[6]이 지적하고 있듯이 화이트헤드와 베르그송은

---

5) *CN*, pp.54, 178.
6) M.Čapek, *Bergson and Modern Physics* (Dordrecht : D.Reidel Publishing Co., 1971), pp.302-312.

주요 형이상학적 논제에서 폭넓게 일치하고 있으며, 그 중에서도 특히 중요한 것은 과정의 우선성과 정태적인 요소로의 과정의 환원불가능성을 그 두 사람이 역설하고 있다는 점이다. 화이트헤드가 베르그송에게 크게 힘입었다고 할 수 있는 것은 이러한 전면적인 과정에로의 방향설정이다.

기본적으로 화이트헤드의 철학과 베르그송의 철학이 모두 "과정철학"(process philosophy)이라는 사실은 부정할 수 없겠지만 이들 철학은 완전히 상반된 유형에 속한다. 그리고 아주 두드러진 차이로서, 이들 두 철학자는 각기 완전히 서로 다른 관점에서 시간의 문제를 고찰하고 있다. 시간의 문제에 대한 이들 두 철학자의 상이한 접근은 전체로서의 실재에 대한 그들의 견해와 무관하지 않을 뿐만 아니라 그들 각자가 진리발견의 가장 적절한 방법이라고 믿고 있는 철학적 분석의 방법과도 무관하지 않다고 볼 수 있다.

화이트헤드의 진취적인 철학적 기획 전체 — 자연철학에서 형이상학에 이르기까지 — 가 시간과 유동과 변화의 개념이 갖는 중요성에 대한 감각에 의해 주도되고 있다는 것은 사실이지만, 지성의 불가피한 장치로서의 "공간화"(spatialization)와 같은 베르그송의 개념은 화이트헤드의 사유와 전혀 조화될 수 없는 개념이었고, 사실상 화이트헤드에 의해 그의 여러 형이상학적 저술에서 명시적으로 거부되고 있다.7) 이들 두 사람이 "과정 중심의 철학"(process-oriented philosophies)에 몰두하고 있다는 것은 부인할 수 없으며, 화이트헤드가 베르그송의 사변을 공감할 수 있는 것으로 생각했으리라는 것도 분명하다. 그러나 이 연구의 논제는 이들 두 과정철학자의 관점이 근본적으로 상이하다는 것, 그리고 그들의 불일치가 기본적으로 그들이 각기 상이한 시간이론을 활용하

---

7) *PR*, p.209(385) ; R.M.Palter, *Whitehead's Philosophy of Science* (Chicago : The University of Chicago Press, 1960), p.62 참조.

고 있음에 기인하고 있다는 것이다. 이들 두 사람이 가장 두드러지게 서로 충돌하고 있는 것은 시간에 대한 분석과 관련해서이다. 화이트헤드는 이질적인 개인적(주관적) 시간과 동질적인 물리적(추상적) 시간의 구별에 공감하지 않는다. 하지만 베르그송의 체계는 이러한 구별을 초석으로 삼고 있다. 베르그송의 형이상학은 살아있는 경험의 지평과 생명이 없는 경험의 지평들을 절대적으로 구별하는 자연의 이분화에 기초하고 있는데 반해, 화이트헤드의 냉혹한 범심론(panpsychism)은 모든 자연의 이분화를 거부한다. 그래서 궁극적으로는 화이트헤드가 온전한 과학철학의 전제들에 적합하도록 자연의 통일성을 확립하고 있는데 반해, 베르그송은 문학적 정신에 깊숙이 공감하는 입장에서 기계론과 느낌 사이의 불일치를 강조하고 있다.

일반적으로 과학적인 시간개념과 지속의 느낌은 동일한 맥락에서 논의하기 어렵다. 분명히 우리의 경험은 풍부하고 다양하다. 그러나 이 때문에 우리가 단편적인 지식과 일반화된 혼돈의 세계속에서 살아가지 않을 수 없다고 한다면 실망스러운 일이 아닐 수 없을 것이다. 그러므로 사실상 시간의 두 측면 — 형식적 측면과 비형식적 측면 — 은 유익한 존재론적 연구를 위한 소재를 제공하고 있는 셈이다. 그리고 우리가 보는 바로는 시간의 형식적 측면과 비형식적 측면의 상호 얽힘은 베그르송에게서보다 화이트헤드에게서 더 뚜렷하게 예시되어 있다.

그래서 이제 우리는 이 점을 분석해 보아야 한다. 가장 좋은 방법은 그 철학자 자신의 분석을 따라가면서 그의 시간이론과 그의 방법 사이의 밀접한 연관성을 직접적으로 살펴보는 길일 것이다. 이런 전략적 절차에 따라 우리의 논의에는 요약과 주석이 기본 골격으로 포함된다. 그리고 부수적으로 다양한 철학자와 과학자 및 저술가들 상호간의 관련에 대한, 때로는 다소 짤막하고 또 때로는 다소 장황한 논의가 중간 중간에 삽입된다. 때때로 이것은 종종 생략해버리고 싶은 충동을 느끼게 했던 상당히 세부적인 논의를 포함하고 있기는 하지만, 이 세부사항들은 그 철학자의 연구에 본질적인 부분이어서 우리의 논의에 포함시킬 만한 가치가 있는 것이라 여겨졌다.

제2장

화이트헤드의 유기체철학

1. 화이트헤드의 학문

2. 화이트헤드와 럿셀

3. 유기체철학의 기본구도

4. 화이트헤드철학의 현대적 의의

5. 맺는 말

1. 화이트헤드의 학문

철학자가 과학과 겨루면서 체계를 구축할 수 있었던 시대는 이미 지났다. 오늘날 철학에의 기여는 도리어 철학 외부로부터 주어지는 사례가 많다. 철학자는 더 이상 진화설에 대해서, 물리학의 성과에 대해서, 순수수학에 대해서 전혀 무지한 상태에 안주할 수 없다. 더욱이 이러한 지식들을 기반으로 한 독자적인 사색이 요구된다고 할 때, 그러한 요구를 충족시키는 일은 오늘날의 철학자에게는 거의 불가능할 것으로 보인다.

그러나 이 책의 주제 인물인 화이트헤드(Alfred North Whitehead)는 이러한 요구에 부응할 수 있는 자격을 갖춘 철학자였다. 그는 재능이 풍부한 수학자요, 고전에도 정통해 있었다. 그리고 새로운 물리학의 의미를 정확히 인식하고 있었으며, 또 한편으로는 전통적인 철학을 오랫동안 연구해왔다.

우리는 그가 근대 자연과학의 성과를 가장 완벽하게 철학적으로 흡수하고 있다는 것을 발견하게 된다. 그래서 우리는 "과학과 철학의 20세기적 결합"이 화이트헤드에게 있어서 만큼 풍성하게 결실된 예를 알지 못한다.

화이트헤드는 본디 영국의 수학자이자 이론물리학자로서, 케임브리지 대학 트리니티 칼리지 수학 수석강사(1885~1911)를 거쳐 런던대학교 임페리얼 칼리지 응용수학 및 이론물리학교수(1914~1924)직을 역임하였고, 1924년에 63세의 노령으로 미국 하버드대학교의 초청을 받고 정식으로 철학교수가 되었다. 그로부터 1936년에 명예교수가 되기까지 12년간 철학을 강의하였거니와, 이제는 미국의 6대 고전철학자의 한 사람으로 평가받고 있다.

이처럼 수학과 물리학의 투철한 연구를 거쳐 과학에 대한 비판적 시각을 가지고 철학의 영역으로 넘어온 화이트헤드의 사상적 발전은 크게 세시기로 구분된다. 먼저 제1기는 수학전반에 걸친 원리를 다루어 과거의 수리 논리 사상을 집대성 시켜 『수학 원리』(*Principia Mathematica*, 1910~1913) 전3권을 수제자 럿셀(Bertrand Russell)과 공동으로 저술하여 수학기초론과 현대논리학 성립에 기여함으로써 화이트헤드가 수학자·논리학자로서 대성한 시기가 된다. 제2기는 특히 아인슈타인의 상대성원리를 계기로 현대물리학의 철학적 고찰의 길로 나아가, 『자연인식의 원리에 관한 탐구』(*An Inquiry Concerning the Principle of Natural Knowledge*, 1919), 『자연의 개념』(*The concept of Nature*, 1920), 『상대성 원리 : 물리과학에의 적용』(*The Principle of Relativity : with Applications to Physical Science*, 1922)을 저술하여 그의 독창적인 "자연과학의 철학," 즉 과학철학을 형성시킨 시기이다. 마지막 제3기는 하버드대학교의 철학교수로 부임했던 시기와 동시에 시작되었고, 앞서의 1·2기에 걸친 사상을 기반으로 하는 보다 포괄적인 형이상학체계로서 그의 "유기체철학"(philosophy of organism)을 전개한 시기가 된다. 이 시기에 그는 『과학과 근대세계』(*Science and the Modern World*, 1925), 『종교의 형성』(*Religion in the Making*, 1926), 『과정과 실재』(*Process and Reality : An Essay in Cosmology*, 1929), 『관념의 모험』(*Adventures of Ideas*, 1933) 등의 중요한 철학적 저서를 출간, 독자적인 형이상학체계를 건설하였다. 그 밖에도 특히 1927년에 출간된 『상징작용 : 그 의미와 효과』(*Symbolism : Its Meaning and Effect*)는 부피가 작은 책이지만 인식론적 연구서로서 주목할 필요가 있다. 그의 형이상학은 20세기의 상대성이론 및 양자역학에 근거하여 자연과 인간사회를 포괄적, 통일적으로 이해하는 가설적 구도를 제시하려는 것이었다. 화이트헤드의 관점에서 본다면 20세기 과학 — 포스트 근대과학 — 이 어떠한 형이상학을 필요로 할 것인가

라는 문제를 추구한다는 것은 현대과학이 근대과학의 범주를 넘어서
는 개념적 틀을 필요로 한다는 점에서 역사적으로 필연성을 띤 시도
였던 것이다.

어떤 이는, 화이트헤드가 현대의 그 어느 철학자보다도 미래에 영향
력을 행사할 것이라고 말한다.(Charles E. Raven, *Science and Religion*).
이 말을 달리 표현하면 화이트헤드가 표방하는 "유기체철학"이 "미래
의 철학"인 한, 현대까지 그 충분한 의미와 유효성에 관해서 아직 철
저한 이해와 평가가 이루어지지 않았다는 것을 의미한다고 볼 수 있
다. 사실 그의 주저 『과정과 실재』는 가장 난해한 철학서의 하나로 꼽
힌다.

본디 수학자요 과학철학자였던 그는 그리스철학에서 시작되는 서양
철학의 전통에 발판을 두면서, 진부하게 된 종래의 사고습관을 철저히
비판하는데 주저하지 않았다. 또 "새 술을 새 부대"에 담아야 하듯,
전통적인 철학개념으로는 담을 수 없는 참신한 사상내용을 표현하기
위해 새로운 여러 신조어를 만들어내기에 주저하지 않았다. 새로운 신
조어를 구사하여 철학에서 독자적이고 난삽하기까지한 새 경지를 개
척한 점에서 화이트헤드는 하이데거와 함께 현대철학에서 특이한 위
치를 점한다고 해도 과언이 아닐 것이다.

독일의 철학자 페츠(Reto Fetz)도 화이트헤드철학의 특이성을 언급
하면서 다음과 같이 말한 바 있다. "화이트헤드에게는 이상하리만큼
풍부한 문제사적 직관이 내재해 있고, 그것들이 반드시 역사적으로 확
립되어 있다고 할 수는 없지만 독창적이고 계발적인데가 있다. 화이트
헤드는 진부하게 된 사고습관에 근본적으로 의문부호를 던지고, 그 사
안에 새로운 빛을 비출 수 있는 가망이 있을 때에는 주저없이 그러한

사고습관을 전면적으로 변경해 마지 않는다. 특히 고전적인 형이상학 전통에 뿌리박고 있는 사람들은, 그처럼 많은 '모든' 문제를 결정적으로 새로운 형태로 담고 있는 사상가를 화이트헤드 말고는 달리 발견하지 못할 것이다."[1]

2. 화이트헤드와 럿셀

20세기 초엽에 화이트헤드와 럿셀의 합작으로 이루어진 공저 『수학원리』는 어떤 의미로는 1920년대 후반에 비엔나학파를 중심으로 일어났던 논리실증주의 운동의 중요한 계기가 되었다고 볼 수 있다. 그들은 기호논리학을 철학언어 분석에 응용하면서 형이상학의 무의미성을 주장하기에 이르렀다.

화이트헤드와 공동 저자였던 럿셀도 언어의 논리적 분석을 철학의 중요한 기능으로 인정하였고, 그 후에 미국에 이식되어 발전했던 논리실증주의(논리적 경험주의)파와 비록 동일한 것은 아니었으나 이들과 유사한 관점을 견지한 것으로 볼 수 있다. 그러나 화이트헤드는 이들과는 달리 형이상학 본래의 역할을 강조하는 철학자로 발전하여 새로운 형이상학 건설의 길로 나아갔으며, 철학은 과학과 협력하여 새로운 세계관의 구도를 제시하는 것으로 보았다. 그의 "유기체철학"은 이러한 관점에서 구상된 새로운 세계관의 구도라 할 수 있고, 마르크스주의 및 프래그머티즘과 더불어 독일관념론 이후에 등장한 세계관 재편성의 유력한 시도의 하나이며, 다시 말하자면 영국적 형태를 대표한다고 보겠다.

---

1) Reto Fetz, *Whitehead : Prozeßdenken und Substanzmetaphysik* (München : Verlag Karl Alber, 1981), p.18.

화이트헤드와 럿셀의 공저로 된 『수학원리』가 끼친 철학적 영향은, 종전까지만 해도 주로 럿셀의 논리적 원자론과 관계론적 사고의 협동적 방향으로 전개된데에 있었다고 할 수 있다. 그러나 인간과 자연을 분리시켜서는 생각할 수 없는 환경문제해결의 모색이라든지, 생물행동의 진화와 인간생활의 역사를 통일적으로 생각해보려는 시도, 또는 자연과학과 인문과학(혹은 C. P. 스노우가 말하는 "두 문화")의 통일이라는 새로운 시대가 제기하는 문제의 해결을 위해서, 럿셀과 함께 책을 쓰던 시절부터 독자적인 사고의 길을 찾아서 도달한 화이트헤드의 "과정"(process)이라는 기본개념에 입각한 사고형식은 앞으로 커다란 의미를 갖게 되리라고 우리는 확신한다.

화이트헤드의 "과정"개념은 반드시 일의적으로만 사용되는 것이 아니고 여러 현상을 설명하는데 각기 걸맞는 형태로 사용되고 있다. 그러나 우리는 그 기본적인 사고법의 패턴이 아리스토텔레스적 존재론의 전통이 가지고 있는 실체적 사고나 근대과학적 사고의 기본인 관계적 사고에도 속하지 않는, 공간적·물리적 관계와 진화적인 시간경과의 통일적인 사고법을 지향하고 있는 것으로 해석한다. 그러나 이러한 사고양식을 명확히 하고, 더욱이 보편적인 방법론이 되게 하기 위해서는 아직도 분명히 밝혀야 할 문제점이 적지 않은 것으로 보인다.

화이트헤드의 과정적 사고가 오로지 신학적 방법론으로 적용되는데만 그칠 것이 아니라 인식론, 과학방법론, 물리학, 역사철학 등 여러 철학적 문제의 분야를 다룰 수 있도록 확대되기를 우리는 간절히 바라고 있다. 또한 현대철학의 존재방식에 커다란 영향을 주었던 럿셀이 기이하게도 그 철학사상의 경향이 전혀 이질적인 화이트헤드와 함께 "한 권의 책을 저술하였다"는 역사적 사실도 단순히 우연적인 역사적 사건으로만 볼 것이 아니라 사고양식의 필연적인 심벌로서 받아들여

저야 할 것이라고 생각된다.

3. 유기체철학의 기본구도

오늘날 우리는 화이트헤드로 대표되는 철학자의 유형과 럿셀로 대표되는 유형 중 어느 한쪽을 선택해야 한다고 말해도 과장된 말이 아니라고 생각한다. 화이트헤드는 개선될 가망이 없어 보였던 형이상학을 옹호하면서 실증주의 비판을 추진해왔다. 그는 형이상학과 경험론의 융합을 시도한다. 이하에서 우리는 화이트헤드의 철학체계를 개관해보기로 하자.

"유럽의 철학적 전통을 확실하게 일반적으로 특징짓는다면, 그것은 그 전통이 플라톤에 대한 일련의 각주로 이루어져 있다는 것이다."2) 이 말은 화이트헤드의 주저 『과정과 실재』에서 가장 많이 인용되는 유명한 구절이다. 그는 이 인용문에 뒤이어 다음과 같이 말한다. "만일 플라톤의 일반적 견지를 〔플라톤과 현대 사이에〕 개재된 2000여 년이라는 세월 때문에 불가피하게 된 사회조직, 미적 성취, 과학, 종교 등에서의 인간경험의 최소한의 변화를 그것에 반영시켜 묘사해야 한다면, 우리는 유기체철학의 구축에 착수해야 할 것이다." 여기서 말한 "유기체철학"(philosophy of organism)은 곧 화이트헤드 자신의 철학체계를 가리킨다. 그러나 유기체철학의 주제는 어디까지나 "과정과 실재"에 있었고 "과정을 초월한 실재"가 아니라는 데에 유의하지 않으면 안된다. 생성유전하는 과정적 세계를 영원한 존재세계와 분리시켜, 전자를 가상이라 부르고, 후자를 실재라고 본 것이 플라톤주의의 특징

---

2) *PR*, p.39(110).

이라고 한다면, 화이트헤드를 결코 그런 의미의 플라톤주의자라고 부를 수는 없다. 그가 의도했던 것은 그와 같은 통속화된 플라톤주의 구도를 플라톤 자신의 후기 대화편, 특히『티마이오스』의 우주론을 실마리로 하여 이를 극복하고자 한 데에 있었다.『과정과 실재』의 주제는 그와 같은 의도를 가지고 생성과정에 있는 세계와 이데아의 영원적 세계를 분리 불가능한 전체성에서 받아들이는 구도를 제시하고, 현실의 구체적 세계 속에서 관념적 가능성이 실현되는 과정을 해명코자 한 데에 있었다. 이 점에서 화이트헤드의 철학은 플라톤의 이데아를 "이존형상"(離存形相)이라고 비판하고, 이데아를 현실화과정을 이끌어가는 "에네르게이아"로 받아들였던 아리스토텔레스 형이상학의 전통에 서 있다고 할 수 있을 것이다. 그러나 화이트헤드는 아리스토텔레스 형이상학의 경험적 기반을 이루고 있는 질료-형상설에 기초를 둔 자연학이, 근대과학 발달에 따른 기계론적·역학적 자연관의 발흥으로 말미암아 타당하지 않게 되었던 역사적 현실을 무시하고서 이 전통을 부활시킬 수는 없었다. 그리고 인식주관의 의식에서 출발했던 근대철학의 주관주의적 원리가 실재론적 형이상학의 가능성을 부정하는 입장에 서 있었다는 점을 감안한다면, 플라톤-아리스토텔레스 형이상학의 전통을 현대에 되살리려는 시도가 얼마나 반시대적이었는지, 그래서 실증주의적 경향이 강한 앵글로-색슨의 철학풍토에서는 화이트헤드철학이 어째서 이에 걸맞는 대접을 받지 못했는지 쉽게 이해될 수 있을 것이다.

　유기체철학의 구상은 근대과학 자신이 그것을 낳게 했던 근대철학의 한계를 넘어서는 영역을 문제삼지 않을 수 없었던 역사의식의 소산이었다. 화이트헤드는『과학과 근대세계』에서 20세기의 과학 ― 포스트 근대과학 ― 은 기계론적 자연관이 아니라 유기체론적 자연관을 요청하고 있다는 것을 역사적으로 뒷받침해주고 있는데, 이 새로이 요청된 자연관이 근대과학의 구도에서 망각되어 있던 고전적인 철학 주제, 즉 "실유(實有)란 무엇인가"를 둘러싸고 전개된 존재론적 물음을 소생시켰다고 볼 수 있다.

아리스토텔레스에게 있어서 "실유"는 어떤 사물이 존재한다고 할 때 다의적으로 말하는 "존재"의 초점적 의미를 부여한 것이라고 할 수 있다. 존재론의 틀 속에서 이와 같은 중심적 위치를 점하는 것이 유기체 철학에서는 "현실적 존재(actual entity) 또는 현실적 계기(actual occasion)"라고 불린다. 여기서 "현실적"이라는 형용사는 "생성의 작용"(the act of becoming)을 나타낸 말이며, 존재하는 것을 생성 과정과 분리시키지 않고, 있는 그대로 받아들인다는 것을 의미한다. "현실적 존재가 어떻게 생성되는가가 그것이 무엇인가를 구성한다"[3)] 는 "과정 원리"는 현실존재의 생성론적 기술과 본질론적 기술이 필연적으로 연관된다는 것을 진술한 것이다. 이런 의미에서 현실세계는 과정이며, 이 과정은 현실적 존재들의 생성이다.

이처럼 생성과 불가분적인 "현실적 존재"는 "에네르게이아"로서 이해된 아리스토텔레스의 실체개념과 유사하지만, 다음과 같은 중요한 의미에서 아리스토텔레스의 "제1실체"개념과 맥락을 달리한다.

아리스토텔레스의 "제1실체"는 명제의 기본구조를 하나의 주어와 하나의 술어로 분할하는 논리구조를 길잡이 삼아 "어떤 기체(基體)"에 대해서도 논할 수 없고 어떠한 기체에도 없다는 "독립 자존(自存)"하는 개체로서 받아들여지고 있다. 이 개념은 데카르트, 스피노자, 라이프니츠 등의 형이상학에서 전제되어 있는 그 자신 속에 있으면서 그 자신에 의해 생각되고, 그 개념을 형성하는데 다른 개념을 필요로 하지 않는 것으로서의 실체개념의 원류를 이루는 것이었다. 이러한 실체 개념을 일관되게 적용한다면 라이프니츠가 조화예정설에서 고심한 바와

---

3) *Ibid.*, p.23(81).

같이, 복수 실체 상호교류, 실체 상호간의 현실적 관계는 이해하기 어렵게 되겠고, 스피노자의 일원론적 형이상학이 정합적인 귀결로 등장하게 될 것이다.

　이에 대하여 화이트헤드가 말하는 "현실적 존재"는 여러 현실적 존재를 "파악"(prehension)하는 생성과정의 소산이며, 하나의 현실적 존재 생성은 하나의 현실적 세계가 그 현실적 존재의 전망속에서 통합된다는 것을 의미한다. 현실적 존재는 라이프니츠의 모나드처럼 경험의 객체이자 주체이기도 하며 그 자신의 관점에서 세계를 표현하는 작용을 가지고 있다. 그러나 "어떠한 두 현실적 존재도 동일한 세계로부터는 결코 생겨나지 않으며," 현실적 세계는 새로운 현실적 존재 생성으로 "다(多)가 일(一)이 됨으로써 일만큼 증가"하게 되며 창조적으로 전진한다.

　현실적 존재는 "자기 자신에게 작용하는" 존재이며, 자기형성을 하는 과정에서 다양한 역할을 연출한다는 의미에서 자기창조적 개체이며, 단순한 경험주체가 아니라 "자기초월적 주체"(subject-superject)이다. 이처럼 현실적 존재란 변화생성의 기체(基體)로서의 자기동일성을 가지고 존속하는 어떤 실체가 아니다. 아리스토텔레스가 말하는 제1실체는 일상적인 의사소통의 장면에서 지시 가능한 "공적 사태"를 나타내는 개체이며, 유기체철학에서는 여러 현실적 존재의 다양한 질서형식에 의해 배치된 파생적 존재로서 이해되고 이를 "결합체"(nexus)라고 부른다. 결합체에 있어 존속하는 것은 "형식"이지 실체가 아니다. 현실적 존재는 생성을 완료했을 때 다른 여러 현실적 존재에 의해 파악되고, 그 속에서 "객체적 불멸성"(objective immortality)을 획득한다. 그 것은 시간적으로 후속하는 계기속에서 시간적으로 선행하는 계기가 산 직접성을 결여한 형태로 "반복"된다는 것을 의미한다. "아무도 같은 강물을 두번 다시 건너지 못한다"라는 고대의 가르침이 부연되고,

그 어느 주체도 두번 다시 경험하지 않으며, "끊임 없이 소멸하는" (perpetual perishing) 시간의 근원적 성격이 실재의 기본구조로서 받아들여지고 있다.[4]

현실적 존재의 생성과정에는 두개의 상이한 위상이 있다. 그 하나는 현실적 존재의 내적 생성과정이며, 이는 "합생"(concrescence)이라고 불리는데, 구체성이 없는 분리된 존재들이 합체(合體)해서 하나의 현실적 존재가 되는 과정을 나타낸다. 또 하나는 하나의 현실적 존재생성이 완료되면서 그 다음의 현실적 존재생성으로 이행하는 외적 과정인데, 이를 "추이"(推移, transition)라고 부른다. 이처럼 『과정과 실재』에 전개된 시간론은 연속성과 비연속성의 양면성을 구비하고 있기 때문에 "시간의 획기성 이론"(the epochal theory of time)[5]이라고 불린다. 여기서 말하는 하나하나의 "획기성"(epoch)은 과거에 의해서는 설명될 수 없는 새로운 현실적 존재의 "창발"(emergence)을 의미함과 동시에 하나의 현실적 존재생성에 있어 과거의 현실세계가 그때마다 통괄되고 반복된다는 것을 의미한다.

화이트헤드의 시간론이 갖는 또 하나의 중요한 특징은 "동시적인 현실적 존재는 인과적으로 독립해 있으며, 서로 다른 현실적 세계의 외부에 있다"는 명제로 요약될 수 있다. 이는 "동시적"이라는 관계가 "외적"이라는 것을 의미하며, 유기체철학에 있어 타자성 성립의 근거를 부여하고 있다. 현실적 세계는 항상 하나의 생성하는 현실적 존재에 대하여 상관적으로 정해지며, 많은 현실적 존재가 거기서 동시적으로 생성하는 하나의 현실적 세계라는 것은 존재하지 않는다. A라는 현실적 존재의 현실세계를 W_A, B라는 현실적 존재의 현실세계를 W_B라고 한다면, A와 B가 동시적일 때, W_A와 W_B를 통합하는 포괄적인

---

4) *Ibid.*, p.29(91-2).
5) *Ibid.*, p.68(158-9).

현실적 세계는 A와 B가 생겨난 시점에서는 아직 구체화되지 않았으며, 그것이 구체화되는 것은 A와 B에 공통되는 미래에 생겨나는 현실적 존재에서이다. 이러한 "동시성"의 이해는 복수결합체를 구성하는 현실적 존재의 인과적 관계가 과거와 미래에 대하여 대칭적일 수 없다는 것, 두개의 현실적 존재간에서는 엄밀한 의미에서 상호작용이 존재하지 않으며, 상호작용은 여러 현실적 존재들로 이루어지는 두개의 상이한 결합체 사이에서 규정되는 파생적 관계라는 것을 보여주고 있다.

화이트헤드의 『과정과 실재』의 형이상학, 혹은 우주를 이해하기 위해 유기체를 모델로 하는 사고법은 비단 전문적인 철학자나 철학사가 뿐만 아니라, 최근에는 이른바 "신과학"영역에서도 논의되고 있다. 그 중에서도 생명체 관찰에 따른 시스템론적(생물학적) 접근법에 있어서는 전체와 부분, 계층성 등 유기적 관계성 개념이 중요시되고 유기체 철학과의 개념 비교가 시도되고 있다. 이처럼 화이트헤드가 철학자로서 널리 주목을 받으며 연구되고 있는 것은 최근의 일이다. 유기체철학은 철학사의 주류가 되지는 않았다. 화이트헤드의 독특한 용어가 낯설고, 내용이 너무나 사변적으로 체계화되어 있다는 것이 그 주된 이유이다. 그러나 "신과학"의 사고법이 화이트헤드의 착상을 받아들여, 철학의 관심이 다시 존재 전체의 해석으로 옮겨가고 있는 오늘날 이 우주론은 널리 철학 내외에 영향을 주고 있다. 특히 그 대표적 예로는 봄(David Bohm)의 『전체성과 내포질서』,6) 프리고진의 『존재로부터 생성으로』7)와 함께 기계론적 자연관을 뛰어넘는 새로운 패러다임을

---

6) David Bohm, *Wholeness and the Implicate Order* (London : ARK PAPERBACKS, 1983).

7) Ilya Prigogine, *From Being to Becoming* : *Time and Complexity in the Physical Science* (W.H Freeman & Co., 1980); Ilya Prigogine & Isabelle Stengers, *Order out of Chaos : Man's New Dialogue With Nature* (New York : Bantam Books, 1984).

부여하는 우주론으로서 평가되고 있다.

4. 화이트헤드철학의 현대적 의의

화이트헤드의 철학체계는 20세기에 등장한 가장 적절한 형이상학이
론으로 평가된다(P.G.Kuntz, *Alfred North Whitehead*). 과학이 모든
지식의 원천으로 신뢰받는 시대에, 그리고 예지는 순전한 신앙심이나
절망적 결단에 달렸다고 보는 시대에 살면서, 화이트헤드는 감히 사변
철학을 "지식을 산출하는 중요한 방법"이라고 옹호해마지 않는다. 그
에게 있어 "사변철학이란 우리 경험의 모든 요소를 해석할 수 있는
일반적 관념의 정합적·논리적·필연적 체계를 축조하려는 노력이다."
실증주의는 실험실을 거치지 않는 지식을 모두 경시하려는 입장이라
고 보기 때문에 화이트헤드는 이를 거부한다. 그는 또한 실존주의도
거부한다. 혹은 극단적인 실존주의 운동형태를 거부한다. 그러한 실존
주의는 선택이라는 것을 근거없는 신앙적 행위로 보고 그것에 관해서
는 어떠한 입증도 논의의 가능성도 배제하기 때문이다. 화이트헤드의
철학체계에서는 논리학과 과학이 구체적인 개인의 관심과 언제나 연
관성을 맺고 있다는 데에 그 의의를 찾을 수 있을 것이다. 우리에게
두개의 문화영역이 있고 그 양자간에 공통언어도 교류도 없다는 스노
우의 논리(*The Two Cultures : And a Second Look*)는 이제 와서는
기술할 필요가 없게 되었다. 화이트헤드의 체계야말로 그러한 언어이
며 교류의 양식이라고 보기 때문이다.

이제 화이트헤드철학의 의의를 전통적 철학과 현대사상과 연관해서
정리해 보기로 하자. 먼저 화이트헤드는 피타고라스나 플라톤으로부터
우주론의 착상을 끌어들이고 있다. 그리고 그는 형이상학적 체계화를

시도하지만 그것은 물론 아리스토텔레스를 의식하면서 특히 그 주어-술어, 실체-속성 도식과의 대결에서 시도하고 있다. 이러한 고대 철학의 비전에 대한 반성은 화이트헤드의 문명론이나 종교론에도 깊게 반영되어 화이트헤드철학의 토양을 형성하고 있다. 그 다음으로 간과해선 안될 점은 근대인식론과의 대결이라는 측면이다. 경험과 지각에 관한 데카르트나 록크의 견해가 유기체론적 관점에서 평가되고 비판되고 있다. 그리고 흄 이래의 인과성문제가 이른바 귀납의 문제로 주목되면서 흄과 칸트가 유기체설의 관점에서 비판되고 있다. 버클리의 철학도 과학비판이라는 문맥에서 적극적으로 평가된다.

다음으로 현대사상과 연관시켜 볼때, 무엇보다도 럿셀과의 공저 『수학원리』를 중심으로 하는 화이트헤드의 수학기초론 및 현대논리학성립에 기여한 공헌을 특기할 만한 업적으로 들 수 있다. 특히 화이트헤드의 논리사상을 럿셀의 것과 대비시켜 『수학원리』의 문제를 재검토하는 문제뿐만 아니라 화이트헤드의 독창적인 논리사상을 그의 철학체계의 문맥에서 이해하는 관점도 항상 필요할 것이다. 그리고 화이트헤드철학이 상대론이나 양자론과 같은 현대물리학의 성과를 자신의 체계속에 섭취하고 있다는 것도 주목해야 할 점이다. 양자론이 밝힌 양자의 비연속성, 유동성, 불확정성은 아직도 우리에게 난제를 던져주고 있지만, 이러한 난제가 분명해진 직후에 화이트헤드가 유기체설의 관점에서 "사건"에 기초를 둔 독자적인 시-공을 파악하고, 시원적 요소를 "진동하는 에너지 흐름의 유기체적 시스템"(each primordial element will be an organized system of vibratory streaming of energy)[8]을 통해서 그 해결책을 모색하려고 했던 점은 우리의 흥미를 끈다. 이는 경청할 만한 화이트헤드철학의 현대적 측면이라고 할 수 있다.

---

8) *SMW*, p.46(64).

화이트헤드철학이 현대사상에 영향을 끼치고 있는 또 다른 측면은 그의 유기체와 환경에 관한 고찰이다. 화이트헤드의 유기체철학은 자연의 계층적 질서를 밝혀내고 있지만, 거기에는 인간이 자연속에서 감당해야 할 책임이라는 착상이 함의되어 있다. 또한 거기에는 환경윤리라고 불리는 가치체계가 출현한다. 그는 전문적인 윤리학자는 아니었지만 한 시대를 앞서서 환경윤리를 제창하고 있는 것이다. 그의 입장은 더 좋은 윤리학과 마찬가지로 더 좋은 과학도 생명 형식의 상호의존성을 인식하는 유기체론자의 형이상학을 기초로 해서만 성립될 수 있다는 것이다. 이렇게 해서 도달한 개념이 분명한 "생태계" (eco-system)개념이다. 환경파괴문제나 생명윤리와 같은, 말하자면 유기체적 문제들이 우리의 절박한 현실적 문제로서 다가서고 있는 오늘날, 한 시대를 앞서 그러한 문제를 주제로 설정하고 체계적으로 전개하려고 했던 화이트헤드철학이 갖는 의의는 결코 과소평가될 수 없을 것이다.

5. 맺는 말

현대문명사회는 세개의 대립관계를 기본적인 틀 내지는 패러다임으로 하여 운영되어 온 것으로 보인다. 첫째는 자연과 인간의 대립, 둘째는 인간상호간의 대립, 셋째는 인간에게 있어 지성과 감성의 대립이다. 이러한 세개의 대립관계를 패러다임으로 하여 인간은 세가지를 지향해왔다고 본다. 첫째는 자연을 정복하여 인간왕국을 확대해가는 것, 둘째는 서로 개성을 존중하면서 경쟁하며 사회진보를 도모해가는 것, 그리고 셋째는 비합리적 감정을 억제하고 합리적으로 조정되는 이성적 사회 건설을 목표로 진보 발전해가는 것이다.

그러나 그 결과가 우리에게 가져온 것은, 첫째는 대규모적인 자연환

경 파괴의 진행이며, 둘째는 상호불신과 갈등의 심화이며, 셋째는 이
성으로 억압된 감정의 분출이다. 본디 인간은 이성적일 뿐만 아니라
동시에 감성적 존재이기도 하기 때문에 이성으로 억압된 정서는 갖가
지 정신장애를 일으키게 된다. 그것은 걷잡을 수 없이 일거에 분출되
기도 하고, 때로는 폭동으로 번지기도 하고, 혹은 조직적인 반항운동
으로 연결되기도 한다. 이 경우에 감정을 부추기게 하는 것은 "힘은
정의"라는 이념이다.

　이러한 일련의 현상은 무엇을 의미하는가. 그것은 인간존재가 주체
적인 이성적 존재라는 점을 일면적으로만 강조함으로써 초래된 일종
의 "벗어남"(逸脫, deviation)의 세계임을 의미한다. 그것은 우리의 주
제 인물인 철학자 화이트헤드가 말한 이른바 "잘못 놓여진 구체성의
오류"(fallacy of misplaced concreteness)이다. 그렇다면 어째서 그런가.
그것은 있어야 할 인간존재의 어떤 추상적인 일면만을 추출하고 이를
구체적인 것이라고 착각한 과오를 범한 것이라고 보기 때문이다. 이러
한 오류에 빠진 인간은 "정신착란 인간"일 것이다. 그것은 근대 합리
주의가 남겨놓은 하나의 유산이요 "오류"이다. 말하자면 그것은 인간
이 생존하기 위한 필요조건에만 주목하고 그 충분조건을 상실한 "오
류"라고 할 수 있을 것이다.

　그렇다면 인간존재의 충분조건은 무엇인가. 그것은 한 마디로 "조
화"에 있다. 첫째는 자연과 인간 사이의 조화이며, 둘째는 인간상호간
의 조화이며, 셋째는 인간의 지성과 감성 사이의 조화이다. 화이트헤
드의 "유기체철학"의 목표는 바로 이러한 새로운 관점과 세계를 열기
위한 기본구도였다고 할 수 있을 것이다. 인간과 자연, 인간과 인간,
인간의 지성과 감성이 각기 별개의 것이 아니고, 어디까지나 세포의
세계처럼 유기적으로 결합된 관계에 있음을 주장한 것이었다.

이러한 관점에서 본다면 화이트헤드철학은 일종의 "Eco-Philosophy"라고 볼 수 있을 것이다. 우리의 문제의식은 특히 자연과 인간 사이의 조화의 문제에 있다. 또 그것을 생물학적 용어로 말하자면, 생태계에 있어서 자연과 인간의 공생(共生)이 될 것이다. 우리가 미래의 철학을 생각하려고 할 때, 그 기초가 될 자연관이나 인간관에 있어 총체적 관점이 그 어느 때보다도 강하게 요구될 것이다. 또한 살아있는 커다란 자연과 인간을 포함한 생명체의 상호연관성, 상호의존성이라는 것을 인식하는 유기체론적 철학이 그 어느 때보다도 강하게 요구되지 않을 수 없을 것이다.

베르그송의 시간론

1. 시간의 회복

　미래의 사상사가들은 제임스와 베르그송을, 인간사고에 있어서 새롭고도 신선한 운동 — 아더 러브조이(Arthur Lovejoy, 1873~1962)는 이 운동을 가리켜 시간주의(temporalism)라 이름했는데 이는 아주 적절한 표현이었던 것으로 보인다 — 을 일으킨 두 창시자이자 선구자로 기억하게 될 것이다. 헤라클레이투스, 완숙기의 셸링, 그리고 헤겔 등에서 보듯이 몇몇 예외가 있기는 하지만, 실재를 정태적인 용어로 해석하고 시간적 존재를 무시간적이고 플라톤적인 우주의 희미한 복제품처럼 생각하는 경향이 철학사 전반을 통해 항상 있어 왔다. 역동적인 것으로 보이는 세계관들조차도 불변하는 정태적인 것에 대한 매혹을 결국에는 이겨내지 못했다. 쇼펜하우어의 "의지"(Will)라는 용어만큼 역동적으로 들리는 것도 없다. 그러나 그는 "의지"를 시간 너머에 있는 것으로 자리매김하는 가운데 엘레아학파와 스피노자 못지않게 정태적이고 불변적인 것에 빠져들고 말았다. 헤겔의 "Werden"(Becoming, 생성)의 개념도 엄밀한 의미에서 역동적이라 할 수 없는데, 왜냐하면 그것은 똑같이 정태적인 두 대립자 — 존재와 비존재 — 의 종합의 결과로 간주되기 때문이다. 19세기에서 20세기로 넘어가는 전환기에 와서야 비로소 실재의 시간적 특성이 갖는 깊은 의미가 이해되기 시작했다. 한 관념의 탄생시기를 명확히 짚어내는 것은 어려운 일이지만, 근대사상에서 시간이 재발견된 것은 아마도 1880년에서 1890년에 이르는 10여년 사이의 일이었을 것이다. 1884년에 제임스(W.James, 1842~1910)는 "내관 심리학이 간과한 것들에 대하여"(On Some Omissions of Introspective Psychology)라는 제목으로 『마인드』(*Mind*)지에 논문을 발표했는데, 거기서 그는 사고의 흐름에 대한 그의 개념의 주요한 특징들을 밝히고 있다. 한편 대서양의 반대편에서 베르그송은 제임스의 논문제목과 대단히 비슷한 제목의 논저 『의식의 직접 소여에 관한 시론』(*Essai sur les données immédiates de la conscience*)을 어렴풋이 구상하고 있었다. 이렇게 하여 극히 다산적인 철학의 시대가 시작되었다. 이것은 물리학에서의 광범위한 혁명과, 시간의 개념을 포함한 기초 개념들에서의 중대한 변화에 의해 뒷받침되고 있었다. 브로드(C.D. Broad), 새뮤얼 알렉산더(Samuel Alexander), 그리고 화이트헤드(A.N. Whitehead) 등의 이름으로 대표되는 최근의 시간론자들은 근대 물리학과 제임스 및 베르그송의 사상으로부터 공히 영향을 받았음을 보여준다.[1]

시간을 권력의 수단으로 숭앙하고 결과적으로 속도에 고도의 중요성을 부여했던 일은 알프레드 드 비니(Alfred de Vigny)라는 비판자를 만나게 되었다. 성급함이란 사람들이 그것에 의해 어디로 이끌려가는지 알지못한 채 그 명령에 따르게 되는 그런 악마적인 존재이다. 그 시인은 시와 인간성의 이름으로, 속도를 향한 이러한 광기를 거부해야만 한다고 느꼈다. "시간엄수"(punctuality)라는 생각은 이 세상을 암영으로 뒤덮는 것 같았다. 전에는 변화무쌍한 풍경, 수고와 여행에서 얻는 휴식의 교차, 그리고 자신의 기대와 성취 등이, 여정을 통해 소비되는 시간을 참되게 경험할 수 있게 했지만, 이제는 이 모든 것이 출발점과 도착점들을 연결짓는 일직선적이고 생기없는 시간의 선으로 대치되었다. 비니는 인간과 시간의 관계가 이러한 새로운 수송형태에 의해 왜곡되어 버렸다고 생각했다. 인간성이라는 관념과 인간성에 합당한 삶의 양태라는 관념은 어떤 평온한 존재의 리듬과 연관되어 있으며, 인간의 활동은 이것과의 조화 속에서 이루어져야 한다고 그는

---

1) M. Čapek, "Stream of Consciousness and Durée Réelle" (*Philosophy and Phenomenological Research*, Vol. X, 1950), p.331.

생각했다. 그가 보기에 시간을 갖지않은 사람은 더이상 인간이 아니었다. 왜냐하면 모든 것이 오랫동안 관조될 것을 요구하고 있었기 때문이다.[2] 시간을 새롭게 그러나 부적절하게 다루는 데에 대한 비니의 항거는 어떤 추진력을 갖추고 있었다. 그는 인간을 자연의 피조물 내지 자연적인 과정의 볼모가 아니라, 지성과 문화 및 반성능력을 본질적인 특질로 갖고 있는 존재로 보았다. 이러한 것들은 온갖 형태의 성급함과 서두름에 대적하는 요인들이었다. 인류는 그의 지성적이고 영적인 안녕에 부합하는 시간관을 채택하지 않으면 안된다.

이러한 비판은 근대가 시간을 신격화함으로써 만들어낸 영적인 진공(spiritual vacuum)에 대한 지극히 적절한 반성과 매우 예리한 직관적 통찰에 토대를 둔 것이었기 때문에, 피상적인 시간관이 인간성과 인간의 삶에 대한 보다 깊은 이해를 허용하지 않는다는 사실을 깨닫게 되면서 곧바로 또 다른 반론들을 야기시켰다. 시간이 분할될수록 더욱 더 열정적으로 새로운 기술의 무기들이 추구되었으며, 결국에는 더이상 "시간"이라는 이름으로 불릴 가치가 없는 원천을 채굴하는 상황이 됨으로 말미암아 시간이라는 말은 이 원천에 적용될 때 잘못 붙여진 이름이라는 것이 더욱 더 분명해져 갔다. 과학이 시간을 과정들에 대한 외적인 계량의 척도로 계속해서 사용함에 따라, 그리고 권력의 욕망이 시간을 활용가능한 수단적 대상으로 간주하고 합리적으로 다루는 일을 계속함에 따라, 결국에는 인간과 시간의 참된 관계라는 근본적인 문제가 제기되었다. 최근 수십년 동안 과학은 인간과 시간사이의 변화하는 관계의 문제에 눈에 띄게 관심을 기울여왔다.

두가지 형태의 시간이 구별되어야 한다고 주장하면서 전통적인 시간관에 아주 강력하게 반발한 사람은 베르그송이었다. 시간을 목적실현의 수단으로서 분할하고, 이용하고, 제어하려는 경향은 그것이 절정

---

2) *La Maison du berger*, I. st. p.19.

에 이르렀을 때 반성되고 저지되었다. 영화촬영기법을 통해 운동을 파악하는 과학은 한번도 실재적 지속(durée réelle)과 화해한 적이 없었다. 물리학은 언제나 정지점과 운동의 교차점만을 분리해냈을 뿐, 결코 운동 자체를 추출해내지는 못했다. 과학은 실재의 유동을 대변하는 시간의 끊임없는 흐름을 파악한 적이 없었다. 과학이 "시간"이라고 불렀던 것은 진정한 계기(succession)나 지속이 아니라, 이들의 공간적 투사물이었다. 오직 이 후자만이 계량가능하고, 분할가능하며, 가역적이고 동질적이다. 선행하는 것과 후행하는 것, 오늘과 내일이 서로 혼동되어서는 안된다. 공간화된 시간관은 세계에 대한 합리적인 이해와 정복이라는 목표에 집중한 나머지, 과거와 미래 사이의 근본적인 차이를 모호하게 만들고 말았다. 신의 섭리가 인간의 지성에게 허락한 것은 이러한 목적뿐인 것 같았다. 지성은 인간의 운명이 제기한 심오한 문제들 중 어느 것에도 답하지 못한 채, 현상들 간의 피상적인 관계들만을 구축해 놓았다. 지성은 실재적 시간을 비합리적인 배경적 힘으로 간주하여 무시하고, 단지 사물들을 질서지우기 위한 구도에 불과한 것으로 취급할 수 있는 실제적인 기능을 갖고 있었다. (그러나) 우리의 참된 의식상태들은 공간이나 양(量)과는 무관하다. 우리의 시간경험은 순수하게 질적인 것이다. 그 경험의 계기들(moments)은 이질적이며 서로 융합된다. 그것들은 수적 다양성이 아닌 질적 다양성을 형성한다. 이러한 시간관에서 보자면, 미래는 불확실한 것이다. 미래는 계량될 수 없다. 왜냐하면 우리의 내적 삶은 수학적인 사태가 아니라 역사적인 사태이기 때문이다. 우리가 우리 자신에게 "귀기울임으로써" 우리의 내부에서 발견하는 그러한 시간은 시각적 현상이라기보다는 청각적 현상이다.

　과정 자체보다 과정의 결과에 주목할 경우, 시간과 생성은 사라진다. 예를 들어, 8이라는 양은 그것이 5 더하기 3으로부터 나오든지 3

더하기 5로부터 나오든지 아무런 상관이 없다. 그러나 시간적 영역에서는 이들 합산의 두가지 방식이 날카롭게 구별된다. 역사가는 동일한 결과가 여러가지 방식을 통해 얻어질 수 있을 것이라는 사실에 늘 주목한다. 사건들의 경로를 가로막아 되돌려 놓는다는 것은 불가능하다. 과거는 그 특수성과 비가역성을 갖고 여전히 존재한다. 나는 8이라는 양을 다시 5와 3으로 나누고, 그럼으로써 수학적 의미에서는 선행상태(*status quo ante*)를 복구할 수 있다. 그러나 이것은 어디까지나 수학적인 추상적 의미의 선행상태일 뿐이다. 실재적 지속에 있어서 선행상태들은 재창조될 수 없다. 합을 그 구성요소로 환원시키는 빼기(subtraction)는 더하기의 과정을 철회하는 과정으로서, 시간을 평가절하하는 공간화된 시간관과 밀접한 관련을 맺고 있는 것처럼 보인다. 왜냐하면 여기서 빼기는, 더하기 과정을 역전시킴으로써 선행상태를 복구하는 과정으로 파악되고 있기 때문이다. 그래서 예컨대 3 + 5 = 8은 8 - 3 = 5와 같은 과정에 의해 합산 이전의 상태로 되돌아갈 수 있는 것으로 이해되는 것이다. 그러나 시간은 일방통행적이기 때문에, 시간에 있어서 우리는 오직 한 방향으로만 움직일 뿐이다. 외적인 것들을 포착하고 이론적이고 실제적인 "제어"에 치중하는 정신은 과정의 추정된 결과에 우선성을 부여하면서, 이 추정된 결과를 참된 결과라고 제멋대로 가정하는 한편, 고유하고 비반복적인 과정의 산물로서의 참된 결과에 주목하려 하지 않는다. 정신은 사건의 흐름으로부터 결과들로 보이는 어떤 단계들만을 추출해낸다. 왜냐하면 그것들은 관찰가능한 현상으로서, 또는 전개과정의 바람직하거나 측정가능한 최종 산물로서 가치있는 것처럼 보이기 때문이다.

잃어버린 시간을 회복하려고 애쓰는 평범한 사람은 과거를 회상하면서 자아의 상실을 의식하게 된다. 이러한 기억은 실제로 먼저 일어났던 사건이나 경험에 외적으로 부가되는 사고의 요소들과, 합리성만이 부각되고 경험의 본질적인 정서적 성질이 도외시된 그런 연상(聯想)의 요소들로 구성되어 있다. 사물의 참된 본성을 포착하지 못하는 이러한 반추(thinking back)는 시간을 변성(變性)시킨다. 우리는 우리의 목적을 실현시키는 것들을 실재로부터 선택한다. 우리의 경험의 많은 부분은 실제적 유용성을 갖지 못한다는 사실 때문에 우리의 의식에서 빠져나간다. 마르셀 프루스트(Marcel Proust)는 이 실제적으로 쓸모없는 경험을 포착하여 기술하는 과제를 스스로 떠맡았다. "본질적"이라는 개념과 "우연적"이라는 개념은 그 유의미성을 잃었다. 어떤 사람을 처음 대면하는 순간과 그에게 처음 건네는 말 사이에는 수많은 인상들이 끼어든다. 이런 인상들은 어느 것이나 똑같이 중요하다. 프루스트는 삶을 무차별적으로 묘사하고 싶었다. 이것은 새로운 일이 아니었다. 자연주의자들은 이미 그렇게 냉정하게 실재를 재현하는데 골몰하고 있었다. 이런 까닭에 프루스트는 우연한 관찰자에 불과했다. 그러나 실재, 그리고 그렇기에 결국 시간은 그밖의 무엇인가를 대변하는 것으로 이해되었다. 선택함에 있어서, 자기가 관찰한 실재가 바로 선택의 결과라는 사실을 늘 염두에 두고 있었던 것이다.

현재의 순간을 과거의 순간과 무심결에 순간적으로 동일시하는 것은, 잘 짜여진 사고의 통로를 경유하여 의지작용의 결과로 나타나게 되는 자발적인 회상과 대조를 이룬다. 그러므로 과거로부터의 이 순간은 소멸되거나 상실되는 것이 아니라, 우리 안에 숨어 있다가 갑작스런 빛에 의해 조명되는 것이다. 이러한 순간들은, 우리가 진실로 경험하고 항상 우리 수중에 남아있는 그런 시간과 대응한다. 그것이 자연스럽게 의식에 떠올랐다는 사실은 그것의 진실성의 증거가 된다. 고맙게도 그것은 우리의 의지의 도움없이 빛 가운데로 들어와, 그것이 불러일으킨 현재의 순간을 밀어젖히려 한다. 우리의 마음안에서 일어나는 이 순간적인 싸움에서 승리하는 자는 현재이다. 그러나 과거를 "소유"하는 데서 오는 만족감이 우리의 내면 깊숙한 곳에 존속한다. 시간적 경험의 비합리적 본성에 대한 각성은 우리의 마음을 베르그송의 실재적 지속(*durée réelle*)으로 인도한다. 시간은 표면에 놓여있는 것이 아니다. 우리가 사고할 때, 우리는 시간 위에서 피륙을 짜고 그럼으로써 시간을 감춘다. 뿐만 아니라, 베르그송이 말하듯이, "우리 모두가 단순한 분석이 아닌 직관에 의해 내부로부터 포착할 수 있는 그런 실재가 적어도 하나 있다. 그것은 시간을 통해 흐르고 있는 우리 자신의 인격, 즉 지속하는 우리의 자아이다."3)

베르그송이 "형이상학 입문"(An Introduction to Metaphysics)에서 보여주고 있는 자아의 본성에 대한 다소 간결한 기술은 그의 초기저작 두 편에서 이미 소개되었었다는 점을 기억하는 것이 도움이 되겠다. 『의식의 직접 소여에 관한 시론』에서 그는 흄이 부각시켜놓았던 다양한 의식상태들을 면밀히 분석함으로써 자아의 본성에 관한 유사─심리적 탐구라고 할 수 있는 것에 착수했다. 그러나 흄에게서와는 달리, 비록 개인의 의식상태들이 분석되었을 때는 당연히 다수성으로 나타나지만, 그 내밀한 심층적 성격에 있어서는 단일한 전체로 나타난다는 것이 그의 논증의 큰 줄기였고, 이로부터 그는 인격성을 조직화하는 원리가 "지속"의 관념에서 발견될 수 있다고 결론지었다.

필자가 보기에 베르그송의 자아개념을 제대로 이해하기 위해 택할 수 있는 방법에는 두가지가 있는 것 같다. 한가지 방법은 그 학설을 『의식의 직접 소여에 관한 시론』과 『물질과 기억』(Matter and Memory)에서 직접 읽는 것이다. 또 다른 방법은 마르셀 프루스트의 위대한 소설『지나간 것들에 대한 회상』(The Remembrance of Things Past)을 주의깊게 읽는 것이다. 왜냐하면 프루스트의 의식은 베르그송

---

3) *IM*, p.9.

철학의 영향하에 있었을 뿐만 아니라, 그 자신 또한 독자적이고 창조적인 삶을 통해 그 철학자의 결론과 정확히 똑같은 결론에 도달했었기 때문이다.[4]

분석에 의해 가장 분명하게 드러나는 자아는 표층세계의 자아이다. 이 자아의 심상과 인상들은 항구적인 흐름안에 있고, 그의 지각들은 외관상 분리되어 독립해 있는 것으로 보이는 개체들로 구별될 수 있다. 이것은 우리에게 유동하는 인상들 — 나무와 냇물, 집과 거리, 서로 인사를 나누고 말다툼하는 사람들의 인상들 — 의 폭류(瀑流)를 제공하는 일상적인 의식의 흐름에 속한 자아, 요컨대 우리의 존재가 자연이나 그 속의 대상들과 상호작용할 수 있게 되는 조건으로서의 일상적인 자아이다.

이에 반해, 심층부의 자아는 우리의 의식상태들이 기억의 통일성에 힘입어 빚어내는 형태를 띠고 있다. 표층적 자아의 표면 아래인 여기에는, 경험들이 서로를 뒤따를 뿐만 아니라 현실적으로 서로 융합되어 들어가는 자아가 있다. 그래서 이때 저 표층의 자아는 이 유기적이고 팽창하는 전체로서의 자아속에 함몰되어간다. 그러나 우리가 이 심층의 자아에 몰입하게 되는 일은 매우 드물다.

표층의 자아를 통해 우리는 일상적 존재의 세계와 접촉하고, 우리의 인상들을 가지고 대상들을 주조해내며, 그것들에다 (그리고 사람들에게도) 우리로 하여금 고정된 세계의 견고한 편린들로 다룰 수 있게 하는 시공간상의 불변성을 부여한다. 만일 표층의 자아가 자연의 연속성 안에서 우리의 지위를 보장해준다면 모든 영광은 그 자아에게 돌려질 것이다. 그러나 그것이 완수할 수 없는 임무를 그것에게 부과하

---

4) F. C. Green, *The Mind of Proust* (Cambridge : Cambridge University Press, 1949), p.399.

지는 말자. 그 표층의 자아는 그 자신에게 그 자신의 존재를 구성하는 인격적 경험을 제공할 수도 없고, 우리의 결단력있는 행동과 도덕의지를 창출시키는 근원적 기층의 자아를 제어할 수도 없다. 그것은 우리의 환경을 해석하는 자, 어쩌면 우리의 주변과 중심부 사이의 매개자일 수 있겠지만, 우리가 그것을 따라 행동할 수는 없다. 그것은 불안, 공포, 죄의식, 욕구, 또는 사랑같은 것을 전혀 알지 못하며, 따라서 우리가 우리의 자유를 그것에 위탁한다면 그것은 단지 환상때문일 것이다.

그래서 이제 우리에게는 다음과 같은 난제가 남는다. 의식상태들의 불연속적인 흐름은 우리에게 외부세계와의 기본적인 접촉을 가능하게 하는 반면, 이 불연속적인 상태들은 인간의 결단과 도덕적 행위를 설명할 수가 없다. 불연속적인 자아로부터 창출되는 행위는 의미있는 행위, 즉 우리의 과거를 요약하고 미래와의 연관성을 갖는 그런 행위가 될 수 없다. 전체 자아만이 결단력있는 행위를 책임질 수 있는 것이다. 베르그송은 "간단히 말해서, 우리의 행위가 우리의 전체 인격성으로부터 솟아나올 때, 그 행위가 그러한 인격성을 표현할 때, 그리고 그 행위가 간혹 예술가와 그의 작품사이에서 발견되는, 그 인격성과의 정의불가능한 유사성을 가질 때, 우리는 자유롭다"[5]고 말하고 있다.

만일 이것이 사실이라면, 우리는 비정합적이고, 우유부단하며, 그리고 어쩌면 부지중에 행해지는 부정직한 인간의 많은 행위들을 설명할 수 있게 될 것이다. 행위에서의 우유부단과 비정합성은 사실상 우리가 자신의 심층적 자아의 개입없이 표층의 자아만을 가지고 행동한다는 것을 의미하며, 이렇게 피상적인 것을 위해 심층적인 것을 버린다는 것은 우리의 삶에 있어 인격적 자유의 수동적인 포기를 의미한다. 만

---

5) *TFW*, p.172.

일 베르그송이 옳다면, 인간의 자유는 전통 철학이 때때로 주장했던 것처럼 인격성을 항구적으로 소유하는 데 있는 것이 아니다. 오히려 그것은 우리가 일상적으로 흔히 요청하게 되거나 현실적으로 갖게 되는 성질이 아니라, 극적인 결단에 직면하여 자아의 지류들을 하나로 끌어모을 필요가 있게 되는 그런 순간에 우리가 되찾게 되는 성질이다. 그것은 자아─통합(self-integration)의 행위이다. 20세기가 시작되던 때에 저술된 책속에서 "결정적인 선택의 순간"(the moment of decisive choice)이라는 낭만적인 개념을 발견하게 되는 것은 다소간 놀라운 일이다. 이 개념은 야스퍼스와 하이데거에게 있어서 우리가 인격적 동일성에 대한 경험에 이르게 되는 단서였다. 사실상 이 학설은 키에르케고르로부터 사르트르에 이르기까지 실존주의의 주춧돌이었다. 그러한 개념은 인간행동의 역리(逆理)들에 관하여 많은 것을 설명하겠지만, 그러한 설명은 인간 삶의 위기상황에서의 우리의 진정한 개별성을 간과하게 된다.6) 이 점에 대해서는 베르그송도 명시적으로 말하고 있다.7)

> "따라서 결국 두가지 상이한 자아가 있는데, 한 자아는 다른 자아의 외적 투사 또는 공간적 사회적 재현이다. 우리는 우리의 내적 상태들을, 계량을 위해 조작될 수 있는 것들로서가 아니라, 상호침투하고 지속안에서의 그것들의 계기(succession)가 동질적인 공간에서의 병치와는 아무런 공통점을 갖지 않는, 그래서 살아있으면서 항상 생성하고 있는 것으로 파악되는 그런 깊은 내성(內省)에 의해 후자에 도달한다. 그러나 우리가 우리의 자아를 포착하는 순간들은 매우 드물다. 그리고 우리가 자유로운 때가 드문 것도 바로 이런 이유 때문이다. 대부분의 시간동안 우리는 우리 자아 밖에 살면서, 우리의 자아를 거의 지각하지 못하고 오직 우리의 자신

---

6) Karl Jasppers는 그의 저서 『*Psychologie der Weltanschauungen*』과 『*Psychologie*』에서 이러한 "한계상황" (Grenzsituationen)설을 전개시키고 있다.
7) *TFW*, 231f.

의 망령만을, 즉 순수한 지속이 우리 자신에게가 아니라 동질적인 외부세계로 투사하는 무색의 그림자만을 지각한다. 우리는 사고하기보다는 말하며, 우리 스스로 행하기보다는 '이끌려 행한다'(are acted), 자유롭게 행동한다는 것은 자기 자신에 대한 소유권을 되찾고, 순수지속으로 복귀하는 것이다."

이런 점에 주목할 때 프루스트의 작품은 그 의도와 방법에 있어서 베르그송의 철학정신에 근접해 있다. 프루스트의 저작제목은 『잃어버린 시간을 찾아서』(A la recherche du temps perdu)이다. 우리는 이 제목이 담고있는 글자 그대로의 의미를 주의깊게 고찰할 필요가 있다. 왜냐하면 프루스트에게 있어서 과거를 되찾으려는 해설자 마르셀의 시도는 근본적으로 자기의 심층적 자아와의 관계를 회복하고, 그럼으로써 자유의 가능성을 재창조하려는 시도이기 때문이다. 프루스트의 위대한 저작의 마지막 작품에 『되찾은 시간』(Le temps retrouvé)이라는 제목이 붙여져야 했던 것은 우연한 일이 아니다. 왜냐하면 이 마지막 저작은 긴 회상과정의 절정과 그 궁극적 성취를 기록하고 있기 때문이다. 프루스트는 베르그송처럼, 지나간 시간을 되찾는 일이 오직 "깊은 내성의 과정"을 통해서만 성취될 수 있다는 것을 알고 있었을 뿐만 아니라 직관적 예술가의 명료한 통찰에 힘입어, "우리가 그렇게 우리의 자아를 포획하는 순간들이 드물다"는 것도 이해하고 있었다. 만일 자아에 대한 소유권을 되찾고 순수지속의 흐름속으로 재진입하는 것이 자유의 발현이라면, 프루스트의 작품은 20세기에 있어 자유의 지의 위대한 창조적인 행위들 중의 하나일 것이다.

　『되찾은 시간』[8]에서 프루스트가 말하고 있는 것은 여기서의 핵심을 잘 보여준다.

---

8) Marcel Proust, *The Past Recaptured* (trans. F.Blosom, New York : Albert and Charles Boni, 1932), p.36.

"감싸인 내적 삶을 스스로 창조한 사람들은 눈앞에서 일어나고 있는 사건들의 중요성에 별로 주의를 기울이지 않는다. 그들의 사고경로를 심대하게 바꾸어 놓는 것은, 그 자체로는 전혀 중요하지 않게 보이지만 그들에게 있어서 시간의 순서를 전도시킴으로써 그들로 하여금 예전의 삶의 기간을 다시 살 수 있게 하는 훨씬 더 중요한 어떤 것이다."

또한 프루스트는 어째서 회복된 특정한 과거의 경험이 단순히 감각 작용의 다양한 흐름으로부터 선택된 난삽하고도 사소한 형태의 것에 그치지 않고, 힘든 재창조의 도구적 행위를 통해, 그것이 본래 발생했던 보다 더 사소한 맥락에서는 결코 예상될 수 없었던 그런 플라톤적인 본질의 성격을 얻게 되는지를 시사하고 있다.

"그러나 이미 들었던 소리나 몇 년 전에 맡았던 냄새를, 현재와 과거 속에서 동시에, 현재 순간에 존재하지는 않으나 생생한 것으로, 이상적이지만 추상적이지는 않은 것으로 다시 새롭게 지각해보자. 그러면 그 즉시 보통의 경우 감춰져 있던 사물의 영원한 본질이 해방되고, 죽은지 오래된 것처럼 보였지만 다른 측면에서는 죽지 않았던 우리의 참된 자아가 깨어나, 천상으로부터 영양분을 섭취하거나 한 것처럼 새로운 생명을 얻게 될 것이다. 연대기적 시간질서로부터 해방된 일분의 시간은 그 일분의 시간을 지각할 수 있도록 해방된 인간을 우리 안에 재창조해 왔던 것이다."9)

프루스트의 이러한 반성은, 까닭 모르게 그리고 어쩌다가 반복되어 온 어떤 특수한 감각인상에 의해 촉발된 일련의 관념들의 운동에서 우연히 시작되고 있다. 그래서 그의 책의 도입부를 보면, 파리에 있는 그의 아파트에서 우연히 차에 담가 먹게 된 케이크조각(쁘띠뜨 마들렌)이, 그로 하여금 미각을 통해, 어릴 때 그의 숙모가 그에게 주었던, 차에 담갔던 비슷한 케익을 생각나게 하고, 이어서 꽁브레이에서의 어

---

9) *Ibid.*, p.198.

린시절 전체를 떠올리게 하고 있다. 지극히 자의적이면서도 우연하게 보이는 이 감각적 사건으로부터 『잃어버린 시간을 찾아서』가 싹텄던 것이다.[10]

"그리고 그것은 우리자신의 과거의 경우에도 마찬가지다. 그것을 다시 붙잡으려는 것은 헛된 시도이다: 우리의 모든 지적 노력은 헛된 것으로 밝혀질 것임에 틀림없다. 과거는 지성의 영역밖에, 지성의 손이 닿지 못하는 어딘가에, 우리가 짐작도 못하는 어떤 물질적 대상안에 (그 물질적 대상이 우리에게 주는 감각 안에) 감춰져 있다. 그리고 그 대상으로 말하자면, 우리 자신이 죽기전에 우리가 과연 그 대상과 만나게 될지 어떨지는 우연에 달려있는 문제이다."

프루스트의 기획 전체는 비자발적인 기억의 메카니즘에, 지나간 실재의 회복이라는 기적이 유사한 감각들의 매개를 통해 일어나는 그런 계기들(occasions)에 토대를 두고 있다. 게르망뜨(Guermantes)의 공주에게 초대를 받아 연회장으로 가는 길에, 마르셀은 우연히 그녀의 궁정에 울퉁불퉁하게 깔려있는 돌멩이에 발이 채이는데, 이 경험은 즉시 그에게 충만한 환희의 느낌을 가져다주면서 베니스의 성 마가 침례교회의 자갈길을 기억나게 한다. 연회장에서 어떤 하인이 잘못하여 숟갈을 접시위에 떨어뜨렸을 때, 마르셀은 제동수가 작은 망치로 바퀴를 두들기는 동안 잠시 멈추었던 어느 기차의 객실안에서 경험한 시골의 어느 밝은 여름날로 되돌아간다. 한 하인이 그에게 오렌지쥬스 한잔과 냅킨을 가져다주었는데, 이 냅킨이 입술에 닿자, 그것은 그에게 발벡에 있는 바다의 푸른빛을 회상하게 만든다. 왜냐하면 그것은 그가 그 바닷가의 휴양지에서 몸을 말릴 때 사용했던 수건과 똑같은 정도로 풀이 먹여 있었기 때문이다. 모든 것은 우연이다. 모든 것은 시간의

---

10) M. Proust, *Swan's Way* (trans. Concriff, New York : Random House, 1928).

미로(迷路) 어딘가에서 잃어버렸던 자아의 경험들을 신비스럽게 가리키고 있는 것이다.

> "이 이상한 간판들(나의 의식적인 마음이, 나의 무의식적인 자아를 탐색하면서 찾아다니다가 부딪히고, 길을 더듬어 찾는 운전수처럼 지나쳐버리게 되는 그런 불쑥 튀어나온 간판들)로 이루어진 주관적인 책을 읽는데에, 그 누구도 어떤 규칙을 가지고 나를 도와줄 수 없다. 왜냐하면 그책을 읽는 일은 그 누구도 우리 대신에 해줄 수 없고 심지어 도와줄 수조차 없는 창조적인 행위이기 때문이다."11)

프루스트의 작품은 지나간 삶의 편린들을 부활시키는데 치중하고 있다. 그러나 이러한 회상의 계기들 밑에는 베르그송적인 일련의 가정들이 깔려있다. 1) 중요한 기억들은 의지에서 연유하는 것이 아니라, 무의식적인 자아의 깊은 기저층에서 솟아난다. 2) 우리가 다른 사람들에게 귀속시키는 성격은 그들에 대한 우리의 단편적인 경험들의 재현일 뿐이다. 따라서 그런 성격은 단지 부분적인 타당성만을 가지며, 또 계속해서 변화하고 있는 것이다. 3) 우리는 무엇인가를 통찰할 때 지성으로부터 도움을 받는 것이 아니라 제약을 받으면서 살아가고 있는데, 왜냐하면 모든 심리적 경험의 본유적인 비극은 사실들의 일정표와 우리의 느낌의 일정표를 시간적으로 일치시키지 못하는 데서 비롯되는 것이기 때문이다. 4) 예술과 철학적 직관에는 유사성이 있는데, 예술가에게 적합한 앎의 방식은 최대한도의 감수성을 통해 삶을 경험하는 것이기 때문이다. 5) 우리는 지성적 환원에 의해서가 아니라, 지성이 시사하고 또 결국 그것이 굴복해야 할 직관에 의해 사물들의 진리를 포착한다.

"육화된 시간"(time as incarnate), 우리 안에 갇혀져 있는 것으로서

---

11) M.Proust, *The Past Recaptured*, p.206.

의 과거, 그리고 시간 안에서의 자아의 존엄성 — 공간에서는 동일하게 보존되지 않는 존엄성 — 에 대한 프루스트의 생각에는 베르그송의 지속이론과, 기억의 행위를 통해 성취된 자아의 통일성에 관한 문학적이고 상상력 넘치는 성찰이 들어있다.

이제까지 우리는 어떻게 베르그송이, 모든 경험을 그 요소들로 분할해내는 방법, 즉 본질적으로 데카르트적인 분석방법을 사용할 경우에만 마음은 분할된 마음상태들의 연속으로서 파악될 수 있다고 주장하게 되었는지를 살펴보았다. 그러나 우리가 그 요소들이 실제로 자아의 "부분들"이 아니라 추상과정의 산물일 뿐이라는 것을 분명하게 이해하고나면, 우리는 살아있는 인격성의 토대로부터 특정한 마음상태를 추출하는 것이 불가능한 일이라는 것을 알게 될 것이며, 또 일련의 심리적 상태들을 종합하여 인격성에 도달하려는 전도된 시도의 오류 또한 명백해질 것이다.

전통 경험론은 분석을 통해 자아를 발견하려고 하는 데서 오류를 범해왔다. 마찬가지로 전통 합리론은 통각(統覺)의 선험적 통일성이라는 지극히 의심스러운 메카니즘을 사용함으로써 의식의 상태들을 한데 묶으려고 하는 가운데 오류를 범해왔다. 경험론과 합리론이 모두 실패한 것은 이들이 자아를 직관적으로 다루려는 지속적인 노력을 기울이지 않았기 때문이다. 그러나 『의식의 직접소여에 관한 시론』에서 밝히고 있듯이, 우리가 직관의 방법을 사용하면, 즉 외부 세계에 대한 실천적인 이해에 적합한 분석의 방법을 버리고 오직 자아를 이해하는 데에만 적합한 방법을 택하면, 이 자아는 "순수한 내적 지속"으로 인식될 수 있을 것이며, 명확한 윤곽을 갖는 의식상태들의 표면아래에서 부분들이 융합하여 살아있는 유기적 전체를 형성하는 보다 깊은 핵심부가 발견될 것이다.

『잃어버린 시간을 찾아서』의 저자가 자아의 재발견에 특별한 중요성을 부여하고 그것을 그의 소설들의 축이 되는 구성원리로 삼았다는 것 또한 사실이다. 그러나 프루스트를 단순한 감상적 회상(*mémoire affective*)을 유행시킨 사람으로 보는 것은 아주 잘못일 것이다.[12] 흩어져 있는 어린 시절의 인상들에 대한 기억에 생명을 불어넣는 일은, 미래로부터 자기의 존재가 확증될 것을 기대할 수 없는 사람에게는 그의 직관의 개입에 힘입어 집중적으로 실현되는 하나의 중대한 과정이다. 과거가 현재에 실재성을 부여하고 있는 것이다.[13] 그러나 그 시인으로 하여금 자신의 자아를 확증할 수 있게 하는 재생의 순간들은 참된 지속의 연속체를 형성하지 않는 상호무관한 광선의 점들로 남아 있다. 기억된 의식상태들은 공간의 부분들처럼 나란히 병렬해 있다. 이 점에서 프루스트의 시간관은 베르그송적인 시간관과 구별된다. 이 의식상태들은, 이들 상태와 자기존재와의 보편적이고 무시간적인 관계를 확보하고, 그럼으로써 잃어버린 시간과 잃어버린 공간을 회복해야 하는 그런 마음안에서 종합되어야 한다. 왜냐하면 프루스트적인 기억의 양태에서는 순간들뿐만 아니라 장면들도 분리되어 있기 때문이다. 그것들은 마치 연결되지 않은 수도관과 비슷하다. 베르그송은 시간과 공간을 완전히 분리시키는 것이 지극히 중요하다고 보았던 반면, 프루스트는, 그의 새로운 시간관이 최종적으로 분석한 결과를 놓고 볼 때, 의식의 상태들의 시간적인 계기(succession)를 공간적으로 질서지워진 공존(coexistence)으로 환원시키고 있다. 그는 마음의 소유물들을 획득하는 데서 절정에 이르게 되는 탐색을 통해, 베르그송적인 흐름과 생성에 반대한 것이다.

　베르그송과 프루스트는, 비록 그들의 시간관이 아주 상이한 결과들

---

12) G.Poulet, *Etudes sur le Temps humain* ; *Studies in Human Time* (trans. Elliot Coleman, New York : Harper Brothers Pub., 1959), p.374.

13) Louis Truffaut, *Introduction á Proust* (Munich, 1967), p.119.

을 초래하기는 했으나, 20세기의 사유에서 시간이 재평가되는 데에 나름대로 기여했다. 그들의 견해는, 철학적 그리고 미학적 영역에서, 당시의 사유와 삶에 두드러지게 나타나있던 실증주의적 경향을 극복하려는 별개의 시도로 이해될 수 있을 것이다.14) 이제, 아래에서 우리는 지속으로서의 시간에 관한 베르그송의 세부적인 견해를 검토할 것이다. 먼저 우리는 베르그송이 "직접 소여"(les données immédiates) 또는 "직접성"(immediacy)이라고 불렀던 것의 진정한 의미를 밝히고, 그 다음으로 계속해서 베르그송의 "실재적 지속"(durée réelle)으로서의 시간개념의 역동적 구조를 분석할 것이다.

2. "실재적 지속"의 의미와 그 역동적 구조

차펙(Čapek)의 연구에서 보듯이,15) 스펜서의 생물학적 지식론을 수정하여 그것이 지니고 있던 시대에 뒤떨어지고 불만족스러운 측면들을 없애려고 했던 사람은 베르그송이었다. 베르그송 자신의 언급을 통해 우리는 그가 학문에 발을 처음 디딜 즈음에 스펜서의 열렬한 추종자였고, 그 당시 그의 주된 희망은 스펜서의 체계에서 근본적인 측면들을 훼손함없이 그 세부적인 일부 결함만을 개선하는 일이었다는 것을 알 수 있다.16) 사실상 박사학위논문을 쓰던 아주 초기부터 그는 스펜서의 기계론적 일원론으로부터 완전히 벗어나 있었으며, 그리고 그의 주요 논저 『창조적 진화』(Creative Evolution)도 그가 그 영국철학자의 "그릇된 진화론"이라고 불렀던 견해에 의식적으로 반대하면서 쓴 것이었다.17) 이와 연관하여, 베르그송체계의 핵심인 "실재적 시간"

---

14) Hans Roberts Jauss, *Zeit und Erinnerung in Marcel Proust "A la Recherche du temps perdu"* (Heidelberg, 1955), p.13 참조.
15) Milič Čapek, *Bergson and Modern Physics* (제1장 6), 1장.
16) *CM*, pp.10-13 ; 109.

의 본성에 대한 호소는 그의 사상을 세부적으로 살펴본 사람이라면 누구도 부인할 수 없을 것이다. 그러나 외적인 증거도 있다. 1908년 5월, 윌리엄 제임스는 옥스포드에서 힐버트 강좌 시리즈를 맡아 강의하였다. 이때 행한 강의중의 하나는 전적으로 베르그송에 대한 것이다. 그러나 그 강의를 시작하기 전에 그는 베르그송에게 그의 이력에 관한 자료와 그의 철학적 경험들에 대한 진술을 요청하는 편지를 썼다. 베르그송은 파리에서 놀라운 내용의 회신을 보냈는데(1908년 5월 9일) 그 일부는 다음과 같다:

"주목할 만한 사건들이라고 한다면, 나의 경력에는 그럴 만한 것이 — 적어도 객관적으로 이렇다할 것이 — 아무것도 없습니다. 그러나 주관적인 측면에 대해 말한다면, 나는 에콜 노르말(École Normale)을 떠난 직후인 1881년부터 1883년 사이의 2년 동안 나의 사고에서 일어났던 변화에 큰 중요성을 부여하지 않을 수가 없습니다. 그때까지 나는 내가 거의 무조건적으로 추종했던 철학자 허버트 스펜서를 읽고 일찌기 이끌렸던 기계론적 이론들에 완전히 빠져있었습니다. 그 당시 과학철학이라 불리던 것에 투신하여, 근본적인 과학적 개념들을 검토하려는 것이 나의 의도였습니다. 나의 모든 생각들을 뒤바꾼 것은 역학과 물리학에 도입되는 시간개념에 대한 분석이었습니다. 놀랍게도 나는 과학적인 시간이 지속하지 않는다는 것, 만일 실재하는 것들의 총체가 한순간에 모두 펼쳐진다 해도 우리의 과학적 지식에는 아무런 변화도 일어나지 않으리라는 것, 그리고 실증주의적인 과학이 존립하기 위해서는 본질적으로 지속이 제거되어야 한다는 것을 깨닫게 되었습니다. 이것은 내가 전에 받아들였던 거의 모든 것을 거부하고 나의 관점을 완전히 바꾸어가게 되었던 일련의 점진적인 성찰들에서 출발점이 되는 것이었습니다. 나는 『의식의 직접 소여에 관한 시론』(*Essai sur les données immédiates de la conscience*)에서, 나의 철학적 방향을 결정해주고 그 이후의 나의 모든 성찰들을 묶어주고 있는, 시간에 대한 고찰을 개괄적으로 소개한 바 있습니다…."18)

---

17) M.Čapek, *op.cit.*, p.5.

그러므로 기계론적 설명이 생물과학의 정신에 널리 침투해 있기는 하지만, 삶의 현상들에 대한 극단적인 기계론적 접근방식은 하나같이 "실재적 시간"(real time)의 경험에 호소할 때 즉시 부적절한 것으로 드러난다. "우리는 지속을 거역할 수 없는 흐름으로서 지각한다. 그것은 우리의 존재의 토대이며, 우리가 느끼게 되는 것처럼, 우리가 사는 세계의 실체 자체이다. 보편적인 수학의 눈부신 전망을 우리 눈앞에 떠올리는 것은 부질없는 일이다. 우리는 체계의 필요에 따라 경험을 희생시킬 수 없다. 이것이 바로 우리가 기계론을 거부하는 이유이다."19) 그러나, 그가 영국 철학자의 "그릇된 진화론"이라고 불렀던 것에 의식적으로 대항했음에도 불구하고, 이 사실은 그에 못지않게 중요한 또 하나의 사실, 즉 스펜서에게서 받은 영향의 흔적들이 베르그송의 사상에서 완전히 사라진 것은 아니라는 사실을 모호하게 만드는 경향이 있다. 이것은 단지 겉보기에만 역설적이다. 우리는 우리가 좋아하는 것 못지않게 우리가 거부하는 것에도 강하게 영향을 받는다는 것, 그리고 동일한 한가지 문제에 대한 상이하고 심지어 대립되기조차 하는 해결들의 저변에는 흔히 그 문제가 정식화된 방식에 관한 묵시적인 동의가 있다는 것을 기억하기만 하면 된다. 그들이 서로 다른 길을 걷기 시작한 이후에도 베르그송과 스펜서에게 남아있던 공통의 논제는 "생명의 이론"(theory of life)과 "지식론"(theory of knowledge)이 서로 분리불가능하다는 견해였다.20) 보다 구체적으로 말하면, 어떤 지식론도 인지형태들의 발생을 생명의 진화과정 전체와 연관시키지 않는다면 충족적인 것이 될 수 없다는 것이었다.

그러므로 베르그송의 인식론이 지니고 있는 적극적인 측면들은 마음, 물질, 그리고 유기적 생명의 본성에 관한 그의 구체적인 견해와

---

18) R.B.Perry, *The Thought and Character of William James* (Boston and Toronto : Little, Brown and Company, 1935), Vol. II, p.623.
19) *CE*, p.39
20) *Ibid.*, XIII ; M.Čapek, *op.cit.*

분리될 수 없다. 그의 첫번째 문제는 심리적 존재의 본성에 관한 것이었고, 이와 관련하여 그가 제시한 답변은 그 후 그의 철학의 전개에 결정적으로 영향을 미쳤다. 베르그송의 심리학으로부터 "베르그송의 물리학"이라 부를 만한 것이 자연스럽게 출현하였고 또 마음—몸의 관계 문제라는 전통적인 문제에 대한 베르그송적인 해결이 자연스럽게 도출되었다. 심리학과 물리학에 대한 그의 견해로부터 진화에 대한 그의 신생기론적(neo-vitalistic) 재해석이 역시 유기적인 방식으로 나타났는데, 후자는 윤리학과 종교의 본성에 관한 그의 특별한 견해들과도 정합했다.

심리적 존재의 본성에 관한 문제는 베르그송이 그의 첫번째 논저 『의식의 직접 소여에 관한 시론』에서 도입하였다. 그의 인식론적 방법은 여기서 처음으로 적용되었다. 베르그송이 생물학적 지식론을 완전한 형태로 제시한 것은 거의 20년이 지난 『창조적 진화』에 이르러서이지만, 이와 동일한 인식론적 태도가, 비록 덜 명시적이기는 하지만, 그의 첫번째 저작에서도 분명하게 나타나 있다. 이 점에서 그 불어판 원제목은 영역본의 제목보다 더 시사적이다. 그것은 그 책의 중심주제가 직접적인 내성적 소여들의 본성이라는 것을 시사한다. 직접적으로 그리고 인식론적으로 순수하게 직관될 때, 즉 비본질적이고 오도적인 연상작용으로부터 자유로워질 때, 심리적 존재의 본성은 무엇인가? 이 책에서 베르그송 자신은 자신의 인식론적 태도를 "전도된 칸트주의"라고 특징짓고 있다.21) 어쩌면 "완결된 칸트주의"라는 말이 더 적절한 말일 것이다. 칸트와 고전적 인식론 일반은 우리의 감각적 지각에서 주관적인 요소들의 중요성을 강조했다. 거의 모든 고전적 철학자들에 의하면, 외적 실재의 본성에 대한 보다 적절한 통찰력을 얻기 위한 선결조건은 우리의 감각적 지각에 개입하는 주관성을 완전히 일소하

---

21) *TFW*, pp.222-4.

는 것이다. 따라서 데모크리투스는 이차성질을, 물질의 진정한 존재론적 핵심에 도달하고자 한다면 우리의 지각으로부터 제거해야 할 "심리적 부가물"(psychic additions)에 불과한 것으로 간주하였다. 이 "심리적 부가물"이론은 중세에 잠시 사라지는 듯 했으나, 근대과학과 근대철학의 탄생과 더불어 의기양양하게 되돌아왔다. 여기서 한가지 커다란 문제는 어디에다 "심리적 부가물"과 물질의 일차성질들 간의 경계선을 그을 것인가 하는 것이었다. 데카르트는 데모크리투스보다도 한 걸음 더 나아가 물질의 불가침투성까지 심리적 부가물로 간주하였다. 버클리는 예언하듯이 일차성질과 이차성질 간의 구별 전체에 도전하면서, 그것들은 모두 주관적인 것이라고 주장했다. 칸트는 공간적 관계와 시간적 관계까지도 주관에 의해 제공된다고 주장하면서 한층 더 멀리 나아갔다. 데모크리투스에게 있어서 진정한 실재는 우리의 감각에 의해 지각되는 물질과는 아무것도 공유하지 않는 공간과 시간속의 물질이었던 반면, 칸트에게 있어서 진정한 실재는, 단일성과 다수성의 범주가 현상 너머에는 적용될 수 없는 까닭에 과연 우리가 그것을 문법적인 단수나 복수로 표현할 수 있는 것인지조차 확신할 수 없는 그런 성격의 것이다.

여기서 중요한 것은 고전인식론이 보여준 조류를 파악하는 것이다. 이 조류는 외적 실재에 대한 우리의 지식에 주관적 요소들이 개입하고 있음을 점차적으로 강조해가는 데에 있었다. 이에 반해 베르그송은 이와 정반대의 물음이 제기된 적이 거의 없었다는 사실에 주목한다.[22] "내적 세계"에 대한 우리의 지식, 즉 내성적 소여들에 대한 우리의 앎은 감각 지각으로부터 얻은 요소들에 의해 어느 정도까지 채색되고 심지어는 왜곡되는가? 이것은 베르그송이 그의 첫번째 저작에서 제기한 근본 물음이다. 우리는 우리의 "내적 상태들"을 직접적으로 아는가

---

22) Vladmir Jankélévitch, *Henri Bergson* (Paris : Alcan, 1959).

아니면 부지중에 감각경험으로부터 빌려온 혼합물에 의해 이미 오염되어있는 상태들만을 내관하게 되는 것인가? 우리가 자아에 대한 앎에 이르기 훨씬 이전에 외부세계에 대한 지식을 획득한다는 사실을 고려해보면, 감각적 연상이 우리의 자기인식을 방해할 가능성은 분명히 가볍게 보아넘길 수 없는 일이다. 감각지각은 내성보다 훨씬 앞선다. 그렇다면, 새로운 경험이 처음에는 거의 예외없이 더 오래되고 더 친숙한 경험에 의해 표현되는 것처럼, 내성이 감각지각의 영향을 받을 것이라고 예상하는 것은 극히 자연스러운 일이다.

베르그송에 의하면, 우리의 내성적 앎에 개입하여 이를 가장 심각하게 왜곡시키는 것은 "공간화"(spatialization)와 "시각화"(visualization)의 습관에 기인하는 감각적 혼합물들이다. 공간화와 시각화는 모두 한가지 동일한 강박관념의 두 측면이다. 시각화는 공간화의 보다 구체적인 형태일 뿐이다. 두 습관은 매우 집요하고 제거하기가 대단히 어렵다. 이들은 우리의 일상경험의 대상들에 끊임없이 성공적으로 적용되는 가운데 강화된다. 이런 까닭에 우리의 본래적인 시각경험의 경계 밖에서도, 공간적 모델과 시각적 모델은 오랫동안 유일하게 가능한 설명방식으로 간주되어 왔다. 최근에 이르러 우리의 경험이 점차 확장되면서 그 방식들이 실패를 맛보게 되기는 했으나 이런 실패가, 중간 차원의 세계에서 그것들이 지속적으로 유용하리라는 사실을 위협하지는 않는다. 그러므로 공간화하고 시각화하는 우리의 습관이 계속해서 우리의 상상력을 지배하고, 순수하게 추상적인 것으로 보이는 개념들에까지 붙어다니면서 단지 명목상으로만 명시적으로 부정되고 있다는 것은 지극히 당연하다고 하겠다. 모든 형태의 유물론과 감각주의의 근본적인 오류는, 포착하기 어려운 내성적 소여들을 포함한 우리의 경험 전체가 조야한 감각적인 용어나 심지어 시각적인 용어로 해석될 수 있다는 가정이다. 우리가 "사고"라고 부르는 것은 미묘한 물질적 실체 — 이 실체가 데모크리투스의 불의 원자(fire-atoms)로 구성되는 것이든 아니면 DNA 분자들의 미시적 변화로 이루어지는 것이든 — 의 운동일 뿐이라는 모든 시대의 유물론자들의 주장이 바로 이것 아니고 무엇인가? 한층 더 심각한 것은 물리주의의 오류를 분명하게 직시했던 사상가들조차도 근본적으로 동일한 정신적 습관의 영향력으로부터 완전히 벗어날 수 없었다는 점이다. 이러한 영향력이 보다 불분명하고 보다 미묘한 성격의 것이라는 사실은 "인식론적 정신분석"을 한층 더 어렵게 만든다. 의식적이거나 잠재의식적인 형태로 시각화하고 공간화하는 이런 감각주의가 바로 베르그송이 그의 첫번째 저작에서 비판의 표적으로 삼은 것이었다.

베르그송의 인식론이 그 초기에서부터 상당 정도로 생물학적 성향을 띠고 있었다는 점은 굳이 강조할 필요가 없겠다. 공간화와 시각화에 대한 지속적이고 반복적인 경고들은 『시론』의 주된 동기가 되고 있으며, 우리의 마음이 실재 전체에가 아니라 오직 공간화와 시각화의 산물에만 적절히 적응한다는 믿음에 대한 부정을 함의하고 있다. 따라서 실재의 여러 층 가운데 어느 하나에만 적합한 지성의 형식을 실재의 모든 층에 적용하는 것은 부당한 처사가 된다. 지금 여기서, 실재의 이질적인 층들이 서로 절대적으로 외적인 것인가 어떤가 하는 문제나 주의깊은 분석을 통해 모든 층들에 통하는 공통분모를 밝힐 수 있을 것인가 어떤가 하는 문제를 제기하는 것은 섣부른 일일 것이다. 그러나 앞으로의 논의에서 밝혀지겠지만, 베르그송은 시간적 과정 내지 지속이라는 자신의 개념에서 그러한 공통분모를 발견했다고 믿고 있었던 것 같다. 이 시점에서 중요한 물음은 다음과 같은 것이다. 심리학에서 발견되는 공간화와 시각화의 오류에 맞서 베르그송이 벌인 인식론적 투쟁의 긍정적인 결과는 과연 무엇인가? 그리고 이 물음은 다음과 같이 다시 바꿔 표현될 수 있을 것이다. 베르그송이 말하는

"직접성"과 "직관"의 의미와 내용은 무엇인가?

　이 두 용어는 베르그송의 철학에 대한 오해의 주요 원천이 되어 왔
다. 그리고 이러한 사실은 이들을 완벽하게 설명하지 않으면 안되는
부차적인 이유가 된다. 우선 "직접성"(immediacy)이라는 개념을 놓고
보자. 솔직히 말해서 베르그송의 "직접 소여"(immediate data)보다 덜
직접적이고 덜 소여적인(given) 것은 없다. "직접적"이라는 낱말은 베
르그송이 잘못 선택한 말이다. 왜냐하면 그가 그 말로 의미했던 것은
분명히 "사실상 직접적인" 것이 아니라 "원칙상 직접적인" 것이었기
때문이다. 내성적 소여는 그것이 소위 그것을 "매개하는" 외적이고 부
가적인 요소들로부터 자유로울 때 직접적이다. 간단한 예를 통해 우리
는 이 점을 확인할 수 있다. 음악교육을 받은 사람은 아마 선율에 대
한 청각적 경험을, 그것의 도형적 기호나 종이 위에 적힌 악보 또는
오케스트라의 시각적 이미지, 그리고 만일 그가 음악가라면, 현악기의
현이나 활, 피아노건반 같은 것들과 연결시킬 것이다. 이 이질적인 심
상들의 다발은 어떤 의미에서 그의 마음에 직접적으로 주어진다. 그러
나 이러한 종류의 직접성을, 부속되어 있는 비음악적인 심상들과 기억
들이 완전히 제거될 때만 나타나는 음악적 경험의 직접성과 혼동하는
것은 잘못일 뿐 아니라 오해를 불러일으키기 쉬운 일일 것이다. 그런
식으로 혼동하지 않는다 해도, 우리는 청각적 소여들을 시각적 소여나
촉각적 소여들과 혼동하며, 심지어는 계속해서 음악적 경험에 대해 말
하면서도 그 음악적 경험의 핵심을 놓치는 우를 범하기도 한다. 랭보
나 보들레르의 경우에서 여실히 볼 수 있듯이, "채색된 청각"은 시에
서뿐만 아니라 심지어 음악적 경험에 대한 주관적인 해석에서도 매우
효과적일 수 있다. 그러나 인식론적으로 말하자면 그것은 어디까지나
청각적 소여들을 시각적 용어로 해석하는 것이다. 다시말해 그것은 시
간성을 두드러진 특성으로 갖는 경험을, 전적으로 시간성을 결하고 있

지는 않다 하더라도, 적어도 그 전반적인 특성에 있어서 공간성을 함의하는 그런 용어로 표현하는 것이다. 가장 뛰어난 베르그송 학자들 중의 한 사람인 장켈레비치(V. Jankélévitch)가 거듭해서 강조했듯이, 여기서 직접성에의 추구는 인식론적 순수성(epistemological purity)에의 추구, 즉 경험의 이질적인 층들 간의 혼동을 피하기 위한 노력을 의미한다.

만일 우리가 베르그송이 말하는 직접성의 개념을 이렇게 이해한다면, 그가 역설하는 직관을 오해할 위험은 더이상 남아 있지 않게 될 것이다. 두 용어는 동의어에 가깝다. 베르그송은 첫번째 저작에서는 직관이라는 용어를 사용하지 않았는데, 만일 그가 그 말이 불러일으킨 온갖 오해와 혼란들을 예상했더라면, 아마도 그 용어를 전혀 사용하지 않았을 것이다. 이 용어를 처음으로 사용한 것은 1903년에 발표된 "형이상학 입문"(An Introduction to Metaphysics)에서였다. 그리고 이 용어는 『창조적 진화』에서도 이따금씩 등장하고 있다. 그런데 직관이 분석적 지성에 대립된다는 사실은 베르그송을 반지성주의자로 낙인찍게 하는 요인이 되었다. 전적으로 이 문제만을 다룬 글은 논문 한편뿐이다. "철학적 직관"(L' Intuition philosophique)이라는 제목의 그 논문은 1911년 볼로냐에서 열린 철학회에서 발표되었다. 이 논문에서 직관은 다음과 같이 기술되고 있다.

"직관은 종종, 실제적인 삶에서 소크라테스의 다이몬이 행하는 역할을 사변적인 문제들에서 떠맡아 하고 있는 것처럼 보인다. 그것은 적어도 그러한 형태로 시작되며, 또 그것이 가장 선명해졌을 때에도 계속해서 그러한 형태로 기능한다. 즉 그것은 막아선다. 널리 용인되고 있는 관념들, 자명한 것처럼 보이는 관념들, 지금까지 과학적인 것으로 간주되어온 주장들을 앞에 놓고, 직관은 철학자의 귀에 "불가능하다"라고 속삭인다. 비록 여러 사실이나 근거에 비추어 볼 때 그것이 가능하고 참되고 확실한 것처럼 보인다 하더라도 불가능하다. 혼동된 것일 수는 있으나 결정적인 어떤 경험이 나의 목소리를 통해 당신에게 말하기 때문에, 경험은 제시된 사실들 및 주어진 근거들과 양립할 수 없기 때문에, 따라서 그 사실들은 잘못 관찰된 것임에 분명하고 또 그 추론에는 오류가 들어 있음에 틀림없기 때문에 불가능하다."23)

이 단락에는 베르그송이 역설하는 직관의 본질이 들어있다. 이 직관은 사고를 표현하는 기존의 용어들에 대한 불신에서 시작된다. 물론 이러한 불신을 굳이 "내부의 목소리"라고 부를 필요는 없다. 이 용어는 지나치게 시적이고 지극히 오해를 불러일으키기가 쉬운 말이다. 불신의 태도는 기존의 사고양태들과 양립할 수 없는 어떤 경험들에 대한 모호한 인식에 기원을 둔다. 직관의 본질은 바로 이 모호하고 다소간 묵시적으로 느껴진 소여들을 선명하게 부각시키고, 나아가 이렇게 창출된 새로운 형태의 이해들이 이전의 것들보다 우월하다는 것을 보여주는데 있다. 그들의 우월성은 바로 그들이 더 큰 유연성을 갖고 있다는데 있다. 그것들은 과거의 이론들이 소홀히 했던 경험의 측면들을 고려할 뿐만 아니라, 또한 과거의 이론들에서 증거의 주된 토대로 간주되고 있는 사실들까지도 똑같이 성공적으로 설명해준다. 사실상 과거의 사실들이 새로운 방식의 이해와 모순되지 않을 뿐만 아니라, 정확히 해석될 때, 그 새로운 이해의 자연스러운 결과로서 귀결된다는 것을 보여주는 것은 중요하다.

그러므로 "직관"이라는 낱말이 지시하는 것은 매우 복잡한 하나의 과정으로서, 감정이나 본능과는 아무런 공통점도 갖고 있지 않으며, 노력없이 수동적으로 진행되는 것도 아니다. 사실 이 과정의 초기단계는 다소 모호해서 명확성을 결하고 있다. 그러나 우리는 "모호하다"와

---

23) *CM*, p.129.

"명확하다"라는 용어들이 상대적인 것이며, 모호성의 느낌은 흔히 낡은 사고방식의 기만적인 명확성에 기인하는 "대비의 효과"라는 점을 기억해야 한다. 그러나 재해석의 과정이 계속되고 낡은 사고방식들의 부적절성이 점차 분명해짐에 따라, 초기의 모호성은 점진적으로 커져가는 통찰력에 자리를 내주고 마침내는 상황이 완전히 역전된다. 막연하던 기대감은, 대개의 경우 보다 완전한 유형의 명확한 이해로 변형된다. 예전에 명확하던 것은 결국 인위적인 단순성에 의해 경험의 소여들을 왜곡하고 불구화하는 과도한 단순화의 산물인 것으로 드러난다. "직관"이라는 용어의 모호성은 베르그송이 그 말을, 그 내용으로부터 그에 수반된 요소들을 이미 제거해버린 최종적 단계뿐만 아니라 최초의 단계에도 적용한 사실에 기인한다. 기존의 사고양태들이 획기적으로 수정되고 있는 현장을 하나하나 분석할 때, 모호한 기대감으로부터 투명한 최종적 통찰에로의 이와같은 점진적인 전이과정을 설득력있게 드러내 보여줄 수 있을 것이다. 베르그송에 의하면, 이러한 전이는 모든 지적인 노력의 특징을 이루는 것이다.24)

순수지속으로서의 시간의 일반적 성격

베르그송의 영향을 받은 많은 사람들 중에서, 페기(Peguy)는 베르그송의 사유의 핵심이 어디에 있는지를 가장 잘 이해하였다. 그것은 베르그송이 실재와 시간을 동일한 것으로 파악하고 있다는 점과 이를 토대로 하여 독특한 실재론을 전개시키고 있다는 점에 있었다.25) 이것은 시간에 관한 학설도 아니요 자유에 관한 학설도 아니다. 그것은 직접 경험을 통한, 본질적으로 시간적인 직접 경험을 통한 세계와 마

---

24) Bergson의 논문 "L'effort intellectual" (*L'energie spirituelle* 논문집에 수록되어 있다. H.W.Carr의 영역판에는 *Mind-Energy* 라는 제목하에 수록되어 있다.)
25) I.W.Alexander, *Bergson* (London : Bowes & Bowes, 1957), p.100.

음의 통일에 대한 주장이다. 우리가 앞에서 보았듯이, 베르그송은 그가 처음에 진실로 찬양했던 저자 허버트 스펜서의 『제일원리』(*First Principles*)를 읽고 있을 때, 이것의 부적절성을 아주 강하게 느꼈다고 말하고 있다. 부적절성에 대한 이 초기의 느낌은 곧 보다 긍정적인 형태를 취했다. 그것은 기계론적이고 결정론적인 도식안에서의 시간의 현상적인 피상성과 대조를 이루는 "시간의 실재성에 대한 인식"으로 바뀌었다. 이러한 대조에 대한 깨달음은 베르그송철학의 근원이 되었고, 그의 사고의 모든 주요 흐름들이 전개되어 나오는 "역동적 도식" (le schéma dynamique)의 원천이 되었다. 계기(succession)의 실재성에 대한 주장은 베르그송의 심리학과 자연철학에 공통되는 요소이다.

그러한 주장은 당연한 사실 언명으로 치부해버릴 수도 있을 것이다. 극단적으로 관념주의적인 일부 철학자들을 제외한다면 누가 계기의 실재성을 부정하겠는가? 그러나 시간에 대한 베르그송의 단언이 갖는 혁명적인 성격은, 그렇게 단언된 시간이 대다수의 과학자들이 어떻게든 채택하고 있는 모호한 상식적 시간개념과는 확연히 다르다는 것을 깨닫게 될 때 비로소 보다 분명해진다. 우리는 베르그송이 처음에는 심리적 지평에서 시간적인 것의 실재성을 주장했다는 점을 염두에 두어야 한다. 그렇기는 하지만 그의 첫번째 저작에서조차 이미 심리적 시간 또는 심리적 지속 ― 그는 이 후자의 표현을 더 좋아했다 ― 의 문제는 "지속 일반"(duration in general)의 문제와 섞이기 시작하고 있었다. 이것은 그의 『의식의 직접 소여에 관한 시론』에 들어 있는 "실재적 지속"(durée réelle)의 개념을 이해하는 것이 그의 철학의 본질을 이해하는 열쇠가 되는 이유이기도 하다. 뿐만 아니라 베르그송만큼 시간의 중요성을 역설한 사람도 없다.26) "가장 중대한 철학적 문

---

26) M.F.Cleugh, *Time and Its Importance in Modern Thought* (New York : Russell & Russell, reissued, 1970), p.109.

제의 단서는 거기에 있다."27) 알렉산더의 표현을 빌리자면, 우리는 "시간을 심각하게 고려해야" 한다는 것이다.28) 칸트 단 한사람 — 베르그송은 칸트의 시간관을 비판한다 — 을 제외한다면, 베르그송은 시간을 심각하게 고려한 최초의 인물이었다.

사실상 물질의 내적 구조를 이해하기 위해 고안된 기계적이고 시각적인 모델들의 불충분성을 베르그송만큼 그렇게 일찍이 아주 명확하게 간파했던 철학자는 없다. 1889년에 이미 그는 자연에 대한 역학적 설명에 내재하는 난공불락의 난점들을 직시하고 있었고 물리학이 점차 수학적 형식주의를 향해 나아가게 될 것임을 예견하고 있었다.29) 7년 후 그는 그의 의구심을 재확인했다. "고체성과 충격은 실제생활의 습관이나 필요 때문에 외견상 명확한 것으로 보인다 — 이런 종류의 심상들은 사물의 내적 본성에 대해 아무런 빛도 던져주지 못한다."30) 그와 동시에 엄밀하고도 끈질긴 반성을 통해 그는, 우리의 상상이 실재의 비교적 좁은 구역, 즉 인간유기체에 실천적으로 중요한 "중간차원의 세계"만을 취급하는 가운데 몸에 배게 된 습관을 깨뜨리는 것이 필요하다는 생각에 이르게 되었다. 보다 적합하고 보다 유연한 새로운 지적 틀을 창출해냄으로써, 현재로서는 지나치게 엄격하고 편협하기 때문에 실재를 그 전체에 있어, 특히 그 미시물리적 기저층에서 파악하지 못하고 있는 우리의 상상력을 확장시킬 수 있을 것이다.31)

---

27) *DS*, 서문 viii.
28) S.Alexander, *Spinoza and Time*, p.15 ; A.N.Whitehead, "Time," *Proceedings of the Sixth International Congress of Philosophy*(1927), p.59 ; 동일한 논문은 *A.N.Whitehead : The Interpretation of Science* (Indianapolis, New York : The Bobbs-Merrill Company, Inc., 1961) p.240-47에 수록됨.
29) *TFW*, pp.205-207.
30) *MM*, p.195.
31) *CE*, pp.198, 201 ; *CM*, pp.79,160.

이러한 착상은 베르그송의 첫번째 저작 『의식의 직접 소여에 관한 시론』을 쓰게 된 동기가 되었다. 베르그송의 심리학을 위해서는, 우리의 상상력이 외부 세계와의 오랜 접촉을 통해 확보하고 있는, 그러나 우리의 내적 삶에 대한 직접 관찰을 저해하는 그런 공간화의 무의식적 습관을 깨뜨리는 것이 필요하다. 이렇게 순화된 내성의 도움을 받을 때, 지속에 대한 직관의 두드러진 특징들은 다음과 같이 정리될 수 있다.

첫째, 베르그송의 견해에 의하면 심리적 존재의 본성은 "실재적 지속," 즉 과거와 현재의 연속적인 단계들이 질적인 이질성에도 불구하고, 아니면 바로 그런 이질성때문에 상호침투되어 있는 그런 역동적이고도 이질적인 연속체이다. 이것은 아마도 "지속의 논리"가 지니고 있는 가장 역설적이고도 가장 개념화하기 어려운 측면이다. 현재의 참신성은 과거의 존속에 의해 구성된다. 왜냐하면 현재를 과거보다 더 풍부하게 만드는 것은 바로 앞에 선행하는 순간의 존속이기 때문이다. 베르그송 자신도 『창조적 진화』(pp.19-20)가 발표되기까지는 현재의 참신성과 과거의 존속간의 이 근본적이고도 "변증법적인" 동일성을 분명하게 밝혀놓지 않고 있었다. 아무튼 심리적 지속의 역동적인 연속성은 명확하게 한정되어 서로 외적으로 관계맺고 있는 단위체들의 연속으로 이해되어서는 안된다. 흄과 꽁디약(Condillac)에서부터 마하(Mach)와 럿셀에 이르기까지 연상주의 심리학이 내성적 경험의 역동적인 연속성을 재구성하기 위해 사용했던 "마음의 상태," "관념," "감각 작용," "인상," "요소" 등과 같은 용어들은 고전물리학에서 빌려온 것이었다. 이 심리학은 그러한 "마음의 원자들"을 결합하고 재결합함으로써 우리의 심리적 삶의 온갖 변화와 다양성을 설명하려 하고 있었다. 그러나 그처럼 분리가능한 항구적인 요소들이란 제임스가 "사고의 흐름"이라고 불렀던 역동적인 연속성을 인위적으로 분할하여 쪼개고, 이들을 명명하고 개념화함으로써 시간적 맥락으로부터 떼어내어 동결시킨 허구적 존재들일 뿐이다. 이러한 사실은 우리를, 다른 무엇보다도 중요한 둘째 특징으로 인도한다.

둘째로, 심리적 지속은 그 본성상 항상 완결중에 있는 사실(a fait accomplissant)이며 결코 완결된 사실(a fait accompli)이 아닌 까닭에, 영원히 미완의 것일 수밖에 없다. 바꾸어 말해서, "그것은 새로움의 연속적인 창출"이며 결코 기존하는 영구적 단위들의 단순한 재배열로 이해될 수 없다. 그것은 결코 단순히 "존재하지"(is) 않는다. 그것은 항상 "생성한다"(becomes). 따라서 그것은 공간적인 도표에 의해 적절하게 표현될 수 없다. 왜냐하면 도표는 동시적인 부분들로 구성되어 있고 그래서 지속의 연속적인 단계들이 공존한다는 그릇된 인상, 보다 정확히 말하자면, 미래는 비록 우리가 그것을 직접적으로 인식할 수는 없지만 그 모든 구체적인 세부에 있어서 현재속에 주어져 있으며, 어떤 참된 계기(succession)나 어떤 진정한 새로움도 결코 발생하지 않는다는 그릇된 인상을 주기 때문이다. 결국 심리적 생성은 그것이 진행되는 데에 따라 창조되고 있는 것이다. 그것의 미래는 글자그대로 비실재이며, 현재는 과거를 이어나가면서 과거를 압도한다. 내적 삶의 온갖 변화들을 이미 존재하는 요소들의 재배열에 지나지 않는 것으로 다루는 심리적 원자론이 간과하는 것은 바로 이와 같은 환원불가능한 새로움이다. 심리적 지속은 그 본성상 "창조적"이고 "미완결적"이다.32)

셋째로, 새로움이 실재한다는 것은 연속적인 단계들이 질적으로 다양하다는 것을 함축한다. 모든 지속은 그 본성상 "이질적"이다. 모든 변화와 사건들을 포함하는 것으로 간주되는 소위 양적이고 동질적인

---

32) *TFW*, p.180.

시간이란 것은 사실상 위장된 공간에 지나지 않으며, 따라서 그것은 지속을 대신하기에 두가지 점에서 부적절하다. 1) 그것은 그 정태적인 특징 때문에 그것이 상징하는 모든 지속의 미완결성을 모호하게 하는 경향이 있다. 2) 그것은 그 동질성 때문에 연속적인 단계들의 질적 다양성을 억압하는 경향이 있다. 그러므로 베르그송의 견해에 따르면, 심리적 생성과 실재적 시간 사이에는 어떠한 차이도 없다. 시간과 생성은, 용기와 그 내용물이 채워지는 것과 채우는 것과의 관계로 연관되어 있듯이 연관되어 있지 않다. 우리가 공허한 동질적 시간이라고 부르는 것은 "언어적 시간"(verbal time)에 불과한 것으로, 근본적인 점에서 보자면 공간과 동일한 것이다. 연속적인 단계들의 이질성이 없는 곳에는 진정한 시간적 흐름이 있을 수 없다. 과거와 현재의 질적 차이를 제거하는 것은 그들의 연속 자체를 제거하는 것이 된다. 따라서 "동질적 시간"이라는 개념은 모순되는 낱말들을 결합해 놓은 것에 지나지 않는다.

넷째로, 지속의 동질성에 대한 부정은 또한 그 수학적 연속성, 즉 "무한가분성"(infinite divisibility)에 대한 부정을 함의한다. 이러한 분할가능성은 지속자체에 속하는 것이 아니라, 그것의 공간적 표상에 속할 뿐이다. 무한가분성에 대한 부정은 지속없는 순간의 실재성을 논리적으로 제거한다. 수학적 순간은 시간적 운동과 기하학적 점간의 그릇된 유비에 의해 시사된 또 하나의 허구적 존재이다. 심리적 현재, 경험되는 "지금"은 항상 "구체적인 질"(concrete quality)이며, 시간적 두께를 결한 무한히 얇은 수학적 점이 결코 아니다. 그러므로 시간의 "수학적 연속성"(무한가분성)은 시간의 동질성과 함께 사라져 버린다. 시간의 이와 같은 추정된 성격은 지속을, 상호구별될 수 있는 무한수의 점들을 지니고 있는 기하학적 선(계기[succession]의 축)과 혼동한 데서 연유한다. 분명히 우리는 리듬을 동반하는 지속의 "연속성"과 수학적 연속성을 혼동해서는 안된다. 베르그송에 따르면, 수학적 연속성은 무한히 반복되는 불연속성일 뿐이다.33) 베르그송의 생각은 근본적으로 뿌엥까레(H. Poincaré)의 생각과 같다. "연속성은 다수성 속의 단일성이며, 오직 다수성만이 남고 단일성은 사라진다."34) 그러므로 베르그송에게 있어서, 현재 순간의 본질인 새로움은 점의 순간이 아니라 구체적인 질이며, 그래서 시간적 두께를 갖는다. 실재적 지속은 (두께를 갖는) 박동을 통해서, 분할불가능한 새로움의 출현을 통해서, 그리고 "요소적인 기억"(elementary memory)의 방울들을 통해서 전진한다.

다섯째로, 베르그송에게 있어 시간의 동질성에 대한 부정은 공허하고 불활성적인 시간, 즉 변화와 사건들에 의해 채워지는 수용자로서의 뉴톤적 시간에 대한 거부를 함의한다. 지속 자체와 그 내용 간에는 구별이 없다. 심리적 사건들은 시간 안에 있는 것이 아니다. 왜냐하면 그것들이 끊임없이 출현하는 가운데 비로소 "참된 시간 자체가 구성"되기 때문이다. 이것은 베르그송의 가장 포괄적이고 대담한 주장들 가운데 하나이다. 심리적 지속의 구조를 분석하면서 그는 일반적인 시간의 본성에 속하는 결론들을 도출하고 있었음이 분명하다. 베르그송의 사고에서 바로 이 측면이 그 첫단계부터 매우 불분명한 채로 남아있다는 것은 의문의 여지가 없다고 하겠다. 그것은 그로 하여금 그의 첫번째 저작에서 물리적 세계는 지속을 결하고 있는 반면, 참된 시간은 심리적 영역에서만 찾아볼 수 있다고 주장하게 만들었다. 그러나 그는 『물질과 기억』에서 시간적인 마음과 무시간적인 물질 간의 이 지지되기 어려운 이원론을 포기하였다. 여기서 그는 생성을 물리적 영역으로 재이식하였다. 따라서 심리적 시간은 객관적인 지속의 구조를 이해하

---

33) *CE*, p.154.
34) H.Poincaré, *La Science et l'hypothèse* (Paris, 1916), p.30.

기 위한 모델로 사용되기는 했지만, 더 이상 유일하게 참된 시간은 아닌 것이 되었다.

베르그송이 심리적 지속의 이와 같은 특징들을 하나하나 구별해서 규정할 수 있는 것으로 보지 않았다는 것은 두말할 필요도 없겠다. 심리적 지속의 이 부정적 측면들을 따로따로 고찰하는 것은 불가능한 일은 아니더라도, 지극히 어려운 일이다. 그것들 모두는 항상 끊임없는 흐름을 이루고 있는, 매우 복잡하기는 하지만 단일하고 역동적인 실재의 보완적이고 분리불가능한 측면들이다.

3. 기억의 두 형태와 "과거"의 개념

지금까지 살펴본 것만을 놓고 보자면 베르그송의 시간관이 그다지 놀라운 것은 아니다. 그는 먼저 실재적 시간과 시간으로 위장된 공간을 구별하지만, 계속해서 이러한 구별을 완전히 "다른" 방향의 극단으로 몰고감으로써, 시간에 대해 그것이 갖는 유의미성을 불분명하게 만들고, 그 큰 폭 때문에 한층 더 모호해져버리는 결과를 낳고 있다. 그러나 그의 시간관에서 중요한 점은 그가 시간의 비본질적인 특징들을 거부하고 근본적으로 시간의 시간적인 특징들을 향해 끊임없이 나아갔다는 데에 있다. 그러므로 이런 정도까지는 그의 구별이 그에게 도움이 되었지만, 이 구별을 적용하는데 있어서 그는 그것들을 지나치게 멀리까지 끌고갔다. 그리고 이 점에서 그는 비판받을 수 있을지 모른다. 우리는 그가 보여준 세가지 적용사례, 즉 과거와 기억에 대한 그의 견해, 창조성에 대한 그의 강조, 그리고 마지막으로 가역성과 인과에 대한 그의 언급들을 고찰할 것이다.

우리가 보았듯이 베르그송은 우선 흐르고 있는 시간과 지나간 시간을 매우 분명하게 구별한다. 후자는 공간처럼 다루어지고 분할될 수 있는 것인데 반해 전자는 통일체이다 — "우리는 지나쳐간 것은 분할하지만, 지나가는 것을 분할하지는 않는다."35) "시간은 우리가 다시 지나갈 수 있는 선이 아니다. 물론 일단 시간이 흐르고 나면, 자연스럽게 우리는 그 흘러간 시간의 연속적인 계기들(successive moments)을 서로 외적인 것으로 상상하고 공간을 가로지르는 선에 대해 생각해볼 수 있다. 그러나 이 경우 이 선은 흐르고 있는 시간이 아니라 이미 지나간 시간을 상징하고 있는 것으로 이해되어야 한다."36) 우리가 이미 지나간 사건들을 마치 그것들이 우리 앞에 한꺼번에 펼쳐져 있는 것처럼 되돌아볼 수 있다는 것은, 누구나 동의할 수 있는 친숙한 사실이다. 우리는 걸어온 길을 되돌아보는 식의 은유를 사용할 수 있고, 또 흔히 그렇게 한다. 우리는 여러 사건들을 길위에 있는 지점들처럼 생각한다. 우리는 삶이 요람에서 무덤까지의 "여정"인 것처럼 말하고, 학교를 떠난다거나 직장을 얻고 결혼하는 일같은 사건들이 그 여정 가운데 서있는 "이정표들"인 것처럼 말한다. 과거의 우리의 삶을 펼쳐져 있는 것으로 되돌아볼 수 있다는 생각은 시간이 "펼쳐져 있는 것"이라는 생각으로 쉽게 전이될 수 있다. 그러나 베르그송은 이러한 전이는 오류적이며, 지나간 것으로서의 시간은 결코 시간이 아니라 공간이며, 이미 일어난 사건들에 대한 은유적 개념을 일어나고 있는 사건에까지 확대적용하는 것은 부당하다고 주장한다. 그리고 그는 시간적인 것은 오직 일어나고 있는 사건일 뿐이라고 거듭해서 말하고 있다.37)

---

35) *DS*, p.63.
36) *TFW*, pp.181-2.
37) *Ibid.*, p.221.

모든 것이 전부 펼쳐져 있다거나 "모두가 다 주어져 있다"고 말하는 것 또한 공간적 개념을 부당하게 끌어들이는 것이다. 이미 일어난 사건들을 공간안에 도식화하는 것은 유익한 일일 수 있지만, 이러한 도식화를 일어나고 있는 사건들에까지 확대적용해서는 안된다. "'우리가 그 속에서 우리자신이 행위하고 있는 것을 보며,' 또 유용성을 위해서는 우리가 그 속에서 우리자신을 보아야 하는 그런 지속은 그 요소들이 분해되어 병치되어 있는 지속이다. '우리가 행위하고 있는' 지속은 우리의 상태들이 서로 융합되어 있는 지속이다."38) 그래서 베르그송은 선으로서의 시간개념과, 항상 "거기 있어온" 미래의 사건들을 만나기 위해 우리가 걸어가고 있다는 개념을 거부하는데에 전력을 다한다. 이러한 구별은 필자가 보기에 타당할 뿐만 아니라, 또한 가장 중요한 것으로 생각된다.

둘째로, 공간화된 도식에 대한 비난은 그의 중요한 첫번째 저작 『의식의 직접 소여에 관한 시론』에서 채택한 자유의 개념에 기본이 되는 것이다. 우리가 공간화된 시간의 인위성을 깨닫고나면, 의지의 자유문제는 해소될 것이다. 결정론과 기계론은 어떤 선행 조건들이 주어질 때, 오직 하나의 결과적 행동이 가능하다고 주장한다. 베르그송이 자아의 행위를 기술하기 위해 사용한 "역동성"(dynamism)39)이라는 용어는, 우리가 상이한 미래의 행동들 중에서 선택을 내리려 할 때 우리의 자아가 보여주는 우유부단성이, 그런 선택이 이뤄질 때, 그 선택을 기계적 원인의 기계적 결과와는 아주 다른 것으로 변형시키는 요인이 된다는 것을 의미한다. 예를들어, 내가 가능한 두 행동, X와 Y사이에서 어느 하나를 선택하려 한다고 가정해보자. 내가 이 선택지들에 대해 반성할 때 나의 자아는 성장하고 확장되며 변화한다. 지속안에서

---

38) *MM*, p.243 ; *TFW*, p.190.
39) *TFW*, p.140.

현재가 과거의 기억들을 포함하는 것과 마찬가지로, 나의 자아는 "그 망설임을 통해 삶을 살고 발전하여, 마침내 강력한 행동이 무르익은 열매처럼 그것으로부터 떨어진다."40) 그러므로 나의 행위는 나의 전 인격으로부터 솟아나며, 이것은 우리가 자유로운 행위에 대해 말하면서 그 반대행위 역시 가능했었다고 말할 때 의미하는 것이다. 우리는 여기서 이 견해를 상세히 알 필요는 없을 것이다. 우리는 다만 베르그송이 일상적인 선택지들 — "나는 X를 행했지만, 나는 Y를 행할 수도 있었을 것이다"와 "나는 X를 행했지만, Y를 행할 수는 없었을 것이다"와 같은 선택지들 — 이 모두 똑같이 비판될 수 있는 것으로 보았다는 점을 지적하는 것으로 충분하다. 이것은 그 선택지들을, 공간안의 한 교차점 O에서 만나도록 그려져 있는 도로 X와 Y처럼 생각하는 그릇된 개념에 의거하고 있다는 것을 의미하며, 나아가 우리가 여기서 길 Y가 열려있다고 주장하든 그렇지 않다고 주장하든, 이 두 경우 모두에 대해 비판이 가해질 수 있기 때문에, 상관이 없다는 것을 의미한다. 베르그송은 그러한 개념의 기초가 되는 지속의 개념을 비난하면서, 이 관련된 모든 문제는 사이비문제라고 주장한다. 우리가 지나쳐 온 것을 되돌아보게 될 때, 우리는 우리가 O지점에서 실제로 행한 것이 아닌 다른 것을 행했더라면, 지금쯤 X 대신에 Y를 경험하고 있을지도 모른다고 말하게 된다. 그러나 베르그송에 따르면, 우리는 O지점에서 이처럼 X와 Y라는 선택지에 대해 분명하게 말할 수 없다. 지나간 시간에 있어 충분히 타당한 것은 흐르고 있는 시간에서 보자면 전혀 타당하지 않다. 그리고 베르그송은 단순히 O지점에서는 우리가 X와 Y에 대해 알지 못한다는 것 — 그것은 과거와 미래의 구별이 오직 인식론적인 것일 뿐이라는 것을 함의할 것이다 — 을 의미하는 것이 아니라, 우리가 X와 Y를 알 수 없었다는 것을 의미한다. 그러한 구별은 존재론적인 것이기 때문이다. 베르그송은 다음과 같이 말한다. "실재는

---

40) *Ibid.*, p.176.

우리에게 끊임없는 생성으로 나타난다. 그것은 그 자신을 만들어가거나 그 자신을 드러내어가지만, 결코 만들어진 어떤 것이 아니다."[41] 그는 그밖의 다른 견해는 모두 지속에 대한 공간화된 개념에 의존한다고 주장한다.

셋째로, 베르그송은 과거에 대한 그의 개념 및 실재적 시간과 공간화된 시간에 대한 그의 구별에 적합한 새로운 기억이론을 만들어내고 있다. 이것과 일치하는 것은 그가 "습관－기억"(habit-memory)이라고 불렀던 것, 예컨대 브루터스가 시저를 칼로 찔렀다는 사실과 같은 것에 대한 기계적인 기억과, 순수한 기억, 즉 특수한 사건들에 대한 자연발생적인 회상 사이의 구별이다. 이 구별에서 베르그송은 전자를 단순한 "운동 메카니즘"으로 보아 일축했다. 그리고 이 구별은 베르그송의 형이상학에 근본적인 것이다. 습관－기억은 우리가 외운 어떤 교훈을 낭송할 때 작동하는 것과 같은, 뇌와 신경계의 기능인 단순한 운동 메카니즘이며, 따라서 자주 반복되는 행동이나 운동의 기계적인 결정체이다 ― 이것은 오직 우호적인 의미에서만 "기억"이라고 불릴 수 있는 것이다. 그러나 특정한 사건들에 대한 회상인 순수한 기억(pure memory)은 순수히 물리적이거나 기계적인 활동에는 있을 수 없는 마음 내지 정신의 기능으로서, 우리는 이것을 통해 과거를 인식한다. 순수한 기억은 특이하고 반복이 불가능하다. 그것은 지속과 밀접하게 연결되어 있기 때문이다. "연상주의의 주된 오류는 그것이 살아있는 실재인 생성의 연속성을, 불활성적이고 병치된 요소들의 불연속적 다수성으로 대치한다는 데 있다."[42] 이와 관련하여, 과거와 현재의 관계에 대한 그의 견해는 매우 흥미롭다. 과거는 "죽은" 과거가 아니라 현재 속에서 계속 살아있는 것이다. 그에 따르면 소위 "현재"라고 하는 것

---

41) *CE*, p.287.
42) *MM*, p.171.

은 주로 근접과거로 구성되어 있고 모든 지각은 기억을 포함한다. "사실상 우리는 과거만을 지각한다. 왜냐하면 순수한 현재는 미래를 갉아먹는 과거의 보이지 않는 전진이기 때문이다."[43] 여기서 "순수한"이 의미하는 것이 무엇인지 분명치 않고, 또한 우리가 과거만을 지각할 뿐이라는 앞부분의 언명을 어느 정도까지 글자 그대로 받아들여야 하는지도 확실치 않다. 기억에 대한 베르그송의 일반론에 있어서, "기억"과 "반복"이 동일하지 않다는 것에 동의할 수는 있지만, 그가 신경세포에 의거한 상세한 논의를 전개하고 있는 부분에 이르게 될 때 그의 논의는 설득력이 떨어지며, 그가 내세운 기억과 반복의 구별도 그가 제시하려고 하는 "절대적인" 해석의 무게를 지탱하기에는 불충분한 것 같다. 베르그송의 견해를 다루면서 그의 은유적 언어를 어느 정도까지 글자 그대로 해석해야 할 것인지를 결정하는 데에는 항상 어려움이 따르며, 특히 과거와 현재의 관계에 대한 그의 진술의 경우가 그렇다.

후자(반복)를 "참된 기억"이라고 부르고 있는 버트란드 럿셀은 과거를 "더 이상 작용하지 않는 것"[44]이라고 말한 베르그송의 정의가 순환적인 것이라고 비판했다. 그는 베르그송의 시간론이 지나간 사건들과 이들에 대한 현재의 기억사이의 혼동에 토대를 두고 있으며, 실제로 "시간을 완전히 빠뜨리고 있다"고 주장한다. 그가 보기에 그것은 지각과 회상 — 이 양자는 모두 현재사실들이다 — 의 차이에 대한 설명일 뿐, 베르그송이 믿고 있던 것처럼, 현재와 과거의 차이에 대한 설명이 아니다.[45] 그럼에도 불구하고, 휘트로우(G.J.Whitrow)가 지적했듯이, 럿셀이 기억이 뒤로 작용하고 앞으로 작용하지 않는 것은 "우

---

43) Ibid., p.194.
44) Ibid., p.320 ; B.Russell, A History of Western Philosophy (New York : Simon and Schuster, 1945), p.807.
45) B.Russell, op.cit., p.807.

연"일 뿐이라고 주장할 때, 다시 말해서, 기억이 과거를 드러낼 뿐 미래를 드러내지는 않는다고 주장할 때, 럿셀 또한 기억과 시간의 관계에 대한 견해에서 오류를 범하고 있다.46) 이 견해는 마음의 어떤 우연한 변덕이 없다면 우리가 과거와 미래에 대해 갖는 관계는 대칭적인 것이 될 것임을 함축한다. 그것은 우리가 과거를 기억할 때, 우리의 사고가 시간에 있어 앞으로 내달리는 경향이 있다는 사실(우리는 사건들을 그것들이 발생한 순서에 따라 생각한다)과, 기억에서의 이러한 자연스러운 순서를 역전시키기 위해서는 상당한 노력이 필요하다는 사실을 간과한 것이다. 이것은 우연한 일이 아니다. 왜냐하면 정신적 활동은 그 본성상, 일어나려고 하는 사건을 예기하기 위해 미래를 향해 손을 뻗는 경향이 있기 때문이다.47) 그러나 우리에게 이 구별이 흥미로운 것은, 베르그송과 럿셀 그리고 심지어 에이어(A.J.Ayer)까지도 그러한 구별을 시도하면서 기억의 특수한 형태를 덜 중요한 것으로 보이는 다른 기억의 형태들과 구분하고자 했다는 사실이다. 분명히 베르그송과 럿셀은 각각 실재론과 표상론에 따라 순수기억을 해석하였다. 그리고 럿셀은 다음과 같이 주장한다. "기억의 본질을 구성하는 것은 바로 이러한 종류의 사건들이다. 우리가 이와 같은 경우에 발생하는 것을 분석해낼 때까지는 우리는 기억을 이해하는데 성공한 것이 못된다."48)

유감스럽게도 이 구별은 비록 에이어에 의해 수정되기는 했지만 너무 조야하다. 베르그송과 럿셀은 암기한 것을 기억해내는 것 — 따라

---

46) B.Russell, *Mysticism and Logic* (New York : Doubleday and Co., Inc., 1957 ; London : George Allen & Unwin Ltd., 1969), p.202 ; G.J.Whitrow, *The Natural Philosophy of Time* (Oxford : Clarendon Press, 1980), p.87.

47) W.MacDougall, *An Outline of Psychology*, 7th ed. (London, 1936), p.234 ; G.J.Whitrow, *op. cit.*

48) B.Russell, *Analysis of Mind* (London, 1921), p.167 ; Don Locke, *Memory* (London : The Macmillan Press Ltd., 1971), p.43.

서 "습관 – 기억"이라고 부르는 것 — 과 특정한 항목이나 사건을 회상하는 것 간의 차이를 염두에 두고 있다. 그러나 많은 경우에 있어 기억해내는 일은 어느 범주에도 속하지 않으며, 또 일부의 경우에는 두 범주 모두에 속하기도 한다. 내가 어떤 철학자가 제시한 논증을 가까스로 기억해낼 수 있게 되었지만, 내가 그 논증을 듣거나 읽었던 특별한 상황을 기억하지는 못한다고 가정해보자. 이것은 순수한 기억의 사례가 아니지만, 그렇다고 습관 – 기억의 사례도 아니다. 철학자들이 기억에 대해 말한 여러가지 주장들을 내가 애써 기억해낼 때, 이것이 기계적인 습관의 작용일 뿐이라는 말을 듣는다면 나는 모욕감을 느낄 것이다. 나는 그것들을 곱셈표를 외우듯이 외우고 있는 것은 아니다. 나는 그것에 많은 "사고"를 투입해야 한다. 이에 반해, 어떤 사람이 특정한 상황을 기억하는 습관을 갖고 있어서, 누가 전쟁에 대해 말을 할 때면 언제나 그는 즉시 그가 어떻게 라인강을 건넜는지에 대한 똑같은 이야기를 늘어놓는 수도 있을 것이다. 아마도 이것은 순수한 기억과 습관 – 기억이 동시에 일어나는 사례일 것이다.

베르그송과 럿셀은 기억하고 있다는 것이 암기상태(습관 – 기억)이거나 심상에 의해 회상하는 것(순수한 또는 참된 기억)이라고 잘못 생각한 것이다. 그 때문에 럿셀은 다음과 같이 말했다. "내가 오늘 아침에 무엇을 먹었는지 당신이 내게 묻는다고 가정해보라. 뿐만 아니라 내가 한동안 아침식사에 대해 전혀 생각하지 않았고, 내가 아침을 먹고 있는 동안에 아침식사가 무엇이었는지 말로 표현하지 않았다고 가정해보라. 이 경우 나의 회상은 습관 – 기억이 아니라 순수한 기억일 것이다. 기억해내는 과정은 나의 아침식사의 심상들을 불러내는 일로 이루어질 것이다."[49] 그러나 이것은 사실일 것 같지 않다. 비록 내가 한동안 아침식사에 대해 생각하지 않았고 또 메뉴를 마음에 담아두지 않

---

49) B.Russell, *op.cit.*, p.175.

았다고 하더라도, 아침식사에 관련된 어떤 심상에도 의존함이 없이 나는 내가 베이콘과 달걀을 먹었다는 것을 기억할 수 있다. 아마도 럿셀은 시저가 어떻게 죽었는지를 기억하는 것과 똑같은 방식으로, 즉 질문을 받으면 대답할 수 있도록 답을 기억하고 있는 것처럼 그가 아침에 무엇을 먹었는지를 기억한다고 생각하고 있는 것 같다. 그러나 어느 경우이든, 그는 심상들을 갖고 있을 수도 있고 그렇지 못할 수도 있겠지만, 그가 그런 심상들을 지적하지 않고서도 질문에 답할 수 있다는 점에서 그 심상들은 기억과 무관한 것이다. 그러나 베르그송과 마찬가지로, 럿셀은 암기와 심상에 의한 회상을 너무 단순하게 구별했기 때문에, 그는 아침식사를 기억하는 것은 전자가 아니라 후자일 것이라는 결론을 내릴 수밖에 없었다.

습관-기억과 순수한 기억에 대한 에이어의 훨씬 더 세련된 구별에도 난점들이 있다.[50] 에이어에게 있어서, 전자는 어떤 일을 할 수 있는 능력에 포함되어 있는 것에 대한 기억인데, 그것은 수영하는 법이나 콤파스를 사용하는 법에서처럼 기억된 것 자체가 능력인 경우들을 포함할 뿐만 아니라, 브루터스가 시저를 칼로 찔렀다는 것을 기억하는 것처럼 기억된 것이 어떤 사실인 경우들 — 이 경우 기억한다는 것은 그 일이 일어났다는 것을 다른 사람들에게 이야기할 수 있다는 데 있다 — 까지도 포함한다. 이에 반해, 사건기억(event memory)은 특정한 사건들에 대한 회상으로서, 마음의 심상들을 수반할 필요가 없는 것이라고 에이어는 주장한다. 무엇보다도 에이어는 "사건"기억에 대해 말할 때 지나치게 엄격한 것처럼 보인다. 왜냐하면 그와 똑같은 방식으로 우리는 특정한 사람들이나 장소 또는 사물들을 회상할 수 있기 때문이다. 이것은 그러한 사람들이나 장소 또는 사물들이 개입된 어떤

---

50) A.J.Ayer, *The Problem of Knowledge* (Middlesex : Penguin Books Ltd., 1956), pp.134-42.

사건을 기억하는 것과 동일하지 않다. 예를 들면, 나는 나의 고향의 성당광장을, 거기서 일어났던 특별한 사건을 기억하거나 내가 그것을 보았던 특별한 때를 기억하지 않고서도, 아주 생생하게 회상할 수 있다. 그러나 보다 중요한 난점은 어떤 일을 할 수 있는 일반적 능력에 속하지 않으면서도 또한 사건기억도 아닌 그런 기억의 사례들이 있다는 것이다. 출근하는 길에 나는 갑자기 충격을 받아 오늘이 일요일이라는 사실을 기억해낸다. 이것은 과거의 어떤 특별한 항목이나 특별한 사건에 대한 회상이 아니며, 또한 습관-기억의 사례도 아니다.

이 사례는 베르그송, 럿셀, 에이어가 모두 아주 상이한 두 구별을 각기 서로 다른 방식으로 혼동하고 있다는 것을 보여준다. 그 중에 하나는 과거의 어떤 항목이나 사건에 대한 기억과 어떤 사실이나 어떤 일을 하는 방법 같은 것에 대한 기억 간의 구별이다. 다른 하나는 어떤 특정한 상황에 대한 기억과 일반적인 기억능력 간의 구별, 즉 소위 발생적으로 사용(occurrent use)되고 있는 것으로서의 "기억"과, 과거의 항목이나 사건들을 기억하는 일반적인 능력과 사실이나 기술들(skills)을 기억하는 특정한 발생들(occurrences)과는 달리 비발생적으로 사용되고 있는 것으로서의 "기억"간의 구별이다. 따라서 만일 이제 우리가 여러가지 일들을 기억하는 일반적인 기억 능력 — 여기에는 "습관"에 대한 논의가 끼어들 소지가 있다 — 에 초점을 두지 않고, 발생적이든 비발생적이든 기억의 상이한 종류에 초점을 둔다면 아마도 논점이 보다 분명해질 것이다.

지금까지 우리는 현대의 접근방식들이 기억을 지식의 한 형태로 간주하고 있다는 점을 살펴보았다. 널리 알려져 있는 지식의 세가지 유형 — 또는 우리가 무엇인가를 안다고 말할 때의 세가지 방식 — 이 있다. 우리는 어떤 것이 사실이라는 것을 안다. 우리는 이것을 "사실적 지식"(factual knowledge)이라고 부를 수 있을 것이다. 또 우리는 어떤 일을 하는 방법을 안다고 말한다. 이는 어떤 기술이나 능력을 소유하는 것으로서, "실천적 지식"(practical knowledge)이라고 부를 수 있는 것이다. 그리고 우리는 우리가 만난 사람이나 우리가 가보았던 장소를 안다고 말하기도 한다. 이는 "개인적 지식"(personal knowledge)이라고 부를 수 있을 것이다. 던 록크(Don Locke)[51]는 여기서 우리가 상이한 유형의 기억에 대해서도 이와 동일하게 구별할 수 있다고 주장한다. 왜냐하면 우리는 지식의 경우와 마찬가지로 기억에 대해서도, 어떤 것이 사실이라는 것을 기억한다고 말하거나 어떤 일을 하는 방법을 기억한다고 말하거나 어떤 구체적인 사람, 장소, 사물, 또는 사건을 기억한다고 말하기 때문이다. 그래서 그는 기억의 세가지 형태를 구별할 것을 역설한다. 사실적 기억, 실천적 기억, 그리고 개인적 기억이 그것이다. 그는 지식의 유사한 형태들과 마찬가지로, 이 세가지 형태의 기억이 완전히 별개의 것들이 아니라, 때로는 서로 중첩되고 상호연관된다고 주장한다. 자동차 운전요령에 대한 기억에는 자동차 키를 돌릴 때 자동차가 움직이기 시작한다는 사실에 대한 기억이 포함된다. 어떤 장소에 대한 기억에는 그 장소에 관련된 여러가지 사실들에 대한 기억이 포함된다. 또한 햄릿의 독백에 대한 기억은 개인적인 기억(그 연설에 대한 기억)으로 분류될 수도 있고 사실적 기억(그 낱말들이 "사느냐 죽느냐…"라는 것이었다는 사실에 대한 기억)으로 분류될 수 있다. 그리고 그 세가지 형태들이 각각 특별한 문법적 구문 ─ 이러 저러하다는 "사실"(that)에 대한 기억, 이러 저러하게 하는 "방법"(how)에 대한 기억, 이러 저러한 것 자체(itself)에 대한 기억 ─ 과 연결되지만, 문법은 어떤 형태의 기억이 개입되는지를 오직 개략적으로 시사할 뿐이다. 어떤 사람의 이름을 기억하는 것은 개인적 기억이라기보다는 사실적 기억, 즉 그의 이름이 스미스라는 것을 기억

---

51) 더 상세한 논의는 Don Locke, *Memory*, 제 5-7장 참조.

하는 일에 가까운 것 같다. 나의 아버지의 말투를 기억하는 것은 실천적 기억이라기보다는 개인적 기억일 것이다. 음조를 기억하는 것은 개인적 기억이라기보다는 아마도 사실적 기억(그것이 다-다-디-둠-둠…로 진행된다는 것을 기억하는 것)까지도 포함하는 실천적 기억(휘파람을 부는 법을 기억하는 것)일 것처럼 보인다. 기억에 관한 설명이 완전하고 최종적인 철학적 설명이 될 수 있으려면 그것은 이러한 모든 요소들과 그 밖의 다른 요소들에 대한 철저한 논의를 포함하고 있어야 할 것이라는 데에는 의심의 여지가 없다.

노먼 맬컴(Norman Malcolm)은 기억이 없다면 우리는 결코 인간이 될 수 없을 것이라고 단언한다. "사실적 기억이 없는 존재는 그가 이러저러한 일을 하려 했다거나 그가 이러저러한 일을 해오고 있었다는 것을 기억하지 못할 것이다. 그는 그가 어디에 무엇을 두었는지, 그가 어디에 있었는지, 또는 언제 그가 어떤 일을 해야 하는지를 기억하지 못할 것이다. 사실적 기억이 없는 존재는 말할 수 있는 정신적 능력을 전혀 갖지 못할 것이다. 따라서 그런 존재가 비록 "인간의 형태"를 갖추었다고 할지라도 그는 진정한 인간이 아닐 것이다."52) 맬컴은 나중에 개인적 기억에 대해서도 비슷한 지적을 한다. 자기가 지각하고 경험한 어떤 것도 기억하지 못하는 존재가 인간적 능력 같은 것을 가질 수 있을까? 물론 그럴 수 없을 것이다. 우선, 그러한 존재들은 어떤 특정한 사람이나 대상도 "알아보지" 못할 것이다. 이것만으로도 그들은 인간이 갖고있는 많은 개념들을 가질 수 없고, 인간이 하는 많은 일들을 할 수 없을 것이라는 말이 된다.53) 그러므로 자신이 "참된 기억"이라고 부른 것이 곧 "기억의 본질을 구성하는 종류의 발생"54)이

---

52) Norman Malcolm, "Three Lectures on Memory" in : *Knowledge and Certainty* (Prentice Hall, 1963), pp.212.
53) *Ibid.*, p.221.
54) B.Russell, *Analysis of Mind* (London, 1921), p.167.

라고 말한 럿셀과는 달리 맬컴은 다음과 같이 결론하고 있다. "사실적 기억과 개인적 기억은 모두 인류에게 필요불가결한 것이다. 그것들은 서로 너무나 얽혀있기 때문에 어느 것이 더 근본적인 것인지 말하는 것은 불가능할 것이다."55)

물론 우리는 인간적인 기억이든 기계적인 기억이든 어떤 기억의 절대적 신빙성을 논리적으로 반박불가능하게 증명해낼 수 없다. 왜냐하면 가장된 기억을 포함한 모든 기억들은 방금 전에 만들어진 것이라는 가설은, 비록 현상들에 대한 일반적으로 용인된 설명과는 충돌하지만, 우리의 현재경험과 형식적으로 모순되는 것은 아니기 때문이다. 과거에 대한 모든 진술들은 결국 과거에 관한 어떤 진술 — 예를들어, 기압 도표의 곡선은 진정한 시간적 연속을, 즉 동시적인 사건들이 아니라 하나씩 차례로 발생한 현실적 사건들을 지시한다는 진술 — 을 공리적인 것으로 우리가 기꺼이 받아들이려고 하는가 어떤가에 달려 있다.

과거에 대한 우리의 엄청난 양의 지식은 역사기록이나 고고학적 자료와 지질학적 자료 및 그밖의 다른 자료들을 기초로 해서 이루어지는 이론적 추리에 토대를 둔다. 우리자신의 개인적인 기억들은 그다지 오래전까지 거슬러 올라가지 않지만, 그럼에도 불구하고 대단히 중요하다. 대부분의 역사기록들은 기록자나 동시대 사람들이 경험한 사건들에 대한 개인적인 기억에 기초한 것이다. 더구나 그와같은 기억은 기록된 기억들을 정독하는 일과 구별되어야 하고, 인류의 비판적인 공동노력에 의해 구성되는 과거는 기억된 것으로서의 우리의 개인적인 과거와 구분되어야 하겠지만, 개인적 기억은 "근접한" 과거에 대한 우리의 지식의 본질적인 부분을 이룬다.56)

---

55) N.Malcolm, *op.cit.*, pp.88-9.
56) G.J.Whitrow, *The Natural Philosophy of Time* (London and Edinburgh : Nelson,

4. 삶 속에서 지속이 갖는 창조적 측면

논의할 다음 주제는 베르그송의 시간관이 지니고 있는 창조적인 측면이다. 베르그송은 만일 우리가 끊임없는 흐름으로서의 지속에 대해 올바른 개념을 갖는다면, 우리는 시간과 관련하여 일종의 진화론적인 견해를 갖지 않을 수 없을 것이라고 주장한다. 시간은 고정된 척도가 아니다. 그것은 과정이며, 예측이 불가능한 새로운 형태들을 향해 끊임없이 움직이고 있는 과정이다. 이러한 관점은 베르그송의 가장 유명한 저작 『창조적 진화』(1907)에서 화려한 심상들을 통해 상세하게 전개되고 있다. 베르그송은 말한다.57)

"아직까지 진화가 완전한 것은 아니지만 이 진화의 역사는 척추동물의 계열을 따라 인간에 이르기까지 상승선을 그리는 중단없는 전진을 통해 어떻게 지성이 형성되어 왔는지를 이미 우리에게 보여준다. 그것은 이해의 능력안에 행위능력, 즉 살아있는 존재들이 그들에게 주어져 있는 생존의 조건들에 더 많이 더 정확하게 그리고 더욱 더 복잡하고 풍부하게 의식적으로 적응해가는 능력이 부속되어 있음을 보여준다. 그러므로 좁은 의미에서의 우리의 지성은 우리 몸이 환경에 대해 완벽하게 적응할 수 있도록 하고, 외부사물들 사이의 관계들을 표상하기 위해, 간단히 말해서, 물질을 사고하기 위해 개발된 것이라는 결론이 나온다."

그러므로 『창조적 진화』의 첫머리에서 베르그송은 그의 생각의 기원이 되는 준거의 틀과 전체로서의 그의 철학의 주요 결론을 모두 진술하고 있다. 이것은 모든 지성적 과정들의 내적 논리가 물질적 환경에 대한 엄격한 통제를 그 목적으로 한다는 것을 의미한다. 만일 베르

1961 ; Oxford : Clarendon Press ; 2nd ed., 1980), pp.88-9.
57) *CE.*

그송이 옳다면, 인간정신이 확보하고 있는 가장 이론적인 장치라고 할 수 있는 기호논리학과 수학의 기법 전체는 물질적 대상들을 통제하기 위한 도구에 지나지 않게 될 것이다. 그렇다면 20세기에서 보는 것 같은 심각한 인식론적 문제는 사라지게 될 것이며, 마음과 외부세계 간에 어떻게 상호작용이 가능한가 하는 수수께끼도 더 이상 존재하지 않게 될 것이다. 왜냐하면 마음의 논리적 구조와 움직이고 있는 물질세계의 지각된 구조사이에는, 신적인 권위의 개입에 힘입어서가 아니라 진화과정의 자동적인 작용으로부터 귀결되는 예정조화가 있을 것이기 때문이다.

만일 논리학과 수학을 이런 방식으로 설명함으로써 인식론의 한가지 중요한 문제를 해소한다면, 그것은 한층 더 어려운 난점을 야기시킨다. 만일 우리의 개념들이 물질을 사고해야 하는 필요성에 부응하여 창조된 것이라면, 고체들의 자연기하학이 생명의 본성을 설명하는데 사용될 수 있으며, 이 자연기하학 자체가 발전되어온 진화과정의 전체 의미를 파악하는데 이 기하학이 사용될 수 있다는 확신을 우리가 어떻게 가질 수 있는가? 아주 이상하게도, 이런 문제가 유독 무기적인 것의 영역에 적합한 개념적 틀안에 있는 언어를 사용했던 철학자나 과학자들에게 걸림돌로 작용했던 적은 거의 없었다. 이러한 사실에 대한 인식에서 베르그송은 우리가 습관적으로 칸트와 연관시키는 유형의 철학적 장치들을 사용한다.

이성의 이율배반을 다루고 있는 『순수이성비판』의 유명한 절(節)에서, 칸트는 우리가 순수이성의 영역에 그 기원을 갖고 거기서만 타당성을 갖는 개념들을 자연의 영역에 적용하려 할 때 인간의 사고가 빠지게 되는 난점들 ― 사실상 모순들 ― 을 보여주고, 또 불활성적인 물질에 대한 우리의 경험에서 파생되는 개념들을 생명의 영역에 적용하려 할 때도 비슷한 모순들이 따라나온다고 주장한다. 지성적인 파악만으로는 살아있는 것들을 이해하는데 불충분하다. 우리는 직관을 첨가해야 한다.

『창조적 진화』는『물질과 기억』이 남겨두었던 문제 — 자아의 창조성과 자아와 자연대상 사이의 중요한 대비 — 에서 시작한다.58)

> "완성된 초상화는 모델의 용모와 예술가의 성격 및 팔렛트 위에 펼쳐져 있는 색깔들에 의해 설명된다. 그러나 그것을 설명해주는 것에 대해 알게 된다 해도, 아무도, 심지어 예술가 자신조차도 그 초상화가 과연 어떤 것이 될런지 정확하게 예견할 수 없다. 왜냐하면 그것을 예견하는 것은 그 초상화가 제작되기 이전에 제작한 셈이 될 것이기 때문이다 — 이는 자가당착적인 그릇된 가설이다. 우리 자신이 제작자가 되는 우리의 삶의 계기들(moments)에 있어서도 마찬가지이다. 각 계기는 일종의 창조이다. 그리고 화가의 재능이 그가 만드는 작품의 영향을 받아 형성되거나 손상되는 것 — 아뭏든, 변형되는 것 — 처럼 우리의 각 상태들은 그것이 산출되는 순간 우리의 성격을 변형시켜, 우리가 단순히 가정하고 있을 뿐이었던 새로운 형태로 바꾸어 놓는다. 그렇다면 우리가 무엇인가 하는 것은 우리가 무엇을 행하는가에 의존한다고 말하는 것은 옳다. 그러나 우리는, 어느 정도까지는 우리가 행하는 바 자체이며, 우리는 계속해서 우리 자신을 창조하고 있다는 사실도 지적되어야 할 것이다."

비유기적인 물체들의 경우는 사정이 매우 다르다. 여기에는 내적인 지속의 원리도 자기창조의 항구적인 과정도 없다. 고전물리학의 세계는 물리적 요소들과 그것들간의 관계로 구성되어 있고, 일반화된 이 관계들은 설명의 엄밀한 원리들의 체계를 제공한다. 물질조각들은 전체를 포괄하는 절대공간 안에 "단순정위하고 있다"(simply located)59)고 말해질 수 있으며, 이들의 움직임은 기계의 작동이 예측될 수 있는

---

58) *Ibid.*, 6f.
59) *SMW*, p.72(94).

것처럼 예측가능하다. 이러한 뉴톤적 세계를 가정할 때, 라플라스의 허구는 불가피한 것이다. 전지(全知)한 존재나 초인적 지성은 언제든지 우주공간의 체계안에 있는 어떤 분자의 현재상태를 과거로부터 계산해낼 수 있을 것이다. 세부적인 연구를 위해 세계의 특정영역을 분리하거나 과학적 예측을 위해 일반이론을 구축하는 일은 그러한 기계론적 가정을 토대로 한다. 베르그송은 말한다.60) "대상에 대한 우리의 모든 믿음과 과학이 분리시키는 모든 체계들에 입각한 우리의 모든 조작은 사실상, 시간이 그것들을 부식시키지 않는다는 생각에 의존한다."

내적 자아는 지속안에 잠겨있다. 외부의 자연세계는 공간성 속에 뿌리내리고 있다. 우리는 다른 생명체들의 장소를 어느 쪽에서 찾을 것인가? 베르그송에게 있어서 그 답은 분명하다. 물질의 집은 공간이다. 생명의 집은 시간이다. 베르그송은 시간의 개념이 물리과학에서 그 나름의 역할을 하고 있다는 사실을 깨닫지 못했다. 그러나 우리가 위의 분석에서 살펴보았듯이, 그는 "지속" 또는 체험된 시간과, 물리학에서 사용되는 시계에 의한 추상적 시간이나 공간화된 시간, 즉 질적인 고유성을 찾아볼 수 없고 공간에 대한 우리의 경험의 제일성(齊一性)에 의해 특징지워지는 시간을 구별한다. 비유기적인 물체들의 경우 그들의 미래는 그들의 과거의 반복일 뿐이다. 이에 반해 살아있는 존재들은 "존속한다"(endure). 그들은 자라고 나이를 먹으며, 그들의 삶의 역동적인 행로는 그들의 시간의 계속적인 기록이다. "무엇인가가 살고 있는 곳이면 어디든지 그곳 어딘가에 시간이 기록되는 기록계가 있다."61)

이 장의 앞 부분에서 보았듯이, 기계론적 설명이 생물과학의 정신성

---

60) *CE*, p.8.
61) *Ibid.*, p.39.

속에 침투해 있긴 하지만, 생명현상에 대한 모든 기계론적 접근은 "실재적 시간"에 대한 우리의 경험에 비견될 경우, 즉각 부적절한 것으로 드러난다.[62]

생명형태의 연속적인 발전에 대한 설명은 일반적으로 두가지 주요 유형, 즉 기계론적 유형과 목적론적 유형으로 나뉜다. 전자는 생물학적 변화를 원인과 결과로 연결되는 엄격한 작동체계의 일부, 즉 유기체와 자연 환경 간의 상호작용에서 귀결되는 예측가능한 결과로 간주한다. 후자는 생물학적 변화를 어떤 유기적인 목적의 발현, 즉 미리 예정되어 있는 프로그램의 점진적 실현으로 본다. 그런데 이렇게 보자면 목적론은 기계론만큼이나 불만족스러운 것이다. 왜냐하면 우리가 과거의 추진력을 미래의 흡입력으로 단순히 대치시킬 경우, 여전히 예측가능한 결과를 피할 길은 없기 때문이다. 여기에는 새로움과 창조의 신비스런 작인(作因)을 위한 여지는 전혀 없는 것이다. 기계론과 마찬가지로 목적론은 지성의 실천적 성향 — 예측불가능성을 인정하지 않으려는 성향 — 의 산물이다.

베르그송에게 있어서, 기계론이나 목적론은 진화과정의 본성에 대해 어떤 참된 단서도 제공하지 못한다. 이 단서는 오직 생의 약동(elan vital) — 생의 기운 자체 — 에서만 찾아볼 수 있다. 생의 약동은 삶이 솟아나는 원초적인 충동이다. 그것은 일련의 전도체들을 관통하는 전류처럼 생명의 개별화된 형태들을 통해 흐르면서, 살아있는 유기체들의 세대간의 간격을 메꿔주며 그와 동시에 늘 확장되는 다산성의 흐름속에서 새로운 생명의 형태들을 창조하는 변화와 변이들을 야기하는 힘이기도 한 신비스런 창조적 작인이다. 가장 단순한 원생동물로부터 가장 복잡한 형태들에 이르기까지 모든 생명은 지극히 다양한 종으로 발현하고 다양한 진화노선들을 따라 진행하는 동일한 생의 충

---

62) *Ibid.*, p.98.

동(vital impetus)의 확산이다. 생의 충동은 모든 생명체들이 창발하는 창조적인 샘이며, 그 창조성은 계산될 수도 예측될 수도 없는 생명의 유형들을 낳는다. 그래서 여기에 우주를 양분하는 중대한 우주론적 구분, 즉 불활성적인 물질의 무기력과 유기적 형태들의 생동력 간의 구분이 있게 된다. 그리고 이 구분은 또한 인간의 삶에 심오한 의미를 갖는다. 왜냐하면 만일 인간의 가장 깊은 절망이 이질적인 물질의 우주안에서 안식처를 잃은 상실감이라면, 그의 가장 의미있는 위안은 생명체들의 세계와의 유대감과 그 원천인 생의 충동에의 참여에 있을 것이기 때문이다. 이 생의 충동은 삶의 행로를 이끄는 으뜸가는 힘이다. 그러나 그 최초의 통일성은 생명의 형태들이 발전하는 다양한 노선을 따라 끝없이 다양화된다.

지금까지 우리는 만일 우리가 지속을 끊임없는 흐름으로서 올바르게 파악한다면, 우리는 그와 연관하여 모종의 진화론적 견해를 가질 수밖에 없게 될 것이라는 점을 살펴보았다. 그리고 시간은 고정된 척도가 아니다. 시간은 과정이며, 예측이 불가능한 새로운 형태들을 향해 끊임없이 전진하고 있는 과정이다.

"화가는 그의 캔버스 앞에 있고, 색깔들은 팔렛트 위에 있다. 모델도 앉아 있다 ― 우리는 이 모두를 보고 있고, 또한 우리는 화가의 스타일도 안다. 우리는 캔버스 위에 어떤 일이 벌어질 것인지 예견할 수 있는가? 우리는 문제의 요소들을 갖고 있다. 우리는 그 문제가 어떻게 해결될 수 있는지를 추상적으로는 안다. 왜냐하면 그 초상화는 틀림없이 모델과 닮을 것이며 또한 화가와도 유사할 것이기 때문이다. 그러나 구체적인 답변은 모든 예술작품의 요체라고 할 예측불가능한 무(無)를 동반한다. 그리고 시간을 필요로 하는 것은 바로 이 무이다. 물질로서는 무인 그것은 자기 자신을 창조한다…. 계기(succession) 또는 시간에서의 상호침투의 연속은 공간속에서의 단순한 순간적 병치로 환원될 수 없다. 바로 이때문에 물질적 우주의 현상태에서, 생명형태들의 미래를 읽고, 다가올 새 역사를 드러내보인다는 생각은 참으로 불합리한 것이 된다. 그러나 이 불합리가 쉽게 드러나지 않는다. 왜냐하면 우리의 기억은 그것이 차례로 지각하는 항목들을 이상적인 공간안에 서로 나란히 병치시키는데 익숙해져 있기 때문이며, 그래서 그것은 항상 "지나간" 계기를 병치의 형태로 표상하기 때문이다. 그것이 그렇게 할 수 있는 것은 사실상, 과거는 이미 창조된 것들, 죽은 것들에 속하고, 더 이상 창조와 생명에 속하지 않기 때문이다."63)

우리가 베르그송에게서 본 것처럼, 근본적인 실재는 정태적인 불변의 존재가 아니라, 살아서 변화하고 있는 생성이다. 그리고 희랍철학은 이러한 근본적인 생성을 인정하지 않았다는 점에서 큰 결함을 갖고 있다. "생성안에 자리잡은 사람은 지속안에서 사물들의 생명 자체, 근본적인 실재를 본다. 그러기에 마음이 분리시켜 개념 안에 저장하는 형상들은 변화하는 실재의 스냅사진들에 불과하다. 그것들은 시간의 경로를 따라 모아들인 계기(moments)들인데, 우리가 그것들을 시간에 붙들어매는 줄을 끊어버렸기 때문에, 그것들은 더 이상 존속하지 못하는 것이다…. 우리가 원한다면, 그것들은 영원속으로 들어갈 것이다. 그러나 그들에게서 영원한 것이란 바로 실재하지 않는 것이다."64)

베르그송은 진화를 "시대를 통한" — 전적으로 모호한 의미의 시간을 "통한" — 발전으로 보는 추상적인 견해를 받아들이지 않고, 시간 자체가 진화과정에서 필수적인 역할을 담당하며 그 자체가 창조적인 것이라고 계속해서 주장한다. 약간 달리 표현한다면, 시간은 진화의 "매체"일 뿐만 아니라 또한 진화의 추진력이기도 하다는 것이다. 이런 견해 — 그 화려함은 부인될 수 없겠다 — 는 지속의 실체화에 기초한 것이라 하여 비판하는 것이 가능하겠다. 베르그송은 그의 초기저작들에서 "수용자"로서의 시간 이해(the receptacle view of time)를 부당

---

63) *Ibid.*, p.360.
64) *Ibid.*, pp.334-5.

한 실체화라 하여 정당하게 비판했지만,[65) 지속에 관한 자신의 견해에서 그와 유사한 비판을 받을 수 있는 입장에 놓이고 있는 것이다. 지속과 생의 약동 간의 정확한 연관성은 한번도 분명하게 밝혀진 적이 없지만, 그가 생의 약동을 구체적인 힘으로 파악하고 있는 것으로 읽을 수 있는 구절들도 있고, 또 그가 지속을 생의 약동으로 이해하고 있는 것으로 이해할 수 있는 구절들도 있다. 그러나 여기서도 또한 그가 은유적으로 말하고 있는 것을 어느 정도까지 글자 그대로의 의미로 받아들여야 하는지를 결정하기는 쉽지 않다.

만일 우리가 생의 약동을 향해 열려있는 다양한 경로들 — 지성의 길, 직관의 길, 본능의 길 — 에 관한 베르그송의 언급들을 글자 그대로의 의미로 받아들인다면, 그는 그가 『의식의 직접 소여에 관한 시론』에서 선택과정에 대한 그릇된 개념에 대해 가했던 비판과 동일한 비판을 받을 수 있는 입장에 놓이게 되는 것처럼 보일 것이다. 그는 선택에 관한 이런 견해를 공간화된 시간관의 결과로 진단했고, 이것은 나중에 『창조적 진화』에서 그가 언급한 것들과 비교해볼 때 상당히 의미있는 것이다. 그가 이 두가지 요점에서 전적으로 은유적이었던 것으로 해석되지 않는 한, 그는 지속의 개념을 지나치게 멀리 밀고나갔고, 그것에 거의 신비스럽다고 할 수 있는 창조력을 부여했던 것이 분명하다.

둘째로, 그의 견해 전체가 불가지론적이고 비합리적이라는 비판이 제기될 수도 있다. 이런 비판은 그가 지성과 직관을 구별하면서 보여주었던 과격한 태도를 문제삼는다. "형이상학 입문"에서 찾아볼 수 있는 직관에 대한 찬사[66)는 상당히 온건한 편이다. 어쨌든 결국 지성은 그것의 진정한 고향이 과학에 있다는 확신에 따라 철학에서 축출된다.

---

65) 특히 *TFW* 제2장과 결론을 볼 것.
66) *op. cit.*, passism. 특히 pp.22-5 참조.

"과학은 반복될 수 있는 것, 즉 실재적 시간의 작용으로부터 유리된 것으로 가정되어 있는 것만을 조작할 수 있다. 역사의 연속적인 운동 안에서 환원불가능하고 비가역적인 것은 무엇이든지 과학을 피해간다. 우리가 이 환원불가능성과 비가역성의 개념을 이해하기 위해서는, 사고의 근본적인 요건들에 적응된 과학적 습관들을 깨뜨려야 하고, 마음에 타격을 가해야 하며, 지성의 자연적인 성향을 거슬러올라가야 한다. 그러나 이것은 바로 철학의 기능이다."67) 그리고 그는 덧붙인다. "시간은 여기서 효력을 상실한다. 그리고 만일 그것이 아무것도 하지 않는다면 그것은 아무것도 아니다. 극단적인 기계론은 사물들의 표면적인 지속이란 단지 모든 것을 한꺼번에 알 수 없는 마음의 허약성을 나타낼 뿐이라고 보는 형이상학을 함축한다. 그러나 우리의 의식에 있어서, 즉 우리의 경험에서 가장 논쟁의 여지가 없는 것에 있어서, 지속은 이것과는 매우 다른 어떤 것이다. 우리는 지속을 우리가 거꾸로 거슬러 올라갈 수 없는 흐름으로 지각한다."68) 또한 베르그송은 자연의 창조적 "생성"내지 과정이 결코 수학적 항목들로 환원될 수 없고, 또 논리학만으로는 설명될 수 없다고 거듭 주장한다.

"시간은 발명이거나 아니면 전혀 아무것도 아니거나이다. 그러나 영화촬영기법 같은 방법에만 매달리는 물리학은 시간-발명을 전혀 고려할 수 없다. 그것은 이러한 시간을 구성하는 사건들과 운동체 T가 그 궤도상에서 차지하는 위치들 사이의 동시성들을 계산하는 일 이상을 하지 않는다. 그것은, 매순간마다 새로운 형태를 취하고 각 사건들에다 어떤 참신성을 전달해주는 그런 전체로부터 이 사건들을 분리한다. 그것은 그 사건들을 추상적으로, 마치 그것들이 살아있는 전체의 바깥에 있는 것처럼, 다시 말해서, 공간안에 펼쳐진 시간안에 있는 것처럼 다룬다. 그것은 심각한 손상을 입지 않은 채로 분리될 수 있는 사건들이나 사건들의 체계만을 보존한

---

67) *CE*, p.31.
68) *Ibid.*, p.41.

다. 왜냐하면 그런 것들에만 물리학의 방법이 적용될 수 있기 때문이다. 우리의 물리학은 그러한 체계들을 분리하는 방법을 알게 되면서 탄생하였다. 요컨대, 근대물리학은 그것이 시간의 어떤 순간이든지 고려할 수 있고, 발명으로서의 시간을 길이로서의 시간으로 대치한 데에 전적으로 의존하고 있다는 사실 때문에 고대의 물리학과 구별된다."[69]

베르그송은 시간의 비환원성을 역설한 점에서는 옳았다. 하지만 그렇다고 해서 그 때문에 다른 진영들이 그의 견해 전체를 그대로 받아들일 것 같지는 않다. 베르그송이 그렇게 아주 명확하게 반지성적인 입장을 취했던 것은 아마도 불행한 일일 것이다. 왜냐하면 그것은 그로 하여금 지극히 명백한 비판에 직면케 하고 있기 때문이다. 물론 그는 자신의 원칙들에 입각하는 한, 극단적인 합리주의자가 될 수는 없었을 것이다. 그러나 필자가 보기에, 그는 원칙들을 고수하면서도 여전히 지성에 대한 그의 독설을 상당히 누그러뜨릴 수 있었을 것이다. 종합은 분석 못지않게 중요하다거나, 어떤 경우 우리는 추상적인 추론보다는 직관과 공감(베르그송적인 의미에서)에 의해 본질적인 것에 좀 더 가까이 접근하게 된다는 데에 많은 사람들이 공감할 것임에 틀림없다. 흔히 우리는 우리의 확신을 설명해줄 이유를 제시하지 못하면서도 어떤 것을 확신한다. 그러나 직관이 지성보다 **항상** 근본적인 것인 참된 실재에 더 가까이 다가갈 수 있다는 것과, 지성은 실재에 있어 상호연관되어 있는 것을 분리시키려 하는 침입자일 뿐이라는 것은 전혀 별개의 사실이며, 또한 후자의 사실이 전자의 사실로부터 논리적으로 도출되는 것도 아니다. 베르그송은 이 후자의 사실을 주장하는 가운데 지나치게 멀리 나아갔다. 그를 비판하는 사람들이 서슴없이 지적해왔듯이, 그러한 견해의 논리적인 결론은 혼돈일 것이다. 직관은 성공적으로 전달될 수 없을 것이고, 단순히 법조문을 어기는 일이 묵인

---

69) *Ibid.,* p.361.

될 수 있는 것처럼 논리적 오류들이 묵인될 수 있을 것이며, 그리하여 철학은 더이상 존재하지 않게 될 것이다. 베르그송이 논리학의 요구에 느슨하게 대처하지 않았다는 것을 보여주려는 것이 우리가 그를 분석적으로 다루는 부분적인 이유였다. 그와는 반대로, 논리적 관점에서 볼 때조차도 흠잡을 데가 거의 없다 — 사실상 그의 생각들 상호간의 뛰어난 정합성과 일관성(이것을 그는 상호침투성이라고 부른다)은 어떤 순서로 그것들을 다루어야 할지 갈피를 잡지 못하게 할 정도이다. 따라서 베르그송의 시간관은 그것이 순수히 논리적인 용어로 환원될 수 없다는 의미에서 "비합리적"일 뿐, 그것이 논리적 오류들을 많이 포함하고 있다는 의미에서 비합리적인 것은 결코 아니다. 그렇기에 또한 베르그송의 극단적인 반지성주의적 입장은 그의 주요 주장과 충돌하지 않는 범위내에서 충분히 수정될 수 있을 것이다.

　필자가 베르그송에 대한 반지성주의 비판을 자세히 다룬 것은 창조적 생성으로서의 그의 시간관이, 이 반지성주의 비판과 시간 실체화 비판에도 불구하고, 근본적이고도 타당한 시간이해를 담고 있다고 믿기 때문이다. 그러한 무논리적(alogical)이고 창조적인 시간관이 어느 정도까지 반지성주의를 **포함하는지**, 그리고 그것이 어느 정도로 비본질적인 첨가물이었는지를 분명히 밝힐 필요가 있겠다.

　논의할 세번째 주제는 시간의 "비가역성"으로서, 그것은 그의 다른 관점으로부터 도출된다. 만일 당신이 지나간 시간과 지나가고 있는 시간은 판이한 것으로서, 후자가 근본적인 것이라고 생각하고, 또 어떤 의미에서 시간은 창조적인 것이라고(여기서 계사[is]가 아무리 모호하게 해석된다 해도) 믿는다면, 당신은 시간의 "비가역성"을 주장하지 않을 수 없게 된다. 그렇기에 베르그송이 자신의 원칙에 따라, 물리학의 t를 시간과는 아무런 관계가 없는 것으로 보아 거부한 것은 아주 옳은 일이었다. 우리는 베르그송의 『지속과 동시성』(*Durée et Simultanéité*,

1922)과 "물리적 시간"의 문제에 관해 다음 절에서 상세히 논의할 것이다. 그러나 여기서는 베르그송이 그의 주요논제에 있어서는 절대적으로 옳았고, t가 그것에 선행하는 지속에 의존한다고 한 그의 주장 역시 아마도 옳았을 것이라고 말하는 것으로 충분할 것이다.

그러나 극단적인 물리학의 광신자들을 제외하고는, 시간의 "비가역성"을 처음부터 부정할 사람은 별로 없을 것이다. 베르그송은 여기서 안전한 지대에 있다. 그러나 시간은, 경험적으로 볼 때 "한 방향으로 흐른다"는 모호한 의미에서 "비가역적"이라고 주장할 수도 있고, 또 시간은 순환적으로 반복된다는 이설을 택할 수도 있다. 어느 정도 우리 모두는 이런 견해를 갖고 있다고 말할 수 있다. 왜냐하면 우리는 "여러번 일어나는 일들"이나 "반복되는 사건들"에 대해 말하기 때문이다. 그러나 비록 우리가 위에서 언급한 의미의 비가역성을 계속해서 말한다 해도, 한 쪽의 극단으로 치달을 때, 그것은 "변화"와 "비가역성"이 갖고 있는 모든 참된 의미를 박탈한다. 베르그송이 반복의 개념을 거부한 것을 보면 그는 우주적 흐름에 대한 헤라클레이투스의 이설을 이용하기로 마음먹었던 것으로 보인다. 베르그송에 따르면 "참된 지속은 사물들을 갉아먹고 그 위에 이빨자국을 남기는 지속이다. 만일 모든 것이 시간안에 있다면, 모든 것은 내적으로 변하고, 동일한 구체적 실재는 결코 반복되지 않을 것이다. 그러므로 반복은 추상적인 것에서만 가능하다."70) 그러나 여기서 "비가역성"과 "비반복성" (non-recurrence) 사이에 내려진 구별은, 필자가 아는 한, 베르그송이 명시적으로 내린 것이 아니다. 하지만 이 구별은 그가 다른 사람들과 견해를 달리하게 되는 분기점이 되고 있기때문에 필요한 것이다. 이 점은 뒤에 계속되는 장(章)에서 더 논의될 것이다.

---

70) *Ibid.*, p.48.

5. 상대성이론에서의 시간과 베르그송의 순수지속

상대성이론에서의 시간과 베르그송의 지속의 철학

지금까지 우리는 "일어나고 있는 것, 그리고 모든 것을 일어나게 만드는 것은 시간이다"라는 것을 깨닫지 못하고 있는 한, 우리가 가능한만큼의 풍요로운 삶을 살고 있지 못하며, 그리고 철학과 과학은 가능한만큼의 협력을 하지 못하고 있다는 것이 베르그송의 철학정신이라는 것을 살펴보았다. 만일 우리가 시간의 현실성과 작용력을 무시하고 있다면, 이는 우리가 그것을 못보고 지나치기 때문이 아니라, 일상적인 문제해결에서나 과학적 탐구에서나 지배적인 작인(作因)이 되는 지성에 의해 시간이 배척되기 때문이다. 왜냐하면 우리의 지성은 우리로 하여금 사물들을 토대로 하여 행위할 수 있도록 하는데, 이런 행위는 고정된 점들 위에서 이루어지기 때문이다. 고정성을 찾는 우리의 지성은 시간의 흐름을 선위에 병치되는 "순간들"처럼 생각함으로써 그 흐름을 은폐시킨다. 그러나 베르그송의 견해에서 보자면, 지속에 대한 우리의 느낌을 공간화된 시간으로 외화시키는 것이 예사임에도 불구하고, 지성을 넘어서는 마음은 여전히 "우리의 지각에서 고정되고 동결되어 있는 것을 녹여서 움직이게 하는" 통찰력을 통해 우주적 생성을 감지할 수 있다. "자연의 언덕을 거슬러 다시 올라가서," "직관"에 의한 주의집중의 노력을 통해 "우리의 존재와 모든 사물들 자체"의 질료가 되고있는 그 구체적인 지속을 내부의 깊숙한 곳에서 직접적으로 포착할 수 있다는 것이다.71)

베르그송은 "사물들에 대한 우리의 작용을 용이하게 하기 위해 우리의 감각과 우리의 의식이 실재적 시간과 참된 변화를 점들의 병치

---

71) *DS*, V-VI 및 제2장 참조.

로 환원시키는 것"은, 우리의 지각의 혁신 내지 심화에 반발해온 우리의 실천적 습관이라는 것을 잘 알고 있었다. 게다가 그는 실증주의적 과학이 지속에 관심을 갖지 않는다 하여 비난하지는 않았다. 그가 보기에 "과학의 기능은 결국, 우리가 행위의 편의를 위해 시간의 결과를 무시할 수 있는 그런 세계를 우리들에게 구성해주는 것이었기" 때문이다. 그렇지만 그는 개념화된 실재를 실재 자체로 착각하는 과학과 철학의 경향성을 개탄하였다. 사실상 실재 그 자체에 대한 통찰의 길을 명확히 하려는 궁극적 목표를 갖고서 베르그송의 저작들이 시종일관 택한 방향은 생물학적이고 심리학적인 "형이상학"이다. 베르그송의 저작 『지속과 동시성』(*Dureé et Simultanéité*, 1922)은 과학주의와의 이와같은 긴 논쟁을 마무리짓는 장(場)이 되고 있다.

『지속과 동시성』에서 베르그송은 아인슈타인의 특수상대성이론의 이름으로 제기된 "상대성 이론가들"의 주장, 즉 우리는 상대적으로 운동하는 각 체계안에서 운동에 의한 시간의 "지연"(slowing)을 믿는다는 주장에 반대하고 있다. 물론 더디어지는 시간이라는 개념 자체는 단 하나의 보편적인 시간과 관련한 상식적 견해에 어긋난다. 그리고 그것은 또한 베르그송이 옹호하는, 그의 철학의 핵심개념인 지속과도 모순된다. 그래서 다음의 사실을 증명하는 것이 『지속과 동시성』에서의 베르그송의 목적이 된다. 1) 운동의 상호성에 대한 아인슈타인의 가정과 충돌하는 것은 단 하나의 실재적 시간에 대한 가정이 아니라, 실제로 다수의 실재적 시간에 대한 가정이다. 2) 아인슈타인의 시간을 "실재적인"것으로 간주하는 것은 물리학을 탐구하면서, 상대성에 대한 아인슈타인의 "이선적"(bilateral) 이론과 로렌츠의 "일선적"(unilateral) 이론 사이에서 동요하고 있는 것으로 귀착될 수 있다. 그리고 3) 이러한 동요는 "우리가 참된 지속에 대한 우리의 느낌, 흐르는 시간에 대한 우리의 표상을 먼저 분석하지 않았다는 사실"에서 연유하는 것으로 볼 수 있다. 베르그송의 논변에서 이 마지막의 가장 광범위한 "틀"을 우선 고찰해 보기로 하자.

그러나 베르그송이 『지속과 동시성』을 철회하면서 언급한 것들은 (3판이 나온 후, 1926년) 주목해 볼 만하다. 그것들은 그가 그 일부를 쓴 『베르그송, 저작과 어록』(*Bergson, Ecrits et Paroles*)에서 에두아르 르르와(d'Edouard Le Roy)가 쓰고 있는 서문[72](vii-viii쪽)에서 찾아볼 수 있다. 이에 따르면 베르그송은 시간개념에 대한 아인슈타인의 접근방식이 대체로 수학적인 것이라는 사실을 어느 순간 깨닫게 되었고, 그 때문에 베르그송은 아인슈타인의 이론에 대한 자신의 모든 반론의 타당성을 확신하지 못하게 되었다. 그래서 베르그송은 더 이상 『지속과 동시성』의 개정판을 내지 않기로 하였다. 그렇기는 하지만, 베르그송 자신의 철학의 관점에서 볼 때 아인슈타인에 대한 그의 비판에서 여전히 타당한 것으로 보이는 측면들은 검토해볼 만한 가치가 있다.

그의 모든 저작들에서 그러하듯이, 베르그송은 『지속과 동시성』에서 우리가 시간에 대해 말할 때 흔히 염두에 두는 것은 지속의 경험이 아니라, 그것의 측정치라고 말한다. 우리가 실천적 삶에서 중요시하는 것은 실재하는 것의 본성이 아니라 그것의 측정치이기 때문이다. 그러나 실재는 분할불가능한 흐름이며, 따라서 측정가능한 부분들을 갖지 않기 때문에, 우리는 지속으로서의 실재를 직접적으로 측정할 수 없다. 측정하기 위해서 실재는 반드시 공간화되어야 한다. 이 과정은 우리의 내적 지속의 체험된 흐름을 공간안에서의 운동으로 생각함으로써 그 첫단계가 시작된다. 그리고 그 다음 단계는 우리가 이 운동에 의해 기록되는 궤적을 그 운동 자체로서 간주하기로 동의하는 것이다.

---

72) *Durée et simultaneité*에서 논의되었던 문제들에 대한 최종적 요약이 *La Pensée et mouvement* 제2장의 상대성이론에 관한 긴 각주에서 최종적으로 집약되어 있는데, 이 점을 주목할 필요가 있다. Bergson, *The Creative Mind*, pp.301-303(각주5) 참조.

그래서 그 운동궤적을 분할하고 측정하면서, 우리는 그 궤적을 그리고 있는 운동의 지속을 우리가 실제로 분할하여 측정하고 있다고 말한다.

우리에게 있어 시간의 궤적을 그리고 있는 운동의 모델은 지구의 회전이다. 그러므로 시간은 우리에게 "실타래가 풀리듯이," 측정임무를 맡은 운동체(지구)의 행로처럼 보인다. 그러므로 우리는 우리가 시간의 이러한 전개와 우주의 전개를 모두 측정했다고 말할 수 있다. 그러나 우리가 이 두가지 전개를 연관시킬 수 있다면, 그것은 오직 우리가 동시성의 개념을 우리마음대로 사용할 수 있다는 점을 전제로 해서이다. 그리고 우리가 이 개념을 갖고 있다면 이는 우리가 사건들의 외적 흐름을, 우리자신의 지속의 흐름과 결부시키거나 또는 이것과는 별개로, — 아니면 보다 나은 경우인데 — 결부시키는 동시에 별개의 것으로 한꺼번에 지각할 수 있기 때문이다. 만일 우리가 동일한 지속을 "동시적인" 것으로 갖는 외부의 두 흐름들을 언급한다면, 이는 그것들이 제3의 지속인 우리자신의 지속안에 거주하기 때문이다. 그러나 이런 지속들의 동시성이 이용될 수 있으려면 순간들의 동시성으로 변환되어야 한다. 그리고 우리는 시간을 공간화하는 법을 알게되는 순간 곧 그 일을 해낸다. 위에서 언급했듯이, 우리는 실재적 시간의 흐름을 공간의 균등한 단위들로 재현하는 궤적을, 그 단위들의 극단적 형태인 "순간들"로 분할한다. 그러나 이제, 그것에 그치지 않고, 우리는 한 사건의 움직이는 궤적의 전체길이를 분할의 대응점들을 사용하여 표현한다. 그리하여 우리가 그러한 대응점이나 동시점들의 수를 세었을 때 운동의 지속은 어느 부분이 되었든지 측정된 것으로 간주된다.

이러한 동시점들은 순간점들로서, 존속하는 실재적 시간에 참여하는 것이 아니라 우리의 내적 지속을 따라 동시점들에 의해 표시된, 그리고 그 표시행위 자체에 의해 창조된 순간들과 동시적이다. 그러므로 베르그송은 순간 — 동시점들이 흐름 — 이 동시점에 개입하고 후자가 우리자신의 지속과 관계할 수 있기 때문에 우리는 공간 뿐만이 아니라 시간도 측정하게 되는 것이라고 선언한다. 그렇기 때문에 역으로, 만일 측정되고 있는 시간이 결국 체험된 지속으로 전환될 수 없다면, 우리가 측정하고 있는 것은 시간이 아니라 공간일 수밖에 없는 것이다.

그런데 사실상 아인슈타인의 특수상대성이론에 의해 밝혀진 것으로 여겨지는, 운동에 의한 시간지연 가운데 그 어떤 것도 지속으로 변환될 수 없다. 왜냐하면 공간에서의 운동의 상호성에 대한 아인슈타인의 관점에서 볼 때, 이러한 시간들은 규약상 고정된 "관계체계 S안에 있는 실제의 물리학자인 관찰자에게 귀속될 따름이며, 규약상으로 가동성이 부여된 **관계**체계 S안에 있는 가상의 물리학자인 관찰자들에게" 귀속될 뿐이다. 그러한 시간들은 체험되거나 체험될 수 있는 시간에 "한정되어" 있지 않기 때문에, S안에 있는 물리학자가 실제로 체험한 시간과는 결코 비교될 수 없는 순전히 허구적인 것이다.

그러나 다수적 시간의 비실재성은 실재적 시간의 단일성을 증거한다. 왜냐하면 S안에 있는 관계자인 물리학자가 S로 향한다면, 그는 바로 그 사실에 의해 그것을 관계체계 안으로 고정시키고, 그리하여 선행하는 관계체계 S안에서 체험했던 동일한 시간을 거기서 체험하게 될 것이다. 균등하고 상호적인 운동상태에 있는 두 체계 내에서 관찰자와 그들이 체험한 시간이 이처럼 교환가능한 것은 공간안에서 운동의 상호성에 관한 아인슈타인의 가정에 따르는 결과이다. 그러므로 "아인슈타인의 특수상대성이론은 단일한 우주적 지속의 가정을 제거하기는커녕, 그것을 요청하고 또 그것에 우월한 가지성(可知性)을 부여한다."

베르그송에 따르면, 논리적으로 다수의 시간들이 실재적인 것으로 간주될 수 있는 것은 아인슈타인의 "이선적인" 상대성 이론에서가 아니라, 로렌츠의 "일선적인" 이론에서이다. 왜냐하면 오직 거기에서만 한 관계체계는 절대적으로 정지되어 있는 반면 다른 체계들은 절대적인 운동상태에 있는 것으로 볼 수 있기 때문이다. 그리고 비록 물리학자가 아인슈타인의 관점에서 상대성을 **이해한다**고 하더라도, 그는 그것을 어느 정도 로렌츠의 관점에서 본다. 로렌츠의 변형 방정식들을 "움직이는" 체계에 적용할 때 발생하는 다수의 시간들 ― 길이에 있어서의 모순들과 연속으로의 동시성의 재배치뿐만 아니라 ― 은 로렌츠의 상대성이론에서와 마찬가지로 아인슈타인의 상대성이론에서도 실재적인 것으로 나타난다. 이것은 우리를 베르그송의 근본적인 철학적 주제로 인도하는데, 앞에서 우리가 살펴본 것처럼, 그 주제란 체험된 실재적 시간과, 이 시간을 대상, 사건, 일상생활이나 과학활동에서의 시계 시간 등으로 공간화한 것 사이의 구별이다. 베르그송에 따르면, 우리의 개념적 사고나 그것의 언어적 표현은 모두 "이미 만들어진" 세계를 모델로 하여 "주조된다." 그러나 우리의 지성은 이런 식으로 세계에 대해 반성하는 가운데, 실재 그 자체, 즉 "만들어지고 있는" 세계, 간단히 말해서 실재적 시간 또는 지속을 은폐하는데 기여할 뿐이다.

우주에는 오직 하나의 시간계열, 즉 "살아있고 의식있는" 존재들이 공통으로 갖는 질적인 시간계열이 있을 뿐이라고 베르그송은 주장한다. 특수상대성이론이 전제하는 시간의 다수성[73]은 환영이거나 아니면 여러 관점에 수반되는 효과로 설명되어야 한다.

상대성이론에 대한 베르그송의 파괴적인 공격은 당연히 신랄한 반격을 불러 일으켰다. 그러나 베르그송이 상대성이론을 비판했다고 해서 그가 과학을 뉴톤물리학의 편협한 틀로 다시 되돌려 놓으려 했다

---

73) *DS*, 제4장 참조.

고 결론지어서는 안된다. 그는 주장하기를, 아인슈타인은 새로운 물리학뿐만 아니라 "새로운 사고방식"을 창조했다. 베르그송이 보기에 이 새로운 사고방식은 아주 효과적인 것이었고, 또 아인슈타인의 새로운 물리학은 그 정밀성과 적용영역에 있어서 그 이전의 것보다 진전된 것임에 틀림없었다. 뿐만 아니라 베르그송은 상대성이론이 변화에 대한 보다 완전하고 정확한 인식에 기초하고 있다고 주장한다. 뉴톤물리학에서는 모든 운동이나 정지상태들이 보편적인 정태적 "관계체계," 즉 절대적 정지상태에 있는 절대공간과의 관계속에서 이해되어야 한다. 그러나 상대성이론은 이 보편적인 정태적 틀이라는 허구를 철폐한다. 상대성원리는 어떤 물리적 체계도 실제로 다른 어떤 체계와의 관계에서 "머물러 있거나""움직이는" 상태에 있는 것이 아니라고 주장한다. 운동이 있는 곳에는 상대적인 위치변화가 있을 뿐이다. 변화가 있는 곳에는 물리적 상황 전체가 변형되지만, 어떤 부동의 공간이 있어서 이것과의 관계에 따라 그 변화가 이해되어야 하는 것은 아니다.

베르그송은 상대성이론을 그 이전의 물리학에 비해 이론적으로나 경험적으로 진보된 것으로 간주하고 있을 뿐만 아니라, 그것이 그 자신의 철학적 통찰들과 많은 점에서 일치하는 것으로 보고 있다. 그러나 난점은 상대성이론의 몇몇 개념들이 베르그송에게는 "규약적인" (conventional) 것으로 보인다는 것이다. 그것들은 과학자들에게 유용하기는 하지만 물리적 자연의 참된 특징들을 묘사하고 있지는 않다는 것이다. 다수의 시간 계열이라든가 동시성의 상대성 같은 개념들이 그렇다. 그러나 베르그송에 따르면, 철학자의 과제는 과학에서 규약적인 것과 그렇지 않은 것을 정확히 식별하는 것이다. 이러한 과제, 즉 상대주의적 시간관에서 규약적인 것과 그렇지 않은 것을 찾아내는 일은 베르그송이 『지속과 동시성』에서 떠맡았던 기본적인 과제였다.

아인슈타인과의 토론에서 베르그송은74) 동시성개념에 의거하여 상대성 이론을 비판하는데 심혈을 기울인다. 그의 논증은 기본적으로 세 단계로 이루어져 있다. 첫째, 베르그송은 보편적 시간개념이 우리의 직접적인 환경에서 체험된 "고유한 시간"을 점점 더 멀리 떨어져 있는 주변으로 확장시켜가는 상식적 전략에서 연유한 것임을 지적한다. 둘째로, 그는 동시성에 대한 우리의 가장 기본적인 개념은 "한 순간에서" 발생하는 둘 이상의 사건들에 대한 우리의 **경험,** 즉 우리의 의식이 하나인 동시에 다수여야 할 필요가 있는 그런 경험에서 연유한다고 주장한다. 절대적 동시성의 개념은, 단 하나의 보편적 시간개념과 마찬가지로 이 직접적인 경험을 점점 더 멀리 있는 사건들에로 확장시키는 데서 연유한다. 마지막으로 베르그송은 상대성이론에 포함된 "동시성"이 직접적 경험에 기초한 것이 아니라 시간적 표지들에 의한 시계의 규칙성에 기초한 것임을 보여준다. 서로에 대해 제일적으로 움직이는 체계들 안에서 이러한 유형의 "동시성"은 절대적인 것이 아니라 상대적인 것으로서 나타난다. 움직이는 한 체계안에서 동시적인 것으로 보이는 두 사건도 "정지해 있는" 한 체계로부터 그것들을 보는 관찰자에게는 계기하는(successive) 것처럼 보일 것이다. 이 두번째 종류의 "동시성"은 물리학에서 필수적인 것이며, 상대성이론은 그것을 활용함으로써 많은 이득을 얻었다. 그러나 베르그송은 그러한 동시성이 "절대적" 동시성에 대한 우리의 직접적인 경험에 의존하며, 이런 동시성이 없었다면 결코 우리는 애초부터 시계를 만들거나 이용할 수도 없었을 것이라고 주장한다.

베르그송에게 답하면서, 아인슈타인은 심리학자들이 탐구하는 시간

---

74) Henri Bergson, Albert Einstein, And Henri Piéron-Remarks Concerning Relativity Theory, Interviews of April 6, 1922는 *DE LA SOCIETE FRANÇAISE DE PHILOSOPHIE* (July, 1922)에 최초로 공표되었다. *Bergson and the Evolution of Physics* (P.A.Y.Gunter 편집 및 영역, Knoxville : The University of Tennessee Press,1969), pp.128-33.

과 물리학자들이 탐구하는 시간을 구별한다. 보편적 시간의 개념은 사실상 동시성에 대한 심리적 경험으로부터 파생된 것이며 객관성을 향한 첫걸음이라는 데에 아인슈타인은 동의한다. 그러나 빛의 높은 전파 속도를 다룰 수 있는 우리의 능력은 일상적인 지각경험으로부터 연유하는 동시성의 개념이 모순을 낳게 된다는 것을 우리에게 보여준다. 상대성이론에서 우리는 객관적인 사건들의 객관적인 시간에 도달하기 위해 심리적 시간을 버리고 그럼으로써 우리가 갖고 있는 최초의 주관적 인상들을 극복한다. 물리적인 동시에 심리적인 "철학자의 시간" 같은 것은 없다. 물리학의 시간과 구별되는 심리적 시간이 있을 뿐이다. 아인슈타인은 다음과 같이 말한다.75)

"따라서 문제는 다음과 같이 제기된다. 철학자의 시간은 물리학자의 시간과 같은 것인가? 철학자의 시간은 물리적인 동시에 심리적이다. 그런데 물리적 시간은 의식의 시간에서 파생된다. 처음에 사람들은 각기 지각의 동시성에 대한 개념들을 갖고 있다. 그래서 그들은 서로를 이해하고 그들이 지각하는 것들에 대해 동의한다. 이것이 객관적 실재로 나아가는 첫걸음이다. 그러나 각각의 사람들과 독립된 객관적인 사건들이 있다. 그래서 우리는 지각의 동시성으로부터 사건들 자체의 동시성으로 나아간다. 실제로 그러한 동시성은 빛의 높은 전파 속도 때문에 오랫동안 아무런 모순도 낳지 않았다. 이렇게 해서 동시성의 개념은 지각으로부터 대상들에게로 전이되었다. 이것으로부터 사건들의 시간적 순서를 연역해내는 것은 간단한 과정이며, 본능이 이 일을 해냈다. 그러나 우리는 우리의 마음 속에 있는 어떤 것으로부터도 사건들의 동시성을 도출해낼 수 없다. 왜냐하면 후자는 마음의 구성물, 즉 논리적인 존재들에 지나지 않기 때문이다. 그러므로 철학자의 시간 같은 것은 없다. 물리학자의 시간과는 다른 심리적 시간이 있을 뿐이다."

---

75) *Ibid.*, p.133.

동시성에 대한 심리적 경험은 오류가 가능하다는 앙리 피에롱(Henri Piéron)의 반론에 대해,[76] 베르그송은 부정확성 자체는 심리적 고찰을 거부해야 할 어떤 근거도 제공하지 않는다고 답변한다. 피에롱이 동시성에 대한 우리의 지각의 부정확성을 입증해 보여주었던 실험실에서의 실험들 그 자체가 이미 "동시성에 대한 심리적 관찰들"에 의존하고 있다는 것이다.[77]

아인슈타인의 시간과 철학 : 베르그송과 메츠

1923년에 베르그송은 세가지 부록을 새로 첨가한 『지속과 동시성』제2판을 출간하고 그의 상대성해석에 대한 여러 비판에 답하였다. "아인슈타인의 시간과 철학"이라는 제목의 논문에서,[78] 앙드레 메츠(André Metz)는 베르그송이 새로 정립한 입장에 대해 세가지 비판을 전개한다. 메츠의 논의는 시간측정의 본성에 대한 분석으로부터 시작되는데, 그는 이 시간측정을 심리적 고찰이 아닌 순수히 물리적인 사실들에 기초한 것으로서 기술하고 있다. 만일 유사한 물리적 현상들이 정확히 유사한 조건 아래서 반복된다면 그것들의 지속은 똑같은 것이다. 어떤 반복적인 현상이든지 간에(역학적 현상이든 화학적 현상이든 또는 전자기적 현상이든) 그것이 시계처럼 사용될 수 있는 것은 그것이 똑같은 지속들을 보여주기 때문이다. 시간의 단위들은 원래 시간측정 기구에 귀속되어 있는 것이긴 하지만, 세심한 관찰자의 "생명현상"(의식의 흐름이 아닌)에도 적용될 수 있다. 이런 식으로 관찰자의 **고유한 시간(proper time)**이라는 개념이 탄생한 것이다. 상대성이론 이전의 물리학에서는, 각기 움직이면서 서로 멀리 떨어져 있는 관찰자들은

---

76) *Ibid.*, pp.133-5.
77) *Ibid.*, pp.135.
78) Metz의 논문은 최초에 *Revue de Philosophie* XXXI(1924)에 발표되었고, 영역문이 전기 P.A.Y.Gunter 편·역서(위 각주 74)에 수록됨. pp.137-65.

고유한 시간들을 가질 수 없었다. 그러나 아인슈타인은 그러한 관찰자들의 고유한 시간들은 상이할 것이 **틀림없다**고 결론내린다.

메츠에 따르면, 베르그송은 고유한 시간들을 비교한다는 개념이 순전히 상대적인 동시성의 개념과 마찬가지로 "환상"임을 보여주고 싶어한다. 하지만 메츠는 간단한 예를통해 베르그송의 오류를 보여줄 수 있다고 말한다. 보도(sidewalk)가 트랙위에서 움직이고 있다고 가정해 보자. 베르그송에 따르면, 보도위의 시계와 트랙을 따라 놓여있는 시계들은, 그것들이 처음에 같은 시점에 시간을 똑같이 맞추었다면, 여정의 모든 지점에서 똑같은 시각을 보여줄 것이다. 그러나 베르그송의 논증은 보도위에 있는 관찰자가 트랙의 차원들에 대해 무엇인가를 말할 수 있고, 또 트랙위에 있는 관찰자가 보도의 차원들(시간적 차원을 포함하여)에 대해 무엇인가를 말할 수 있도록, 움직이는 보도와 트랙사이에 완전한 상호성(reciprocity)이 존재한다는 가정에 의존한다. 그러나 메츠[79]는 베르그송이 두가지 오류를 범했다고 주장한다. 첫째로, 그는 상대성이론에서의 "고유한" 차원들의 지위와 "좌표적" 차원들의 지위를 혼동하고 있다. 둘째로, 관계체계들의 진정한 상호성은 트랙의 관점에서 보도(sidewalk)의 시공적 위치를 표시하는 데 사용된 좌표들(시간적 좌표들을 포함하여)에 의해 발견될 수 있고, 또한 보도의 유리한 관점에서 "재발견될" 수 있다. 좌표들은 결코 단순히 "외양적인" 차원들이 아니다.

메츠는 베르그송이 가속(加速)의 본성뿐만 아니라 잘 알려진 몇몇 실험들을 설명하지 못한다고 결론짓는다. 아르망 피조(Armand Fizeau)

---

79) Bergson의 Metz에 대한 답변 주제, "Fictitious Time and Real Time"은 같은 철학지 *Revue de philosophie XXXI*(1924)에 되었고, 영역문이 상기 P.A.Y.Gunter 편역서에 수록됨. pp.168-186.

와 알프레드 부케르(Alfred H.Bucherr) 및 앨버트 마이켈슨(Albert Michelson)의 실험은 상대주의적 효과들이 전적으로 실재적이며 결코 환상에 속하는 것이 아니라는 점을 구체적으로 정밀하게 입증해주고 있다. 지극히 일상적인 경험조차도 베르그송의 유명한 "상호성"이 가속에 적용되지 않는다는 것을 보여준다.

메츠의 비판은 즉각적인 답변을 촉발하였다. 『르뷔 드 필로조피』(*Revue de philosophie*) 1924년 5~6월 호에, "허구적 시간과 실재적 시간"이라는 제목으로 베르그송의 답변이 실렸다. 메츠에 대한 답변으로, 베르그송은 가속의 상호성에 대한 메츠의 거부라든가 시간의 지연을 입증해줄 수 있다고 메츠가 믿는 실험과 같은 것들을 포함하는 근본적인 반박들에 대해 재차 반박한다.

시간과 공간의 좌표들이 상대적으로 움직이는 두 체계에서 각각 동일한 것으로서 측정될 수 있다는 것을 수학적 방법에 의해 증명하려는 시도는 똑같은 이유로 실패한다. 시간지연의 실재성을 수학적으로 증명할 수 있으려면, 메츠는 문제의 두 체계의 속도가 반대되는 표지들을 갖고 있다고 주장할 수 있어야만 한다. 그러나 순수하게 수학적인 이 비대칭성은 한 체계가 정지상태에 있고 다른 체계는 움직이는 것으로 규정되고 있는 경우에는 발견될 수 없는 것이다. "정지상태"에 있는 체계는 음성(陰性, negative velocity) 속도로 움직이고 있는 것으로 기술될 수 없다. 메츠는 실제로 움직이고 있는 두 체계를 가정했지만, 그것들 중 어느 것도 준거체계가 아니며, 그들 모두가 어떤 다른 준거체계의 유리한 관점에서 관찰되는 것이다. 그러나 고려되어야 할 것은 이 준거관계 체계와 다른 두 체계들 간의 관계이다.

메츠는 또한 가속에 대한 베르그송의 설명이 틀렸음을 보여주려고 한다. 그러나 "가속의 상호성"에 대한 그의 반론은 실재적인 준거체계와 단순히 표상된 준거체계 간의 구별을 고려하고 있지 않을 뿐만 아니라, 또한 설명을 위해 그가 끌어들이고 있는 잘못된 사례에 의존하고 있다. 두꺼운 벽에 부딪치는 자동차를 예로 들기보다는, 메츠는 서로 부딪치는 동일한 구조의 두 체계를 고려했어야 했다. 후자의 경우, 두 체계가 부딪칠 때 한 체계에서뿐만 아니라 다른 체계에서도 가속이 주장될 수 있을 것이다. 더구나 두 체계에 타고 있는 승객들에게 주어지는 손상도 똑같은 정도가 될 것이다.

마지막으로 메츠가 집착하고 있는 실험들은 상대주의적인 시공적 효과들의 실재성을 입증하는 것으로 받아들여질 수 없다. 왜냐하면 우리가 물 속에서의 빛의 속도, 전자(電子)들의 질량, 광속의 등방성(等方性)과 같은 것들 가운데 어느 것을 다루든지 간에, 우리는 움직이지 않는 것으로 규정된 체계와 움직이는 것으로 규정된 체계를 구별하기 때문이다. 전자의 경우에는 실재적인 차원들을 측정하는 실재적인 관찰자가 있고, 후자의 경우에는 실재적이지 않은 차원들을 측정하는 가상적인 관찰자가 있다. 이 구별이 전제될 때, 실험적 증거는 올바른 전망 안에 들어오게 된다.

베르그송과 메츠의 논쟁은 『르뷔 드 필로조피』 7~8월 호에 실린, 간략한 "즉문즉답"으로 끝나고 있다. 우선 메츠는 베르그송의 논증은 결코 아인슈타인의 상대성이론에 비견될 수 없다고 주장하면서, 베르그송에 대한 자신의 비판을 재확인했다. 피조(Fizeau)의 경험과 랑게뱅(Langevin)의 항해 사례들은 사실상 실재적 시간의 감속이 존재한다는 것을 실제로 확증한 것이다. 그것을 확인하려면 상대성물리학에서의 관찰자의 진정한 기능을 이해하기만 하면 된다. 그러나 베르그송은 이것을 이해하지 못했다.

베르그송의 답변은 짧게 요점만을 정리하고 있다. 상대성이론은 기록계들을 필요로 하는 반면, 이들 기록계들이 기록하는 것을 관찰할 관찰자들을 필요로 하지는 않는다.(이것은 베르그송이 거부한 결론 중의 하나이다) 메츠는 새로운 사실을 제시한 것이 아니었다. 더구나 그는 그에게 지적된 혼동들 가운데 어느 것에 대해서도 해명하지 않았다. 이러한 상황에서 더 이상 논의를 계속하는 것은 무용한 일이다. 이것이 베르그송의 답변이었다.

잡지편집장이 덧붙인 마지막 단락에서, 메츠는 베르그송이 문제의 사례들에 참여하고 있는 관찰자들의 역할을 은밀하게 변형시켰다고 비난한다. 아인슈타인 자신도 베르그송의 오류를 개탄하는 글을 쓴 적이 있었다. 거기서 아인슈타인은 베르그송이 하나의 존재에 영향을 미치는 두 사건의 동시성은 "선택된 체계와는 독립해 있는 절대적인 어떤 것"[80]이라는 사실을 잊고 있다고 주장한다.

내적 시간과 운동의 상대성

『앙리 베르그송 : 귀납적 형이상학의 기원과 결과』(*Henri Bergson: Sources and Consequences of an Inductive Metaphysics*)라는 자신의 책에 수록된 한 논문에서, 귄터 플리히(Günther Pflug)[81]는 아인슈타인의 특수상대성이론에 대한 베르그송의 비판의 기저에 있는 근본적인 철학적 관심들을 탐색하고 있다. 그러한 것들 가운데는 시간적 과정을 외부세계에 존재하는 것으로 보지 않으려는 베르그송의 태도, 의지적 운동의 "절대성"에 대한 그의 믿음, 개인의 구체적인 경험안에서 절대적인 준거체계를 발견하려는 그의 시도 등이 들어 있다. 베르그송에게는 이러한 가정들 모두가 상대성에 의해 부정되는 것처럼 보였다. 『지속과 동시성』은 바로 그러한 가정들의 타당성을 재확립하려는 시도였다.

---

80) P.A.Y.Gunter (ed. & trans.), *op.cit.*, p.190.
81) Pflug의 논문은 원래는 그의 *Henri Bergson : Quellen Und Konsequenzen Einer Induktionen Metaphysik* (Watter de Gruyter & Co., 1959)에 수록되어 있다. P.A.Y. Gunter의 상게서 192-208 쪽을 보라.

지속이나 운동에 대한 구체적인 개념이 외부세계에는 존재할 수 없다는 것을 보여주려고 하는 가운데, 베르그송은 운동의 개념이 장소의 변화라는 개념보다 훨씬 근본적인 어떤 경험으로부터 연유하는 것임에 틀림없다는 결론에 도달하게 된다. 이것을 보여주기 위해 그는 모든 운동이 상대적이라는 데카르트의 이론에 반대했던 앙리 모어(Henri More)의 논증을 이용한다. (모어는 만일 어떤 사람이 앉아서 쉬고 있는 반면 다른 사람은 뜀박질을 한 결과 얼굴이 상기되어 있다면, 처음 사람은 정말로 정지해 있는 것이고 둘째 사람은 "절대적으로" 운동하고 있는 것이라고 반어적으로 주장한다.) 물리학자들은 즉각 베르그송이 모어의 논제를 재진술한 것에 반대하였다. 왜냐하면 이 논제는 운동의 개념을 "심리적인" 고찰에 부분적으로 의존하는 것으로 만들 수 있기 때문이었다. 그러나 그러한 반론에 대한 베르그송의 답변은, 과학자가 주변환경의 맥락속에 출현하는 운동과 지속에 대한 자신의 경험을 전체 우주로 확장함으로써, 어떻게 "내적" 과정들에 대한 자신의 개념들을 "외부" 세계로 전이시키는 것이 가능한지 보여주는 것으로 되어 있다. 하지만 이 과정에 들어 있는 난점은 결국 그것이 세계에 대한 과학자의 개념들을 순전히 허구적인 것으로 만든다는 사실이다. 경험된 것, 즉 우리 자신의 의식의 흐름과 우리의 주변환경은 "절대적"이지만, 단순히 개념화된 것은 "상대적인"것이다. 과학적 사고의 자연스러운 "상대성"도 이런 성격의 것이다.

　플리히의 지적에 따르면, 모든 과학적 개념들의 상대성을 말하는 베르그송의 이론은 아인슈타인의 물리적인 상대성이론에 적용될 때, 몇 가지 약점이 드러난다. 우선 그것은 베르그송으로 하여금, 표상될 뿐 경험되지 않은 물리적 체계들의 시간적 차원들에 관해 이상한 불가지론을 택하지 않을 수 없도록 한다. 둘째로, 그것은 베르그송으로 하여금 사람들의 "내적 의식"을 고립시키게 한다. 사람들은 각자 오직 자기 자신의 지속만을 경험하며, 다른 사람들은 단순한 경험의 대상들 이상이 될 수 없다고 베르그송은 주장한다. 그렇기 때문에 각 개인은 자신이 다른 사람들과 공유할 수 있는 상호주관적인 시간을 구성하지 않으면 안된다. 그러나 베르그송의 가정에 따를 경우, 어떻게 이와 같은 단 하나의 상호주관적인 시간이 구체화될 수 있는 것인지 이해하기 어렵다.

베르그송과 아인슈타인, 양자의 견해의 일치와 불일치

제10회 국제철학회(1949)에서 발표한 내용을 요약한 짧은 에세이에서, 부쉬(J.F.Busch)는 베르그송의 관점과 아인슈타인의 관점을 조화시켜보려 했다.[82] 철학자 베르그송과 물리학자 아인슈타인은 모두 경험론자이지만, 그들의 경험론은 과학적 사고의 상보적인 두 측면을 각기 대표한다. 베르그송의 "직관의 방법"과 아인슈타인의 "지성의 방법" 간의 긴밀한 상호연관성이 탐색되고나면, 두 방법의 본질적인 측면들을 결합하는 "위치성"(positionality : Positionalität)의 개념을 이해할 수 있는 길이 열릴 것이다.[83]

베르그송과 아인슈타인은 모두 경험론자로서 "자연"의 기본적인 특성들을 파악하려 한다. 그러나 두 사람은 각각 세계에 대한 상이한 이미지를 갖고서 출발하고 있다. 경험적 형이상학자(베르그송)의 세계는 질적이며 실증주의자(부쉬는 아인슈타인을 실증주의적 인물로 간주한다)의 세계는 양적이다. 이 양자 가운데 어느 세계도 다른 세계보다 더 근원적인 것으로 간주되어서는 안된다. 실증주의자와 경험적 형이상학자의 연구에서 그 양자 모두 똑같이 중요한 경험적 의미를 지니기 때

---

82) Gunter, *op.cit.*, pp.210-4.
83) Helmuth Plessner, *Die Stufen des Organischen Und der Mensch* (Bonn, 1928), Gunter의 상게서 214쪽을 보라.

문이다. 이 두 세계의 상호작용은 어째서 자연이 질적인 측면과 양적인 측면을 모두 갖고 있는 것처럼 보일 수밖에 없는가를 설명해준다.

신실증주의운동은 지성의 방법에 포함된 것들을 분명하게 밝혀주었다. 실증주의는 자연을 본질적으로 양적인 관계들의 망상조직, 즉 그 기본적 측면들이 공리화될 수 있는 그런 망상조직으로 파악한다. 그러나 실증주의의 공리체계는 항상 불충분하고 불완전하며, 이 공리체계의 개선과 확장에 포함되는 개체들과 관계들 사이에서 일어나는 끊임없는 생성과 소멸은 관계항과 관계들이 판명하게 드러나지 않은 "자연," 즉 우리의 사고의 인위적인 엄밀성이 와해시키기 쉬운 상대적인 자연으로 우리를 인도한다. 요컨대 실증주의가 공리화하려는 양적 관계들(예를들면, 물리적 법칙들)은 질적 관계들에 대한 인식에 의존하는 것으로 나타나는 것이다.

그러므로 근대의 과학적 사고의 진보는 지성과 직관사이의 일련의 상호작용으로 특징지워진다. 그러나 이러한 상호작용은 또한 단일한 경험, 즉 "순수한 현존의 경험"의 성장으로 표현될 수도 있다. 부쉬는 유클리드에게서 출발하여 알키메데스, 갈릴레오, 마이켈슨과 모렐리에게로 나아가면서 과학적 사고의 발달을 추적하는 가운데, 지성적 이해와 직관적 이해 사이에 보다 큰 "긴장"이 있게 되는 각각의 매 단계에서 어떻게 순수한 현존에 대한 인간의 개념이 확대되고 발전되어왔는지를 보여준다. 순수한 현존의 경험에 기본이 되는 것은 위치성이라는 사실이다. 유기체는 세계 앞에 자리잡고서 직관적 방식의 파악과 지성적 방식의 파악을 모두 묵시적으로 활용한다.

6. 맺는 말

코스타 드 보르가르(Costa de Beauregard)에 따르면, 물리학은 궁극적으로 시간을 이해하는 두가지 상반된 방법을 갖고 있다. 아리스토텔 레스적이라고 부를 만한 첫번째 방법은 시간을 공간에 의해 표상하려 는 집요한 시도를 포함한다. 열역학에서 뒷받침되는 둘째 방법은 시간 이 공간과 같다는 것을 부정하면서 출발한다. 후자의 견해를 가장 명 시적으로 옹호한 인물은 베르그송이다. 『상대성 원리와 시간의 공간 화』(*The Principle of Relativity and the Spatialization of Time*)라는 제목의 시론에서, 코스타 드 보르가르는[84] 고전적인 뉴톤물리학에서 불완전한 성과를 거두고 아인슈타인의 상대성이론에서 절정에 이르고 있는 전자(前者)의 발전을 추적하는 한편, 물리학은 여전히 후자의 연 구로부터 많은 것을 배울 수 있을 것이라고 결론짓고 있다.

고전적인 뉴톤물리학에서 절대공간의 개념과 절대시간의 개념은 묵 시적으로 모순관계에 있었다. 절대시간(모든 준거체계에 있어서 동일한) 은 운동의 상대성을 함축하지만, 그 반면에 절대적인 준거체계의 개념 을 포함하는 절대공간은 어떤 운동들이 절대적이라는 것을 함축한다. 아인슈타인의 상대성이론에서 전자의 개념은 후자의 개념을 "드러내 보이는데," 여기서 모든 물리적 체계들의 완전한 등가성이 확립된다. 그러나 절대공간의 개념에 들어 있는 상대성을 올바르게 번역해내는 일은 광속(光速)의 지위에 대한 만족스러운 해석을 기다려야만 했다. 즉 빛의 속도가 보편상수(universal constant)라는 것, 더 정확히 말해 서, 공간과 시간사이의 등가성의 공동 작인(coefficient)이라는 것이 밝 혀지기까지는 상대성이 가능하지 않았던 것이다.

그래서 코스타 드 보르가르는 광속의 함수로 정의된 시간이 유일하 게 존재하는 시간이라고 결론짓는다. 뿐만 아니라 그러한 "상대주의 적" 시간은, 그것이 광선의 공간궤적에 의해 측정되는 까닭에, 더이상

---

84) Costa de Beauregard의 논문은 원래는 *Revue des Questions Scientifiques, Ve series, T. VII* (1949)에 발표된 것이다. Gunter의 상게서 229-50쪽을 보라.

상상할 수 없을 정도로 철저하게 "공간화되어 있는" 시간이다. 코스타드 보르가르에 따르면, 『지속과 동시성』에서 시간계열의 다수성과 연관된 상대주의적 시간개념에 반대하는 베르그송의 논증은 분명히 잘못된 것이다. 그러나 어떤 측면에서 볼때 철저하게 공간화된 상대주의적 시간에 대한 그의 비판은 계속해서 타당한 것으로 보인다. 순수히 기하학적인 시간개념은 모두 "시간의 불가환원적 독창성"(irreducible originality of time)을 무시하게 마련이고, 그래서 부분적이거나 편향적인 것이 될 수밖에 없다. 그러므로 우리는 베르그송의 부적격성을 지적하는 판결을 아무 생각없이 받아들여서는 안될 것이며, 물리학자들은 베르그송의 시간개념을 하나의 이의 제기로 받아들여야 할 것이다.85)

---

85) *Ibid.*, p.250.

화이트헤드의 시간론

화이트헤드가 물리학에서 형이상학으로 나아가게 된 것은 프랑스철학자 베르그송의 경우와는 크게 다르다는 것이 먼저 지적되어야 할 것이다. 아리스토텔레스학회의 심포지움에서, 베르그송의 노련한 해석자인 아드리안 스테펜 부인(카린 코스텔로에)은 "시간, 공간, 그리고 물질 : 만약 그렇다면 이것들은 어떤 의미에서 과학의 궁극적 여건인가?"라는 문제에 대해 이렇게 말했다. "우리의 문제가 베르그송에게 주어졌다면, 내가 생각하기에 그는 이렇게 대답했을 것이다. 물질은 과학의 궁극적 여건이고, 공간은 과학이 자신의 대상에 부과하는 형식이며, 과학은 시간을 다룰 수 없다."[1] 그런데 화이트헤드의 답변은 이처럼 "한정적인"것이 아니다. 그는, 물리과학이 열등한 쪽을 보충해주어야 하는 대비되는 한쌍의 개념이 아니라, 하나의 통일된 개념을 향해 나아간다. 화이트헤드는 그가 최초로 (인쇄물로) 형이상학을 다룬 『자연 인식의 원리에 대한 탐구』(An Enquiry into the Princeples of Natural Knowledge)에서, 자신의 자연철학을 "보다 완전한 형이상학적 연구로" 구체화하고 싶다고 쓰고 있다.[2] 화이트헤드가 발전시킨 과정 지향(process oriented) 철학의 핵심은 우리가 경험을 하나의 전체로 간주해야 한다는 확신이다. 우리는 세계에 대해서도 이와 동일한 시각을 가지고 접근해야 한다. 그렇게 할 때 우리는 우리에게 주어지는 모든 여건을 고려할수 있게 되고, 세계가 어떤 것인가에 대한 어떤 선입견과 조화되지 않는 어떤 특징들을 거부하거나 무시하지 않게 될 것이다. 따라서 우리는 세계가 진행되는 방식과 그 세계속에서의 경험의

---

1) *Problem of Science and Philosophy*, Aristotelian Society Supplementary, Volume 2, 1919, p.87. Victor Lowe, *Understanding Whitehead* (Baltimore : The Johns Hopkins Press, 1966), p.221 재인용.
2) *PNK*, 제2판에 붙인 서문.

의미를 이해하려는 우리의 노력에 앞서, 경험의 통일성과 그 경험이 향유되는 세계의 통일성이 전제되지 않으면 안된다고 말할 수 있다.

그러므로 화이트헤드는 우리들 마음속의 시간을 물질적 세계로 추방하지 않으려 할 때 발생하는 문제들을 정확하게 인식하고 있었다. 그는 인간적 현상으로서의 시간에 관심을 가지고 있으면서도 또한 이러한 시간과, 변화하는 경험의 어떤 형식적 관계라는 특징만을 다루는 것으로 이해했던 과학적 시간과의 관계를 제시하는 문제에 대해서도 관심을 가지고 있었다.

1. 절대시간에 대한 화이트헤드의 비판

절대시간

시간의 본성에 대한 화이트헤드의 견해를 이해하자면 먼저 그가 전통적인 시간개념을 거부하는 이유부터 검토할 필요가 있다.

그에 의하면, 시간에 관한 긍정적 결론에 이르기 위한 첫단계는 시간이 자연속에서 발견되는 것인가 아니면 자연이 시간속에서 발견되는 것인가를 결정하는 것이다.[3] 자연을 시간속에 있는 것으로 보는 역사상 가장 위대한 이론은 뉴톤의 것인데, 여기서 시간은 절대적인 것으로 간주된다.

뉴톤의 시간 이론은 그의 『프린키피아』에 명확하게 진술되어 있고,[4] 그 철학적 의미는 라이프니츠-클라크(Leibniz-Clark) 서신에 잘

---

3) *CN*, p.65.
4) Isaac Newton, *Mathematical Principles of Natural Philosophy and His System of the World* (Florian Cajoi rev. of 1729, tr. Andrew Motte, Berkeley : University of California Press, 1947)에 의거하여 인용한다.

정리되어 있다.5) 아래의 글은 뉴톤이 절대시간의 특성을 기술하고 있는『프린키피아』의 유명한 구절이다.

"절대적이며 참된 수학적 시간은 그 자체가, 그리고 그 자체의 본성상, 다른 어떤 외계와도 관계없이 균등하게 흐른다. 이것은 달리 지속이라고도 불린다. 상대적이며, 외관상의 일상적인 시간은 운동에 의해 측정된 지속의 어떤 감각적이고도 외적인(정확하건 고르지 않건간에) 척도이며, 일반적으로 참된 시간 대신에 쓰인다. 한시간, 하루, 한달, 한해 같은 것들이 그것이다…. 모든 운동은 가속되거나 감속될 수 있지만, 절대시간의 흐름은 어떤 변화도 겪지 않는다. 존재하는 사물의 지속 내지 보존은 운동의 속도나 운동의 유무와 관계없이, 동일하게 유지된다. 그러므로 이런 지속은 그에 대한 감각 가능한 측정치와 구별되어야만 한다…."6)

뉴톤의 절대시간론은 다음과 같이 요약될 수 있을 것이다.

1. 뉴톤은 시간을 세가지로 구분한다.

   a. 절대적인 수학적 시간.
   b. 사건들 사이의 관련체계에 의해 정의된 일상적 시간인 외관상의 상대적 시간.
   c. 경과하는 시간에 대한 우리의 사적이고 주관적 감각인 심리적 시간.

2. 절대시간은, 우주 전체에서 일어나는 모든 사건과 과정이 그 시간의 어느 한 순간 시점에서 발생한 것으로 자리매김할 수 있는

---

5) H.G.Alexander(ed.), *The Leibniz-Clark Correspondence* (New York : Philosophical Library Inc., 1956).
6) Newton, *Principia, op. cit.*, pp.6,8.

그런 포괄적 수용자(receptacle)이다.

3. 절대시간은 논리적으로나 존재론적으로나 그 속에서 발생하는 사건과정에 선행한다. 그렇기 때문에 그것의 본성은 그 속에서 일어나는 사건이나 과정에 의존하지 않는다. 바꿔 말해서, 과정과 사건은 그것들이 그 속에서 발생하고 그것을 통해서 지속하는 그런 수용자로서의 시간(receptacle time)이 없이는 존재할 수 없지만, 수용자로서의 시간은 그 속에서 아무것도 발생하지 않더라도 존재할 수 있는 것이다.

4. 절대시간은 그것의 순간들의 완전한 동질성때문에 현실적으로 무한하다. 경과하는 시간의 순간들은 식별가능한 사건들에 점유되거나 이런 사건들 사이의 시간적 관계에 의해 한정되는 것을 제외하고는 서로 구별되지 않는다.

5. 뉴톤의 이론에 따르면, 우주가 실제로 창조된 순간이 아닌 절대시간의 다른 어느 순간에 창조될 수도 있었을 것이라고 생각하는 것이 결코 무의미하지 않다. 왜냐하면 시간의 순간들이 동질적인 것이라면, 신이 다른 시간이 아닌 어떤 특정한 순간에 굳이 세계를 창조해야 할 이유가 없어지게 될 것이기 때문이다. 같은 이유에서, 신은 우주라고 불리는 유한한 시간적 과정을 무한한 절대시간의 현실적 부분으로부터 분리시킬 수 있을 것이다.[7]

6. 따라서 우리는 과정과 사건에서의 지속과, 이들 사건과 과정이 현실적으로 점유하고 있는 절대시간의 특정한 시간간격을 구별할 수 있다. 유한한 과정은, 그것이 현실적으로 점유하고 있는 유한한 시간의 제한된 시간간격을 소유한다고 말할 수 없다는 의미에서, 그것의 지속을 소유한다. 그것은 단지 무한한 수용자

---

7) Kant는 그의 『순수이성비판』에서 시간을 우리의 내적감각과 외적감각의 형식이라고 주장했을 때, 이러한 시간특성에 약간의 수정을 가하면서 수용하고 있다.

로서의 시간의 어떤 간격을 점유한다는 속성을 지닐 뿐이다. 이런 모든 시간간격들은, 그들을 점유하고 있는 과정의 속성들이 아니라 무한한 전체시간의 부분들이다. 동일한 과정이 그것의 시간적 속성이나 현실적 지속을 변화시킴이 없이, 절대시간의 다른 시간 간격을 점유할 수 있는 것이다.

7. 절대시간의 균등한 흐름은 고정되어 있고 필연적이며, 수용자 시간 안에서 발생하는 운동을 지배하는 법칙으로부터도 독립해 있다. 뉴톤은 말한다. "시간 부분들의 질서는 불변한다…. 이런 부분들이 자신들의 위치에서 이탈한다고 상상해보라. 그들은 (이렇게 표현될 수 있다고 한다면) 자기 자신들 밖으로 나가게 될 것이다."8) 바꿔 말하면, 시간이 흐르는 속도에서의 변화라는 개념은 명백한 모순을 내포하고 있는 것이다.

8. 절대시간은 네가지 기본적 특성을 가지고 있다.

   a. 절대시간은 부분들의 불변하는 질서 속에서 균일하게 필연적으로 흐른다.

   b. 절대시간은 유한한 사건이 발생하는, 연장성이 없는 순간들로 구성된다. 그러므로 절대적 순간성이 우리 우주의 실재적 사실이다.

   c. 시간의 순간들은 일차원의 무한계열을 형성하며, 계기하는 이들 순간들에서 사건들이 발생한다.

   d. 두 사건의 절대적 동시성은 자연의 사실이며, 그 자체로 명확하게 결정될 수 있다. 따라서 우리는 상이한 두(또는 그 이상의) 장소에서 시간의 동일한 순간을 상정할 수 있다. 뉴톤은 말한다. "…공간의 모든 입자(조각)는 항상 존재하며, 지속의 모든 불가분한 순간(즉 절대시간)은 어느 곳에나 존재한다.9)

---

8) Newton, *op. cit.*, p.8.

우리는 이 일련의 고찰에서 세가지 논점을 이끌어낼 수 있다. 첫째, 절대시간은 주기적 장치(시계)들이 측정하는 그 자신의 내재적 계량척도를 가지고 있다. 둘째, 물리적 시간에서 두시간 간격 간의 일치는 원리상, 그들 각자가 내포하고 있는 "시간의 내재적 총량"의 동등성을 확인함으로써, 절대적으로 명확하게 결정될 수 있다. 셋째, 뉴톤의 운동법칙은 이런 수용자 시간의 기본특성들을 전제로 하고 있다. 요약하자면, 이런 것들이 자존적이며 자신의 권리상 실제적이고 물질이나 실체에 의존하지 않으며, 다른 어떤 것의 특징이라기보다는 그 스스로가 어떤 것으로 있는 그런 시간에 대한 견해이다.

화이트헤드의 해석에 따르면 이 이론은 다음과 같은 결과를 수반하게 된다. (a) 시간은 지속없는 순간들의 순차적 계기(ordered succession)이다. (b) "이런 순간들은 단지 시간적 질서관계인 계열적 관계의 관계항으로 우리에게 인식된다." (c) "시간적 질서관계는 단지 순간들을 연관시키는 것으로 우리에게 인식된다."10) 그는 이런 견해를 다음과 같이 부연하고 있다. "우리는… 시간을… 자연 사건에 대한 우리의 지식과 함께 그 자체에 있어 스스로 우리에게 알려지는… (존재들의) 분리되고 독립된 체계로 간주해야 한다."11)

화이트헤드는 두가지 이유에서 이 이론이 어느 정도 설득력이 있다고 본다. (a) 인간이 자연에 의존하지 않고도 시간의 연쇄속에서 사고할 수 있었을 것이라는 의미에서 시간은 자연 너머로 연장될 수 있다는 점이 논증될 수 있다. 자연속의 사건과 관련되어 있는 시간의 상대성이론을 이 이론과 비교해보면 상대성이론은 명백히 이 이론만 못하다. (b) 또한 상대성이론은 시간의 비가역성을 설명하는데 어려움이 있다는 점도 논증될 수 있다.12)

---

9) *Ibid.*, p.545.
10) *CN*, p.33.
11) *Ibid.*
12) *Ibid.*, pp.34-5.

그러나 화이트헤드는 또한 전통적 시간이론에 포함된 심각한 난점들을 강조한다. 가장 근본적인 난점은 그것이 감각경험에 의해 지지될 수 없다는 데 있다. 그러므로 절대시간에 대한 그의 주요반론은 단지 그것에 대한 지식을 자신에게서 찾아볼 수 없다는 것이었다.[13] 특징적인 한 구절에서 그는 절대시간을 "형이상학적 괴물,"[14] "절반은 어떤 것이면서 절반은 아무것도 아닌 것,"[15] "형이상학적 수수께끼"[16] 등으로 부르고 있다. 더구나 만약 이 이론을 진지하게 받아들인다면 그것은 속도, 운동에너지, 삶 자체 등의 가능성을 제거하게 될 것이다. 이와같은 자연현상들은 모두 절대시간이론에 의해 배제되는 요소나 관계들을 필요로 한다. 화이트헤드가 적절히 표현하고 있듯이, "삶의 특징이 되는 어떤 것도 한순간에 나타날 수 없다. 이런 전통적 개념으로 설명되고 있는 것처럼, 생물학을 물리학에 흡수하기 위해서는, 먼저 죽이는 일이 필요하다."[17]

절대공간의 이론은 절대시간의 이론과 대체로 유사하다. 여기에도 고립된 존재들이 있는데, 사건에 의해 점유될 수도 있고 그렇지 않을 수도 있는 비연장의 점들이 그것이다. 그런데 화이트헤드에 따르면 이 이론도 감각경험에 의해 정당화될 수 없다. 게다가 연장성이 없는 점들을 가지고 공간적 연장을 설명하는 데에는 심각한 난점이 있다.[18]

"단순정위"(simple location)라 부르는 가정에 대한 화이트헤드의 비판을 검토해보면 뉴톤의 절대시간(및 절대공간)에 대한 그의 비판의 전체적 성격이 보다 의미있게 드러날 것이다.

---

13) *Ibid.*, pp.34, 39.
14) *PNK,* p.8.
15) *Proceedings of Aristotelian Society,* n.s., Vol.22, p.131.
16) *CN*, p.66.
17) *TSM* (A.H.Johnson ed.), p.57.
18) *CN*, p.35.

단순정위의 오류

위에서 보았듯이 문제가 되는 것은 속도나 가속도 같은 것이 변화의 상태라는 개념을 포함하는데 반해, 궁극적인 "뉴톤적"사실들에서는 이런 변화상태라는 것이 증발해버렸다는 사실이다. "지속없는 순간의 시간에 있어서의 변화의 상태라는 것은 매우 곤란한 개념이며," 사실상 자기모순적인 개념이다. 왜냐하면 "과거와 미래를 언급하지 않고 속도를 정의한다는 것은 불가능하기 때문이다."19) 그럼에도 불구하고, 뉴톤물리학에서 궁극적 사실들은 이런 특수한 성격을 갖고 있는데, 화이트헤드는 그의 저서 『과학과 근대세계』에서 이 특성을 "단순정위" (simple location)라고 묘사하였다. 이를 통해 그는 오늘날까지도 매우 광범위한 "물리 과학의 독단적 신조"로 기능하고 있는 "자연에 대한 기계론적 이론"의 근원적인 오류라고 생각되는 것을 고발하였다. 그는 이것을 "단순정위의 오류"라고 명명하고, 이를 다음과 같은 가정으로 이해하였다.

> "시공 내에 있어서의 일정한 위치의 의미를 이렇게 규정했을때, 곧바로 우리는 어떤 특정의 물체가 단순히 그 시각 그 장소에 존재한다고 말함으로써 시공에 대한 그 물체의 관계를 적절하게 기술할 수 있게 된다. 그래서 단순정위에 관련된 한, 그 물체의 위치관계에 대해 더 이상 말할 것이 없게 되는 것이다."20)

이 특수한 비판들을 분석해보면 이들이 공간, 시간, 물체, 시간과 공간에 대한 물체의 관계에 관련되어 있다는 것을 알 수 있다. 우주의 근본적인 질료들에 관심을 갖고 있는 한, 우리가 물체(matter)라고 말

---

19) *PKN*, p.2.
20) *SMW*, p.62(81).

하든 물질(material)이라 말하든 아니면 질량(mass)이라 말하든 또는 입자(particle)라 말하든 실체(substance)라 말하든 아무런 차이가 없다. 중요한 것은 이 질료의 본성이 무엇인가라는 물음이다. 이 시대가 맞이한 다양한 철학적 과학적 체계가 이 물음에 대해 제시하고 있는 답변은 질료가 공간과 시간에서 단순정위한다는 기본적인 속성을 갖고 있다는 것이다. 공간과 시간 모두에 공히 관련된 이 단순정위의 속성 때문에, 설명을 위해서 다른 영역의 시—공(또는 공간과 시간)에 대한 어떤 언급도 필요로 하지 않는 완전히 한정적인 의미로 우리는 물질(질료)이 공간상의 이곳과 시간상의 이곳 또는 시공간상의 이곳에 있다고 말할 수 있는 것이다.21)

공간과 시간이론이 상대적이냐 절대적이냐 하는 것은 문제가 되지 않으며, 단순정위의 가정은 어느 쪽과도 양립할 수 있다.22) 공간이 입자들 사이의 관계로 정의되는 상대적 공간이론에서는 그렇지 않을 것으로 생각할 수도 있겠지만, 입자들의 위치가 설명을 위해 다른 입자들과의 관련을 필요로 하지 않는 한, 단순정위라는 가정은 남아있는 셈이다.23) 시공 또는 공간과 시간의 체계가 어떤 것이든 간에, 일단 우리가 어떤 장소 또는 위치의 개념을, 그 장소에 놓여 있는 질료에 대해 말하면서 다른 장소들과의 관계를 필수적인 것으로 언급함이 없이 그 질료가 그 장소에 존재한다고 말할 수 있도록 정의하게 되면, 단순정위의 가정은 이미 전제되고 있는 것이다.24)

단순정위의 가정은 작지만 중요한 몇가지 특성을 갖고 있다. 시간과 관련해서 볼 때, 만약 어떤 질료가 일정한 시간동안 존재한다면, 그

---

21) *Ibid.*, pp.61-2(81).
22) W.P.Alston은 그의 논문 "Whitehead's Denial of Simple Location," *Journal of Philosophy*, p.48(1951), p.715에서 동일한 주장을 펴고 있다.
23) *SMW*, pp.62, 72(81, 94).
24) *Ibid.*

질료는 그 연속되는 시간의 어떤 부분속에도 존재하고 있는 것으로 가정된다. 달리 말하자면 시간의 분할은 질료를 분할하지 않는다는 것이다.25) 다른 한편, 만약 어떤 질료가 공간의 어떤 용적을 점유한다면, 그 용적의 어떤 조각속에도 그 질료의 부분이 존재할 것이다. 바꿔 말하자면, 공간의 분할은 질료를 분할한다는 것이다.26) 이 모든 것은 상식적으로 우리가 얼마나 교묘하게 그 가정에 말려들게 되는가를 보여주고 있다고 하겠다. 그런데 이 가정에는 몇개의 흥미로운 결과가 뒤따른다. 수학적으로 기술하자면, 시간의 분할은 질료와 관련하여 공간의 분할과는 다른 방식으로 기능한다. 또 시간의 분할은 질료에 영향을 미치지 않기때문에, 시간의 추이도 질료의 본성에 영향을 끼치지 않는 부수적 사실이 된다. 그러므로 화이트헤드가 말하고 있듯이, "물질이 시간의 분할과 아무런 관련도 없다는 사실은 시간의 경과가 물질의 본질에 속한다기보다는 부수적인 것에 불과한 것이라는 결론을 낳는다. 물질은 아무리 짧게 분할된 시간 가운데서도 완전하게 자신을 존속시킨다. 그래서 시간의 추이는 물질의 특성과 아무런 관계도 없는 것이 된다. 물질은 시간의 각 순간에 있어서 항상 그 자체로 머물러 있는 것이다. 여기서 시간의 각 순간은 추이하지 않는 것으로 간주된다. 왜냐하면 오히려 시간의 추이가 각 순간들의 계기(繼起)로 이해되기 때문이다."27) 『과정과 실재』(1929)에 명백하게 기술되어 있듯이, 생성의 과정은 현실적 존재(actual entity) 또는 현실적 계기(actual occasion)의 특성을 결정하는데 있어 근본적인 것이다. 우리는 이 점을 유물론철학과 유기체철학 사이의 두드러진 차이로 간주할 수도 있을 것이다.

단순정위의 또 다른 결과는 커납의 문제와 관련되어 있다. "단순정

---

25) *Ibid.*, p.62(81).
26) *Ibid.*
27) *Ibid.*, p.63(82).

위"는 단순히 공간의 "용기"나 시간의 절대적 연속을 함의하고 있을 뿐만 아니라 사건과 사건 사이의 내적인(즉 본질적인) 관계의 부재도 함의하고 있다. 화이트헤드는 단순정위에 대한 신념에서 파생되는 몇 가지 심각한 난점을 지적하고 있다.

> "만약 일정기간의 시간을 통해서 물질의 배치구조의 정위(定位)가 과거 나 미래의 다른 어느 시간과도 아무런 내적 관련이 없다고 한다면, 어떤 기간동안의 자연은 다른 어느 기간동안의 자연과도 아무런 관련이 없다 고 하는 결론이 곧장 뒤따라 나오게 된다. 따라서 귀납법은, 자연에 내재 하는 것으로서 관찰될 수 있는 어떤 것에도 기초하고 있지 않은 것이 된 다…. 다시 말해 자연의 질서에 대한 단순한 관찰만으로는 정당화될 수 없다는 것이다. 왜냐하면 현재의 사실 가운데는 과거나 미래에 본질적으 로 관련되어 있는 것이 아무것도 없기 때문이다. 그러므로 귀납법이 그러 하듯이 기억도 자연 그 자체 속에서 자연을 정당화시킬 수 있을 만한 어 떤 것도 결코 찾아낼 수 없을 것처럼 보인다."[28]

그러므로 단순정위를 가정하고 있는 뉴톤물리학에서 귀납은, 흄이 명백히 밝히고 있듯이, 그저 하나의 군더더기에 불과하다.

따라서 그 가정의 핵심과 결부되어 있는 이와같은 사소한 특성들을 통해, 우리는 뉴톤의 우주론에 본질적 모순이 있다는 것을 알 수 있 다.[29]

화이트헤드에 따르면, 순간적인 물질적 배치구조의 이 같은 단순정 위는 그것이 "시간"과 관련된 것인 한, 그리고 구체적 자연의 근본적 인 사실로 간주되는 한, 베르그송이 항거했던 것이기도 하다.[30] 앞장

---

28) *Ibid.,* pp.64-5(84-5).
29) *MT,* p.199(168).
30) *SMW,* p.64(83).

에서 보았듯이, 베르그송은 이것을 사물에 대한 지성적 "공간화"에 기인하는 자연의 왜곡이라고 진단했다. 화이트헤드도 이런 항거에서 베르그송에 동의하지만, 이런 왜곡이 자연에 대한 지성적 이해에 따르는 필연적 귀결이라는 점에는 동의하지 않는다.31) 화이트헤드는 만약 공간화가 베르그송이 주장하듯이 사실의 왜곡이라면 어떻게 과학자들이 과학적 조작에서 공간적 개념을 사용하여 정확하게 미래를 예측할 수 있는 것인지를 이해할 수 없게 될 것이라고 생각한다.

그리고 화이트헤드는 베르그송이 과학을 비판하면서 단지 흄이 제기한 과학에 대한 반박을 강조했을 뿐이라고 말한다. 사실상 화이트헤드는 베르그송이 너무 멀리 나아갔다고 비판하였다. 그는 지성이 그 본성상 필연적으로 실재를 왜곡할 수밖에 없는 것이라기보다는 다만 그런 경향성을 갖고 있을 뿐이라고 느꼈다. 이런 경향성때문에 사고는, 화이트헤드가 특히 베르그송의 사상과 연계시켰던 "단순정위의 오류"와 "잘못놓여진 구체성의 오류"(Fallacy of Misplaced Concreteness)에 휩싸이게 되었던 것이다.32) 위에서 보았듯이, "단순정위의 오류" 속에서 우리는 실재의 유동을 무시하고 정태적 범주를 통해 사고함으로 말미암아, "물화(物化)된 우주"에 이르게 된다. 그리고 "잘못 놓여진 구체성의 오류"안에서는 과학적 기술(記述)에 필요한 추상을 실재의 구체적 특징으로 간주하게 된다. 화이트헤드의 반론을 불러일으킨 것은 우리가 이런 과학적 절차를 오용하고 또 그것에 너무나 많은 것을 요구하고 있다는 점이다.

2. 시간과 자연의 창조적 전진

---

31) *Ibid.*
32) *Ibid.*

시간이론의 기초

화이트헤드철학에서 시간개념의 특이한 성격은 자연에 대한 분석이 순전히 정신적인 추상이나 직관 또는 선험적 여건에서 시작하기보다는 지각될 수 있는 속성에서 시작되고 또 이를 토대로 진행되어야 한다는 그의 믿음에서 유래한다.[33] 화이트헤드는, 비록 한때 직접 경험의 정확한 본성에 대해 다른 개념을 가진 적이 있긴 하지만, 시공의 근본적 속성들이 직접적 경험에서 지각될 수 있다고 믿는다.[34] 그는 지각의 직접 여건이 아닌 시공적 특성들도 최소한 논리적으로는 그러한 여건들에 내포되어 있어야 한다고 믿는 가운데 계속해서 이러한 경험주의적 편향성을 고집한다.

시간의 일반적 본성

화이트헤드의 시간이론은 몇가지 일반적 전제에 기초하고 있다. 우선 화이트헤드의 생각에 따르면 시간은 단일한 복합체인 시-공의 한쪽 측면일 뿐이며, 따라서 공간적 측면이 무시된 시간이란 하나의 추상일 수밖에 없다.[35] 그런데 이처럼 "공간을 떠난 시간도 있을 수 없고, 시간을 떠난 공간도 있을 수 없다"고 해도,[36] 여전히 누구나 공간과 시간을 구분할 수 있고,[37] 또 설명이나 비판의 목적을 위해서라면 부분적으로 서로 독립된 것으로 취급할 수도 있다.[38] 예컨대 공간은 현재속에서 사건들 사이의 질서와 관계를 보여주는 반면에, 시간은 주어진 현재속에 있는 사건과 다른 시점에 있는 사건 사이의 관계를 보

---

33) *PNK*, p.72 ; *P Rel*, p.64.
34) *PNK*, p.75 ; *SMW*, p.152(184-5).
35) *CN*, pp.69, 80, 132 ; *SMW*, p.82(106).
36) *CN*, p.142.
37) *PNK*, pp.132, 163.
38) *SMW*, p.89(114) ; *PNK*, p.132.

여준다는 점에서 양자는 구별된다고 말할 수 있는 것이다.39)

둘째로, 화이트헤드에게 있어 시간은 자연의 연장된 실재적 "층" (stratum)을 구성하는 연장된 현재들의 계기(繼起)이다.40) 현재의 실재와 과거 또는 미래의 실재 사이에는 뚜렷한 구별이 있다. 어떤 현재도 순간적일 수 없으며, 현재가 존재하기 위해서는 시간적 연장이 필요한 것이다.

셋째로, 시간은 측정가능하다.41) 공간적 연장이 없는 어떤 것의 추이는 직접적으로 측정될 수 없다. 그러므로 공간적으로 연장되지 않은 것의 추이는 화이트헤드적 의미에서 시간속에 존재하지 않는다.42) 시간이라는 단어의 용법에 대한 이런 한정은, 그 주제에 대한 논의를 용이하게 하기 위해 화이트헤드가 순전히 임의로 설정해 놓은 것이라는 점도 지적되어야 하겠다.

넷째로, 시간의 진행은 비가역적이다.43) 화이트헤드는 시간의 비가역성을 간혹, 사건이 고유하고 특수하며 불변적이라는 사실, 즉 "하나의 사건은 지금의 그것(what it is)으로서 그것이 존재하는 때(when it is)이자 그것이 존재하는 곳(where it is)44)이라는 사실에 귀속시킨다. 또 그는 시간의 비가역성을 "자연의 창조적 전진인 궁극적 생성"45)에 귀속시키기도 한다. 그는 시간의 비가역성을 이들 각각의 사실로부터 이끌어내면서도,46) 이들 가운데 어느 것이 그것의 진정한 원천인지는 결정하지 않고 있는 것으로 보인다.

아마도 한가지 구별을 한다면 이런 어려움이 해결될 것이다. 과거사

---

39) *CN*, pp.52-3.
40) *P Rel*, p.66 ; *CN*, p.187.
41) *CN*, p.66.
42) *Ibid.*, pp.66-70.
43) *PNK*, p.63.
44) *Ibid.*, p.62.
45) *Ibid.*, p.63.
46) *Ibid.*, pp.61, 63.

건의 고유성이 현재의 자연에서 그 사건이 다시 재현되지 않으리라는 것을 보증하기에 충분하지 않다는 것은 분명해 보인다. 그 고유성은 다만 그것이 하나의 시간적 위치를 갖는다는 것을 보증할 뿐, 시간의 경과가 마치 사람이 지구를 한바퀴 돌아 여행한 뒤 출발점에 되돌아 오는 것처럼 그 사건에로 되돌아올 수 없다는 것을 보증하지는 않는다. 고유성은 시간적 사건의 특성일 뿐만 아니라 공간적 사건의 특성 이기도 하지만, 공간의 질서는 결코 비가역적인 것이 아니다. 그러므로 사건의 고유한 특수성은 과거의 재현불가능성을 위한 충분조건이 아니다.

반면에, 사건의 특수성은 시간의 비가역성을 위한 필요조건이다. 자연이 전진하기 위해서는 특수한 사건이 자연의 전진에 부가되지 않으면 안된다. 왜냐하면 하나의 사건이 특수하지 않고 보편적이어서 단순히 반복되는 것으로 간주될 뿐, 굳이 다른 사건으로 취급될 필요가 없다면, 시점상의 차이가 있더라도 그것은 수적으로 동일한 것으로 남아 있게 될 것이기 때문이다. 그리고 또한 이럴 경우 과거의 불가피한 재현불가능성은 존재하지 않게 될 것이며, 결과적으로 시간은 반드시 비가역적인 것이어야 할 필요가 없게 될 것이다.

다섯째, 시-공의 영역들(regions) 사이를 연결시키는 관계들 중에는 경험적으로 알려지는 "포섭"과 그 역인 "피포섭"(inclusion by)의 관계가 있다. 만약 화이트헤드가 옳다면, 우리는 시-공의 모든 영역들이 보다 작은 시-공 영역을 포함하는 동시에 보다 큰 시-공 영역에 포함된다는 것을 경험적으로 알 수 있을 것이다.[47] 지각 가능한 것들에서 출발하여 우리는 한편으로는 보다 큰 영역으로, 그리고 다른 한편으로는 보다 작은 영역으로 옮아갈 수 있다. 포섭과 그 역인 피포섭은 어디에나 존재하는 관계들인 것이다.[48] 그러므로 지각가능한 것들 그

47) *Ibid.*, pp.159, 161.
48) *PNK*, pp.75, 101, 115, 203 ; *CN*, pp.75, 185.

자체는 그 범위에 있어 한정되어 있는 것이 아니다.

포섭은 시—공의 연속성을 낳는다. 각각의 모든 영역이 다른 영역에로 확장되므로, 가장 작은 시—공 영역이란 존재하지 않는다.[49) 그러므로 시—공은 주어진 영역과 동질적인 한정적 영역들로 무한히 분할될 수 있다. 이러한 속성은 시공적 분석에 있어 아주 유용하다. 이에 근거하여 화이트헤드는 자연을 하나의 연속체로 간주한다.[50) 그 연장성때문에 시—공에는 연장된 구멍이 없다. 왜냐하면 상상 가능한 모든 구멍은 이 구멍의 장소(locus) 속에 포함된 영역에 의해 점유될 것이기 때문이다.

"피포섭"의 관계는 시—공의 무한한 확장을 결과한다. 각각의 모든 시—공영역은 그것을 부분으로서 포함하는 영역을 수반하며, 이 영역은 다시 그것을 부분으로 포함하는 영역을 수반할 것이다. 그리고 그렇게 무한히 계속될 것이다. 그래서 또한 임의의 영역은 다른 영역들을 포함할 뿐만 아니라, 이 영역의 기하학적 구조에 다른 영역의 기하학적 구조들이 일치하게 될 것이다. 제일성(uniformity)은 시—공의 기하학적 특성에 있어 본질적인 요소이다.[51) "각 공간 체적, 또는 각 시간경과는 그 본질가운데 모든 공간체적의 여러 양상 또는 모든 시간경과의 여러 양상들을 포함한다."(*SMW* p.89 : 우리말 역서, 114쪽).

화이트헤드는 또한 간단하게 설명되지 않는 자연의 창조적 전진을 기술하고 있다. 그의 학설이 시사하는 바에 따르면, 자연의 추이(推移)는 단일한 시간질서에 의해 완벽하게 묘사되지 않을 수도 있다. 진정한 자연의 전진을 기술하기 위해서는 하나 이상의 순차적인 시간질서가 필요할지도 모른다.[52) 여러개의 시간계열이 있다고 가정하더라도,

---

49) *CN*, p.79.
50) *PNK*, p.66.
51) *P Rel*, p.14.

각각의 지각자는 고유한 과거 현재 미래를 가진 비가역적이고 특수한 단 하나의 시간계열만을 지각하게 될 것이다. 그러나 전체적인 창조적 전진은, 제각기 이 단일 시간계열을 정확하게 닮은 무수히 많은 시간계열들을 따라 이루어질 것이다. 어떠한 시간-체계의 현재도 다른 시간체계의 현재와 정확하게 똑같은 사건들의 조합으로 구성되지는 않을 것이다. 한 시간체계 속에서 현재를 구성하는 사건들은 다른 시간체계의 과거와 미래로 연결될 것이며, 그 역도 마찬가지다. 각각의 모든 사건은 그 사건에서 교차하는 무수한 현재속에 포함될 것이다. 서로 다른 시간체계들 사이의 시공적 관계는 대칭적인 것이 될 것이다.

단 하나의 시간-계열을 구성하는 것으로서의 자연과, 무수히 많은 시간 계열들을 구성하는 것으로서의 자연을 가름하는 가장 중요한 차이는 동시성의 관계에 있다. 화이트헤드는 말한다. 만약 특정한 한 사건에 대해 동시적인 여러사건들 사이에 동시성의 관계가 성립하지 않는다면, 실재적으로 구별되는 무수히 많은 시간계열이 불가능하지 않을 것이다. 왜냐하면 만일 동시성이 서로 연관되어 있지 않다면, 두 사건은 특정한 하나의 사건(하나의 시간계열 속에서)과 동시적이면서 또한 (다른 시간계열 속에서는) 서로의 과거 또는 미래에 있을 수 있을 것이기 때문이다. 즉 하나의 시간계열 속에서는 b가 a와 동시적이고 다른 하나의 시간계열 속에서는 c가 a와 동시적이라는 것은, b가 어느 한쪽의 시간 계열에서는 c와 동시적이고 다른 시간계열에서는 b가 c의 과거 또는 미래에 있을 수 있다는 것을 함의하지 않는다는 것이다. 단 하나의 시간-계열 안에서는, 동시성의 비이행성(non-transitivity)을 가정하더라도 동시성은 연관되어 있고 대칭적이다. 다수의 시간체계들로 확대될 경우, 동시성은 연관되지 않고 대칭적일 것이다.

---

52) *PNK*, p.80 ; *CN*, p.178.

완전한 이해를 위해서는, 시간을 넘어서서 (화이트헤드가 공리적[公理的]인 것으로 간주하고 있는) 변화의 실재를 고찰해보아야 한다. 화이트헤드에게 있어 시간은 변화의 관계적이고 논리적인 측면이다. 그것은 사실에 내재된 한 조의 관계인 것이다. 그는 시간을 유동하는 사실들의 실재적 용기로 보는 뉴톤의 절대시간이론을 강렬한 어조로 거부한다.53) 그의 주장에 따르면, 이 견해는 시간을 실재의 한 측면으로 보지 않고 하나의 실재로 간주하고 있다. 그것은 그림자를 가지고 실체를 만들고 있는 것이다.54) 그는 또한 시간을 관계의 한 조로 보고 그 관계항을 물질이나 단순한 감각성질 ― 이들은 사실상 무시간적인 것으로서, 시간적 전진을 설명하지도 못하고 또 산출할 수도 없는 그런 수동적인 존속체들일 뿐이다 ― 로 간주하는 이론도 똑같이 강력하게 거부한다. 그의 입장은 이런 관계항들이 본질적으로 유동과 창조적 추이(creative passage)를 내포하고 있어야 한다는 것이다.55)

추이, 순응, 그리고 과정

화이트헤드의 원리에 대한 지금까지의 설명은 그의 사상의 모든 단계에 타당하도록 아주 일반적으로 진술되었다. 그러나 화이트헤드가 자연의 창조적 전진을 지칭하기 위해 사용하는 개념은 저술시기에 따라 조금씩 달라지고 있다. 화이트헤드가 초기(1900~1924)에 창조적 전진에다 붙인 이름은 추이(passage)였고, 중기(1925~1929)에는 순응(conformation)이라는 이름을 사용했으며, 말기(1929~1939)에 가서야 과정(process)이라는 용어를 사용하고 있다.

자연의 창조적 전진이라는 말로 화이트헤드가 의미하는 것은 그 본질이 유동(flux)과 이행(transition)인 시간적 전진이다. 그것은 현재속

---

53) *PNK,* p.8.
54) *CN,* p.65.
55) *CN,* p.168.

에 객체화된 것으로의 과거로부터 야기되어, 자신의 본성을 산출하고, 자신을 주조해간다. 마지막 분석에서 이 개념은 그에게 궁극적인 것이 되며, 무수히 많은 문맥에서 반복되어 나타나고 있는 용례를 통해서만 이해될 수 있다. 그는 자연이 창조적으로 전진한다는 학설이 단연코 자신의 사상이 지니고 있는 가장 중요한 측면이라고 믿는다. 그는 과정의 관념이 초기에는 그의 마음 속에 "충분히 부각되어" 있지 않았음을 인정한다.56) 그러나 그때에도 그것은 필수불가결한 역할을 했다. "자연에서의 추이 — 또는 달리 말해서, 자연의 창조적 전진 — 는 그것의 근본 특성"(*PNK*, p.14)57)으로 파악되고 있었던 것이다. 시간은 단지 자연의 추이라는 보다 근본적인 사실의 어떤 측면으로 나타나 있는 것일 뿐이다.58)

다수의 가능한 시간-체계들이라는 화이트헤드의 개념을 염두에 두고, 그가 저술활동을 하던 모든 시기에서 우리는 보편적 추이 (universal passage)와 어떤 단일시간체계 속에서 발견되는 추이를 조심스럽게 구별해야 한다. 예를들어, 초기에 그는 "전혀 계열적이지 않은" 자연의 창조적 추이와 임의의 한 시간계열 속의 추이 사이에서 분명한 차이점을 발견하고 있다. "다양한 시간계열 각각은 창조적 전진에 속해 있는 어떤 측면의 척도가 되며, 이런 측면들의 묶음 전체는 그 창조적 전진의 측정가능한 모든 속성들을 표현한다."(*CN*, p.138)

초기에 있어 추이는 창조적인 것으로 이해되긴 했으나 원자적인 것으로 간주되지는 않았다. 중기에는, 초기의 창조성이 보다 세분되어 분석되고 종교, 가치론, 미학 등에까지 확대 적용된다. 이런 분석의 결과, 초기의 창조성은 원자적인 자기창조성으로 대체되는데, 이 자기창조성은 원자적일 뿐만 아니라 다른 모든 자기창조성들과도 상호관련

---

56) *PNK*, p.202.
57) *PNK*, p.98 ; *CN*, pp.54, 142.
58) *CN*, pp.34, 54.

되어 있는 것으로 상정된다.59) 게다가 『상징작용 : 그 의미와 효과』 (*Symbolism : Its Meaning and Effect*, 1927)에서 화이트헤드는 "순응" (conformation)이라는 새로운 원리를 도입한다.60) 추이는 과거에 대한 현재의 순응을 함의한다. 그는 순응이란 "자기창조적 활동이, 정착된 현실적인 모든 것에 어느 정도 순응해야만 한다는 엄연한 사실을 표현하는"(*S*, p.43) 개념이라고 말한다. 자기창조성의 새로운 계기들은 각기 그것의 본성이나 특성을, 그 자신의 직접적 영역주변에 있는 직접적 과거의 본성이나 특성에 순응하여 수정하지 않으면 안된다. "순응"이란 자기창조성이 공간과 시간에 있어서의 그 직접적 선행자들에 스스로 적응해나가는 것을 가리키는 말이다. 이것은 화이트헤드의 무르익은 형이상학적 사색의 결실이었던 『과정과 실재』에서 근본적 개념이 된다.

과정의 개념은 그 의미와 중요성이 계속 확대되어, 말기에 가서는 화이트헤드의 거의 모든 철학적 구도를 지배한다. 그는 마지막 저서인 『사고의 양태』(*Modes of Thought*)에서 "과정과의 관련성이 명백하게 밝혀질 때까지는 아무것도 궁극적으로 이해되지 못할 것"이라고 말한다.(*MT*, p.64) 자연의 본질은 스스로 미래에로 옮아가는 데 있는 것이다.61)

"창조에 의해 자연의 박동이 산출되는 과정의 리듬이 있으며, 이들 각각의 박동은 역사적 사실의 자연적 단위를 형성하고 있다."(There is a rhythm of process whereby creation produces natural pulsation, each of pulsation forming a natural unit of historical fact. *MT*, p.120).

---

59) *SMW*, pp.87-9(112-5) ; *RM*, pp.79, 89 ; *S*, pp.10, 42.
60) *S*, pp.41, 43, 49, 51, 53.
61) *MT*, pp.207, 73.

3. 지속과 동시성

지속과 동시성

　화이트헤드는 자연의 기본지층이 지속이라는 일반적인 입장에 동의한다. 지속은 시간적 폭에서는 유한하지만 공간적 연장에서는 무한한, 자연의 구체적 널판이다. 지속이란 "동시성이라는 속성에 의해서만 한정되는 어떤 자연 전체"[62]를 말한다는 화이트헤드의 진술을 고찰하는 것으로 시작해보자. 여기서 중요한 술어는 "동시성"이다. 지속이 시공적 질서를 이끌어내기 위한 토대로 정당하게 사용될 수 있으려면, 어떻게 동시성의 관계가 지각에 직접 주어지는가 하는 것이 먼저 설명되지 않으면 안된다. 화이트헤드는 "존재를 단순히 관계항(relatum)으로만 이해하고 그 성질을 더 이상 세부적으로 규명하지 않는" 의미관계(significance)의 학설에 의거하여, 이 문제를 해결하고 있다. "따라서 의미관계는… 관계의 한쪽 끝만을 강조하고 있는 관계성이다."[63] 특히 "현재의 지속은… 감각여건과 이에 연관된, 직접적으로 명백한 다른 객체들 간의 상호결합된 전시(display)의 의미관계에 의해 일차적으로 구획된다."[64] 의미관계의 한가지 특수한 양태 — 즉 하나의 외양적 현재가 갖고 있는, "공간적인" 경계의 무한하게 확장된 투사 — 에 주의를 집중시킴으로서 우리는 지속의 개념에 도달하게 된다.[65] 지속은 "식별되는 직접적인 현재적 사건의 직접성을 공유하고 있는, 자연 전체 속의 모든 사건들을 포함한다. 이들 사건의 특성은 식별된 사건의 특성과 함께, 식별되는 자연 전체를 포함한다. 이들 사건은 그 감

---

62) *CN*, p.53.
63) *Ibid.*, p.51.
64) *PNK*, p.203.
65) *CN*, p.197.

각인식속에 드러나는 것으로서 지금 현존하는 자연 전체인 완전한 일반적 사실을 형성한다."66) "직접성"(immediacy)과 "동시성"은 동의어이지만, 두 술어는 모두 아인슈타인이 말하는 "동시성"과는 명확하게 구별되어야 한다. 이 술어학상의 요점은 지속의 의미에 대한 아래의 설명에서 분명해질 것이다.

"내가 구분하고자 하는 두개의 개념이 있는데, 그 하나는 내가 동시성이라 부르는 것이고 다른 하나는 순간성이라 부르는 것이다…. 동시성은, 어떤 의미에서 지속의 구성인자가 되는 여러 자연적 요소들의 집합이 지니는 속성이다. 지속은 감각인식에 의해 자리매김되는 직접적 사실로서 현존하는 자연 전체일 수 있다. 지속은 자신속에 자연의 추이를 간직한다. 그 속에는 보다 신속한 의식의 완전한 외양적 현재일 수 있는 지속들이기도 한 선행자와 후행자가 있다. 다시 말해, 지속은 시간적 폭을 지닌다. 직접적으로 인식되는 것으로서의 자연 전체에 대한 모든 개념은, 비록 그것이 그 시간적 폭에 있어, 자연속에 존재하는 것으로서 우리에게 알려진 어떤 존재의 가능한 외양적 현재를 넘어서서 확대될 수 있다고 해도, 언제나 지속에 대한 개념이다. 따라서 동시성은 감각적 인식에 직접 주어지는 자연속의 궁극적 요소이다.

순간성(instantaneousness)이란 사고의 진행에 필요한 복잡한 논리적 개념으로서, 이에 힘입어, 자연의 속성들에 대한 사색속에서 단순한 표현을 위해 인위적인 논리적 존재들이 만들어진다. 순간성은 순간에 놓인 자연 전체에 대한 개념이며, 여기서 하나의 순간은 어떠한 시간적 연장도 지니고 있지 않은 것으로 간주된다."67)

이러한 구절은 주의깊게 검토해볼 만한 가치가 있다. 우선 우리는 화이트헤드의 순간성(instantaneousness)개념과 (그러나 그의 동시성개념은 아니다) 아인슈타인의 동시성(simultaneity)개념이 결코 동일하지

---

66) *Ibid.*, p.52.
67) *Ibid.*, pp.56-7.

않으면서도 중요한 측면에서는 유사하다는 점을 이해하지 않으면 안된다. 화이트헤드의 순간성과 아인슈타인의 동시성은 둘다 미소한 시간적 폭마저 배제한다는 관념을 포함하고 있다. 그러나 화이트헤드의 동시성은 어떤 한정적이고 사라지지 않는 시간적 폭의 개념을 항상 포함한다. 그러므로 아인슈타인의 동시성개념은 짝을 이루는 점—사건들 사이를 여행하는 빛 신호에 의해 구성된 것인데 반해, 화이트헤드의 동시성개념은 빛이나 어떤 다른 유형의 물리적 신호와 아무런 관련이 없으며, 또 현실적으로 지각될 수 있는 사건들에만 적용된다. 화이트헤드는 그의 순간성 개념을 아인슈타인의 동시성개념에 대응시켜 정의한다. 이 순간성개념은 무화될 정도로 작아진 시간적 폭을 지닌 지속의 개념에서 그 의미를 얻는다. 이같은 지속은 "순간"(moment)이라 불리며, 물리학의 순간적 공간개념에 대응한다. 여기서 중요한 것은 화이트헤드에게 있어 동시성 ― 직접적으로 관찰할 수 있는 자연의 측면 ― 은 근원적인 것인 반면 순간성은 파생적인 것이라는 점이다.

이제 우리는 화이트헤드가 어떻게 시-공의 제일성(uniformity)을 이끌어내는지를 보다 분명하게 이해할 수 있는 위치에 서게 되었다. 순간(moment) ― 따라서 궁극적으로는 지속 ― 은 자연에서의 시간적 관계와 공간적 관계의 기초이다. 그러나 지속은 필연적으로, 순수관계성의 양태로 모든 지각에 수반되는 제일성을 소유하기 때문에, 시-공의 기하학은 제일적일 수밖에 없게 된다.68)

화이트헤드는 공간과 시간에 대한 분석을 "기하학"이라 부르고, 공간과 시간속에서 일어나는(또는 일어날 수 있는) 것에 대한 기술을 "물리학"이라 부른다. 그래서 화이트헤드는 말한다. "나의 이론은 물리학과 기하학 사이의 오래된 구분을 존속시키고 있다. 물리학은 자연

---

68) *Ibid.*, p.194.

의 우연한 관계에 대한 과학이며 기하학은 그것의 제일적인 관계성을 표현한다."69)

우리는 이제 동시성에 대한 아인슈타인의 빛 신호(light-signal) 정의와 관련한 화이트헤드의 다양한 비판들을 고찰할 수 있겠다. 화이트헤드는 물리적 신호에 의해 해석된 동시성에 대한 모든 설명에 적용될 수 있는 일반적 비판에서 시작한다.

"…빛 신호들은 우리의 생활에서 매우 중요한 요소이다. 그러나 우리는 여전히 신호-이론이 다소간 그런 신호들의 위치를 과장하고 있다고 느끼지 않을 수 없다. 그 이론은 동시성의 의미자체를 그것들에 의존하는 것으로 만들고 있다. 눈먼 사람도 있고 구름낀 어두운 밤도 있는데, 눈먼 사람이나 어둠속에 있는 사람이나 동시성을 느끼는 데에는 어려움이 없다. 그들은 동일한 순간에 그들의 두 정강이에서 소리나게 한다는 것이 무엇을 의미하는지를 아주 잘 알고 있다.70)

화이트헤드는 다음으로 동시성에 대한 빛 신호정의에 대해 세가지의 특수한 비판을 정식화하고 있다. 1) 우리가 진공속에 살고있는 것이 아니라 공기속에 살고있기 때문에, 사실상 아인슈타인의 정의에 엄밀하게 부합하도록 동시성이 결정된 적이 없다. 2) 빛신호가 여러가지 물리적 유형의 신호들(예를들어, 소리, 물, 파동, 신경충격 등) 가운데 하나이기는 하지만 유독 그것이 동시성을 정의하는데 이용되어야 할 이유는 없는 것으로 보인다. 3) 동시성에 대한 아인슈타인의 정의는 "동시성에 대한 동일한 정의가 뉴톤학파에서 만장일치로 받아들여지고 있는 한 조의 공간 전체를 통해 유효한 까닭을 설명하지 못하고 있다."71)

---

69) *P Rel*, V-Ⅶ, p.8.
70) *PNK*, p.53.
71) *Ibid.*, p.54.

화이트헤드의 비판에서 핵심이 되는 사항은 아마도 다음과 같이 바꿔 표현할 수 있을 것이다. 동시성에 대한 아인슈타인의 처리는 그 개념의 두가지 판이한 의미를 끌어들이고 있는데, 이들 의미는 서로 거의 무관하다. 다시말해, 단일한 외양적 현재의 다양한 구성요소들을 연결시키고 있는 시간적 관계에 대한 우리의 직관적 파악과 판이한 사건들에 있어 정의된 동시성의 관계 사이에는 공통점이 거의 없는 것으로 보인다. 아인슈타인이 말하는 동시성의 두가지 의미를 가름하는 확실한 분기점의 중요한 징표는, 한 지점에서의 동시성이 직접경험의 문제인 반면에 떨어진 지점들에서의 동시성은 광선의 운동에 대한, 본질적으로 규약적인 규정에 기초하고 있다는 사실이다. 그런데 화이트헤드는 자연과학의 근본개념이 감각인식의 직접적인 여건에 기초하고 있어야 하며, 공간개념과 시간개념의 경우에는 이 기초가 감각인식의 필연적 특성이어야 한다고 주장한다. 그러므로 사실상 화이트헤드는 사건의 우연적 특성들(즉 이런 사건들에 의한 빛 신호의 방출과 수용)에 의해 동시성을 정의하려고 하는 가운데, 순간성의 개념을, 감각인식의 모든 작용에서 예시되는 직접적으로 관찰가능한 동시성의 관계로부터 이끌어낼 것을 제의하고 있다.

공액관계 (Cogredience)

우리는 화이트헤드가 공간적 관계를 지속으로부터 이끌어내고 있음을 지적했다(순간들[moments]은 지속으로부터 나오며 하나의 순간은 순간적 공간이다). 시간적 관계, 특히 시간의 순차적 질서는 궁극적으로 지각된 지속들의 계기(succession)에 기초하고 있다(그러나 자연에는 유일한 지속의 계기가 있는 것이 결코 아니다). 다음의 구절은 화이트헤드의 시간이론의 이런 측면을 요약하고 있다.

"우리는(직접적인 관측을 토대로 하여) 실현의 시간적 과정이, 계열을 이루는 일직선적인 과정들의 한 군(群)으로 분석될 수 있다고 가정하는 것이다. 이 직선적 계열들은 각기 하나의 시공계이다. 일정한 계열적 과정들에 대한 이와같은 가정을 옹호하기 위해 우리는 다음과 같은 것에 호소한다. 즉 1) 우리의 외부에 확대되어 있으면서 우리 자신과 동시적으로 존재하는 우주에 대한 감관을 통한 직접적인 표상, 2) 감관에 의해 인식할 수 없는 영역에서 무엇이 바로 지금 일어나고 있는가라는 물음이 함축하고 있는 의미에 대한 지적인 파악, 3) 발현하는 대상들의 존재속에 포함되어 있는 것에 대한 분석 등이 그것이다…. 사건은 자신을 실현시키는 가운데 하나의 패턴을 현시하며, 이 패턴은 명확한 의미의 동시성에 의해 규정되는 일정한 지속을 필요로 하는 것이다."[72)]

하나의 지속이 어떻게 다른 지속과 구별될 수 있는가 하는 문제가 즉시 떠오른다. 화이트헤드에 따르면, "정지감각은 늘어난 현재속으로 지속들이 통합되는데 도움이 되며, 운동감각은 자연이 축소된 지속들의 계기(succession)로 차별화하는 데에 도움이 된다."[73)] 그러나 화이트헤드는 여기서 멈추지 않는다. 그는 평소처럼 감각인식 속에 드러나는 어떤 일반적 요소 — 정지와 운동 사이의 구별의 기초가 될 일반적 요소 — 를 찾아낸다. 그런데 우리가 주위환경에 상대적인 우리의 운동상태를 지각할 수 있다는 것은 분명해 보일 것이다. 여러가지 실천적 목적을 위해 우리는 우리의 환경으로부터, 우리가 그에 대해 상대적으로 정지상태에 있게 되는 그런 부분을 직접적이고 직관적인 방식으로 추출해낸다. 이같은 3차원적 맥락 내지 배경은 관찰자속에 그 원점을 갖는 조야한 좌표체계로서 기능할 수도 있다. 화이트헤드의 견해가 아무리 의심의 여지가 없다고 하더라도, 그는 그것을 지나친 단순화로 간주한다. 더구나 그것은 문제가 되는 "사실"을 설명해주지도

---

72) *SMW*, pp.156-7(189-90).
73) *CN*, p.109.

못한다. 그 사실이란 우리가 운동과 정지의 의미를 직관적으로 이해하고 있지만, 환경에 대한 순간적 지각에 기초해서는 그 양자의 차이를 설명할 수 없다는 것이다. 순간에 있어서는 정지와 운동이 구별되지 않는다. 이에 반해 외양적 현재(specious present) — 이것 때문에 하나의 지각작용에서 선행하는 작용과 후행하는 작용이 비교될 수 있게 된다 — 의 내용은 운동과 정지를 구분하는 기초로 기능할 수 있을 것이다. 화이트헤드의 용어로 하자면 오직 4차원적 사건만이 자신을 "이곳"과 이에 연관된 지속인 "지금"으로서 경험할 수 있다. 사실 자연속에서 지각되는 요소로서의 지속의 가능성 자체는 그 "지속 안에서 입각점이 지닌 완전한 성질의 보존"[74]을 지각하는 지각적 사건(percipient event)의 능력에 달려있다. 지속 그 자체안에서도 변화가 있을 수 있지만(화이트헤드는 이것을 "외적 자연에서의 변화"라 부른다), 이것은 지각하는 사건의 입각점의 성질에 있어서의 변화(화이트헤드는 이것을 "자연에서의 자기변화"라고 부른다)와는 구별될 수 있다. 지각하는 사건과 하나의 지속 사이의 특수한 관계는 공액관계(共軛關係, cogredience)라 불린다. 공액관계가 성립할 때, 지각하는 사건은 지속과 동일한 시간적 폭을 가질 것이며, 그 시간 폭 동안 줄곧 지속 안에 동일한 위치를 점유할 것이다.

공액관계라는 개념이 갖고있는 여러 측면들에 대한 언급이 좀 더 필요하겠다. 우선 화이트헤드는 그 개념주변에 특별히 정신적이거나 생물학적인 것은 아무것도 없다고 주장한다. "이곳의 사건과 저곳의 사건은 자연의 사실들이며, '저곳'에 있음이나 '이곳'에 있음이라는 성질들은 단순히 자연과 정신사이의 관계인 인식의 성질이 아니다."[75] 바꿔 말하자면, 우리는 현재적인 자연 전체속의 어떤 특정한 시간에

---

74) *Ibid.*, p.110.
75) *Ibid.*

놓여있는 우리자신의 특수한 입각점을 인식할 뿐만 아니라, 또한 모든 사건들이 지속을 사유화하기(appropriate) 위해 "공액관계"로 연관되어 있다는 사실을 인식한다.76) 예를들어 정지해 있는 기차속의 관찰자를 생각해보자. 기차, 나무들, 전화국 등은 그 관찰자에게 있어 현재적인 자연 전체인 동일한 지속과 공액적으로 관계하고 있는 것으로 지각된다. 그러나 기차, 나무, 전화국 등은 그 지속에 대한 그들 각자의 상대적 공액관계를, 관찰자의 현존과는 완전히 독립되어 있는 사실로서 확고하게 드러낸다. 기차가 움직이기 시작하면, 나무와 전신국 등의 편에서 공액관계를 드러내는 일은 한층 더 두드러져 보이게 된다. 왜냐하면 이제 이들 객체들은 공액관계에 대한 두가지 지각, 즉 자신과 기차에 적용되는 공액관계에 대한 지각과 나무와 전화국 등에 적용되는 공액관계에 대한 지각을 갖는 관찰자 자신과 동일한 지속에 공액적으로 관계하지 않기 때문이다.

공액관계의 두번째 특징은, 지각하는 사건이 자신을 포함하고 있는 지속 안에, 그 지속의 구성요소가 되는 다른 모든 사건들의 입각점과 구별되는 입각점을 소유하기 때문에, 공액관계가 절대위치(absolute position)의 이론을 낳게 된다는 것이다. 다른 한편, 화이트헤드는 상이한 지각적 사건들에 있어서의 상이한 의미의 동시성에 대응하는, 절대 입각점에 대한 상이한 정의가 당연히 있을 수 있다고 주장한다. 이렇게 해서 우리는 자연 속의 상이한 시간-체계라는 관념에 이르게 된다.

"...자연이 제공하는 상이한 시간체계들 가운데에는 지각하는 사건의 모든 종속적 부분에 가장 평균적인 공액관계를 제공하는 지속을 동반하고 있는 것이 있을 것이다. 이 지속은 감각인식에 의해 자리매김된 종착

---

76) Cogredience, 공액관계(公軛關係) ─ 한 사건의 단일지속(a single duration)에 대한 관계를 말한다. 그래서 그 사건의 시간적 연장은 그 지속의 시간적 연장과 동등하고 이에 덧붙여 사진의 모든 부분들은 그 지속내에서 정지해 있다.

지인 자연전체일 것이다. 따라서 지각하는 사건의 성격은 자연속에서 직접적으로 명백한 시간체계를 결정한다. 지각하는 사건의 성격이 자연의 추이를 따라 변해갈때 — 달리말해서 추이 가운데 있는 지각하는 정신이 자신을, 지각하는 사건의 다른 지각하는 사건에로의 추이와 관련시킬때 — 그 정신의 지각작용과 관련된 시간-체계는 변할 수 있을 것이다."77)

자연에서의 상이한 시간체계의 가능성이 과학자들에 의해 진지하게 고려되기 시작한 것은 아인슈타인의 특수상대성이론이 나오고나서의 일이다. 그러나 화이트헤드가 이런 시간체계의 다수성을 받아들이는 관점은 아인슈타인의 관점과 완전히 다르다. 화이트헤드의 기본전제는 "시간은 자연의 계층화"(time is a stratification of nature)라는 것이다. 그런데 비록 각 개인의 경험에 있어 자연의 시간적 계층화가 특이한 것일 수 있기는 하지만, 이 특이성이 상이한 경험들에까지 일반적인 것으로 확장되지 않는다고 믿을 만한 충분한 이유가 있다. 다시말해, 동시성의 의미는 상이한 개인의 경험에서 다를 수 있으므로, 한 양태의 계층화에 있어 동시적인 두 사건이 다른 양태에 있어서는 동시적이지 않을 수 있다. 더구나 화이트헤드는 비록 과학자들이 상이한 시간체계들의 가능성을 어떤 미묘한 물리적 실험의 결과로 인식하게 되기는 했지만, 거기에 연루된 현상(빛의 속도와 같은 현상)의 특수한 성격이 자연철학의 정식속에 반드시 들어있어야 할 필요는 없는 것이라고 주장한다. 오히려 그는 자연에서의 다양한 시공체계의 단순한 가능성은 사건형태로 감각지각에 주어진다고 주장한다. 처음에는 공간과 시간이 구별되지 않는 4차원의 체적으로 파악되는 사건들은 공간적 분할과 시간적 분할로 다양하게 구별될 가능성을 가지고 있다. 화이트헤드에 따르면 시간-계열의 다수성도 중요한 우주론적 의미를 함축하고 있다. "나는 자연의 한 요소가 그것이 존재하는 그대로 존재할때

77) CN, p.110.

자연전체가 될 수 있는 경우에, 그 자연의 요소를 "완전하게 구체적인" 것이라 부를 것이다…. 시간계열의 다수성을 주장하는 이론에서는 지속이 완전히 구체적인 것이 되지 못한다. 자연의 창조적 전진은 우리가 하나의 시간계열의 시작과 끝으로 배정하는 두 순간으로부터 불가피하게 배척된다. 왜냐하면 이런 전진을 표현하기 위해서는 시간계열들 전체가 필요하기 때문이다…. 그러므로 보다 새로운 이론에서는 시간안에서의 자연의 시작과 끝이 배제된다. 나는 이 결론이 새로운 이론의 장점이라고 생각한다."78)

앞의 논의에서 필자는 시공적 평행론에서의 질서의 중요부분을 구성하는 지속의 질서를 검토하려고 했다. 이 절을 시작하면서 말했다시피, 화이트헤드는 자연의 기본계층들이 지속이라는 일반적 주장에 동의한다. 지속은 동시적 사건들의 무한집합이다. 동시성은 사건들 사이의 긍정적인 궁극적 관계이다. 다른 모든 공간과 관련하여 단 하나의 운동상태에 의해 정의되는 각각의 공간은 그 자체의 고유한 시간으로서 단 하나의 시간-체계를 가질 수도 있다. 이런 식으로 가정할 때, (a) 각 시간체계는 제각기 고유한 의미의 동시성을 갖게 되고, 그래서 모든 시간체계는 상이한 의미의 동시성을 갖게 된다. 그리고 (b) 하나의 사건은 상호간에 동시적이지 않은 사건들과 동시적인 것이 된다. 동시성의 개념은 공액관계의 개념을 포함한다. 지각하는 사건은 그것과 가장 공액적으로 관계하고 있는 시-공을 지각한다. 화이트헤드는 우리가 시간의 형성적(formal) 성격을 인과적 효과성의 양태로 명확하게 지각할 수 없다고 말한다. 우리는 다만 현시적 직접성의 양태 — 이것은 다음 절에서 논의될 것이다 — 로 지각하는 시-공에 대한 우리의 인식에서 그것과 유사한 것을 추론할 수 있을 뿐이다. 실제로 그는 이런 추론이 단순한 신념의 행위일 뿐이라고 말한다. 또한 물리적

---

78) *TSM*, pp.49-50.

기구에 의한 측정으로부터 얻어진 자료들은 결코 시—공의 다수성을 함의하지 않는다. 뿐만 아니라 우리는 그것을 직접적으로 명확하게 지각할 수 없다. 그러므로 그것은 거의 전적으로 추측의 문제이다. 지속이 교차된다는 가정하에, 우리는 시간적 질서에 의해 공간에서의 평행의 질서를 정의할 수 있다.

4. 시간의 실재성

앞의 분석에서 시간의 형식적 관계와 분석적 속성들이 논의되기는 했지만, 아직까지 시간의 존재론 — 실재적 존재 및 추상적 존재와 시간과의 관계 — 에 대한 명확한 설명이 이루어지지는 못했다.

화이트헤드의 시공해석은 시간이 절대적이고 자존적인 실재가 아님을 전제로 하고 있다. 오히려 그것은 과정의 특성이다. 그러나 그것은 순전히 형식적이거나 질적인 과정의 특성이 아니다. 시간은 그것의 연장성과 기하학적 구조가 논리적으로 분석될 수 있는 정도만큼 형식적이다. 시간의 연장적 본성에 대한 고찰은 과거와 미래의 실재성에 관련된 문제를 야기한다. 미래는 어떤 의미에서 현재의 시간적 성격에 의해 포함된다. 화이트헤드에게 있어, 그가 인과적 효과성(causal efficacy) — 지각적 인과성 — 이라 부르는 것 속에서 지각되는 시간은 공적인 시간인 반면, 현시적 직접성(presentational immediacy)에 있어서 지각되는 시간은 비록 그것이 공적인 것처럼 보일지라도 지각하는 유기체에 의해서 체험되는 시간일 뿐이다. 왜냐하면 현시적 직접성에서 지각되는 공간은 사적인 공간이기 때문이다. 시간의 비형식적 측면에 대한 모든 한정적 인식은 인과적 효과성의 양태에 있어서의 지각으로부터 유래한다. 이에 반해, 시—공에서의 지속의 질서에 대한 모든 명확한 인식은 현시적 직접성의 양태에서의 지각으로부터 파생된다.

우리는 인과적 효과성에서 발견되는 시간과 현시적 직접성에서 발견되는 시간을 구별하지 않고는 『과정과 실재』에 구현되어 있는 화이트헤드의 성숙된 형이상학적 사색에서 탄생한 시간의 존재론을 논의할 수 없다. 모든 감각여건은 인과적 효과성의 비감각적 영역(region) 속에 있을 수도 있고 그렇지 않을 수도 있는 시간의 종(種) 가운데 드러난다. 『과정과 실재』를 다루는데 있어 우리는 시간의 종을 비교논의하기에 앞서 이들 각각, 즉 인과적 효과성에서의 시간과 현시적 직접성에서의 시간을 고찰하지 않으면 안된다. 전자가 존재론적으로 더 근본적이므로 먼저 논의하기로 하자.

인과적 효과성에서의 시간

a. 이행적 측면

『과정과 실재』에 들어있는 뉴톤적 시간에 대한 화이트헤드의 논박을 상세하게 재차 거론할 필요는 없을 것이다. 왜냐하면 화이트헤드는 『과정과 실재』에서 본질적으로 새로운 비판을 제시하지는 않았기 때문이다.79) 화이트헤드는 이 책에서 시간을 자연의 창조적 전진인 단일 실재의 본질적인 표현으로 간주한다. 그러나 시간은 유동하고 있는 실재와 동일한 지평에 있거나80) 이 실재와 독립적으로 존재할 수 있는, 실재적이고 자존적인 유동이 아니다.

그의 『자연인식의 원리에 관한 탐구』(PNK)에서 자연을 해석할때 화이트헤드는 존재의 관계를 가장 강하게 역설하고 있다. 과정은 본질적이지만 지배적인 중요성을 갖고 있는 것은 아니다.81) 『과학과 근대

---

79) *PR* III ; *MT,* p.120(107-8).
80) *PR* III.
81) *PNK,* p.202.

세계』이후, 연장(extension)과 과정의 상대적인 위치는 역전되고 있다. 후기에 가서 과정은 원자적 단위(atomic units) — 현실적 계기 — 와 그들의 파악(prehensions)으로 구성된 가장 근본적인 형이상학적 사실로 간주된다. 『과정과 실재』를 논의하는데 있어, 어떤 가능한 불변적인 존재영역과 과정과의 연관을 물어볼 수 있을 것이다. 더욱이 우리는 "창조성"(creativity)이 무엇인지를 물어보아야 한다. 왜냐하면 『과정과 실재』에서 그 용어는 현실적 계기의 창조적인 이행적 측면을 지칭하기 위해 사용되기 때문이다.

화이트헤드는 창조성을 "순수한 활동성"[82] 또는 모든 현실태에 내재해 있는 최고의 일반성[83]으로 기술한다. 그것은 현실태의 가장 기본적이고 보편적이며 무형적인 원리이다.[84] 그것은 창조적 작용 그 자체가 아니라 그것의 가장 본질적인 표현이다. 그것은 창조적 작용의 본질적인 활동성을 표현하는 것이다.

창조성에 대해서 우리는 다음과 같이 물어볼 수 있겠다. 그것이 하나의 "원리"이고 그것의 모든 사례가 완전히 똑같기 때문에, 그것이 시간연속체에 편재하는 하나의 형식 내지 불변적 구조가 될 수는 없는가? 그것은 변화의 불변적 원리가 될 수 없는가? 어쩌면 변화는, 기본적으로 불변하는 실재가 갖고 있는 비실재적이지만 편재하는(ubiquitous) 특성이 아닐까? 변화는 환상인가?

화이트헤드의 대답은 사실의 불변하는 통일체가 변화를 산출할 수는 없다는 것이다.[85] 역사는 이미 영원히 불변하는 실재에 의해서 창조나 이행을 설명하려는 시도가 헛되다는 것을 보여주었다.[86] 영속과

---

82) *PR,* p.31(95-6).
83) *Ibid.,* pp.7, 20(56,76).
84) *Ibid.,* p.21(77-8).
85) *MT,* p.73(68-9).
86) *Ibid.,* p.112(100).

변화, 무시간성과 변화성은 항상 자연의 상호의존적이고 대등한 특징으로 설정되어야 한다. 우리는 하나를 다른 하나로 환원하려 해서는 안된다. 불변의 실재에 대한 영원한 관조는 반쪽의 역사밖에 말하지 못할 것이다.[87] 화이트헤드는 창조성과 시간이 정태적 형태가 아니라는 — 창조적 행위가 단순히 불변하는 무시간적 사실의 외양에 불과한 것은 아니라는 — 결론을 유도하거나 표현하는 다양한 여러 문맥 속에서 자신의 입장을 방어한다.[88] 화이트헤드의 결론은 시간이 형식적 특징을 가지기는 하지만 그 자체가 형식은 아니라는 것이다.

이제 우리는 화이트헤드를, 모든 실재를 내적 관계의 그물망으로 환원시키는 사상가들과 명확하게 구분해야만 한다. 그들의 입장은 시공간적 영역들(spatio-temporal regions)이 전적으로 내적 관계에 의해 구성된다는 것이다.

이같은 입장은 화이트헤드가 취하고 있는 입장과 정반대가 된다. 그는 시간의 이행적 성격과 현실적 계기들의 특수성때문에 시공간적인 영역들이 순수한 관계일 수 없다고 믿는다. 예를들어, 그는 관계가 형상(form) 또는 보편자로 사용되는 경우에 대해 말하고 있다.[89]

> "관계는 역사의 현실적 경로를 구성하는 현실적인 개별 사물들의 현실적 연관성을 의미할 수 없다…. 뉴욕은 보스톤과 필라델피아 사이에 있다. 그러나 세 도시의 연관성은 특수한 실재적 사실이다…. 그것은 보편적인 "사이"(betweenness)가 아니다. 그것은 추상적인 보편적 "사이"를 예시하는 복합적인 현실적 사실이다."

또한 화이트헤드는 어떤 한 형상으로부터 분리될 수 없는 그것의

---

87) *PR*, pp.338, 347(581, 597).
88) *MT*, pp.64, 95, 109, 112, 114, 123, 127, 137, 139.
89) *AI*, p.296(358-9).

"개별적 본질"(individual essence)이라 불리는 특징이 있고, 이것은 그 형상이 다양하게 실현되는 가운데서도 자기동일성을 유지할 수 있게 하는 요인이라고 믿는다. 화이트헤드는 또한 형상이 다른 형상들에 대한 자신의 내적 관계 전체를 구성하는 "관계적 본질"(relational essence)을 가지고 있다는 데 동의한다. 그러나 그것의 개별적 본질은 그것의 관계적 본질로 환원될 수 없다.90) 바꿔 말하자면, 그는 시공간 적 관계들에 관한 한, 관계가 존재한다는 사실은, 관계가 아닌 관계항 들이 존재한다는 것을 전제하고 있는 것이라고 말한다.

b. 연장적 측면

『과정과 실재』와 그 이후의 저술에서, 시간의 연장적 측면은 과거 와 미래 및 이들의 파생적인 구성물들을 수반하고 있는 추상적 집합 들의 존재론에 관계된다. 그래서 『자연인식의 원리에 관한 탐구』 (PNK)와 『과학과 근대세계』에서 화이트헤드는 다음의 사실을 상당히 확신하고 있는 것으로 보인다. 즉 "모든 현실적 존재는 이 (연장적) 연속체의 규정(determinations)에 따라 관계를 맺는다. 그리고 미래의 모든 가능적인 현실적 존재는 기존의 현실적 세계와의 연관에서 이러 한 규정을 예증하지 않으면 안된다."91) 시간과 같은 연장적 연속체의 개념에는 무한가분성과 무한연장성이 함의되어 있다. 그것에는 또한 연장적 결합(extensive connection)의 보다 단순한 모든 속성들이 포함 된다. 그것은 연장적 결합으로부터 파생되지 않는 공간의 속성들은 필 요로 하지 않는다. 한정된 기하학적 구조와 같은 후자의 속성들은 우 주시대가 달라짐에 따라 달라질 수 있는 것이다.92)

---

90) *SMW*, pp.197-8(235-6).
91) *PR*, p.66(156).
92) *Ibid*.

c. 현재

시간의 무한가분성은 추상적인 집합을 산출한다. 오직 현실적 계기의 물리적 측면만이 분할될 수 있다. 왜냐하면 정신적 측면은 일자(one)로서 어찌할 수 없는 것이기 때문이다. 그러므로 시간은 본질적으로 현실적 계기의 물리적 극(physical pole)에만 관계한다. 현실적 계기 자체의 완전한 영역이 추상일 뿐 허구가 아니라는 것을 인정할때, 현실적 계기의 하위 영역들(sub-regsion)이 현실적 계기의 정확한 장소(locus)보다 덜 실재적인가 어떤가 하는 문제가 생겨난다.

화이트헤드의 이론에 따르면, 악절(musical phrase)의 부분들이 그 자체만으로는 진정한 예술적 단위가 아닌 것처럼 현실적 계기의 부분들은, 이들의 목적과 활동성이 모두 불완전한 실재이기 때문에, 확실히 현실적 계기 자체보다 덜 실재적이다.93) 그러나 부분들의 영역은 이러한 목적과 활동성으로부터 추상된다. 현실적 계기의 하위영역들은 그것을 포함하고 있는 현실적 계기의 완전한 영역과 똑같이 실재적이다.94) 부분들이 지니고 있는 개념적 목적에서의 결함은 그들의 영역의 실재성에 영향을 미치지 않는다. 하나의 영역은 전체적으로 동질적이며, 개념적 목적과 독립적이다. 『과정과 실재』를 보면, 실재적 지속에 포함되어 있는 추상적 집합의 구성원들은 그 지속 자체와 똑같이 실재적이다. 그것들에 대한 우리의 개념에 부과되는 유일한 조건은, 우리가 그것들을 창조성에 의해 연쇄적으로 점유되는 것으로 간주해서는 안되고 오히려 창조성의 어떤 완결된 원자적 단위에 대한 분석에서 얻어지는 영역으로, 즉 과정 중에서가 아니라 과정이 완결된 뒤에 나타나는 시간에 대한 분할로 간주해야 한다는 것이다.95)

---

93) *Ibid.*, pp.284-6(501-3).
94) *Ibid.*
95) *Ibid.*, pp.283-4(500-1).

d. 과거와 미래

사람들은 누구나 가끔 냉혹한 미래가 현재속에 내재해 있음을 인식한다. 화이트헤드는 이 사실을, 특히 인식에 있어 인과적 효과성이 집중적으로 강조될 때면, 공리적인 것으로 받아들인다.96) 드러난 세계는 그러한 드러남에 대한 그 자신의 초월성을 선언한다.97) 미래와 과거는 둘 다 현재에 함축되지만, 과거는 확정된 것으로 함축되는 반면 미래는 미실현의 것으로 함축된다. "시간적 세계는 본질적으로 미완의 것이다. 그것은 현재의 입각점에서 본 과거 역사속의 사건과 같은 한정된 사태로서의 특성을 가지고 있지 않다."98) 과거로의 현재의 끊임없는 변이와 함께, 모든 현실적 계기들은 그 지위에 있어 미래로부터 현재를 거쳐 과거로 나아가는 변이를 겪게 된다.99)

화이트헤드는 연장적 연속체(extensive continuum)를 영역들의 연장적 결합으로부터 엄밀하게 이끌어낼 수 있는 연속체로 간주한다. 그것은 자연속에 존재하는 관계와 질서의 가장 일반적인 구도로서, "모든 다른 유기적 관계의 배경을 제공한다."100) 미래의 실재성은 연장적 연속체의 실재성을 전제로 한다.101) 이러한 실재성은 현실적 현재의 실재적 구성요소로서의 가능적인 것의 실재성이다.102) 각각의 현실적 계기는 그 자신의 존재의 본질적 "요인" 내지 특징으로서, 자신에 선행하는 그것의 과거와 그것의 미래를 필요로 한다.103) 그러므로 직접적인 존재속에는 세가지 요인, 즉 과거와 현재와 미래가 있다.104)

---

96) *S*, p.50.
97) *AI*, p.293(355).
98) *RM*, p.80.
99) *MT*, pp.73(68), 136(120) ; *PR*, pp.67(158).
100) *PR*, p.67(158) ; *MT*, p.137.
101) *PR*, p.66(155-6).
102) *Ibid.*
103) *MT*, p.114(102).
104) *MT*, p.114(102).

현재의 계기속에는 실현될 미래가 있어야 하고,105) 또한 미래의 현실적 계기는 현재적 계기의 본질에 내재한 조건들에 "순응"해야 할 필요가 있다.106)

그러나 화이트헤드는 현재를 입각점으로 받아들이면서, 미래가 현재에 의해 함축되는 것 이상이라고 단언하려 하지 않는다. 그는 현재, 과거, 미래의 등위적 동등성(coordinate equality)을 단언하는 그의 초기저술의 입장을 수정한다. "이미 구성된, 미래의 현실적 계기는 존재하지 않는다."107) 『과정과 실재』를 보면, 새로운 현실적 계기의 발생은 이전에 가능태로 있었던 것의 현실화일 뿐이다.

여기서 지적된 입장의 변화가 그의 주장에서의 비일관성으로 이어지는 것이 아닌가라는 의심을 품을 필요는 없을 것이다. 다수의 시-공과 조화되는 "미래"에 대한 여러가지 정의가 있다. 모든 시-공과 함께 이들 시-공 내의 모든 소재지를 고려할 경우, 어느 정도라도 우리 자신과 동시대적이 아닌 사건은 없다. 바꿔말하면, 임의의 두사건의 동시대적 영역은 언제나 중첩된다는 것이다. 여기서의 가정은 임의의 동시대적인 두 영역에 있어, 한 영역의 경계에 평행하지 않은 다른 영역의 경계가 존재한다는 것이다. 이 사실은 부분적으로, 과거와 현재와 미래의 모든 사건들이 똑같은 실재성을 갖는다는 것을 의미한다. 또한 한 사건의 입각점에서 본 미래 — "인과적" 미래(the causal future)가 있다. 이 인과적 미래는 한 사건이 존재하는 것으로 상정되는 시간체계와 무관하다. 그러나 그것은 다른 위치에 있는 임의의 사건의 인과적 미래는 아니다. 비록 이들 두 인과적 미래가 중첩될 수 있다 해도 그렇다. 임의의 사건의 입각점에서 볼 때, 그 사건의 인과적 미래에 있는 모든 사건들은 가능적인 것일 뿐, 현실적인 것이 아니다. 그래서

---

105) AI, 251(307-8) ; MT, p.207(175).
106) AI, 251(307-8).
107) Ibid.

어떠한 사태의 입각점에서 보더라도, 화이트헤드가 묘사한 것과 같은 실재적인 가능적 미래가 존재한다.

연장적 연속체에 관련된 한, 가능태(potentiality)의 개념과 가능성 (possibility)의 개념이 『과학과 근대세계』에서 갖고 있던 것보다 더 큰 내포를 『과정과 실재』에서 갖고있다는 증거는 없는 것으로 보인다.108) 화이트헤드는 다만 연장적 연속체의 구조가 연장적 추상화의 이론에 의해 기술되는 한에 있어 연장적 연속체는, 엄밀하게 미래를 함축하고 현재의 본질에 내재하는 그런 관계들의 집합이라는 것과, 언젠가 현재 의 한 부분이 될 모든 것은 아직 현존하지 않는 연장적 연속체의 연 장적 구조에 순응해야만 한다는 것을 말하려 했을 뿐이다.

e. 과거와 미래 (연장된)

연장적 결합에 함축되어 있는 시—공의 연장적 속성들 이외에, 연장 적 결합에서 따라나오지 않는 중요한 시공간적인 속성들이 존재한다. 두가지 중요한 속성은 시—공이 가지고 있는 차원의 수와, 시—공속에 서의 지속의 질서와 배열이다.109)

화이트헤드는 『과정과 실재』에서,110) 이들 시—공의 부가적 속성들 은 자연적 질서의 진화과정에서 지금까지와 달라질 수 있는 것이라고 주장한다. 미래의 시—공이 현재의 시—공이 소유하고 있는 것과 똑같 은 수의 차원과 똑같은 평행의 질서를 소유하고 있어야 할 필연성이 있는 것이 아니며 또 이를 보증해주는 무엇인가가 따로 있는 것도 아 니다. 어떤 의미에서, 연장적 결합으로부터 따라나오지 않는 시공간적 구조의 부분은 우연적인 것으로서, 연장적 연속체가 지니고 있는 필연 성을 지니고 있지 않은 것이다.

---

108) 넓은 견지에서는 가치와 목적의 요소들을 포함한다.
109) *PR*, pp.96-8(203-7).
110) *Ibid.*, pp.96-8(203-7), 288-9(506-8) ; *MT*, pp.78-9.

화이트헤드가 이들 속성들에 귀속시키는 우연성은 단지 그 속성들이, 연장적 연속체와 완전히 조화되는 다른 시-공의 속성이 될 수도 있었다는 추상적 가능성을 의미하고 있을 뿐이다. 사실상 이런 추상적 가능성이 존재한다. 이러한 가능성이 있다는 것은 단지 이들 속성이 연장적 연속체에서 파생될 수 없다는 것을 의미할 뿐이다. 만약 연장적 결합이 시-공의 어떤 구조를 포함하지 않는다면, 어떤 다른 시-공의 구조가 연장적 결합과 조화를 이루게 될 것이다. 화이트헤드는 이러한 함축의 경계를 넘어선다. 그는 현재가 지금과 같다고 하더라도, 과거에는 시-공이 다른 것이었을 수 있고, 미래도 다른 것일 수 있을 것이라고 말한다.

화이트헤드는 『과정과 실재』를 저술하기 이전에는, 미래의 우연성에 대해 다른 의견을 가지고 있었다. 그는 시공간적 구조의 제일성을 위해, 시-공의 어느 극단지점에도, 현재의 시-공 속의 임의의 지속의 구조에 의해 부과된 조건들과 똑같은 조건들이 부과되어 있어야 한다고 단정적으로 주장하였다. 현재의 시-공구조는 미래의 시-공구조가 그것에 순응할 것을 요구한다는 것이다.

화이트헤드의 후기 입장에서는 이런 초기 견해가 상당히 수정되고 있는 반면, 이런 수정은 시-공의 평행체계와 차원이 현실적 계기나 사건에 본질적이라는 그의 기본이론에 영향을 주지는 않고 있다. 이 입장은 그의 사상에서 제거할 수 없는 근본적인 부분인 것처럼 보인다. 언제나 변함없이 그는 측정은 그 우연성때문에 시-공구조의 본성을 결정할 충분한 기준이 될 수 없다고 주장한다.111) 시-공의 구조는 측정의 전제이지만, 측정은 시-공의 구조에 의해 전제되는 것이 아니다. 시공간적인 평행성과 차원성이 지닌 우연성은 물질적 행위의 우연성이 아니라 보다 영속적인 제일성을 갖는다.

---

111) *PR*, pp.329-33(570-6).

그럼에도 불구하고 화이트헤드는 우리가 알고 있는 시—공 체계가 장구한 역사시대들을 통해서 진화되어왔을 것이라고 주장한다. 이런 계속된 창조적 진화와 더불어, 우리가 알고있는 시—공 체계는 다른 질서를 지닌 시-공과 다른 수를 지닌 차원속으로 용해해 들어갈 수도 있다. 저 멀리 떨어져 있는 시간속의 존재들은 15차원을 가진 광대하고도 복잡한 비유클리드적 시—공 속에서, 겨우 네개의 차원밖에 갖고 있지 못한 우리의 빈약한 세계를 경멸의 눈으로 바라보게 될지도 모른다.112)

이 개념은 흥미롭기는 하지만, 화이트헤드이론의 다른 부분들과 양립할 수 없는 것으로 보인다. 아마도 새로운 차원들의 진화라는 개념은, 비록 새로운 차원의 등장이 과정의 순간적이고도 광대한 팽창이 되어야 할 것이라고 하더라도, 정당한 개념일 것이다. 그러나 평면 시—공에서 곡면 시—공으로의 변화라는 것은 과정의 연속성과 직접적으로 모순되는 것처럼 보인다. 왜냐하면 평면공간으로부터 곡면공간으로의 변형은 연속적일 수 없기 때문이다.

현시적 직접성에서의 시간

시—공의 구조적 요소들은 오직 현시적 직접성 (presentational immediacy)에서만 명확하게 지각될 수 있기 때문에, 현시적 직접성에서의 시간을 인과적 효과성(causal efficacy)에서의 시간과 비교해보는 것은 흥미있는 일이다. 후자의 구조가 형이상학에 보다 더 기본적인 것이기는 하지만, 그 구조의 세부적인 특성은 오직 현시적 직접성의 증거를 통해서만 파악될 수 있다. 이에 반해 현시적 직접성은 주로 감각—여건으로 구성되기 때문에, 시간의 이행적 측면을 명확하게 보여주지는 않는다. 왜냐하면 감각 여건은 어떤 의미에서 시간과 무관하기

---

112) *MT*, 제3장.

때문이다. 시간에 대한 이런 양태의 지각은 시간의 구조는 명확하게 보여주지만, 시간의 이행성과 특수성은 아주 빈약하게 보여줄 뿐이다.

두 종류의 시간이 관계맺는 정확한 방식을 분명하게 이해하기 위해서는, 전자의 공간적 소재지(location)로부터 그에 대응하는 후자의 공간적 소재지로 우리를 데리고 갈 정확한 공간적 변형(spatial transformation)을 알지 않으면 안된다. 인과적 효과성은 순전히 공적인 공간 — 영역(region)과 소재지(locaton) — 을 다루는 반면에 현시적 직접성의 공간은 그에 대응하는 공적인 공간과 불명확한 관계를 맺고 있다. 시간은 그것과 맞물려 있는 공간적 영역의 함수로서, 그 자체로서의 시간이란 없으며 다만 "이곳의 시간" 또는 "저곳의 시간"이 있을 뿐이다. 인과적 효과성에서의 시간과 현시적 직접성에서의 시간 사이의 관계는 인과적 효과성의 공간과 현시적 직접성의 공간 사이의 관계에 직접적으로 의존한다. 두 종류의 시간 사이의 관계는 후자의 시-공에서의 장소가 현재의 지속을 형성하기 위해 전자의 영역과 중첩되는 방식에 직접적으로 의존한다.

더구나 시-공의 형식적 측면은 현시적 직접성의 현재화된 장소(presented locus) 속에 예시되고,113) 또 심지어 그것을 지배하기조차 한다.114) 화이트헤드는 현시적 직접성의 현재화된 장소를 기술하면서, 시-공의 비형식적 측면이 인과적 효과성으로부터 오지 않으면 안된다는 것을 보여주는 것은 전적으로 불가능한 것처럼 종종 말한다. 예를 들어, 그는 현재화된 장소가 시간의 흐름을 드러내지는 않으며 과거와 미래의 차이를 말해주지도 않는다고 말한다.115) 형식은 이행을 보여주지 않으며, 그래서 형식이 현재화된 장소를 지배함으로 말미암아, 그 현재화된 장소는 이행을 보여주지 못하게된다. 더나아가 그는 오직 인과적 효과성을 통해서만, 우리가 실재적 공간과 시간 속에 있는 개별

---

113) *Ibid.*, 제2장.
114) *Ibid.*, pp.100(92), 102(92-3).
115) *PR*, pp.168(319-20), 178-9(355-6) ; *AI*, p.232(288).

적이고 특수한 역사 속의 실재적 사실이라는 점을 절실하게 느낄 수 있게 된다고 단언한다.116)

우리는 화이트헤드의 입장을 다음과 같이 요약할 수 있겠다. 현시적 직접성에서의 시간은 사실상 사적인 것이지만 현재화된 장소의 투사(projection)에서 파생되는 그것의 투사에 있어서는 공적인 것이다. 그것의 가장 명백한 측면은 지극히 형식적 측면이다. 그것의 비형식적 측면은 미약하고 그래서 눈에 띄지 않게 예시되는 일이 흔하다. 인과적 효과성에서의 시간의 비형식적 측면은 시간적 발생의 개별성과 특수성, 시간의 이행적 특성, 그리고 공적인 과거와 미래에 연결되어 있다는 느낌 등을 포함한다.

이 절에서 필자는 시간이 자연 속에서 행하는 존재론적 역할에 대한 화이트헤드의 견해를 기술하려고 노력했다. 간단히 다시 검토해본다면, 기본적으로 화이트헤드 이론은 시간이란 절대적이고 자존적인 것이 아니라 실재의 한 측면에 불과한 것이라고 주장하고 있다. 시간은 그 자체가 형식일 수도 없고 또 온전히 형식으로부터 파생될 수도 없다. 왜냐하면 그들은 시간의 기본적인 속성들을 모두 포함하고 있지 않기 때문이다. 그러나 시간은 형식적 측면, 즉 그것의 연장성과 기하학적 속성들 — 이들이 논리에 의해 분석될 수 있는 관계들인 한에 있어서 — 을 갖고 있다. 시간의 연장성과 기하학적 속성들은 현재와 과거와 미래의 문제를 불러일으킨다. 지속의 과거와 미래는 지속 자체의 본성에 함축되어 있다. 화이트헤드의 초기 저작에서는, 이런 함축이 시-공의 순수한 연장적 측면과 시-공을 특징지우는 평행의 체계 양자 모두에서 성립하는 것으로 기술되어 있다. 『과정과 실재』에서는, 이 함축이 오직 연장적 결합(extensive connection)으로부터 파생될 수

---

116) *MT*, 제4장.

있는 시간의 측면에 대해서만 성립하는 것으로 기술되고 있다. 현시적 직접성에서 지각되는 시-공의 형식적 구조와 오직 인과적 효과성에서만 지각될 수 있는 공적인 시-공 사이에는 어떠한 필연적인 연관도 없다. 시간의 형식적 구조에 대한 분명한 인식은 모두 현시적 직접성에서 온다. 그러나 공적으로 매우 중요한 시간 — 자연의 실재적인 시간 — 은 인과적 효과성의 시간이다.

5. 인간의 시간경험과 과학

화이트헤드의 입장은 시간인식에 대한 현상학적 접근에 관심을 가진 철학자들 사이에 반향을 불러일으켰다. 예를들어, 메를로 뽕띠(M.Merleau-Ponty, 1908~61)는 추상적인 시간개념을 가지고 인간의 시간경험을 기술하려는 모든 시도에 대해 강력히 비판하고 있다. 그의 지적에 따르면, 일상적인 생활에서 "사람들은 시간에 대해 말할 때 이 시간이라는 말을, 동물학자가 개나 말에 대해 말할 때처럼 집합명사로 사용하고 있는 것이 아니라 고유명사로 사용하고 있는 것이다."117) 그는 계속한다. 시간은 이따금 인격화되기까지 하고 "단일한 구체적 존재로 간주되며, 인간이 그가 말한 말들의 마디마디에서 그렇듯이 시간 전체는 그 시간의 모든 현현 속에 현재한다."118) 메를로 뽕띠는 "과학에서처럼 자연 그 자체의 변수로 간주되거나 칸트에게서처럼 질료로부터 분리가능한 관념적 형식으로 간주되는 시간개념보다는 신화적으로 의인화된 시간에 더 많은 진리가 있다"고 믿는다.119)

이런 종류의 접근에서 메를로 뽕띠는 과학적 논의에서 흔히 받아들

---

117) M.Merleau-Ponty, *Phenomenology of Perception*, trans. Collin Smith (London : Routledge and Kegan Paul, 1969), p.421.

118) *Ibid.*

119) *Ibid.*, p.422.

여지는 것과는 정면으로 배치되는 시간관을 제시하고 있는데, 이것은 물리학자들의 시간 기술(description)보다는 문인이나 예술가들에 의한 시간 기술에 더 일치하는 것이다. 물론 중요한 것은 무엇이 누구에게 진리인가 하는 점이다. 분명히 그의 언급은 과학적 문맥 — 여기서 시간의 인격화는(물리학자들이 지적하듯이) 조야한 신인동형론의 산물로 간주된다 — 보다는 인간의 문화적 상황에 적용되는 것이다. 이런 맥락에서, 물리학자는 시간의 참된 그림이 원자시계나 그밖의 어떤 물리적 과정들에 대한 연구에 의해서만 확보될 수 있는 것이라고 하여 항의할 수도 있을 것이다. 철학자, 역사가, 시인, 예술가 등은 이런 분야에서 단지 참견자가 될 수 있을 뿐이며, 특히 개인과 그의 문화세계가 그 최종적 분석에서, 물리학의 엄밀한 수학적 실험적 방법에 의해 연구될 수 있는 물리적 세계에 포함되게 될때 그렇다. 최후의 결정적 논박으로서, 물리학자는 인류와 인간의 의식이 지구상에 나타나기 이전에도 물리적 세계가 존재했다고 주장할 수도 있을 것이다.

이 마지막 지적은 "세계가 인간의 의식보다 먼저 존재했다"[120]는 진술이 어떤 의미를 지닐 수 있는 것인지를 물었던 메를로 뽕띠에 의해 검토되었다. 그에 따르면 "이에 대한 하나의 가능한 답변은 생명체에 필수적인 일련의 조건들을 갖추지 못했던 원시적인 성운으로부터 지구가 처음 출현했다는 것일 것이다."[121] 그러나 이에 대한 반박으로서, 그는 "이 어휘들 각각이, 물리학에서 논의되는 각각의 방정식들과 마찬가지로 세계에 대한 과학 이전의 경험을 전제하고 있으며,"[122] 위의 진술의 의미는 바로 이러한 경험에 기초하고 있다고 말한다. 그에 따르면, "결코 그 어떤 것도 아무도 보지 못한 성운이 무엇이 될수 있을 것인지를 나에게 확실하게 알려주지 못할 것이다. 라플라스의

---

120) *Ibid.*, p.432.
121) *Ibid.*
122) *Ibid.*

성운은 우리의 뒤쪽에 멀리 떨어져 있는 태초에 놓여있는 것이 아니라, 우리 눈앞에 있는 문화적 세계속에 들어있는 것이다."[123] 혹자는 이런 지적에 대해, 라플라스가 했던 것처럼 우리는 최소한 그와 같은 성운을 상정하거나 상상할 수 있으며, 이는 다차원적 공간에 대한 감각인식을 갖고 있지 못하면서도 그것을 상정할 수 있는 것과 마찬가지라고 말함으로써 반대할 지도 모르겠다. 그러나 필자가 보기에 여기서 메를로 뽕띠가 사실상 말하려고 하는 것은 이런 개념들이 인간으로부터 독립되어 있지않고 또 그를 둘러싸고 있는 문화적 환경과도 독립되어 있는 것이 아니기 때문에, 그것들의 의미가 궁극적으로 인간적인 견지에서 고찰되어야만 한다는 것이다.

앞 절에서 보여주었듯이, 화이트헤드는 현실적 경험의 견지에서 과학적 개념들을 분석하려고 했다. 그러나 그는 이런 작업을, 메를로 뽕띠처럼 문화적 세계보다는 — 비록 이들 두 사람의 견해가 많은 점에서 공통되기는 했지만 — 우리의 감각 인식(sense-awareness)에 주어지는 여건을 토대로 하여 진행시키려 했다. 화이트헤드는 전통적인 과학의 이론을 비판하였는데, 그 이유는 과학의 이론이 "속도," "운동량," "압력" 등과 같은 중요한 물리적 개념들의 의미를 합리적으로 이해할 수 있도록 적절히 설명하지 못한다는 것이었다.[124] 혹자는 화이트헤드의 입장에 반대하여, 물리적 개념이 지적으로 직관되고, 그래서 감각경험으로는 환원되지 않는다(또는 감각경험에서 파생되지 않는다)고 생각하는 일종의 플라톤주의 같은 것을 제안할 수도 있을 것이고, 또 규약주의를 받아들여, 과학적 개념들은 가정되는 것이고 따라서 그들의 의미는 감각—경험에 달려있는 것이 아니라 우리가 자유롭게 창안한 개념이나 이런 개념들에 대한 우리의 정의에 달려있다고 주장할

---

123) *Ibid.*
124) *PNK*, 제1장.

수도 있을 것이다. 이런 논점에 대한 화이트헤드의 견해는 다소간 현혹스럽다. 특히 그가 과학적 개념을 경험적 여건에 관련시키기 위해, 그 존재론적 위상이 항상 명백하지만은 않은 매우 복잡한 수리논리적 장치를 사용할 때 그렇다고 할 수 있다.

메를로 뽕띠는 훗설을 따라서 시간을 "자기산출"(self-production)의 과정으로 이해한다. 그는 이것을 그가 구성된 시간(constituted time)이라 부르는 것과 구별한다. 구성된 시간은 이전과 이후라는 관계항에 의해 가능해지는 관계의 계열인데, 그에 따르면 이것은 시간 그 자체가 아니라 시간의 기록일 뿐이다.125) 이런 종류의 시간은 그것의 순간들이 사고 속에서 일직선적 계열의 형태로 공존하기 때문에 공간적 특성을 지닌다. 이에 반해, 그가 참된시간이라 부르는 것에서는 "각 순간의 도래와 함께 그것의 선행자가 변화를 겪는다." 그래서 그는 "우리의 원초적 경험에 있어서의 시간은 우리가 통과해 지나가는 객관적 위치의 체계가 아니라, 기차의 창을 통해 보이는 풍경처럼 우리로부터 멀어져 가고 있는 유동적 배경"126)이라고 주장한다.

아주 흥미롭게도 비슷한 입장을 물리학자 브리지맨(Bridgman)에게서 찾아볼 수 있다. 그에게 있어 시간의 경험은, 모든 것이 사라질 수 있는 가능성을 동반하고 있는 특이한 정점(apex)을 갖고 있고 또 싹이 터서 만개하는 현재에서 절정에 도달하는 그런 기억들의 흐릿한 연쇄로 구성된다. 그는 우리들 거의 모두가 과학적 이론구성에서 시간이 수학적으로 표현되는 것을 보고 이로부터 영향을 받아, 시간을 균질적이고 무한한 일차원적 연쇄로 생각하고 있음을 지적한다. 그에 따르면, 이 연쇄 가운데서 현재는 과거로부터 미래로의 연속적인 운동속에

---

125) Merleau-Ponty, *op. cit.*, p.415.
126) *Ibid.*, pp.419-420.

있고, 이 현재를 분기점으로 하여 한쪽에는 모든 과거의 시간이 있으며 다른 한쪽에는 모든 미래의 시간이 있다. 이 때문에 우리는 미래가 존재하고 있고 또 본질적으로 예측할 수 있다고 생각하는 경향이 있다. 브리지맨은 이런 접근방식을, 기차의 엔진을 등지고 앉아있는 승객에게 전개되는 풍경처럼, 그의 어깨너머에서 올라오는 미래를 가진 과거를 자신이 대면하고 있는 것으로 생각하는 그리스인의 접근방식과 대비시킨다. 그는 비록 이 그림이 미래의 존재라는 관념을 떨쳐버리고 있지는 못하다 해도, 미래가 알려지지 않는 것이라는 점을 부각시켜주고 있다고 말한다.[127]

화이트헤드의 시간관을 이해하는데 따르는 어려움 가운데 하나는 경험에 대한 그의 철학적 접근을 먼저 파악해야 한다는 점이다. 자연의 이분화에 대한 그의 거부는 사실상 자연과 정신적 존재를 구별하는 데카르트주의에 대한 거부이다. 그는 지각의 여건 — 이것을 그는 경험의 천의무봉(the seamless coat of experience)이라 부르고 있다 — 을 제1성질과 제2성질로 나누어 앞의 것은 지각된 객체로 보고 뒤의 것은 정신적 자극의 산물로 보는 것을 거부한다. 화이트헤드에게 있어 모든 것은 자연속에 있는 것으로 지각된다. "우리는 골라내어 선택할 수 없다. 우리에게 있어 실재적인 일몰의 낙조는, 과학자들이 현상을 설명하는데 이용하는 분자나 전자파와 꼭 마찬가지로 자연의 실재적인 부분인 것이다."[128]

화이트헤드는 적어도 그의 초기 저작에서, 자연의 이와같은 다양한 요소들이 어떻게 관계맺고 있는지를 기술하고 분석하는데 관심을 집중시키고 있다. 앞에서 우리가 보았듯이, 그는 과학이론의 영향하에서는 항상 무시되어온 지각적 인식을 대하는데 있어서는 스스로가 직접

---

127) P.W.Bridgman, *The Nature of Physical Theory* (New York : John Wiley & Sons, Ltd., 1964), pp.29-32.
128) *CN*, p.29.

적인 본능적 자세를 취한다고 생각하고 있다. 화이트헤드의 반이분화적 접근(anti-bifurcationist approach)은 어떤 측면에서 훗설의 현상학적 환원과 유사하다. 훗설은 "물 자체로!"라는 캐치프레이즈를 내걸고, 상식이든 그보다 정교한 입장이든 이들의 의미나 의견을 분석하는 것이 철학의 일차적 목표가 될 수는 없다고 주장한다. 그에 따르면 철학은 현상 자체로부터 출발하지 않으면 안되며, 이론에 대한 모든 탐구는 어디까지나 이차적인 것이다. 그러므로 물리적 자극이나 우리의 신경체계 속에서의 변화에 의해 우리의 지각을 설명하려는 대신에 — 이는 정교한 과학적 이론에 힘입어 이루어질 것이다 —, 우리는 직접적으로 관찰되는 것을 기술하는데 전력을 다해야 한다.

이런 맥락에서, 시간의식에 대한 훗설의 현상학적 검토를 살펴보는 것은 흥미있는 일이다. 여기서 먼저 지적되어야 할 것은 훗설이 시간의 구조를 분석하면서 사용하고 있는 방법이 실재적인 시간, 다시 말하면 물리 과학이나 심리학에서 연구되는 시간을 목표로 하고 있지 않다는 것이다. 현상학적으로 접근할때, 시간은 그와 연관된 형이상학적 물음이나 인식론적 물음을 완전히 접어두고 의식에 드러나는 것으로서만 검토되어야 한다. 그리고 그렇게 될 때, 현상으로서의 시간은 현상학적 환원안에서만 고찰되기 때문에 절대소여(an absolute given)가 된다. 이 시간현상의 실재성에 대한 문제는 물리과학이나 심리학과 같은 개별과학의 입각점이나 특정 형이상학의 입각점으로부터는 제기되지 않는다. 그러나 이것은 시간이 순수하게 심리적인 시간이나 순수하게 내적인 시간으로 환원된다는 것을 뜻하지 않는다. 내적인 시간은 행성운동의 외적 시간과 동일한 방식으로 인지된다. 두가지 시간 모두 오직 현상으로서만 유지될 수 있는 것이며, 그렇기에 이들의 실재성에 대해서는 아무런 판단도 내릴 수 없는 것이다. 훗설이 객관적인(또는 공적인) 시간을 지칭할 수 있도록 하려면 시간현상이 어떻게 구성되어야 하는가를 물었을 때 그가 분명하게 드러내고 싶어했던 것은 정확히 시간의 실재성에 관련된 의미 내지 타당성이었다.[129] 그래서 훗설은 우리가 먼저 객관적인(또는 공적인) 시간에 관한 어떤 가정이나 규정 또는 확신을 완벽하게 배제하지 않으면 안된다고 주장한다. 객관적인 실재의 세계가 현상학적 소여가 아닌 것과 마찬가지로, 심리학을 포함한 자연과학의 시간도 현상학적 소여가 아니다. 그가 생각하고 있는 객관적인 시간은, 그 속에서 모든 사물과 사건들 — 물리적 속성을 지닌 물질적 사물이든 심리적 상태를 동반하고 있는 정신이든 — 이 정밀한 시계에 의해 측정될 수 있는 정확한 시간적 위치를 갖게 되는 그런 시간이다.

비록 객관적 시간이 직접적인 경험에 기초를 두고 있을지 모른다고 해도, 훗설은 기본적으로 이 문제에 관심을 갖고 있지 않았다. 예를들어, 그는 화이트헤드도 그랬듯이, 현상학적인 시간 간격의 감각된 균등성(또는 동시성)이 물리적 시간 간격의 객관적 균등성과 똑같을 수 없다는 것을 분명히 한다.[130] 훗설은 기본적으로 체험된 시간경험에 대한 인식론적 분석 — 그것의 의미와 기술내용 — 에 관심을 갖고 있었으며, 정신상태를 자연법칙에 따르는 그것의 발전과 형성 및 변형에 비추어 인과적으로 연구하는 데에는 관심이 없었다.

훗설은 시간의식에 대한 논의에서, 시간추이(temporal passage)에 대한 우리의 의식속에서 식별될 수 있는 몇몇 형식적 관계를 분석하려고 노력한다. 예를 들자면 다음과 같은 것들이다. "1) 고정된 시간적 질서는 무한한 2차원적 계열의 시간이라는 것, 2) 두가지 상이한 시간은 결코 결합될 수 없다는 것, 3) 그들의 관계는 비동시적인 관계라는 것, 4) 이행성이 존재하며, 모든 시간에는 선행하는 것과 후행하는 것

---

129) C.A.Van Peursen, *Phenomenology and Reality,* trans. Henry Koren (Pittsburgh : Duquesne University Press, 1972), p.68.

130) E.Husserl, *The Phenomenology of Internal Time-Consciousness,* trans. James S.Churchill (The Hague : Martinus Nijhoff, 1964), p.26.

이 있다는 것 등이다."131)

시간적 경험에 대한 훗설의 설명은 화이트헤드의 설명과 유사한데, 다만 후자의 설명이 앞에서 논의되었듯이 시간적 간격보다는 사건에 의해 기술되고 있다는 점에서 차이가 있을 뿐이다. 여기서 시간적 간격들 사이에나 사건들 사이에는, 우리의 지각경험에서 보다 큰 사건이 보다 작은 사건을 포함하게 되는 방법을 기술하는 연장(extension)의 관계가 똑같이 성립한다. 게다가 공적인 시간이 경험된 시간보다 훨씬 더 추상적 특성을 갖는다는 화이트헤드의 견해도 훗설의 입장과 어떤 유사성을 갖고 있다. 그러나 화이트헤드와 달리 훗설의 일차적인 관심은 지각되는 시간적 변화의 구조를 분석하는데 있지 않았다. 나아가 화이트헤드는 경험의 기본 단위가 시간적 요소와 공간적 요소를 모두 갖고있는 사건이라고 보았기 때문에, 시간 그 자체는 근원적인 현상학적 소여라고 생각하지 않았다.

이 장의 첫번째 절에서 보았듯이, 화이트헤드는 자존하면서 그 내용이 되는 물질로부터 독립되어 있는 것으로 간주되는 절대시간을 논하는 뉴톤의 고전적인 시간이론을 거부한다. 이 이론에 따르면, 시간은 시간질서 관계의 관계항으로 우리에게 알려지는 지속없는 순간들의 순차적인 계기(succession)로 간주된다. 우리는 이런 시간질서관계를, 이들 순간에 발생하는 사물들과 함께 인식한다. 뉴톤이 이런 견해를 주장하게 된 것은 그가 수의 질서(order of number)와 그것이 갖는 일반성에 의해 영향을 받았기 때문일 것이다. 점과 순간은 이런 점에서 숫자를 닮았다 ― 그것들은 그 속에 무엇이 놓이든 상관하지 않는다.

화이트헤드는 또한 시간의 상대성이론도 거부하는데, 사상사에서 이 이론은 일차적으로 라이프니츠라는 이름과 연결되어 있다. 이 이론에

---

131) *Ibid.*, p.29.

서 시간은 물질이나 감각성질을 관계항으로 하고 있는 한 조의 관계이다. 예를 들어, 흄에게 있어 시간은 특성상 수동적인 것으로 간주되는 우리의 인상들 사이의 어떤 질서이다. 그러나 화이트헤드의 입장에서 본다면, 이러한 무시간적 존속은 우리가 경험하는 유동이나 창조적 진보나 추이 또는 창조적 전진을 보여주지 못할 것이다.

우리는 결코 시간을 순간들의 계기로서 직접적으로 경험하지 않는다고 화이트헤드는 역설한다. 그에 따르면, 그것을 은유적으로 생각할 경우에만 선위에 늘어서 있는 점들의 계기라거나 궁극적이고 근원적 요소들이라고 할 체적(體積)들의 체계라고 말할 수 있는데, 이는 순수하게 수학적 연구에 종사하는 수학자들에게는 완전히 정당한 것이다. 수학적 점의 연속체에 분석적인 역할이상의 역할이 주어질 수 있는지 어떤지, 또 그것이 경험된 사건들에 대한 기술의 토대로 간주될 수 있는지 어떤지는 별개의 문제이다. 이런 분석의 산물은 "순차적인 연속의 어떤 수학적 속성들을 지닌 지속없는 순간들의 단순한 직선적 계열"로서의 시간이라고 화이트헤드는 잘라 말하고 있다.132)

화이트헤드의 지적에 따르면, 시—공의 궁극적 구조를 표현하는 것으로 간주되는 수학적 개념의 시간은 수리물리학에서 일반적인 과학적 사고 속으로 은연중에 스며들었다. 화이트헤드는 이런 관점에서 예를들어, 속도는 하나의 순간에 단순하게 의존하여 정의할 수 없다고 주장한다. 왜냐하면 속도를 정의하기 위해서는 순간들의 집합이 필요하기 때문이다. 더나아가, 생물학의 영역에 있어서 모든 생명의 표현은 시간을 필요로 한다. 왜냐하면 생명체의 특성을 지닌 어떤 것도 순간에서는 자신을 드러낼 수 없기 때문이다.

우리의 모든 사실적 지식은 일정한 길이의 시간을 통해 이루어지는 관찰에 기초하고 있기 때문에, 우리가 결코 시간적으로 연장되지 않은

132) *TSM.*

순간을 지각하지 않는다는 화이트헤드의 주장이 옳다는 것은 분명하다. 우리가 직접경험하는 순간적 현재가 존재한다는 믿음은 경험이 이론에 의해 왜곡되고 있는 사례이다. 화이트헤드에게 있어 우리가 직접적으로 자각하는 것은 시간적 두께를 가진 지속이며, 그것의 앞쪽경계는 기억속으로 사라져가면서 흐려지고 그것의 뒷쪽경계는 예기로부터의 발현(an emergence from anticipation)에 의해 흐려진다. 현재는 이 두 극단 사이를 폭으로 하여 흔들거리고 있는 영역이다.133) 그래서 화이트헤드에 따르면, "감각인식에 드러나는 직접적 지속의 시간적 폭은 결정되어 있는것이 아니며 어디까지나 개인적 지각자에 의존해 있다…. 우리가 현재라고 지각하는 것은 예기(豫期)의 색조를 띤 생생한 가장자리의 기억이다."134) 그러나 가장자리는, 그 시간폭이 불확실하기는 하지만, 순간이 아닌 것은 분명하다. 그러므로 하나의 순간적인 "지금"이란 것은 경험적으로 불가능하다. 그러나 그것은 이론적으로는 여전히 필수불가결한 것으로 남는다. 예를 들어, 하이데거가 반복해서 주장하듯이 인간의 시간성(human temporality)조차도 "고립된 위상들로 구성되는 것이 아니라 하나의 형식이 다른 형식을 포함하는 역동적인 관련체계를 형성하고 있는 것이다."135) 예기와 기억은 필연적으로 그리고 본질적으로 모든 현실적 현재에 포함되어 있다. 그래서 화이트헤드는 한 순간에서의 자연(nature at an instant)이라는 개념은 전적으로 추상적인 개념이며, 이는 이상적으로 정확한 관찰이 존재한다는 허황된 믿음, 그러나 그럼에도 불구하고 상식과 과학의 목적을 위해서는 유용한 그런 믿음을 포함하고 있는 개념이라고 결론한다.

화이트헤드가 철학적 문제에 대한 일상언어적 접근, 특히 경험된 시간의 문제에 대한 일상언어적 접근에 공감하지 않는 이유 중의 하나

---

133) *CN*, p.69.
134) *Ibid.*, p.72f.
135) Herbert Spiegelberg, *The Phenomenological Movement : A Historical Introduction* (The Hague : M.Nijhoff, 1965), Vol. I , p.336.

는, 일상언어는 명쾌한 개념을 표현하기 위해 고안된 것이며 감각되는 모든 현상들이 단순화된 일상언어의 분류기준에 부합되는 것이 아니라고 믿기 때문이다. 그는 일상언어의 구조속에 포함된(시간의 일직선적 개념을 포함하는) 추상개념들의 체계가 우리의 상식적 세계를 다루는 데 있어 대단한 실용적 가치를 지니고 있다는 점을 기꺼이 인정한다. 그러나 그럼에도 불구하고 화이트헤드는 이러한 언어가 오직 삶의 목적에 유용한 추상을 우리에게 제공할 뿐이라고 믿는다.136)

과학의 개념을 우리의 경험에 기초지우려는 화이트헤드의 시도는 그의 반이분화(anti-bifurcation)의 기획을 강하게 비판하는 노드롭(F.C.S. Northrop)과 같은 사람의 견해와 대비될 수 있을 것이다. 노드롭의 주장에 따르면, 과학은 감각된 것과 가정된 것 사이의 차이를 인정해야 한다. "객관적 세계와, 이를 구성하는 과학적 대상들에 의해 정의되는 사건들은 관찰을 통해서는 알 수 없으며, 오직 그 사건들 가운데 일부와 직접적으로 감각되는 현상적 사건들 간의 인식론적 상호의존 관계를 통해서… 간접적으로만 확인되는 시행착오적인 가정에 의해 알려진다."137) "과학적 개념과 감각사이의 관계는 수프와 쇠고기사이의 관계라기보다는 휴대품보관함 번호와 외투 사이의 관계와 비슷하다"고 말한 아인슈타인의 입장도 이와 어느 정도 비슷하다.138)

아인슈타인에게 있어 개념은 논리적으로 감각인식과 독립해 있다. 그는 "우리의 감각경험이 자유롭게 창조된 우리의 개념에 의해 통합될 수 있다는 것은 전적으로 기적이라고 볼 수밖에 없다"고 생각한다.139) 그러나 화이트헤드에게 있어 기적의 시대는 지나갔다. 그는 과

---

136) *PR*, pp.154-5(295-7).
137) F.S.C.Northrop, "Whitehead's Philosophy of Science," in : *LLP-W*, p.202.
138) A.Einstein, "Physik und Realität," *Journal of the Franklin Institute,* CCXXI (1936), p.317. R.M.Palter, *Whitehead's Philosophy of Science* (Chicago : The University of Chicago Press, 1960), p.4에서 재인용.
139) R.M.Palter, *op.cit.,* 14f.

학적 개념이 우리의 현실적 지각과 유리된 순수한 사고에 의해서 자유롭게 창조된다는 견해에 결코 공감하지 않을 것이다. 화이트헤드는 어째서 수학적 술어로 표현된 우리의 추상적 과학개념이 물리적 세계에 그처럼 잘 적용되는가 하는 기본적인 물음에 관심을 갖고 있다. 물론 그는 사고와 지각을 조화시키려는 이런 노력이 어디까지나 점진적인 접근의 과정이라는 점을 인정한 최초의 인물일 것이다.

그러므로 화이트헤드는 그의 시간이론에서, 정신적인 추상개념이라든가 (칸트가 생각했던 것과 같은) 직관되는 여건이나 선천적인 여건보다는 감각인식에 주어지는 자연의 지각가능한 속성들을 분석하면서 출발해야 한다고 믿는다. 우리가 보았듯이, 화이트헤드에게 있어 우리의 지속경험은 연관되어 있는 사건들, 즉 추이의 특성을 동반하고 있는 단위요소들로 구성되는 것이지, 예를들어 흄이 생각한 것과 같은 생명없는 감각자료들의 계기(succession)로 구성되는 것이 아니다. 각 사건은 그것의 미래가 되는 다른 사건으로 발전해간다. 그래서 오늘아침이라는 사건은 오늘 오후라는 사건으로 넘어가는 것이다.

화이트헤드에게 사건은 처음부터 끝까지 살아있어서 결코 반복될 수 없는 특수한 개별자들이다. 우리가 이런 사건들을 이해하는 방식은 사르트르가 전반성적 코기토(pre-reflective cogito) — 대상과 성질로 분석되기 이전의 코기토 — 라 불렀던 무반성적인 직접적 경험과 유사한 것으로 보일 것이다. 우리가 사건에서 식별하는 대상과 성질은 반복될 수 있는 것들이다. 다시말해 그것들은 시간을 통해서 자기동일적인 것으로 인지되는 것들이다 — 그래서 예컨대, 우리는 상이한 경우에서도 동일한 분필조각을 지각하게 되는 것이다. 과학적 대상의 경우에는, 한층 더 고도로 정교화된 자연적 관계들이 포함될 것이다.

나아가 화이트헤드에게 있어 시간과 공간은, 그가 한사건의 다른사건으로의 추이(passage)와 동일시하는 하나의 기본적 관계인 연장

(extension)의 변형물로 이해된다. 그래서 그는 우리에게 자동차의 추이인 사건은 길거리의 삶 전체의 일부분이라고 말한다. 또한 바퀴의 추이는 자동차의 추이인 사건의 일부분이다. 그는 거대한 피라미드가 어느날 하루 동안 존속하는 것을 하나의 사건으로 간주하는데 우리가 익숙해 있지 않다고 말한다. 그리고 계속해서, 우리는 언어와 형식적 교육을 통해, 우리의 생각을 시간과 공간과 물질에 대한 유물론적 분석을 토대로 하여 표현하도록 훈련받아온 결과, 우리가 자연속에서 식별하는 일차적인 구체적 단위가 그것의 특성인 추이를 보유하고 있는 사건이라는 사실을 무시하는 경향이 있다고 화이트헤드는 말한다.

화이트헤드는 특히 그의 역작 『과정과 실재』에서, 연장의 부분과 전체 사이의 관계보다도 더 일반적 관계 — 즉 부분과 전체의 관계가 전제로 하고 있는 연장적 결합(extensive connection)의 관계 — 에 기초한 사건들의 연속성이론을 제기한다. 각각의 사건은 직접적 계승자를 갖는 생성의 단위로 간주된다. 직접적 현재는 새로운 계기(occasion)를 발생시키며, 그래서 미래를 창조하는데에 일정한 역할을 한다. 그리고 생성의 각 단위는 단순하고 부분으로 분할될 수 없는 것이기 때문에, 시간적 간격이라는 개념속에 함의되어 있는 무한가분성에 따르는 무한퇴행의 문제는 생겨나지 않는다.

우리가 이 장(章)의 3절에서 검토했던 화이트헤드의 동시성에 대한 견해는 그륀바움(Grünbaum)에 의해 비판받은 적이 있다. 그륀바움은 그보다 앞서 화이트헤드를 비판했던 노드롭(Northrop)의 견해를 토대로 하여 비판하고 있으므로, 우리는 먼저 노드롭의 반론을 검토해보아야 하겠다. 노드롭에 따르면 우리가 동시성을 직접적으로 인식한다는 화이트헤드의 견해는 상대성이론의 기초인 광파에 의해 정의되는, 공간적으로 분리된 사건들에 있어서의 동시성의 시간적 관계와 모순된다는 것이다. 그리고 그는 계속해서, 공적인 시간이 모든 관찰자에게 동일한 것이라고 할 때, 상식과 아인슈타인의 물리학은 둘 다 자연을, 개인마다 달라지는 직관된 동시성의 관계와, 동일한 관계체계 위에서 서로에 대해 상대적으로 정지해 있는 각 개인에게 동일한 것으로 나타나는, 물리적 이론에서 가정되는 동시성의 관계로 양분시키게 될 것이라고 말한다.140) 노드롭은 그렇기 때문에 과학은 이분화를 필요로 하며 사실상 이를 피할 수 없다고 결론짓는다.

그러나 노드롭은 화이트헤드가 공적인 범주와 사적인 범주를 적용하기 이전의 감각경험에 주목하고 있다는 점을 제대로 인식하지 못했다. 화이트헤드에게 있어 우리의 직접적인 경험은 주객구조를 갖고 있다. 그리고 이 구조속에서 우리는 우리 자신이 자연속의 지각된 다른 사건들과, 동시성의 관계로 연관되어 있음을 인식한다. 화이트헤드는 비록 그가 사건의 객관적 세계가 존재하고 있고, 우리는 이 세계를 다른 사람들과 공유하며, 이 세계에 대해 서로 다른 지각자는 서로 다른 전망을 가질 수 있다고 믿고 있기는 하지만, 이와같은 공적인 상식의 세계는 이미 해석의 요소를 포함하고 있는 것이라고 생각한다. 그는 과학이 이분화를 필요로 한다는 점을 부정하려 하지 않는다. 그리고 그는 과학이 그것이 없었더라면 진보하지 못했을 것이라는 점도 기꺼이 인정하려 한다. 그가 반대하는 것은 과학자들의 추상적 개념체계가 과학 밖의 경험에서도 유효하다고 보는 것이다.

아무튼 화이트헤드는, 우리가 앞에서 보았듯이, 지각된 동시성과, 과학의 여건을 형성하며 아인슈타인의 동시성개념에 상응하는 순간성(또는 한 순간에서의 자연)을, 노드롭이 구별했던 것처럼 명확하게 구별한다. 그러나 화이트헤드의 동시성개념은 빛이라든가 그밖의 다른 어떤 유형의 물리적 신호와 아무런 관련이 없으며, 오직 현실적으로 지각된 사건에만 적용된다. 게다가 화이트헤드는 순간성

---

140) F.S.C.Northrop, *op. cit.*, pp.200-1.

(instantaneousness)의 개념을 활용하고 있는 물리적 체계에서는 이와 같은 특이한 관계가 결코 존재하지 않을 것이라는 점을 명백히 한다. 그러므로 동시성에 대한 화이트헤드의 설명과 상대성이론을 따르는 물리학자의 설명사이의 대립은 어느정도 언어적인 것이며, 본질적인 것이 아니다. 왜냐하면 그는 노드롭이 의존하고 있는 천문학자의 공적인 시간을, 상당한 정도의 개념적 해석을 포함하고 있는 것으로 간주하려 할 것이기 때문이다.

그륀바움은 노드롭이 지적한 것들 가운데 몇가지 점을 받아들였다. 그는 합동(congruence)의 개념 — 공간적 동등성이나 시간적 동등성을 판단하는 우리의 수단 — 을 규약적인 것으로 간주한다. 동시성과 관련하여, 그륀바움은 아인슈타인이 물리적 사건들의 집합안에서의 자연적 시계의 해독은 문제되는 절대적 동시성의 관계를 한정해주지 않는다(즉 그들이 동시적이지 않다)고 가정하고 있다고 말한다. 그러므로 인간의 신호나 측정 조작이 절대적 동시성의 관계를 드러내 보여주는 데 실패한 것은 이런 관계들이 근원적으로 존재하지 않는다는 사실에 대한 인식의 결과일 뿐이다.141)

그륀바움은 인류가 뉴톤 법칙이 진술되기 이전에 척도법(metric)을 소유했었다는 화이트헤드의 역사적관찰이 뿌엥까레(H.Poincaré, 1854~1912)의 주장, 즉 "1) 물리학에서의 시간합동(time-congruence)은 규약적이라는 것, 2) 세련된 물리적 이론에서 사용되는 시간적 합동에 대한 정의는 뉴톤의 법칙에 의해 주어진다는 것, 3) 우리는 서로 떨어져 있는 간격들의 시간적 합동에 대한 직관을 조절해야 한다는 것" 등을 근거없는 것으로 만들고 있다고 생각하지는 않는다.142)

---

141) A.Grünbaum, "Whitehead's Philosophy of Science," *The Philosophical Review* LXXI(1962). pp.222-3.
142) A.Grünbaum, *The Philosophical Problem of Space and Time*(A.Knoff, 1963), p.53.

공간의 경우, 역시 그륀바움은 그러한 척도법에 결함이 있다고 주장할 것이다. 그러므로 그는 화이트헤드가 동시발생(또는 짝짓기, matching)을 합동의 유일한 시금석으로 간주할 권리가 있다고 생각하지 않는다. 말하자면 측정이 기준을 전제로 한다는 사실은 상이한 장소에서도 우리의 가늠자가 자기합동성을 유지한다는 규약을 근거없는 것으로 만들지 않는다는 것이다. 그는 야드척도법에서의 30마일이라는 거리가 수많은 걸음걸이를 포함할 것이라는 화이트헤드의 입장을 받아들이려고 한다.143) 그러나 그는 이것이 야드척도법의 자기합동이 비규약적이라는 것을 보여주는 것이라고 믿지는 않는다. 여기서 그륀바움이 간과하고 있는 것으로 보이는 것은 정상적인 사람이 30마일 정도를 걷고 났을 때 느끼게 될 피로감이다. 흔히 피로감은 내디딘 걸음걸이 수의 직접적인 함수이긴 하지만, 보도에 생긴 금을 밟지 않을 만큼 조심스러운 괴짜가 아니라면, 누구든지 발걸음을 헤아리기보다는 현상적 사실로서 피로를 경험할 것이다.

더 나아가 그륀바움은 심리적 시간측정과, 뉴톤의 법칙과 다양한 물리적 과정에 의해 정의되는 물리적 시간 합동 사이의 일치가 규약주의자들의 견해에 대한 반론으로 제기될 수는 없다고 주장한다. 지속을 성공적으로 계측해내는 인간과 동물의 능력은 심리적 시간측정이 물리학에서 시간합동을 정의하는 물리적 과정에 인과적으로 연계되어 있다는 사실로부터 유래한다. 그는 심리적 시간이 이 같은 척도법을 가지고 있다는 사실은 우리에게 물리적 시간에 대한 어떤 정보도 주지 못한다고 결론한다. 왜냐하면 그는 물리적 시간이 이러한 척도법을 가지고 있지 않다는 것을 증명해냈기 때문이다.144)

노드롭과 달리 그륀바움은 화이트헤드가 말하고 있는 것이 순간성

---

143) *Ibid.*, p.63.
144) *Ibid.*, p.60.

(instantaneousness, 또는 물리학에서의 동시성)이 아니라 감각된 동시성 (sensed simultaneity)이라는 것을 완전히 깨닫지 못하고 있다. 이것은 특히 그륀바움이 (정밀시계등과 같은 것에 의해) 경험적으로 탐구된 것으로서의 심리적 시간은 단순히 물리적 시간의 함수이며, 따라서 결코 물리적 시간의 지침이 될 수 없다는 것을 보여주기 위해 생물학과 심리학의 실험적 업적들을 인용할때 그렇다. 그륀바움은 화이트헤드의 견해가 오류임을 보여주는 증거로 인과적 지각이론 같은 것에 호소하고 있는 것으로 보인다. 그러나 화이트헤드에 따르면, 이러한 이론은 지각적으로 주어진 개념들 보다도 그가 추상적인 과학적 개념으로 간주하고 있는 것에 더 큰 실재성을 부여한다. 나아가 화이트헤드에게 있어, 연구실에서 심리학자가 탐구한 것으로서의 심리적 시간은 물리학자가 제공하는 시간설명과 꼭마찬가지로, 경험된 시간에 대한 해석일 뿐이다.

아무튼 화이트헤드는 우리인식의 원인에 대해서는 관심을 보이지 않는다. 그는 인과적 탐구보다는 인식론적 탐구에 몰두하고 있다. 화이트헤드는 물리학자와 생물학자 및 심리학자의 합동판단이 궁극적으로는 짝짓기(matching) 등과 같은 것에 대한 그들의 경험에서 자기동일성을 그들이 인지하느냐의 여부에 달려있다고 말할 것이다.

화이트헤드의 반이분화주의적(anti-bifurcationist) 자연철학에 관해 언급하면서, 그륀바움은 그것에 대한 평결이 파울리(Pauli)가 통일장이론에 대해 내린 평결과 동일해야 한다고 말한다. 말하자면 그것은 "신이 흐트려 놓은 것을 아무도 결합시키지 않을 것이다"와 같은 것이어야 한다는 것이다.[145] 그러나 화이트헤드에게 있어서는, 우리의 직접경험에 관한 한, 그와 정반대가 사실이다.

그륀바움은 또한 제임스와 화이트헤드가 제논의 이분법의 역설에

---

145) A.Grünbaum, "Whitehead's Philosophy of Science," p.229.

관련하여 시간이 일직선적인 수학적 연속체의 구조를 갖지 않는 것으로 보고 있다고 말한다. 그륀바움에 따르면, 그들은 주장하기를, 1) "현실적으로 발생하는 것으로서의 물리적 사건들 사이의 시간적 질서 관계는 그들의 출현에 대한 우리의 의식적 앎속에서 우리에게 알려지며, 2) 일어나고 있는 또는 발생하고 있는 지금은 점적인 것이 아니라 박동적인(pulsational) 것"(즉 우리의 지각은 지속을 지닌 시초를 갖는다는 것)이고, 3) "박동적인 출현의 순차적 질서는 밀착되어 있지 않고 분산되어 있는 것"이라고 한다.146) 그륀바움은 계속해서, 우리가 만약 사건의 시간적 질서가 인식 시점들의 분산된 질서와 동일구조라고 가정한다면, 우리는 시간의 순차적 질서가 밀착되어 있다는 것을 부정해야 할 것이라고 말하고 있다.147)

그륀바움은 그와같은 물리적 사건들이 출현한다는 것을 일단 부정함으로써 ― 오히려 그것들은 단순히 무시간적 분리의 그물망속에서 시점없이 발생한다 ― 물리적 시간의 밀착성(denseness)을 정당화하려 한다. 그러므로 그는 물리적 사건들이 이들이 출현하는 것으로 지각되는 그런 박동적인 연속적 양태로 발생한다는 견해를 거부한다. 오히려 그는 사건들의 출현을 정신의존적인 성질로 간주한다. "현재성"(nowness)과 "시간적 생성"(temporal becoming)은 색깔이나 맛처럼 물리적 사건의 속성이 아니며, 우리의 정신을 떠나서는 존재할 수 없다는 것이다.148) 그래서 그는 지각된 시간적 변화는 물리학의 시간속에 대응자를 갖지 않는다고 믿는다. 따라서 생성의 원자성은 "물리적 시간의 양화(quantification)를 보장해주는 것이 아니라 우리의 신경체계의 유기체적 특징을 표현하는 것으로 판명된다"고 결론짓는다.149)

---

146) A.Grünbaum, *Modern Science and Zeno's Paradoxes*(London : George Allen & Unwin, 1968), pp.45-6.
147) *Ibid.*, p.52.
148) *Ibid.*, p.55.
149) *Ibid.*, p.56.

화이트헤드는 우리가 우리 자신을 우리의 지각적 장의 나머지에 관련된 것으로 인식하는 방법을 언급하기 위해서 "지금," "이곳" 등과 같은 단어들을 사용하는 것은 사실이지만, 이것은 정신이론 — 이 이론은 물리적 자극에 대한 우리의 정신적 반응에 주목한다 — 에 포함된 인과적인 관계와는 전혀 다른 관계이다. 아마도 유사한 방식으로, "시간적 생성"(temporal becoming)은 물리적 시간의 비시간적 순차성(tenseless seriality)에 대한 심리적 반응으로 간주될 수 있다. 그러므로 시간적 생성에 대한 그륀바움의 설명은 화이트헤드의 입장과 정반대이다. 왜냐하면 그륀바움은 추상적인 수학적 연속체의 구조가 공적인 물리적 시간의 구조와 동형적인 것이라는 견해를 받아들이고, 시간적 생성의 질은 주관적 환상의 영역으로 돌려버리고 있기 때문이다. 사실상 그륀바움이 시간의 본질로 받아들이는 무시간적 분리의 그물망은 영원의 상하에서(sub specie aeternitatis) 신에 의해 관조되는 시간인 것으로 보인다.

칸토르적인 긴밀한 의미의 연속성을 파악하는 우리 신경체계의 무능력과 관련된 그륀바움의 논증에 관한 한, 그는 물리적 양자들(physical quanta)과는 별개로 신경충격 그 자체가 박동적인 것이라는 상당히 명백한 경험적 발견을 간과하고 있다. 화이트헤드는 우리가 우리 신경체계 속의 생물학적 사건들에 대해 논하기 시작하자마자 우리는 이미 개념과 기준의 적용을 통한 지적 해석의 과정을 포함하는 생리학적 이론을 전제하는 셈이 될 것이라고 주장할 것이다. 제임스의 입장이 어떤 것이었든간에, 화이트헤드는, 우리가 비가역적 시간계열에 의해 합리적으로 재구성하는 물리적 시간만이 지각된 시간적 변화의 어떤 특징을 포함한다고 늘 주장했다.

그륀바움은 공간과 시간이 칸토르적 의미에서 연장적이라는 데에 대한 광범위한 귀납적 증거가 있다고 믿고 있는 것처럼 보인다. 그러나 화이트헤드는 측정의 부정확성 때문에 우리는 연속적인 물리적 양이 유리수계열의 밀집성을 지니는지 아니면 실수계열의 연속성을 지니는지 알 수 없다고 말하고 있다. 왜냐하면 비록 우리가 그 단순성때문에 후자의 가정을 채택하기는 하지만, 그것을 편들 만한 선천적 이유는 어디에도 없기 때문이다. 그러므로 화이트헤드에 따르면, 공간(그리고 시간)의 연속성은 선천적인 근거에 의해서도 경험적 근거에 의해서도 뒷받침되지 않는 가정에 의존하고 있는 것이다.

화이트헤드는 우주에 대한 충족적인 견해에 필수적인 몇개의 기본 개념이 현대과학에서 사용되고 있다는 사실을 강조한다. 예를들어, 자연과학은 패턴의 중요성을 잘 인식하고 있다. 현대물리학은 "장(場)의 이론"을 통한 통일성인 상호관계성과 연속성, 객체, 사건(개체성 — 최소한 분석의 몇몇 지평에서는), 거부 등을 역설하고 있다. 특히 현대물리학은 과거의 계기(occasion)로부터 계승되어 미래의 계기로 전달되는 에너지의 사건들(계기들)을 다룬다.150) 이 과정에는 거부의 현상이 전류의 양전하와 음전하의 상호작용속에 포함된다. 그러나 반복해서 말하건대, 가장 진보한 형태의 "물리과학"이 구별가능한 개별사건, 객체, 패턴, 가치, 거부, 소멸 등을 다룰 때조차도 우주에 대한 "물리과학"의 접근은 지나친 추상(excessive abstraction)을 포함한다는 것이 화이트헤드의 주장이다.

우주에의 과학적 접근에 대한 이런 비판은 특수한 미적 경험과 인간 일반의 정신적 활동에 대한 화이트헤드의 연구에 기초를 두고 있다. 그런데 그는 미적이라는 말을, 인간의 어떤 정신적 경험이든 어떤 의미에서는 미적이라고 규정할 수 있을 정도로 광범위하게 사용하고 있다.151) 여건들의 주요 유형을 조심스럽게 검토하고 나서, 화이트헤

---

150) 이 범위에서는 적어도 초기근대과학의 "불연속성"접근에 대한 부분적 수정이 가해지고 있다.
151) A.N.Whitehead, *Interpretation of Science*, ed., A.H.Johnson (New York : The

드는 우주에서의 근본적인 사건은, 정서적 색조인 주체적 형식을 지니고 객체에 관심을 보이면서 그에 반응하고 있는 주체라고 확신한다. 이러한 모든 "경험의 계기"(occasion of experience)는 자기창조적인 "구체화"(concretion) 과정에 의해 자신을 구성해간다. 그리고 이 과정을 통해 그것은 이용가능한 여건(객체)을 긍정적으로 파악하기(prehend : 포함, include)도 하고 부정적으로 파악하기(거부, reject)도 한다. 우주는 정서적 통일속에서 "절대적 자기 달성"(absolute self-attainment)을 향유하는 다수의 "결정적 계기들"로 구성되어 있는 것이다.152) 이 과정은 명백하게 그 근본적인 특성으로서 "창조성"을 드러낸다.153) 상호관련된 경험의 계기들(사건들)의 연속성은 "United Fruit Company"라는 구절을 발음하는 경험속에 예시된다. 우리가 "Fruit"라는 단어를 발음하면서 "United"라는 단어가 발음된 앞선 경험의 순간을 의식한다는 것은 경험적 사실이다. 또한 거기에는, 구절 전체를 발음하는 연속된 경험을 종결하기 위해서, "Company"라는 단어가 발음될 미래의 경험계기에 대한 예기(anticipation)가 있다. 사건들(경험의 계기들)의 연속성은 예를 들어, 분노의 느낌이 경험의 한 계기로부터 다음 계기로 흐르고 있는 것으로 느껴지는 상황에 의해 더 잘 예시된다. 그것은 과거의 경험계기로부터 솟아나와, 현재의 계기로 밀려오고, 아직 존재하지 않는 미래의 경험 계기에 영향을 주는 경향성으로서 던져지고 있는 것으로 경험된다.154)

화이트헤드는 또한 과학이 감각인식의 명석 판명한 여건에 의존하는 데에 따르는 결함을 찾아낸다. 명석 판명성은 심대한 피상성을 수반한다. 여기서 화이트헤드가 말하고자 하는 요점은 우리의 가장 중요

　　　　Bobbs-Merrill Co., 1961), pp.211-3.
152) *AI*, pp.225-7(271-82).
153) A.N.Whitehead, "Mathematics and the Good," in : *LLP-W*, p.681 ; *AI*, p.179.
154) *AI*, pp.229-39, 제9장 9절-16절(284-94).

한 경험 가운데 일부는 명석 판명하지 않다는 것이다.155) "비감각적 지각"(non-sensuous perception)156)에 대한 화이트헤드의 인상적인 논의는 아주 효과적으로 그의 논점을 납득시켜주고 있다. 감각경험의 명석한 여건은 지금 여기에 직접적으로 분산되어 존재한다. 이미 지적했듯이 이러한 여건은 살아있는 복합적인 경험의 유동으로부터의 추상이다. 보다 심원한 경험에서 우리는 어슴프레하게 연속성 — 이것은 현재에로의 사라져가는 과거의 밀착이요 다가올 미래에로의 현재의 융합이다 — 을 인식한다. 우리가 방금 보았듯이, "United Fruit Company"와 같이 단순한 구절을 발음하는 데에서도, 과학의 견해를 반영하고 있는 흄의 철학에서 논의되고 있는 명석 판명한 고립된 인상들 속에서는 찾아볼 수 없는 연속성을 우리는 경험한다. 그러나 화이트헤드가 경험의 모호한 연속성들에 대한 비감각적 지각을 강조했다고 해서 그가 일상적인 감각지각의 명석한 여건들에 대한 고찰을 도외시했다고 생각해서는 안될 것이다. 오히려 그러한 그의 강조는 명석 판명한 여건에만 매달려온 불행한 사태를 보완하고 그럼으로써 그것을 바로잡기 위한 시도였다고 볼 수 있을 것이다.

그러나 이러한 연속성, 이러한 사건들 내지 경험계기들의 상호관계는 하나의 경험계기로부터 다른 경험계기로 넘어갈 때 그 내용이 정확히 반복되거나 온전히 그대로 전이되는 것을 함의하지 않는다. 현재에서의 과거의 "객체화"(objectification)는 손실, 즉 "소멸"을 포함한다. 선행하는 경험계기의 내적인 삶은 소멸된다. 예를들어, 우리가 "Fruit"를 발음할 때 비록 "United"를 발음했던 충격이 느껴지더라도, 우리는 더 이상 "United"를 발음하고 있는 것이 아니다.157)

인간의 경험계기에서 화이트헤드가 발견한 것이 우주의 다른 부분

---

155) "Imm," pp.694-5.
156) *AI*, pp.231, 258(288-90, 293, 300).
157) *Ibid.*, pp.233-4(289-90).

들에 일반적으로 적용될 수는 없다는 반대가 있어 왔다.(비록 인간의 경험에 대한 화이트헤드의 분석이 물리과학에 기초한 것보다 더 정확하다는 것을 인정한다고 하더라도). 화이트헤드의 답변은 이렇다. "인간의 경험을 자연밖에 놓기를 거부하는 학설 모두는 인간의 경험을 기술함에 있어 덜 특수화된 자연적 사건들을 기술하는 데에도 개입하는 요인들을 발견해야 한다."158)

요컨대, 정신과 물질에 대한 전통적인 이원론의 문제는, 전통적으로나 과학적으로나 물질로 통하던 것이 정신적 술어로 해석되었다는 의미에서 화이트헤드에 의해 해소되었다. "우주는 기억과 예기의 제한에 비례하여 물질적이다."159) 절대적으로 구분되는 두 실체인 정신과 물질 대신에, 화이트헤드는 한가지 유형의 존재(entity) — 두 개의 "극" (구분가능한 활동의 형태)을 가진 하나의 사건(경험의 계기) — 를 구상한다. 여기서 두 극은 물리적 극(physical pole ; 극소의 의식,160) 기억, 예기가 포함되어 있는 활동)과 정신적 극(mental pole ; 의식, 기억, 예기가 물리적 극에서 보다 훨씬 더 명백하게 포함되어 있는 활동)이라 불린다.161) 후기의 형이상학적 저작에서 형성된 화이트헤드의 사건이론은, 앞에서 논의되었다시피, 조심스럽게 전개된 시간이론을 포함하고 있다. 사건들은 서로 연속해서 다른 사건들을 따라 일어나기 때문에 (과거의 사건은 사라지면서 현재의 사건에 기여하고, 다시 이 현재의 사건은 다시 미래의 사건을 예기하면서 소멸된다), 분명히 시간은 비가역적이다.162) 새로운 사건을 만들어 내는 연속적인 자기창조의 과정은 시간이 미완결성을 포함한다는 결론으로 이어진다.163) 더구나 시

---

158) *Ibid.*, p.237(293).
159) "Imm," p.695.
160) 여기서 사용하고 있는 의식이라는 용어는 화이트헤드의 *Process and Reality*에서 사용되고 있는 의미의 제한적이고도 특수화된 의미로 사용되지 않았다.
161) *AI*, pp.189-90(245-6) ; "Time," p.62.
162) "Time," p.62.

간은, 경험계기의 전개가 시간의 일정한 연장량(a definite extended quantum of time)을 필요로 하기 때문에, "획기적인"(epochal) 것으로 간주되어야만 한다. 그것은 한 순간에 존재속으로 뛰어들어오지 않는다. 또한 한 사건을 다른 사건으로부터 갈라놓는 일정한 차별화가 존재한다. 화이트헤드의 사건의 이론에는 연속성의 요소뿐만 아니라 개별성의 요소도 들어있다.164)

이제 자연과학이 인간경험에 알려진 우주에 대한 포괄적인 철학적 취급에서 얻어지는 통찰과 복잡성을 무시하거나 이에 이르지 못한다면, 그만큼 자연과학의 탐구는 결함을 면치 못하게 된다는 결론이 나온다. 이는 자연과학의 과도한 추상화(abstraction)에 기인한다고 화이트헤드는 주장한다. 그러나 현명한 사람이라면 어느 누구도 과학의 방법과 여건을 무시할 수 없을 것이다.

---

163) *Ibid.*, p.61.
164) *Ibid.*, pp.63-4.

제5장

화이트헤드와 베르그송 ─ 두 시간이론의 철학적 평가

1. 과거의 불멸성

2. 최종적 대립 : 화이트헤드의 통합성과 베르그송의 양극성

1. 과거의 불멸성

계기(繼起)로서의 시간이 서양사상사에서 그토록 오랫동안 주목을 받아올 수 있었다는 것은 놀라운 일이 아니다. 본질적으로 파괴적인 힘을 수반하는 유동으로서의 시간은 언제나 인간과 맞서 있는데 반해 인간에 주로 내재하는 것으로서의 시간은 언제나 부분적으로 은폐되어 있다. 이 내면적 시간은 쉽게 외화되지도 않고 쉽게 추상되지도 않는다. 왜냐하면 그것의 내재성 자체가 그 속에서 실현되는 삶이 지닌 자유로운 형식의 불가결한 선결조건을 이루고 있기 때문이다. 일찍이 성 아우구스티누스가 파악하고 있던 시간의 이러한 측면은 베르그송과 화이트헤드의 주요 연구주제였다. 새롭고도 복잡할 뿐만 아니라 지극히 생산적인 이 시간철학은 인문학의 다른 분야에서 집중적으로 연구되는 가운데 그에 상응하는 성과를 얻고 있으나 그 총체적인 결실이나 영향력이 명확히 인식되지는 못하고 있다. 우리의 과제는 다만, 그처럼 오랫동안 시간철학을 얽어매고 있던 전통적인 모순들로부터 빠져나올 방도를 제시함으로써 새로운 관점을 개진하려는데 있었다. 이러한 관점은 특히, 인간의 시간적 상황을 기술하기에는 부적절한 전통적인 시간 개념들이 여전히 모호한 상태로 자연과학에서 통용되고 있기 때문에 필요하다. 현재 순간들의 계기(繼起)로서, 그 양적인 유동 가운데 있는 시간이, 구조적인 상호관계에 있는 "시간들"보다 더 쉽게 수학적으로 정식화될 수 있다는 것은 분명하다. 왜냐하면 후자에 속하는 시간들의 구조적인 내적 관계는 쉽사리 추상되어 형식화될 수 없기 때문이다. 이러한 난점 외에도 두가지 시간구조가 있다는 난점이 있다. 그 하나는 자연에 적용되는 것이고 다른 하나는 인간의 자유로운 행위에 적용되는 것인데, 한 영역에 속한 시간은 다른 영역에로 전이될 수 없다.

그러므로 주요과제는 단 하나의 포괄적인 시간개념을 마련하는 것일 수 없다. 그 대신 상이한 영역의 실재가 지니는 시간적 구조를 가능한 한 차별화시켜야 한다. 우리가 보았듯이 그러한 차별화는 과거, 현재, 미래의 시간적 상호관계를 배경으로 해서만 가능하다. 왜냐하면 계기적인 시간의 개념은 그 추상적인 보편성에 있어 모든 차별성을 제거하는 경향이 있으며 기껏해야 여러 양태로 규정될 수 있을 뿐이기 때문이다. 이러한 차별화의 과제가 마무리될 때 비로소 하나의 전체로서의 시간의 일반적 특성에 관한 물음이 제기될 수 있게 된다. 필자의 생각으로는, 가장 모순되는 시간의 양상들을 포함하고 있는 통일적이면서도 차별화된 이론은 화이트헤드에 의해 구축되었다. 그는 철학의 근본문제가 통합적인 시간이론을 마련하는데 있다는 점을 분명히 하는데 있어서 뿐만 아니라 그 문제를 해결하는데에도 크게 기여하였다.

파악의 경험 : 화이트헤드와 제임스

다른 사상가들의 견해, 특히 제임스(W. James)의 견해와 비교해보면 화이트헤드의 이론을 이해하는데 있어 가장 좋은 단서를 발견할 수 있다. 제임스와 화이트헤드는 세계의 과정에서 관념이 행하는 역할에 관심을 갖고 있다. 하지만 제임스는 대체로 고차적인 경험을 분석하는데 그치고 있다. 화이트헤드는 전자(electron)로부터 인간에 이르는 모든 과정을 문제삼는 가운데 제임스를 넘어선다. 그는 관념이 계기(occasion)나 유기체의 자기구성 과정속에서 어떻게 기능하는가, 그리고 감성과 명제적 형식(propositional form)이 어떻게 과정을 이끌어가며, 또 이를 통해 어떻게 새로움을 이끌어들이는가 하는데 관심을 갖고 있다. 그리고 나아가 그는 신이 역사속에서 그의 목적을 구현하기 위해 어떻게 자신의 존재를 세계속에 주입시키는가 하는 문제에 관심을 갖고 있다.

놀라운 것은 이들 두 사람이 사용하는 문체나 기질에서 아주 상이하고 또 완전히 세대가 달랐음에도 불구하고 아주 유사한 생각을 가지고 있었다는 점이다. 특히 분명하고도 흥미로운 사실은 내용상의 유사성이다. 빅터 로우(Victor Lowe)가 말하고 있듯이 "제임스가 화이트헤드의 사상에 영향을 주었다는 것은 의심의 여지가 없다."[1] 이들 두 사람 사이의 관계는 간접적인 성격의 것으로 보이지만 아주 광범위하게 나타나 있다. 제임스가 한 일은 화이트헤드가 그의 사상의 기초로 삼고 있는 거대한 증거체계를 명확히 보여준 것이었다. 물론 이것만이 화이트헤드가 의존한 증거는 아니다. 화이트헤드는 제임스가 비교적 잘 알지 못하고 있던 물리과학이나 수학의 연구성과까지도 증거로 활용하고 있다. 그러나 화이트헤드의 사상을 공고하게 해주고 있는 심리학은 명백히 제임스의 것이다.[2]

시간적 관계(temporal relations)의 문제와 관련해서 볼 때, 제임스와 화이트헤드는 정신적 사실들의 흐름이 의식을 구성한다고 하는 록크와 흄의 통찰에서 출발하고 있다. 그들은 시계 시간에서 명확히 구별될 수 있는 사건들이 의식속에서는 상호연관된다고 생각한다. 제임스는 다음과 같은 예를 들고 있다. "천둥소리에 대한 앎속으로는 그 이전의 정적에 대한 앎이 개입하여 계속되고 있다. 왜냐하면 천둥이 칠 때 우리가 듣는 것은 순수한 천둥소리가 아니라 정적을 깨뜨리면서 이 정적과 대비되고 있는 천둥소리이기 때문이다."[3] 여기서 상호관계 맺고 있는 것은 "과거"의 요소(적막)와 "현재"의 요소(천둥소리)이다. 그러

1) Victor Lowe, "The Influence of Bergson, James and Alexander on Whitehead," (*Journal of the History of Ideas*, Apr.1949), p.289.
2) Victor Lowe, "The Development of Whitehead's Philosophy," in : *LL P-W*, 64쪽에서 Whitehead의 지각의 장(field of perception) 설명은 W.James의 것이지 D.Hume의 것이 아니라는 점을 밝히고 있다. 같은 필자의 *Understanding Whitehead* (Baltimore : The Johns Hopkins Press, 1966) 263쪽에서는 더 구체적으로 이 문제를 거론하고 있다.
3) W.James, *The Principle of Psychology* I (New York : Henry Holt and Company, 1890), p.240.

나 완전한 관계가 느껴지기 위해서는 그 관계항들인 "과거"와 "현재"의 대상이 공존하는 심리적 경험이 있어야 한다. 그렇지 않을 경우 그 관계는 한쪽 끝은 현재에 뿌리내리고 있으나 다른 쪽 끝은 과거의 텅 빈 비존재속에 떠있는 교량과 같은 것이 될 것이다. "따라서 변화에 대한 얇은 시간의 흐름에 대한 우리의 지각이 의존하고 있는 조건"이라고 제임스는 말하고 있다.4) 또한 만일 변화한 것이 변화되기 이전의 것과 공존하지 않는다면 우리가 어떻게 변화를 알 수 있을까?

제임스와 화이트헤드의 답변은 "외양적 현재"(specious present)이다.5) 제임스가 말하고 있는 바에 따르면 외양적 현재에 관한 이론은 다음과 같은 유형의 사실에 기초하고 있다.

"대상들은 의식에서 서서히 사라진다. 현재의 사고가 ABCDEFG라고 할 때, 다음 순간의 사고는 BCDEFGH가 될 것이고 다시 그 다음 순간에서의 사고는 CDEFGHI가 될 것이다 ─ 연속적으로 떨어져나가는 잔존하는 과거의 요소와, 손실을 보충해가는 미래의 도래. 낡은 대상들의 이러한 잔존과 새로운 대상들의 이와같은 도래는 기억과 기대의 맹아이며, 시간의 회상적 의미와 예기적 의미이다. 이들은 의식에 연속성을 제공하는데, 이러한 연속성이 없다면 의식은 흐름(stream)이라고 할 수 없게 될 것이다."6)

---

4) *Ibid.*, p.620.
5) *Ibid.*, pp.608-9. 여기서 James는 "specious present"라는 말이 E.R.Clay의 *The Alternative : A study in psychology*(London : Macmillan and Co., 1882), 167쪽에서 최초로 사용되고 있음을 인용, 명시하고 있다. 이러한 생각의 기본적인 틀은 멀리는 John Locke의 *An Essay Concerning Human Understanding* 제Ⅱ권 ⅩⅣ장에 나타나 있으며, 근자에 와서는 E.Husserl의 *The Phenomenology of Internal Time-Consciousness,* trans. James S.Churchill (The Hague : Martinus Nijhoff, 1964) 특히 23쪽에, 그리고 M.Merleau-ponty, *The Phenomenology of perception,* trans. Colin Smith (London : Routledge and Kegan Paul, 1969) 275쪽에서도 찾아볼 수 있다.
6) W.James, Psychology (상기 각주 3) I, pp.606-7 ; E.Husserl, *The Phenomenology of Internal Time-Consciousness* (상기 각주 5), p.32.

이 예에서 A는 단순히 경험되고나서 곧장 사라져버리는 것이 아니다. 그것은 서서히 사라지는 것으로서 경험된다. 마찬가지로 H도 전혀 경험되지 않다가 갑자기 경험속에 등장하는 것이 아니라 점차적으로 경험속으로 들어와 분명해져가는 것이다. 따라서 여기에는 연속적인 운동의 느낌이 있다. 더구나 연속에 대한 경험속에서 갖게 되는 그러한 느낌에 대한 기억은 그 연속의 방향에 대한 우리의 감각을 강화시킬 것이다. 이런 방식으로 외양적 현재는 "정적을 깨뜨리면서 이 정적과 대비되고 있는 천둥소리"에 대한 지각을 설명해준다.

외양적 현재는 또한 과거의 사건들 사이의 시간적 관계 내지 연관에 대한 느낌도 설명한다. 외양적 현재에서의 계기(succession)에 대한 직접적 지각은 시간이 진행함에 따라 현재에서의 계기에 대한 기억을 산출한다. 따라서 A에 대한 경험은 기억속에서 B에 선행하는 것으로 파악될 수 있는 것이다.[7]

외양적 현재는 어째서 우리가 현재를 현재라고 느끼게 되는 것인지를 분명하게 해주는 것으로 보인다. 현재는 지각적 앎이 지니는 강도의 곡선에서 정점을 이룬다. 한쪽 끝에는 경험의 여명이 있고 다른 쪽 끝에는 경험의 소멸이 있는 바 우리는 이러한 계기(moment)를 느끼는 것이다. 오직 생생한 기억이 현재의 계기속에 개입할 경우에만 우리는 혼동하게 된다.

제임스[8]와 화이트헤드는 외양적 현재의 길이에 대해서는 다르게 말하고 있지만 — 제임스의 경우에 그것은 40개의 식별가능한 부분들로 쪼갤 수 있는 2~3초 간의 것이고, 화이트헤드에게서 그것은 십분의 일초에서 이분의 일초 사이에 있는 것으로 상정되어 있다 — 기본적

---

7) A.N.Whitehead, "The Anatomy of Some Scientific Ideas," in : *The Aims of Education* (New York : Macmillan Co., 1929), pp.190-1.
8) W.James, *Psychology* I , p.611.

인 현상에 관해서는 의견을 같이 하고 있다. 제임스는 또한 외양적 현재의 길이와 그것의 식별가능한 조각들은 각각의 동물종(動物種)의 우연적인 특성에 따라 달라지며, 동물종 전체에서 보자면 각각의 종에 따라 크게 다를 수 있는 것일 뿐만 아니라, 인간에게 있어서도 피로나 약물과 같은 요인에 의해 변화될 수 있는 것이라고 주장한다.9)

아무튼 의식이 시간적 지속을 갖는다는 사실은 사고의 총체적 대상이라는 개념에 시간적 차원을 덧붙여놓는다. 그래서 그것은 총체적인 의식적 장(場)일 뿐 아니라 시간의 폭을 지니고 있는 총체적인 의식적 장이 된다.

나아가 외양적 현재이론은 직접적 경험이 기억속에서 존속하는 사태를 설명해준다. 제임스는 "정신의 한 상태가 기억속에 남아있기 위해서는 그 상태가 일정시간 동안 지속되어야 한다"고 말한다. 이것은 어떻게 가능한가? 제임스가 제기하고 있는 메카니즘은 "일차기억"(primary memory)이다. 이것은 외양적 현재의 또 다른 명칭에 불과한 것으로 판명된다. 그리고 이것은 인상을 존속시키는데 있어서의 신경중추물질의 적응성에 대한 그의 견해에서 결론이 되고 있다. 소멸해가는 인상과 새로운 인상 간의 중첩이 외양적 현재의 시간길이다. 제임스는 이러한 직전의 과거에 대한 느낌을 일차기억이라 부른다.10) 이 메카니즘은 현재속의 과거의 존재에 관련된 난점들을 해결하는 것처럼 보인다.

뉴톤이 말하는 현재개념은 미래속으로 움직이고 있는 칼날, 또는 수학적으로 말하자면 영(zero)에로의 수렴, 또는 연속적으로 병치되는 과거와 현재 사이의 접촉면 등으로 표현될 수 있다. 이러한 개념은 제임스와 화이트헤드에 의해, 직접적인 경험의 표현이 아닌 것으로 간주

---

9) *Ibid.*, I, pp.639-41.
10) *Ibid.*, pp.643, 635, 646-7.

되어 폐기되고 일정한 지속을 동반하는 "경험된 현재"로 대치된다. 제임스가 시사하고 있듯이 외양적 현재의 길이는 임의적인 성격의 것이다. 그러나 지각의 문제를 넘어설 때, 지속은 영의 길이 이상의 것이어야 한다. 그렇지 않다면 현재와 더불어 모든 존재가 사라지게 될 것이다. 분명히 현재속에는 어떤 시간적 공간이 필요하다. 그렇지 않다면 어떠한 존재를 위한 여지도 남아있지 않게 될 것이다.

이제 설명되어야 할 것은 오래된 과거, 즉 일차기억의 부분이 아닌 그런 경험들이다. 외양적 현재에 대한 논의는 하나의 선결조건이었다. 왜냐하면 생각할 수 있는 모든 시간의 근원적인 전형이자 원형은 외양적 현재이기 때문이다. 우리는 이런 현재의 짧은 지속을 직접적으로 그리고 끊임없이 지각할 수 있다.11)

제임스에 따르면 외양적 현재는 기억의 토대이다. 그래서 하나의 사건이 기억속에 재생될 때, 그것은 그것이 외양적 현재의 연관된 계기속에 본래 동반하고 있던 이웃 사건들과 함께 재생된다. 제임스는 또한 다소간 주저하고 있는 듯이 보이긴 하지만, 그 사건이 그 본래의 지속과 더불어 재생된다고 주장하고 있다. 아무튼 그것은 "시점이 정해져 있는 사실"(dated fact), 즉 다른 사건들과의 전후관계에 의해 시점이 정해져 있는 사실이다. 그것은 또한 일차기억 내지 외양적 현재에서 경험되는 어떤 것과는 완전히 다른 종류의 사실이다. "동물은 재생적 기억을 완전히 결하고 있을 수도 있다. 하지만 그것은 시간감각을 갖는다. 그런데 동물의 경우에 이러한 감각은 직접적으로 지나가는 단 몇 초간으로 제한되어 있는 것이 보통이다.12)

그렇기는 하지만 외양적 현재와 먼 과거사이에는 유사성이 있다. 먼 과거에서의 시간의 추이에 대한 인식은 외양적 현재에서와 마찬가지로

---

11) *Ibid.*, I, p.631.
12) *Ibid.*, pp.630-1.

내용에 의존한다. "일반적으로 다양하고 재미있는 경험으로 채워진 시간은 짧게 지나가는 것처럼 보이지만, 이를 회고할 때는 긴 시간이었던 것으로 보인다." 마찬가지로 "나이를 먹어가면서 갖게 되는, 지나간 세월에 대한 원근적 전망은 기억내용의 단조로움과 그에 따르는 회고적인 시각의 단순화에 기인한다."13)

제임스에 따르면, 기억 그 자체는 원래 사건의 심상이나 복사본이 마음속에 재생되는 사태를 동반한다. 그러나 처음부터 제임스는 "심상이나 복사본"이 언어의 비유에 지나지 않는다는 사실을 분명히 하고 있다. 동일한 외적 대상이 회상될 수 있다는 것은 사실이지만 그것이 최초에 경험되었던 것과 동일한 방식으로 회상될 수 있는 것은 결코 아니다. 조명이 달라졌고, 배경이 변했으며 기억하는 사람은 좀 더 나이가 들었고 그래서 보다 쇠약해졌거나 보다 더 건강해졌겠지만 전보다 더 많은 경험을 했다. 화이트헤드는 이런 사정을, 선행하는 유기체가 소멸하고 그에 후행하는 유기체가 이를 계승하는 가운데 하나의 인격적 줄기를 형성하고 있는 것으로 설명한다. 제임스는 다음과 같이 말하고 있다. "경험은 매순간 우리를 재구성하고 있다. 그리고 주어지는 각각의 모든 사물에 대한 우리의 정신적 반응은 사실상 그 시점까지의 세계 전체에 대한 우리 경험의 결과이다."14)

제임스에게는 두가지 결론이 가능하게 된다. 1) 개인적인 자기충족적 기억이란 존재하지 않는다. 2) 기억된 관념은 다른 정신에 의해 사유되기 때문에 질적으로 다른 것이다. 이것은 연상주의자들의 벽돌쌓기식의 기억이론에 대립하는 것으로서의 주체적 경험의 통일성에 관한 제임스와 화이트헤드의 논제에서 직접적으로 뒤따라나오는 것이다. 따라서 기억이 작동할 때 기억되는 관념들은 감각들과 마찬가지로 "사

---

13) *Ibid.*, pp.624-5.
14) *Ibid.*, pp.234, 649.

고의 총체적 대상"의 핵심 부분들이다.

　이것은 "어떠한 두 '관념'도 결코 완벽하게 동일할 수 없다"는 것을 의미한다. 이 점은, 제임스가 부지중에 연상주의자들의 사고방식에 부당하게 빠져들고 있는 것과 마찬가지로, 플라톤주의적 성향을 보이고 있는 화이트헤드가 이따금 간과하고 있는 것이기도 하다. 그러나 전체적으로 볼 때, 이들 양자 모두에게 있어 기억은 유사한 사유대상에 관계하는 것이지 동일한 복사본에 관계하는 것이 아니다.15)

　하지만 단순한 회상은 관념을 과거속에다 위치시키지 않는다. 왜냐하면 회상된 관념 그 자체는 단지 현재의 사유로 간주될 수 있을 것이기 때문이다. 시점을 동반하고 있는 사실과 특정한 날짜나 시간을 아주 분명하게 연관시키는 일은 성공적으로 이루어질 수 있을 것이다. 그래서 제임스는 연상주의적 논증을 이용하고 있기는 하지만, 경험이 정신속에 이미 만들어져 있으면서 회상되기를 기다리고 있다고 소박하게 생각하지는 않는다. "경험의 기억이란 요컨대 그 경험을 다시 생각해낼 수 있는 가능성, 또는 과거의 그 주변상황과 함께 그것을 다시 생각하려는 경향성에 대한 별칭에 지나지 않는다."16) 그래서 제임스는 기억의 가능성을 "신경 경로"의 형태론적 특성으로 환원시키고 있다.

　그러나 어째서 신경물질의 초기상태가 현재에 기여하고 있는 것으로 느껴지는가, 달리 말하자면 어째서 그것들이 현재에 포함되는 것인가 하는 문제가 남아 있다. 그리고 이에 관련된 하나의 물음은 어째서 육중한 신체적경험이 직접적인 과거로부터의 파생에 대한 느낌들, 말하자면 지속에 대한 감각을 포함하고 있는 느낌들을 불러일으키는가 하는 것이다. 제임스는 직접적과거와 현재사이의 "명백한 연접적인 경험"(plain conjunctive experience) 또는 "느껴진 이행"(felt transition)에

---

15) *Ibid.*, p.235.
16) *Ibid.*, p.654.

대해 말하고 있다.[17] 필요한 것은 어떻게 과거가 현재속에 내재하게
되며 현재를 낳는 것으로 느껴지게 되는가에 관한 이론이다.

그 문제는 화이트헤드의 "파악"(prehension)이론과 관련하여 논의되
어야 한다. 파악이론에서 화이트헤드는 그가 베르그송의 직관과 본질
적으로 일치한다고 말하고 있는 느낌(feeling)의 역할을 강조하였다.[18]
그러나 화이트헤드의 인식론은 보다 복잡하고 독창적이며, 베르그송의
인식론을 훨씬 능가하고 있다. 하츠혼(C.Hartshorne)은[19] 화이트헤드의
파악이론을, 지금까지 철학사에서 이루어진 인식론에 대한 공헌들 가
운데 가장 뛰어난 것 가운데 하나로 간주하고 있다. "파악"
(prehension)이라는 말은 "apprehension"에서 첫 음절을 빼서 만든 말
이다. 파악은 앎의 행위인 다소간 복잡한 전체속의 한 부분 내지 한
측면이다. 그것은 이 행위에서 순수한 소여의 요소이다. 그것은 대상
의 소유로서의 경험이다. 화이트헤드에게 있어 경험은 "현실적 존재"
(actual entity) 또는 "계기"(occasion)라고 불리는 단위사건(unitary
event) 내지 단위과정(unitary process)이다. 한 존재에 주어지거나 한
존재에 의해 파악되는 모든 구체적인 사물은 선행하는 사건 내지 현실
적 존재 또는 그런 존재들의 그룹이다. 엄격히 말하자면 동시적인 사
건들은 파악되지 않으며 파악행위에 후속하는 계기들도 또한 그렇다.
따라서 기억과 지각은 이들의 대상이 모두 과거에 있는 것이라는 점에
서 유사하다. 이처럼 지각을 기억과 유사한 것으로 취급하고 있다는
점은 그 학설에서 지극히 독창적인 요소가 되고 있다."

---

17) W.James, *Essays in Radical Empiricism and a pluralistic Universe*(New York : Long-
     mans, Green & Company, 1942), p.326. Victor Lowe, *Understanding Whitehead*
     제13장 참조.
18) *PR*, pp.40-1(111-2), 30(98-9), 280(495).
19) Charles Hartshorne, "Whitehead's Theory of Prehension," *Actas : Segmundo
     Congress Extraordinaries Intermericano de Filosofia*, 22-26 July, 1961. pp.167-168
     ; Charles Hartshorne, Whitehead's Philosophy : Selected Essays, 1935-1970(Lincoln
     : University of Nebraska, 1972), pp.125-7.

시간적으로 선행하는, 즉 주어지는 존재는 물론 그 실재성을, 이런 저런 주체에 주어진다는데서 확보하는 것이 아니다. 왜냐하면 선행하는 존재는 후행하는 존재에 의존하지 않기 때문이다. 주-객관계는 주어지거나 파악되는 존재에 있어 외적인 요인 내지 비구성적인 요인이 되는 반면, 파악하는 주체에 있어서는 내적인 요인 내지 구성적인 요인이 된다. 특정의 주체는 그것이 파악하고 있는 그 사물들을 파악하지 않았다면 지금의 그 주체 내지 그 순간적 경험일 수 없었을 것이다. 이것은 화이트헤드가 "인과적 효과성"(causal efficacy) 내지 "순응"(conformation)이라는 개념으로 의미하고 있는 것이다. 현재의 계기(occasion)는 그것의 과거에 대한 어떤 방식의 파악에 지나지 않는다. 여기서 흄은 단호히 논박된다. 사건들은 "구별될 수"는 있으나 "분리될 수"는 없다. 왜냐하면 후행하는 사건이 있다고 할 때, 그것이 파악하는 선행존재들은 지금과 다른 것들일 수도 있었을 것이기 때문이다. 따라서 인과적 효과성은 단순히 선행존재와 후행존재 사이의 불가사이한 결합관계가 아니다. X가 없다면 X에 대한 파악도 있을 수 없다는 것은 지극히 자명한 이치이다. 그리고 파악은 선행하는 객체들을 창조할 수 없기 때문에 이들은 현실적 과거에 의해 그 파악주체에 제공되는 것이어야 한다. 결국 현재의 파악주체는 단순히 어떤 과거를 필요로 했으며, 요구되는 그 과거는 반드시 이 특정의 주체를 필요로 했던 것은 아니라 하더라도, 그 특정의 과거를 파악할 수 있는 그런 적절한 주체 내지 주체들을 필요로 했다. 특정의 과거에 의해 파악된다는 것은 결코 한 사물에 본질적인 요인일 수 없으나 적절히 파악할 수 있는 어떤 주체에 의해 파악된다는 것은 본질적인 요인이 된다. 이것은 화이트헤드에게서 찾아볼 수 있는 버클리(G.Berkeley)적 요소이다. 존재한다는 것은 지각되도록 되어 있다는 것이다. 왜 이런 주장을 하는가? 그 이유는 a) 현재하는 것은 과거가 되도록 되어있다는 점과 b) 이런 철학에서 과거가 된다는 것과 어떤 주체에 대해 객체가 된다는 것은 구별될 수 있는 것으로 상정된다는 점에 있다. 경험은 파악 이외에, 과거를 소유하는 다른 구체적인 방법을 우리에게 보여주지 않는다.

파악의 학설을 받아들일 때 놀라울 정도로 많은 물음들이 한꺼번에 답변될 수 있다. 사건과 사건사이에 내적인 관계가 있는가? 그렇다. 왜냐하면 사건들이 다른 사건들을 파악하는 한, 그 사건들은 이들 다른 사건들과의 관계에 의해 구성되기 때문이다. 사건들 사이에 외적인 관계가 있는가? 그렇다. 왜냐하면 사건들이 그들이 파악하지 않는 후행사건들에 의해 파악되는 한, 그들 사건은 후행사건들에서 독립해 있기 때문이다. 게다가 사건들이 동시적인 것들이어서 상호간에 파악하지 않는 한, 상호독립성이 존재하게 된다. 인과적 관계성이 있는가? 그렇다. 그 까닭은 우선 사건들의 발생은 그들이 파악하는 사건들의 발생을 기본적으로 전제하기 때문이다. 다음으로, 과정은 진행되도록 되어 있고 후속하는 사건들은 선행사건들을 객체화(objectify)시키거나 (말하자면) "과거화"(pastify)시킬 수 있는 적절한 파악자가 되기에 충분할 정도로 그 선행 사건들과 공통되는 요인을 갖고 있어야 하기 때문이다. 그리고 마지막으로, 실재속에 어떤 비결정성의 자유가 있는가? 그렇다. 왜냐하면 어떤 경우이든 사건들은 엄격하게 그들의 선행자에 의존하거나 선행자를 포함하는 것은 아니기 때문이다. 그리고 여기서 화이트헤드는 어느 누구보다도 자유에 대한 적절하고도 강력한 논증을 제공하고 있는 것으로 보인다. 주체는 하나가 아니라 다수의 선행 현실태들(actualities)을 파악한다. (그렇지 않다면 세계는 시간적 구조는 가질 수 있으나 공간적 구조는 가질 수 없게 될 것이다.) "다(多)가 일(一)이 되고 일만큼씩 증가한다." 하나의 새로운 현실태는 선행하는 다수의 현실태들을 그의 여건으로 포섭한다. 그러나 어떻게 다자(多者)가 새로운 일자(一者)속에 단적으로 통일되어 들어갈 수 있는 것인가? 다자가 새로운 일자로 통일될 수 있기 위해서는 이를 가능하게 하는 창조적인 종합이 있어야 한다. 필자가 생각하기에 결정론은 이러한 난점을 해결할 수 없는 것으로 보인다. 다자가 일자로 통일된다는 것은 인과적으로 결정되어 있는 필연적인 사태이다. 그러나 어떻게 통일되는가 하는 것은 인과적으로 결정되어 있는 것이 아니다.

따라서 소여성에 대한 화이트헤드의 견해는 인식론적 문제들을 해결하고 있을 뿐만 아니라, 인과관계에 대한 흄의 회의주의에 답하고 있다. 그러나 그것은 정반대의 극단, 즉 우연성과 자유에 대한 절대적 관념론의 부정도 피해간다. 단 하나의 개념을 통해 그것은 세계의 시공간적 구조뿐만 아니라 인식의 가능성과 자유의 실재성까지 설명하고 있는 것이다. 필자가 보기에 그것은 최고의 지적 발견들 가운데 하나임에 틀림없다.

화이트헤드는 "보편자에 의해서만 사유할 수 있다는 자명한 이치를 보편자에 의해서만 느낄 수 있다는 의미로 확대하여 이해해 왔으나 이는 잘못이다"라고 쓰고 있다.[20] 우리는 분명히 인과적 효과성에 대한 느낌, 즉 우리의 현재적 존재에 기여하고 있는 인과적 유입(causal inputs)에 대한 느낌을 갖는다. 화이트헤드가 파악이라 부르는 것에 대한 이러한 경험은 모든 존재가 갖는 가장 근원적인 경험이다.

일반이론을 구성함에 있어 화이트헤드는 가장 단순한 사례, 즉 선행하는 전자적 계기(electronic occasion)에 대한 후속하는 전자적 계기의 파악(이러한 전자적 계기들의 연속이 전자이다)을 가지고 시작하여, 이러한 기본적인 파악적 경험의 성질에 대한 일반적인 설명을 마련한다. 그의 분석은 영원적 객체들(eternal objects)의 매개 역할에 주목한다. 그는 "영원적 객체"를 "영원적 관념," "보편자," "한정의 형식," "사실 규정의 순수 가능태" 등으로 다양하게 부르고 있다. 이들은 플라톤의 형상과 유사하다. 화이트헤드는 전자적 계기(electronic occasion)가

---

20) *PR*, p.230(418-9).

영원적 객체에 의해 기술될 수 있다고 생각한다.(이러한 계기들의 연속이 전자이다.) 이 영원적 객체는 전자적 계기가 갖는 느낌의 형식, 즉 "주체적 형식"(subjective form)이다.[21]

전자적 계기가 그에 후속하는 계기에 의해 파악되는 경우에, "물리적 느낌(physical feeling)의 주체적 형식은 최초 느낌의 주체적 형식의 재연(re-enaction)이다." 이들 형식이 되는 영원적 객체들은 원인과 결과를 직접적으로 매개하는 역할을 한다. "그래서 원인은 자신의 느낌을 새로운 주체에 넘겨주어, 이 새로운 주체로 하여금 그 자신의 것으로 재생할 수 있게 한다. 그러나 이렇게 재생된 것은 그 원인과의 불가분성을 유지한다. 느낌의 흐름이 있는 것이다. 그러나 재생은 완전하지 않다. 합생(concrescence, 새로운 전자적 계기의 생성과정)은 정서적 강도들의 패턴 조정을 필요로 한다." 전자적 계기는 소멸해버린 선행계기와 거의 동일하지만 완전히 동일하지는 않다. 그것은 무엇보다도 새로운 계기를 구성했기 때문에 다른 것이다. 게다가 또한 그것의 선행자는 유일한 인과적 유입도 아니며, 새로운 계기의 구성속에 들어가는 모든 요소들을 전부 책임지고 있는 것도 아니다. 이 다른 요소들이 새로운 계기속에 통합되어야 한다. (이러한 측면의 아주 명백한 사례는 원자속에서의 전자적 계기의 재생, 또는 보다 일상적으로 말해서, 원자의 통일속으로의 전자의 흡수일 것이다.) 이 새로운 계기는 경험의 주체적 통일성(subjective unity)을 형성한다. 따라서 원자속으로의 전자의 도입은 그림속으로의 초록색의 도입과 유사한 것이다. 그것은 전체적인 통일 내지 구성에서 차지하는 그 자신의 위치에 의해 그 자신의 가치를 변화시킨다. 원자속에서의 그것의 재생과 관계가 있는 느낌의 벡터적 형식은 원인으로서의 전자적 계기로부터 결과로서의 강도의 새로운 패턴으로의 추이에 대한 느낌이다. 화이트헤드는 원인에서

---

21) *Ibid.*, pp.32, 34-5.

결과로의 이러한 추이를 "시간의 누적적 특성"[22]으로 규정해놓고 있다.

단세포 유기체의 경우에 이와 유사한 분석 방식이 적용될 수 있다. 그러나 아무리 유기체가 단순하다 하더라도 그것에 중심 방향을 부과하는 어떤 것이 그 속에 있는 것처럼 보인다. 이 어떤 것은 중심계기라 할 수 있는 것이다. 그래서 이런 중심계기의 경험은 근원적 지각을 구성하는 요인이라고 할 수 있을 것이다. 가장 단순한 계기들에 있어, 유입하는 에너지는 중심 계기에 의해 거의 직접적으로 파악될 수 있을 것이다. 인간의 경우, 이 중심 계기는 의식의 장(場)일 것이며, 그래서 유기체속으로 유입하는 에너지의 영향은 뇌속에서 오직 간접적으로만 느껴질 것이다.

화이트헤드는 지각경험이 그 구성적 느낌들, 즉 유기체 자체에 유입되고 있는 구성요소이자 중심계기속에 통합된 느낌들을 어떤 방식으로 반영할 것이라고 주장하고 있는 것처럼 보인다. 다시 말해, 이러한 느낌들을 중심계기속으로 통합시키는 것도 또한 이러한 느낌들이기 때문에, 중심계기속에는 추이 내지 지속에 대한 경험이 존재한다는 것이다. 화이트헤드가 지적하고 있듯이, "느낌은 '벡터'이다. 왜냐하면 느낌들은 저기에 있는 것을 느끼고 여기에 있는 것으로 변형시키기 때문이다."[23] 이것은 화이트헤드가 인과적 효과성의 양태에 있어서의 지각경험의 벡터적 성격을 뒷받침하기 위한 토대가 되고 있는 것처럼 보인다. 그것은 시간 내지 추이에 대한 근원적 느낌을 설명해줄 것이다.

그런데 제임스는 외양적 현재에 관한 그의 논의에서 직접적인 과거로부터 현재로의 추이가 느껴진다고 주장한다. 그래서 어떻게 직접적인 과거가 현재속에 내재하는가에 대한 설명이 필요하게 된다. 화이트

---

22) *Ibid.*, pp.362-3.
23) *Ibid.*, p.133 ; 182, 479-8.

헤드의 설명은 인과적 유입에 대한 유기체의 파악이 직접적인 과거(인과적 유입)와 현재(인과적으로 영향을 받는 유기체)를 결합시키는 것으로서 벡터적으로 느껴진다는 것이다. 그의 분석은 시간이 원시적인 유기체들의 경험이며, 이들이 향유하지 못하는 고등한 감각경험에 의존하지 않는다는 것을 강력하게 시사하고 있다. 제임스는 비록 그가 이러한 견해에 반대하지는 않겠지만, 이런 형태로 주장하고 있지는 않는 것으로 보인다.

그러나 우리가 인간과 같은 "고등한" 유기체에 이르게 될 때 상황은 복잡해진다. 손에서 오는 느낌들을 고찰해 보자. 정상적인 경우에 이러한 느낌의 흐름은 손, 신경, 두뇌로 이어지는 반응들의 경로를 구성하며 이들 각각은 궁극적 산물인 의식의 중심계기를 특징지우게 된다. 따라서 최초의 계기(자극)의 영원적 객체들은 그대로 재연되지 않는다. 그것들은 완전히 변형될 것이다.(물론 여기서도 자극의 영원적 객체들 그 자체의 본성은 그것들이 어떻게 중심계기에서 실현될 것인가를 결정하는데 관여하기는 한다.) 더구나 현실적인 물리적 구성요소, 즉 자극의 에너지입자들 내지 파동들은 중심계기에 이르게 될 때, 신체에 최초로 흡수되었을 때의 모습과는 완전히 달라지게 될 것이다. 따라서 인간의 신경체계는 기본적으로 외적인 힘을 보다 직접적으로 재연하기보다는 모사하도록 되어 있는 것처럼 보일 것이다.

그렇기에 느껴진 이행(transition)에 대한 경험은 일차적으로 "외부"로부터의 인과적 유입과 관계할 수 없다. 인간이 경험하는 것은 외적인 사물과 관련되어 있는 에너지적 구성요소들이며 이들이 인간의 중심계기를 구성한다.[24]

이행에 대한 의식적 느낌과 이와 유사한 운동에 대한 의식적 느낌이 설명되어야 하겠다. 지금까지의 논의는 이러한 에너지가 중심계기

---

24) 이 논의에서 제기되고 있는 isomorphism 문제는 Wolfgang Köhler, *Dynamics in Psychology*(New York : Liveright Publishing Coorperation,(940)에서 거론되고 있다.

에 들어 있어야 한다는 점을 암시하고 있다. 이것은 화이트헤드가 "시간은 우리 자신의 경험작용들의 계기(succession)로서 우리에게 알려지며, 파생적으로 그런 행위에서 객체적으로 지각된 사건들의 계기로서 알려진다"고 말할 때 강하게 시사하고 있는 점이다.25)

이행속의 이러한 에너지의 부분은 일차적인 기억속의 에너지일 것이다. 그리고 그것은 예를들어, 수반된 감각지각에 포함된, 이행하는 또는 지속하는 느낌들의 유형을 설명해줄 것이다. 그러나 우리의 경험 행위들은 모두 감각적인 것도 아니요 모두 주목되는 것도 아니다. 제임스와 화이트헤드는 우리존재의 보다 근본적인 층을 포함하는 경험의 측면들과 관계가 있는 이행의 느낌들이 있다고 주장한다.

화이트헤드에게 있어 한 계기에서 다음 계기로의 연속에 대한 느낌은 인과성의 느낌이며, "직접적인 과거로부터의 파생과 직접적인 미래로의 추이(passage)에 대한 느낌이다. 그것은 현재의 자신속으로 이행해 오면서 현재의 자신으로부터 미래의 자신에게로 이행해가고 있는, 과거의 자신에 속하는 정서적 느낌에 대한 감각이다."26)

앞의 논의는 그러한 느낌이 중심계기속의 이행에 대한 느낌이라는 형식을 취해야 할 것임을 시사한다. 이러한 느낌들은 유기체의 직접적인 선행자의 중심계기로부터 현재 계기의 중심계기로의 여건(data)의 이동을 포함할 것이다. 이러한 여건들을 현재 유기체의 중심계기로 변형시키는 것은 여건적 느낌들(dative feelings) 그 자체이기 때문에 이러한 느낌들은 추이를 경험하게 된다.

제임스와 화이트헤드 모두에게 있어 현재속으로의 과거의 유입은 의식의 흐름속에 반영된다. 부분적으로 이러한 흐름은 신체로부터 파생되어 끊임없이 변화하고 있는 느낌들, 지각대상과 감각여건의 유동,

---

25) *S,* p.35.
26) *PR,* pp.178-9(335-6).

일시적인 사고 ─ 개념적 새로움이나 기억등으로 이루어진다. 이러한 경험들 가운데 다수는 새로운 계기로 전달될 것이며, 화이트헤드의 파악이론에 따르면, 추이를 경험할 것이다.

이제 탐구되어야 할 것은 과거에 대한 베르그송의 견해, 특히 제임스와 비견되는 것으로서의 베르그송의 견해이다. 왜냐하면 베르그송 자신은 지속(duration)에 대한 그의 개념이 제임스의 개념과 어느 정도 유사한 것인지를 알고 있었기 때문이다. 그러나 그는 이 점과 관련한 자신과 제임스의 차이("근본적인 차이"─ différence fondamentale)를 항상 강조하려 했을 뿐 아니라 심지어는 과장하고 있기까지 하다. 이 글의 취지상 우리는 우리의 논의를, 지속에 대한 베르그송의 생각과 제임스의 생각사이의 차이로 제한할 것이다. 이는 아주 중요한 차이라 할 수 있는데 혹자는 이를 본질적인 차이라고 말할 수도 있을 것이다. 우리의 논의는 과거 및 과거와 현재의 관계에 대한 상이한 견해에 주목한다.

과거 : 그 본성과 실재 ─ 베르그송, 제임스, 화이트헤드

제임스와 베르그송은 기하학적 선을 따라 수학적 점들이 늘어서듯이 "미래의 방향으로" 진행하는 무차원의 점적인 현재들이라는 개념을 거부하고 있다는데서 일치한다. 양자는 동일한 방법을 사용하는 가운데, 즉 사유의 흐름(실재적 지속, durée réelle)속에 "직접적으로 주어진 것"(donnée immédiate)에 대한 직접적인 내성을 통해서 이러한 결론에 도달했다. 그러나 베르그송에게는 그 이상의 동기가 있었다. 그것은 그가, 그 정태적인 특성때문에 당연히 시간의 본성을 왜곡시키게 되는 그런 모든 도표적인 기호들을 불신하고 있었다는 점이다. 우리가 이미 제3장에서 보았듯이, 베르그송은 그의 모든 저술에서 시간이란 네번째 차원의 것으로, 기하학적인 선에 의해 표현될 수 없다고 주장하였다. 선은 고정되어 있는 무시간적 존재, "완결된 사실"(fait accompli)로서, 그것의 상이한 부분들이 동시적으로 존재한다. 이에 반해 참된 지속은 "완결중인 사실"(fait accomplissant)이다. 그것은 점진적으로 그리고 끊임없이 성장할 뿐 결코 완결되지 않는 어떤 것이다. 우리가 선이 미래의 방향으로 계속해서 그 길이를 확대시켜가는 것이라고 상상한다면 아무런 소득도 얻지 못할 것이다. 우리의 시각적 상상력은 항상 이처럼 성장하는 선을 상상적 공간속에 던져놓으려 할 것이다. 이런 공간속에는 "현재─순간"에 의해 순차적으로 점유될 위치들이 잠재적으로 선재한다. 미처 깨닫지 못하는 사이에 우리는 또한 미래를 현재 순간과 동시적으로 병치되어 있는 것으로 상상한다. 시각적 습관과 기하학적 상징들로부터 우리의 상상력을 철저하게 해방시킴으로써만 우리는 왜곡되어 있지 않은 시간의 그림 ─ 그림이라는 말을 사용해도 좋다고 한다면 ─ 에 도달할 수 있다. 우리가 일단 선으로서의 시간의 상징적 표상을 제거하면, 우리는 시간의 부분들을 기하학적으로, 즉 일련의 점들로 상상하는 경향성을 피할 수 있게 된다. 다시 말해 시간의 순간들(moments)은 점적인 순간들이 아니다. 시간은 무한히 분할가능하지 않다. 그래서 시간의 동질성은 거부된다. 각각의 시간적 계기들은 이질적인 것으로서, 순수한 추상적 현재들을 포함하는 것이 아니라 "직접적인 과거"(immediate recency)로 채색되어 있는 현재를 포함하고 있는 것이다.

베르그송27)에 따르면 동질성과 수학적 연속성은 균일하게 흐르는 뉴톤의 절대적인 시간에 속한다. 그러나 그러한 시간은 면밀하게 검토해 볼 때, 기본적으로 "시간"이라는 말에서 연상되는 공간적이고 일차원적인 도식에 불과한 것이라 할 수 있는 언어적인 것에 지나지 않는 것처럼 보인다. 우리가 그러한 도식적 그림에 시간적 성격을 부여하는

---

27) *Les Etudes Bergsoniennes*, (Albin Michel), pp.9-10.

이유는 우리가 그것과, 직접적으로 경험되는 지속에 대한 우리의 느낌을 모호하게 연결시킨다는데, 그리고 도식적 기호의 시각적 그림이 직관을 배경으로 밀어내 버린다는데 있다. 시간과 그것의 질적인 내용은 구별되지 않는다. 내용없는 지속은 무의미한 관념이다. 왜냐하면 계기하는 부분들의 질적인 차이는 바로 모든 시간적 실재의 본질이기 때문이다. 베르그송은 참된 지속에 대한 그의 분석이 순수한 심리적 분석보다 더 깊은 의미를 갖는다고 주장했을 때 옳았다. 그것의 목적은 시간일반의 본성을 탐구하는데 있으며 단순히 "사고의 흐름"의 본성만을 탐구하는데 있는 것이 아니다. 베르그송의 "실재적 지속"에는 화이트헤드의 다음과 같은 표현이 적용될 수 있을 것이다. 즉 "철학적 도식을 예증하는 것으로서의 관찰된 경험의 구조는 모든 관련된 경험이 반드시 동일한 구조를 나타내게 되는 그런 성격의 것이어야 한다"[28]는 것이다.

제임스의 시간분석에 비해 베르그송의 시간분석이 우수한 까닭은 후자가 보다 정밀하고 보다 지적일 뿐 아니라, (우리는 대체로 이렇게 말할 수 있을 것인데) 보다 연역적인 것이었다는데 있다. 칼렌(Horace M. Kallen)은 이미 그의 비교연구에서 그들 사이의 이러한 유형적 차이를 지적한 바 있다.[29] 베르그송의 정신은 흔히 거론되는 그의 반지성주의에도 불구하고 명백히 데카르트주의적 경향을 보유하고 있었던 반면, 제임스는 영국의 경험론적 전통에 항상 충실하고 있었다. 제임스는 직접적으로 주어지는 경험적인 철학적 소여를 진술하는데 머물러 있었다. 그러나 베르그송은 비록 그가 "의식의 직접적 소여"에 천착하기는 했지만, 직접적으로 주어진 것의 구조를 합리화하고 그것의 개별적인 특징들 사이의 논리적 유대를 이해하고자 노력하였다. 더구나 그는 시간적 분석을 기다리는 어떤 지적인 책략의 본성을 발견하려고 하

---

28) *PR*, pp.3-4(49-50).
29) Horace M.Kallen, *William James And Henri Bergson, A Study in Contrasting Theories of Life*, p.121.

였다. 그리고 그는 시각적 상징, 특히 기하학적 상징이 시간적 실재에 적용될 때 가장 큰 혼동과 왜곡을 동반한 결과가 빚어진다는 사실을 발견하였다. 이러한 통찰에 힘입어 그는 심리적 지속의 동질성과 수학적 연속성이라는 개념뿐만 아니라 지속 일반의 동질성 및 수학적 연속성이라는 개념까지도 거부할 수 있었다. 시간의 시각화를 피하려는 그의 줄기찬 노력은 또한 과거를 개념화하는데 있어서의 그와 제임스 사이의, 본질적인 차이는 아니라 하더라도, 중요한 차이를 설명해준다.

현재의 순간(moment)은 무한히 짧은 순간이 아니라 "직접적 과거로 채색되어 있는 하나의 폭을 지닌 시간이다. 제임스에 따르면 "판명하게 직관된 현재는 그것이 단순히 재생되어 사유되는 반음영으로 변하기에 앞서 모호한 과거의 반음영으로 바뀐다."30) 다시 말해 제임스에게는 두 종류의 과거가 있다. 하나는 "감각적 현재"의 내부에서 직접적으로 직관되는 과거이고, 다른 하나는 직접적으로 파악되지 않고 오직 간접적으로만 재생될 수 있는, 현재의 폭 바깥에 있는 과거이다. 회고는 보다 먼 과거를 상징하는 단순한 현재상태이다. 물론 제임스는 현재의 폭이 유동적이라는 사실, 그리고 그것의 길이가 가변적이며 감각범주가 달라지면 그것 또한 달라진다는 사실을 알고 있었다. 그는 현재 폭의 뒷쪽 끝 경계가 모호하며, 직접적인 과거와 절대적인 과거가 날카롭게 구별되지 않는다는 것도 알고 있었다. 그러나 그는 단지 "공적인 시간"의 12초 정도만을 응축시킬 수 있는 "직접적 기억"의 이와같은 모호한 경계를 넘어설 때 과거는 우리 의식의 직접적인 범위를 완전히 벗어난다고 판단했다 — 또는 적어도 이런 생각이 그의 견해속에 분명하게 함의되어 있다. 인상, 또는 보다 덜 원자론적 방식으로 말해서 11초 전에 일어난 어떤 정신적 성질은 우리의 외양적 현재의 몽롱한 가장자리에 모호하게 존속되는 반면 이 경계 밖에 있는 모

---

30) W.James, *Psychology* I, p.636.

든 것은 사실상 생기를 잃고 영원히 소멸해 버린다. 훨씬 더 먼 과거가 뇌의 물질적 변형속에 생존한다는 것은 사실이다. 그러나 이러한 유형의 생존은 의식속에서의 과거의 외양적 존속과는 완전히 다른 것이다. 그것은 순간적인, 또는 거의 순간적인 뇌의 상태들의 계기(succession)에 대한 마지막 분석에서 성립한다. 임의의 물질적인 배치 상태와 유사한 각각의 상태는 현재속에 배타적으로, 또는 거의 배타적으로 존재한다. 보다 정확하게 말하자면 (뇌가 속해 있는) 물리적 세계에서 그것의 외양적 현재는 그에 상응하는 정신적 현재에 비해 비교도할 수 없을 만큼 짧은 것이어서, 실천적인 측면에서 보자면 점의 순간과 같은 것이다. 그러므로 물질적 자취의 존속은 상징적인 것에 지나지 않는다. 그것은 참된 지속, 즉 현재속에서의 정신적 과거의 실재적인 생존과 동일한 것이 아니다. 뇌의 상태는 항상 거의 수학적인 현재이다. 이에 반해 정신적 과거는 현재 순간속으로 유입해들어오는 것이긴 하지만 물리학자의 관점에서 볼 때 실재적인 과거이다.

외양적 현재의 경계 너머에 있는 과거는 생기를 잃고 영원히 사라지는 것이기 때문에 제임스의 견해에서 의식의 흐름은 "끊임없는 소멸"(perpetual perishing)이며, 심리적 삶의 유일한 주체는 현재적인 "사유의 소멸하는 박동"(perishing pulse of thought)이다. 사유의 계기하는 박동들은 상호침투한다. 제임스의 표현으로 하자면, 후행하는 박동은 선행하는 박동을 "사유화한다"(appropriate). 그러나 이 상호혼합은 오직 직접적으로 계기하는 두 박동만을 결합시킬 뿐이다. 그것은 시간의 보다 큰 간극들을 연결시키지는 못한다. 선행하는 과거의 모든 감각적 현재는 현실적인 뇌의 변형속에 단지 상징적으로만 존재한다. 그것은 그 진정한 정신적인 존재론적 지위에 관한 한, 비존재의 심연속으로 영원히 사라진다.

과거에 대한 이와같은 제임스의 견해와 베르그송의 견해사이의 차이는 상당히 미묘하지만 본질적인 것이다. 그것은 아주 미묘해서 베르그송 자신도 미처 깨닫지 못하고 있었다. 그러나 그것은 끊임없는 소멸에 대한 헤라클레이투스의 철학과 진정한 지속에 대한 베르그송의 철학사이의 차이이다. 두 철학은 모두 시간주의적이다. 그러나 제임스는 주로 끊임없는 변화와 유동의 특성을 강조하고 있는 반면 베르그송은 유동과 존속을 똑같이 강조하고 있다. 시간적 실재가 지닌 명백히 대립하는 두 측면 모두 그 실재의 상호보완적인 특성들이다. 또한 시간의 실재성을 묘사하는 은유의 선택은 두 견해사이의 차이를 보여준다. 제임스의 저술에서는 흐름과 소멸의 이미지들이 지배적인 요인으로 등장하여, 끊임없이 "흘러가버리는," 그래서 비존재의 심연속으로 사라져가는 과거를 시사해주고 있다. 이에 반해 베르그송은 그의 은유에서 과거의 보존(과거의 색조가 현재의 색조속에 융합해들어가는 선율, 점차 커져가는 눈덩이, 응축 등)을 강조하고 있다. 베르그송에게 있어서는, 현재에 인접해 있는, 그래서 직접적 기억에 의해 응축된 그런 과거가 존속할 뿐만 아니라 비교적 "먼"과거, 즉 "12초의 간격 밖에 있는 과거도 존속하면서 현재 순간에다 불명확한 색조를 부여하는 가운데 그 잠재적인 존속성을 드러낸다.

시간의 비가역성은 그러한 조건하에서만 존재한다. 베르그송은 다음과 같이 말하고 있다. "기억은 서랍속에다 추억을 저장해두거나 장부에다 그것을 기록해두는 능력이 아니다. 장부도 없고 서랍도 없다. 정확히 말하자면 능력이라는 것조차 존재하지 않는다. 왜냐하면 능력이란 간헐적으로 그것이 작동하려 하거나 작동할 수 있을 때 작동하는 것인 반면, 과거위에 과거가 쌓이는 과정은 끊임없이 진행되는 것이기 때문이다. 사실상, 과거는 저절로, 자동적으로 보존된다. 아마도 과거는 전체로서 매순간 우리를 따라다니고 있을 것이다. 우리가 느껴왔던 모든 것이 그와 결합하게 될 현재에 기대어 있다…. 우리는 우리의 과거 가운데 아주 작은 부분만을 생각하지만 이 부분은 우리가 열망하고 의지하고 행동하는 우리영혼의 원초적인 성향을 포함하는 우리의 과거 전체와 관련되어 있다…. 과거의 이와같은 생존때문에 의식은 동일한 상태를 두번 경험할 수 없는 것이 된다…. 매순간 축적되는 경험으로 구성되는 우리의 인격체는 끊임없이 변하고 있다. 변화에 의해 그것은 어떤 상태도, 비록 피상적으로는 다른 어떤 상태와 동일하다 하더라도, 그 깊은 내면에 있어서는 결코 동일하게 반복될 수 없는 것으로 만든다. 그것은 우리의 지속이 비가역적인 것이 되는 이유가 된다. 우리는 한 순간도 동일한 삶을 살 수 없을 것이다. 왜냐하면 그러기 위해서는 따라다녔던 모든 것에 대한 기억을 지워내고서 시작해야 할 것이기 때문이다. 우리가 비록 우리의 지성으로부터 이러한 기억을 지울 수는 있을지라도 우리의 의지로부터 그것을 지워버릴 수는 없을 것이다."31)

제임스의 견해와의 차이는 명백하다. 다시 이 차이는 우리의 시간관념으로부터 모든 시각적이고 기하학적인 심상들을 보다 철저하게 제거하려는 베르그송의 시도속에 나타나 있다. 제임스는 비록 그가 점의 순간이라는 인위적 개념을 거부하기는 했으나, 잠재의식속의 모든 시각적 표상들을 제거하지는 못했다. 현재 순간에 대한 그의 견해는 명백한 기하학적 특성들을 보유하고 있다. 그것은 선분에 비유될 수 있는 어떤 것이다. 그는 러브조이(Arthur O. Lovejoy)32)가 했던 것처럼 순간들의 계기(succession)를, 인접해 있으면서도 명확히 구별되는 그런 시간적 길이들의 계기로 대치시키는데까지 나아가지는 않았다. 그러나 떨어져 있는 시간의 순간(moment)들 간의 절대적 외재성을 주장하는 가운데 눈에 거슬리는 기하학적 유비에 말려들고 말았다. 그가 말하는 "사유의 소멸하는 박동"은 이런 측면에서 러브조이의 시간조각 (temporal segment)과 유사하다. 유일한 차이는 제임스가 접촉뿐만 아니라 직접적으로 계기하는 순간들의 침투도 인정하고 있다는데 있다.

---

31) *CE*, pp.5-6.
32) A.O.Lovejoy, "The Problem of Time in Recent French Philosophy," *Philosophical Review*, Vol. XXI, pp.532-3.

그러나 그는 이 "옆의 옆"의 연속성만을 인정하고 있다. 12초 이상의 간격에 의해 떨어져 있는 계기들은 절대적으로 불연속적인 것으로서, 공간 상의 두 점처럼 상호외재적인 것이다. 보다 정확히 말하자면 그들 사이에는 그 어떤 관계도, 심지어 불연속성의 관계조차도 존재하지 않는다. 왜냐하면 선행하는 관계항은 완전히 사라져버렸기 때문이다. 제임스는 언제 과거가 소멸하게 되는 것인지를 판별하는 것이 불가능하다는 사실을 강조할 때조차도 그러한 소멸이 실재로 일어난다는 그의 기본 가정을 포기하지 않는다.

칸트는 현재를 두 개의 영(nought) — 과거와 미래 — 사이에 있는 수학적인 점과 비교한다. 러브조이는 이 점을 일정한 길이로 확대시켰다. 제임스는 이 길이가 분명한 경계를 갖지 않는다고 주장하였다. 그러나 이 모든 견해는 현재의 순간(moment)을 비존재의 두 심연사이에 떠 있는 유일한 실재로 간주하고 있다는데서 일치하고 있다. 이렇게 고찰된 시간은 "끊임없는 소멸"(perpetual perishing)이며, 여기서 현재 순간의 섬광은 똑같이 덧없는 다른 섬광에 의해 대치되어 소멸한다. 정확히 말하자면 그것은 베르그송의 누적적 지속처럼 매순간 점차적으로 풍부해져가는 실재가 아니다. "사고의 흐름"과 "실재적 지속" 사이의 기본적인 구조적 차이는 다음과 같이 대충 기술될 수 있다. 이제 P_1, P_2, P_3, P_4는 계기하는 외양적 현재를 나타내고, m_1, m_2, m_3, m_4는 직접적인 기억의 연쇄를 나타낸다고 해보자. "사유의 흐름"에서 계기하는 순간 P_1과 P_3가 서로 완전히 외재적이라는 것은 분명하다. 왜냐하면 이들은 중간항에 의해서만 연결되기 때문이다. 베르그송의 지속은 훨씬 더 복잡한 구조를 보이고 있다. 직접적 기억의 유대가 직접적으로 계기하는 두 관계항을 결합시키고 있다는 사실 외에도 거기에는 인접하지않는 시간적 관계항을 연결시키는 다수의 관계들, 화이트헤드의 표현으로 하자면, 파악들이 있다. 이러한 유대는 계기하는 관계항들 사이의 시간적 간격이 늘어남에 따라 보다 약화돼간다. 그러나 이러한 유형의 기억과 직접적인 "과거파지"(過去把持 ; retention) 사이에는 본질적으로 아무런 차이도 없다. 베르그송의 지속에서는 과거 전체가, 비록 그 상이한 부분들이 다양한 정도로 현존하기는 하지만, 공존한다. 제임스에게 있어서는 오직 "직접적 과거"만이 "외양적 현재"의 가장자리에서 지각되기 때문에 실재적인 것이다. 베르그송의 말을 들어보자. "내가 이 과거 전체의 총체적인 보존을 설명하려 하지 않는 것은 내가 "대화"(conversation)라는 말의 마지막 음절을 발음할 때 처음 세 음절의 보존을 설명하려 하지 않는 것과 같다. 그런데 나는 우리의 심리적 존재 전체가 이와같은 하나의 문장과 유사한 어떤 것이라고 믿는다. 그것은 의식의 최초 각성 이후 계속되면서 이따금 쉼표에 의해 나뉘기는 하지만 결코 완전히 단절되지는 않는다. 따라서 나는 우리의 과거 전체가 여전히 존재한다고 믿는다."[33] 이 구절은, 이러한 관점에서 볼 때 직접적인 과거파지와 과거의 재생사이의 차이가 본성에서의 차이가 아니라 정도에서의 차이라는 점을 분명히 보여주고 있다. 이와 관련하여 화이트헤드는 여러가지 점에서 베르그송과 유사하다. 그는 거의 동일한 용어를 사용하여 과거에 대해 말하고 있다. "기억에서 과거는 현재한다. 그것은 자연의 시간적 계기를 중복시키는 것으로서 현재하는 것이 아니라 정신의 직접적인 사실로서 현재한다."[34]

이것은 제임스가 말하는 "옆과 옆의"(next-to-next) 지속의 연속성과 실재적 지속의 총체적 연속성 사이의 기본적인 차이이다. 제임스의 견해에서 오래된 과거의 국면들은 현재의 순간(moment)과 완전히 단절되어 있는데 반해 — 베르그송이라면 "완전한 단절에 의해 분리되어 있는"이라고 말할 것이다 —, 베르그송의 과거는 현재의 "계기"

---

33) H.Bergson, *Mind-Energy*, (제3장 24), p.70.
34) *CN*, p.68.

(occasion)에 불가분하게 내재해 있다. 과거의 역동적인 총체성 내에는 간극도 없고 "완전한 단절"도 없다. 그러나 그러한 불가분성이 무차별성을 의미하지는 않는다. 오히려 과거 계기의 종적인 특성들은, 서로 중첩되면서 현실적 계기속에서 잠정적으로 종결되고 있는, 길이가 일정하지도 않고 강도가 일정하지도 않은 다수의 시간적 고리들로 표현된다. 이러한 이유 때문에 지속의 각 계기들의 "이-일"(two-oneness)에 대해 말하기보다는 "다-일"(many-oneness)에 대해 말하는 것이 보다 적절하다. 아주 흥미롭게도 이것은 브라우어(L.E.Brower)가 채택하고 있는 용어이기도 하다.35) 과거에 대한 제임스의 견해와 베르그송의 견해사이의 차이는 20세기 초에 그들이 주고 받았던 오래된 편지에 분명하게 나타나 있다. 그것은 과거 문제의 상이한 측면에 불과한 잠재의식의 문제와 관련되어 있었다. 제임스는 오래된 과거에 심리적인 지위를 제외한 어떤 존재론적 지위도 부여하지 않는 한편 어떤 시간적 길이를 갖는 것으로 이해되는 현재상태의 심리적 존재만을 인정하였다. 베르그송은 1903년 3월 25일자의 편지에서 그와 다른 견해를 피력하고 있다. "우리가 기억을 사물의 범주로 환원한다면, 기억을 위한 현존과 부재사이의 중간단계는 존재하지 않게 될 것임이 분명해진다. 그것은 우리의 정신에 완벽하게 현존하게 되거나, 그렇지 않고 그것이 무의식적인 것이라면 우리의 정신에 존재하지 않게 될 것이고 그래서 더이상 현재하는 심리적 실재로 간주될 수 없게 될 것이다. 그러나 나는 심리적 실재의 세계에서 "죽느냐 사느냐"(to be or not to be)라는 배타적인 선택지를 내세울 이유가 없다고 믿는다. 내가 의식에 의해 나 자신을 파악하려고 하면 할수록 그만큼 더 나는 나 자신을, 행위를 목적으로 하여 응축되어 있는 나 자신의 과거의 총화 내지 총체로서 지각하게 된다. 철학자들이 말하는 "자아의 통일성"은 주의집중의 노

---

35) E.W.Beth and J.Piaget, *Epistemologie mathématique et Psychologie*(Paris : Presse Universitaire de France, 1961), p.117.

력 — 이것은 살아있는 동안 줄곧 지속되며 내가 보기에는 삶의 본질 자체인데 — 에 의해 나 자신을 집중시켜가는 정점의 통일성인 것처럼 보인다."36) 다시 말해 제임스와 마찬가지로 베르그송은 전통관념론의 정태적이고 실체적인 자아를 거부하였다. 그러나 그는 제임스와 달리 단순한 "사유자"인 "소멸해가는 사유의 박동"으로 자아를 환원시키지는 않았다.37) 따라서 차이는 또한 제임스가 말하는 "사유의 흐름"이 지니는 헤라클레이투스적인 특성에 기인한다. 여기서는 끊임없는 소멸이 강조되고 기억상의 존속은 간과된다. 그래서 "소멸해가는 사유의 박동"보다 더 존속하는 어떤 것이 존재할 여지가 없는 것이다. 제임스의 "소멸하는 주체"에 대한 존 듀이의 고찰도 보다 더 정확할 수 있었을 가능성은 거의 없다.38)

그러나 듀이는 제임스가 베르그송의 영향하에서 과거에 대한 그의 견해를 변경시켜갔던 최종단계를 고려하지 않았다. 이러한 변화는 1909년 6월 27일자의 편지에 분명하게 나타나 있다. "나는 몇해 전 내가 르누비에(Renouvier)를 읽은 이후 나의 직관전체의 핵심이, 무엇인가가 우주에서 일어나고 있다는 점과 새로움(novelty)이 실재적인 것이라는 점을 포착한데 있었다고 생각한다. 그러나 내가 지성주의자의 동일성논리에 사로잡혀 있는 한, 내가 새로움에 부여할 수 있는 유일한 형식은 운명적인 것이었다. 나는 분산된(discrete) 요소들이 폐지되고 그 대신 다른 것들이 창조된 세계가 사물들에 대해 우리가 제시할 수 있는 최선의 기술적인 설명이었다고 생각했다…. 이것은 인류를 괴

---

36) R.B.Perry, *Thought and Character of William James*, Vol II, p.611. Bergson은 그의 *The Creative Mind*, trans. Mabelle L.Andison(New York : The Philosophical Library, 1946), 202-8쪽에서 인격의 통일성 문제에 대하여 보다 더 체계적인 논의를 전개시키고 있다.

37) Horace M.Kallen, *op. cit.*

38) John Dewey, "The Subject in the Psychology of James," *The Journal of Philosophy*, XXXVII (1940).

롭히고 있다 — 나의 제자들 가운데 아무도 훌륭한 운명론자가 되지 못했다! 나도 이미 운명론자가 아니다. 왜냐하면 베르그송의 시네키즘 (synechism)[39]은 새로움을 구제하고 변화의 법칙(law-in-change)의 모든 구체적인 사실들을 유지할 다른 방법을 나에게 보여주었기때문이다."[40] 분산된 창조와 분산된 폐지(annihilation)라는 르누비에의 관념이 제임스의 "소멸하는 사유의 박동"이라는 개념에 크게 영향을 미쳤다는 것은 분명하다. 제임스가 "시네키즘"의 영향하에서 최종적으로 채택한 실재적 지속의 철학에는 실재적인 소멸도 실재적인 폐지도 없다. 또한 거기에는 단절도 없고 무로부터의 창조도 없다. 또는 『다원주의적 우주』(A Pluralistic Universe)의 표현으로 다음과 같이 말할 수 있겠다. "(그들의) 변화는 완전히 새로운 무엇인가의 완전한 창조로 이어지는 완전한 폐지가 아니다. 부분적인 쇠퇴와 부분적인 성장이 있다. 이런 과정속에는 상대적인 항구성의 핵이 있어서, 이로부터 쇠퇴하는 것은 떨어져나가고, 결합되어 들어오는 것은 무엇이나 받아들이는 가운데 궁극적으로는 완전히 다른 어떤 것이 그 자리를 대신하게 된다."[41] 바꿔 말해, 위에서 지적했듯이 과거의 소멸과 현재의 출현은 역동적인 단일 사실의 두 측면으로서, 완전한 폐지와 무로부터의 창조라는 것은 인위적으로 분리되어 왜곡되어버린 단순한 속성사진들인 것이다.

우리가 지속을 다수의 수학적 단위들로 생각할 수 없다는 것을 인정한다면, "지속의 성장"을 어떤 총량이 그것에 별개의 단위들이 부가됨으로써 증가하게 되는 그런 부가 과정과 비교할 수는 없을 것이다.

---

39) 퍼어스(C.S.Peirce)가 제창한 이론으로, "연속주의"라고 번역될 수 있다. 그에 따르면 이는 연속의 관념을 철학에서 가장 중요한 것으로 내세우면서, 연속성을 포함한 가설의 필요성을 역설하는 철학적 경향이다. 그리고 이것은 설명불가능한 궁극적인 것에의 한 설명에 반대함으로써 프라그마티즘의 원천 가운데 하나가 된 사상이다. 여기서 "연속"이란 모든 사물의 완전한 의존성과 상호관련성을 일컫는 말로서, 그리스어 syecheia를 어원으로 하고 있다.(W.L.Reese, *Dictionary of Philosophy and Religion*, p.564 참조.)

40) R.B.Perry, *op. cit.*, II, p.656.

41) W.James, *Essays in Radical Empiricism and a Pluralistic Universe* (상게 17), p.258.

이런 종류의 어떤 것을 시사하고 있는 베르그송의 비유 — 예를들어 그가 비유로서 말하고 있는 커져가는 눈덩이와 같은 표현 — 는 특히 유감스런 것이다. 식물학의 용어를 빌려 말한다면 우리는 "지속의 성장"이 "병치," 즉 분산된 층의 외적인 부가보다는 "섭취"에 가깝다고 말할 수 있을 것이다. 섭취에 의한 성장은 현재와 과거 사이의 내적인 관계를 시사한다. 현재는 과거에 외적으로 부가되는 것이 아니라 과거와 통합되며, 역으로 과거는 현재를 떠나서 존재하지 않는다. 베르그송의 보다 나은 비유는 생물학적인 성숙(murissement)이라는 것이다. 그것은 무기적인 자연으로부터 빌어온 심상들보다 더 그럴듯하게, 선행하는 배경속으로의 현재의 이러한 통합 내지 섭취를 시사해준다.[42] 그러나 여기서 우리는 불가피하게 아주 난해하고도 중요한 문제에 부딪치게 된다. 실재적인 시간은 가분적인가? 그리고 그렇다면 어떤 의미에서 가분적인가?

실재적인 시간, 즉 지속은 질적으로 분화되어 있긴 하지만, 그것의 계기하는 위상들이 상호외재적인 관계에 있다는 의미에서는 가분적이지 않다고 하는 답변은 아주 역설적일 뿐 아니라 경험과 조화되지도 않는 것처럼 보인다. 아주 오래된 과거까지도 결코 현재에 전적으로 외적인 것이 아니라고 주장하는 것은 분명히 이상하다. 그러나 과거나 과거의 어떤 부분과 관련한 현재의 완전한 외재성은 지속의 계기하는 위상들의 완전한 독립성을 함의할 것이다. 과거의 그 특정한 "부분"이 완전히 배제된다 해도 현재의 특성에는 아무것도 일어나지 않을 것이다. 현재 계기의 특성은 — 가설상 제거된 과거로부터의 완전한 독립성 때문에 — 전혀 영향을 받지 않고 남아있게 될 것이다. 그러나 과거의 완전한 파괴는 본질적으로 불가능하다. 일어난 것은 일어난 것으로서, 돌이킬 수도 없고 폐기될 수도 없으며 일어나지 않은 것으로 만

---

42) *TFW*, p.176.

들 수도 없다. 어떤 과거의 효과가 후속하는 사건의 영향에 의해 저지되거나 중성화될 수는 있다 해도 사건 그 자체가 과거로부터 지워질 수는 없는 것이다. "과거의 불멸성"(the immortality of the past)을 구성하는 것은 바로 이것이다.

아주 흥미롭게도 이 용어는 럿셀이 만들어낸 것이었지만[43] 그는 이로부터 아무런 결실도 얻지못했다. 그렇지 않았더라면 5분전에 창조된 우주에 관한 가설은 본질적으로 논박될 수 없다고 주장하지 않았을 것이다.[44] 그러한 주장은 현재와 관련한 과거의 절대적인 외재성 ─ 또는 과거의 파괴불가능성 ─ 이 가정되는 경우에 한해서만 분명하게 제기될 수 있는 것이다. 화이트헤드는 분명히 럿셀에게서 "과거의 불멸성"이라는 말을 빌어왔다. 그러나 럿셀에게서와 달리 그에게 있어서 이 개념은 자연에 대한 그의 유기체적 견해의 주춧돌 가운데 하나가 되었다. 우리가 앞 장에서 보았듯이 이 관념의 부정적 측면은 "시간에서의 단순정위의 오류"에 대한 그의 비판, 즉 현재와 과거 간의 관계의 외재성에 대한 그의 비판이었다. 『자연의 개념』(*The Concept of Nature*)의 한 구절에서 화이트헤드는 다음과 같이 주장하였다.

"존재의 창조적 힘에 대한 별칭에 지나지 않는 자연의 추이(the passage of nature)는 그것이 활동할 그런 한정된 순간적 현재라는 좁은 선반을 가지고 있는 것이 아니다. 지금 자연을 전진시키고 있는 그것의 활동적 현존은 전체를 통해서, 즉 현재적 지속의 지극히 협소한 영역안에서뿐만 아니라 가장 먼 과거에서도 찾아져야 한다."[45]

과거의 불멸성에 대한 베르그송 자신의 개념은 화이트헤드의 개념

43) B.Russell, *Mysticism and Logic* (제3장 46), p.47.
44) B.Russell, *Human Knowledge, Its Scope and Limits* (New York : Simon and Schuster, 1962), p.212.
45) *CN*, p.73.

만큼 일반적이지 않다. 이것은 베르그송이 처음에 쓴 두권의 책에서 오직 심리적인 과거 및 그것과 현재와의 관계에만 주목했었다는 사실에 기인한다. 그러나 그는 그의 첫번째 저술에서조차 심리적 시간을, 시간일반을 이해하기 위한 모델로 사용하고 있다. 그래서 이 저술에서도 정신적 과거의 불멸성에 대한 그의 주장은 과거 일반의 총체적 존속에 대한 긍정을 포함하고 있었다. 하지만 이 점과 관련하여 베르그송은 화이트헤드만큼 명확하지 않았다.

베르그송과 화이트헤드는 모두 실재를 누적적인 것으로 생각하고 우리의 경험을 현재속에서의 우리 과거 전체의 종합에 기초하고 있는 것 —감각지각이나 추론적 지식보다 훨씬 더 기본적인 것 — 으로 생각하고 있다. 베르그송은 "현재속에서의 과거의 보존은 변화의 개별성 이외의 것이 아니기 때문에" 불가분한 변화의 전 과정은 "현재"(the present)라고 주장하고 있다.[46] 화이트헤드도 그의 합생이론(theory of concrescence)에서 선행 단계와 후행 단계는 불가분하기 때문에 합생의 지속은 문제의 과정의 특정 단위에 고유한 "외양적 현재"라고 주장한다. 그러나 "현재속에서의 과거의 보존은" 유기체철학에서 또 다른 의미 — 그것의 명백한 의미를 갖는다. 그것은 그 자신을 완결시킨 합생의 지위와 관계가 있다. 그러한 "소멸"에서 합생은 성장하는 현재의 계기에 의해 주체적으로 느껴질 수 있는 독립적이고 변경불가능한 객체 내지 여건의 역할을 하게 된다. 그리고 이것은 변화가 궁극적으로는 과정의 계기하는 원자들로 분할될 수 있기 때문에 오직 가능한 것이다. 그래서 화이트헤드는 과거와 현재를 하나의 실재로 융합시키지 않고 기본적으로 이들을 구별한다. 더 나아가 이러한 다원론적 시간주의에서 소멸한 것의 내재는 작용인이 된다. 그것은 시간들 사이의 기본적인 물리적 관계이며 베르그송이 의식에 부여하고 있는 특수한 능력이 아니다. 비록 두 철학자가 모두 과거의 내재를 "기억"이라 부르

---

46) *CM*, p.183.

고 있긴 하지만, 베르그송은 기억을 존재의 최고 성취로 간주하고 있는데 반해 화이트헤드는 그것을 최저의 성취로 이해하고 그 대신 생명이 소유하고 의식이 강화시키는 특성으로서의 이상적인 목적의 새로움을 최고의 성취로 간주한다.

물론 현재속의 과거의 내재는 이 둘 중의 어느 한 사람만의 독창성에 힘입은 것으로 간주될 수 있는 학설이 아니다. 그것의 원천은 상식, 즉 과거가 현재의 구성요소로 참여한다는 우리의 일상적인 가정속에 있다. 대다수의 근대 철학자들은 그들의 궤변을 전개하는 가운데 그것을 거부해 왔다. 나는 제임스, 베르그송, 화이트헤드가 우리의 직접적인 경험에 설득력있게 호소해 왔다고 말하지 않을 수 없다. 게다가 베르그송은 그의 이원론적 형이상학이 요구하는 특수한 형태의 학설을 활용해 왔던 반면 화이트헤드는 그것을 가능한 한 가장 광범한 형태로 발전시켜 모든 존재의 우주론적 특성으로 활용하였다.

화이트헤드는 자신의 견해 전체와 아리스토텔레스의 견해를 명확하게 비교하여 말하기를, 아리스토텔레스는 생성의 이론을 갖고 있었던 반면 그는 소멸의 이론을 부가했다고 하였다.47) 미래는 "가능태"로서 현재속에 포함된다. 두 사람은 이점에서 일치한다. 그러나 어떻게 과거가 현재속에 포함되는가? 분명히 가능태로서는 아니다. 그러면 어떻게인가? 현실태로서인가? 아니면 제3의 양태가 있는가? "소멸한다는 것"(perishing)은 과거가 불멸하는 현실태로서 현재속에 실현된다는 것이다. 일상적인 경우에 그러한 "객체적 불멸성"(objective immortality)은 근본적으로 결함이 있는 것 또는 추상적인 것이다. 그것은 과거의 생기를 정당하게 취급하지 못한다. 그러나 하츠혼은 신의 객체화에서 과거의 생기가 정당하게 취급된다고 말한다.48)

---

47) A.N.Whitehead, *Essays in Science and Philosophy* (London : Rider and Company, 1948), p.89.
48) C.Hartshorne, *Whitehead's Philosophy* (상게 19), p.127.

다수의 비평가들은 소멸해버린 존재들이 새로운 존재의 구조속에 들어가 잔존할 수 없다고 주장한다. 그러나 이러한 기술적(technical) 의미에서 소멸한다는 것은 "폐지된다는 것"도 아니요 심지어 축소된 실재로 변화된다는 것도 아니다. 존재는 그의 결단을 완결짓는다. 따라서 그것은 나중에 재고찰하거나 재연할 수 없다. 미결정성은 "사라 졌다." 그래서 마감된 존재는 그때 후속하는 종합에 의해 여건으로서 받아들여진다. 새로운 존재에 의해 객체화될 수 있는 소멸과 생성은 동일한 것이다. 따라서 그들은 서로 장애가 되지 않는다. "소멸한다는 것"은 여기서 하나의 비유인데, 이것이 위험스런 비유임은 입증되었 다. 자기완결된 존재는 후속하는 종합에서 여건으로 활용된다. 이것이 전부이다.49) 따라서 화이트헤드는 베르그송과 달리 생성과 변화를 구 별하고 있는 것이다.

2. 최종적 대립 : 화이트헤드의 통합성과 베르그송의 양극성

시간이론과 형이상학적 전제

"상식적" 판단에 따르면 공간적 경계에 의해 한정되며 특정 영역을 차지할 수 있는 존속하는 객체들은 실제로 공간을 "점유하며" 시간을 통해 "존속한다." 그러나 이러한 범주들은 형이상학적으로 가공되어 "직관 형식"으로 순화되거나(칸트의 경우처럼), 관계의 형식으로 순화 된다(라이프니츠의 경우처럼). 이들의 관용적 사용은 상황과 점유라는 은유적 의미를 불러일으킨다. 따라서 공간과 시간은 자연 대상의 활동 의 터전이 되는 모체를 형성한다. 우리의 분석적 요구에 부응하는 추 상의 활동은 우리에게 공간, 시간, 물체라는 세가지 존재를 제공한다.

---

49) *Ibid.*

그러나 이들 셋은 파생에 있어서나 중요성에 있어서 동일하지 않다. 존속하는 물체는 주의가 집중되는 초점이다. 공간 개념은 물체의 경계를 특수화하려는 시도에 의해 탄생된다. 그리고 시간의 개념은 물체의 운동을 계측하려는 시도에서 생겨나게 된다. 외적 자연에 대한 우리의 관념이 동질적인 공간의 개념에 의해 주도되고 있다는 베르그송의 주장은, 크기의 연속성으로부터 운동의 연속성을 이끌어내고 운동의 연속성으로부터 시간의 연속성을 이끌어내고 있는 아리스토텔레스의 작업에서 확증되고 있다. 크기, 운동, 시간은 모두 연속적인 것이다. 왜냐하면 시간의 절단면을 의미하는 "지금"의 계기(succession)는 공간의 무한가분성을 정의하는 유클리드적 점들의 심상과 유사하기 때문이다. 하나의 "지금"이 또 하나의 지금과 인접해 있을 수 없다면, 동일한 이유에서 하나의 점이 또 하나의 점과 인접해 있을 수 없을 것이기 때문이다. 시간과 공간적 연장은 양(quantities)이자 연속적이고 가분적인 것이기 때문에 유동적으로 한정될 수 있다.

물체는 공간속의 사물이 공간속에 포함되듯이 시간속에 포함된다. 그리고 일반화하여 보면 "공간은 도처에서 동일한 공간이듯이 시간도 도처에서 동일한 시간이다. 그러나 개념의 유사성이 중요성에서의 유사성을 의미하는 것은 아니다. 자연철학에 있어 공간속에서의 임의의 자연 물체의 상이한 위치는 결정적인 요인이 되는 반면, 시간에서의 위치의 차이는 아무런 물리적 결과도 수반하지 않는다. 우리의 사유가 실재에 대한 상징적 표상이고 어떤 종류의 개념적 그물에 의해 실재를 포착하려는 시도로서의 자연과학이 형이상학적으로 적절한 것인 한에서 우리는 기하학이 비연장의 점들의 계열이듯이 비연장의 순간들의 계열인 측정체계를 확보하게 된다. 이렇게 예시된 시간성은 다음과 같은 성질들을 갖게 된다. 1) 그것은 계열을 이룬다, 2) 그것은 연속적이다, 3) 모든 자연 사건들이 그 속에서 일어나는 그런 단일한 시간계열이 있다, 4) 시간상의 단순한 위치의 차이는 어떠한 물리적 결과도 동반하지 않는다. 이것은 실체철학이 말하는 시간성이다. 그리고 화이트헤드와 베르그송의 논증이 비판하고 있는 것은 바로 이러한 시간개념이다.

이러한 논증들은 경험에 기반을 두고 있다. 베르그송의 경우, 그것은 자기인식의 직접성에 제공되는 것으로서의 인격적 지속에 대한 우리의 직관이며, 화이트헤드의 경우 그것은 감각여건들의 패턴의 연관성에 대한 우리의 파악이다. 존재론적 원리를 염두에 둘 경우 임의의 생성과정이 순응해야 하는 조건들은 현실적 존재의 본성속에 예증될 것임에 틀림없다. 우리는 결코 점이나 순간을 인식하지 못하며 언제나 공간적 연장과 지속을 동반하는 일정 사건들을 인식할 수 있을 뿐이다. 그러므로 점이나 순간과 같은 극단적 존재들이 의식에 주어질 수 있는 것은 오직 연장적 추상화의 방법과 같은 절차를 통해서일 뿐이다. 왜냐하면 제임스의 표현을 빌자면50) 현재는 사실상 "칼날"과 같은 것이 아니라 "안장 모양의 것"(saddle-back)이기 때문이다. 물론 화이트헤드는 현실적인 변화가 원자적으로 일어나더라도 이들의 발생에서 비롯되는 연장적 연속체는 가능적으로 가분적이라는 의미에서 연속적인 것임을 인정할 것이다. 그리고 베르그송은 가능적 가분성이 운동 그 자체의 속성은 아니지만 운동의 기하학적 경로의 속성이라는 점을 인정함으로써 연속성에 유사한 지위를, 흔쾌히는 아니라 하더라도 허용할 것이다. 그러나 두 사람은 실재적 시간(real time)의 본성을 드러내기 위해 경험에 호소하고 있다는 점에서 유사하다.

불가피한 순환에 의해, 현실적 존재의 어떤 속성들이 실재적 시간의 본성으로부터 귀결된다. 그리고 여기서 이들 현실적 존재의 생성은 실재적 시간의 본성에 대한 증거가 된다. 고전적인 이론에서 공간의 관념은 공간적 체적의 분할이 물질을 분할하는 정도만큼 물질의 내적인 구조와 관련된다. 그리고 화이트헤드가 이런 속성으로부터 공간의 한

---

50) William James, *Psychology*, Vol. I , p.609.

점에서의 밀도의 개념이 생겨난다고 말한 것은 분명히 옳았다. 그러나 이미 앞 장에서 고찰했듯이 시간과 관련한 물질의 분할은 다르게 작용한다. 왜냐하면 고전적 이론에서 물질은 시간의 분할과 무관하기 때문이다. 그리고 이것은 시간의 경과가 물질의 성격과 우연적으로 연관되어 있을 뿐 본질적으로 연관되어 있지 않다는 것을 시사한다. 시간의 이러한 우연적 속성으로부터, 공간 상에 단순히 정위되어 있는 "물질의 순간적인 배치의 계기"(a succession of instantaneous configurations of matter)로서의 세계라는 뉴톤의 구상이 생겨났다.51) 이런 세계의 그림이 구체화되고 그 세계의 구성요소들이 자연의 현실태로 간주될 경우, 어쩌면 뉴톤과 아리스토텔레스 사이를 잇는 가교를 마련할 수 있을 것이다. 왜냐하면 비록 전자의 전통은 실체와 그 양적 규정에 관심을 두고 있고 후자의 전통은 실체와 그 질적인 규정에 관심을 두고 있긴 하지만, 양자 모두 "단순정위"(simple location)라는 개념에 의존하고 있을 뿐만 아니라52) 또한 베르그송이 실재적 시간에 부여하고 있는 성질, 즉 실체의 본질을 부식시켜 변형시키는 힘을 최소화시키고 있기 때문이다. 물론 뉴톤과 아리스토텔레스의 우주론적 전제들을 동일시하는 것은 부당하다. 동질적인 물질의 양적인 규정과 이질적인 실체들의 질적인 규정 사이의 차이는 17세기가 안고 있던 제2성질에 관한 난점의 근저에 놓여 있다.53) 왜냐하면 자연의 이분화는 감각여건의 공간적 자리매김에 관한 끈질긴 인식론적 문제를 해결하기 위해 제시된 하나의 답변으로부터 귀결되기 때문이다. 그럼에도 불구하고 시간이론의 관점에서 볼 때 중요한 유사성이 있다.

그러나 이제 다른 시간 이론을 가정할 경우 시간의 경과는 물질의 우연적 성질이 아니라 본질이 될 것이며, 물질은 아무리 짧은 시간에서라 하더라도 동일한 것으로 남아있을 수 없게 될 것이다. 따라서 사

---

51) *SMW*, p.63(83).
52) *Ibid.*, pp.61, 72, 84, 113, 194 (81이하, 94이하, 108, 143 이하, 230).
53) *Ibid.*, pp.67, 113.

물의 존속은 단순히 점적인 순간(moment)이 아니라 일정한 간격의 시간을 지닌 지속을 필요로 하는 발현의 패턴을 함축하게 되는 것이다. 이것은 영속성이란 지성이 항상적으로 운동하는 기체에 부과한 특성일 뿐이라는 베르그송의 주장에서 탄생한 것이다. 감각적 성질의 영속성은 단지 그 운동의 반복에서 존립하는 것일 뿐이다 — 이 반복은 인위적인 지각적 응결에 의해 전적으로 인위적인 형상의 현시로 펼쳐지는 것이다. 성질과 본질이라는 고정된 심상들은 유동을 제어하기 위한 도구들이다. 그러나 그들의 허구적인 속기(shorthand)의 명세서가 인습적인 상징으로 오해되어서는 안된다. 베르그송에게 있어 지성화는 반복될 수 있는 진동의 합으로부터 감각적 성질을 구성해내는 "실재에 대한 통계적 견해"를 제공한다. 그리고 화이트헤드는 여건(data), 이행(transition), 결과(issue)를 분석하기에 앞서 본질적인 사실을 진술하고 있다: "창조에 의해 자연적 박동을 산출하는 과정의 리듬이 있는 바, 이 각각의 박동은 역사적 사실의 자연적 단위를 형성한다."54) 이는 우리가 앞 장에서 이미 지적했던 점이다.

"역사적 사실의 자연적 단위"(a natural unit of historic fact)라는 개념은 현실태의 양자 이론(a quantum theory of actuality)과, 다른 구체적인 사건과 인접해 있는 공간화된 지속을 포함한다. 여기서 구체적 사건의 패턴은 획기(epoch) — 즉 특정한 연장적 시간 단위 — 를 통해서만 현실화된다. 그리고 존속하는 객체는 다수의 계기하는 사건들에 의해 유지되는 패턴의 반복에서 출현한다. 그러므로 "역사적 사실의 자연적 단위"라는 개념은 단순한 연장과 구별되어 왔을 뿐 아니라 아리스토텔레스적 시간의 속성과 본질적으로 결합되어 있는 가분성과도 구별되어 온 시간에 대한 설명을 포함하고 있다. 화이트헤드에게

---

54) *MT*, p.120(108). 원문은 다음과 같다: There is a rhythm of process whereby creation produces natural pulsation, each pulsation forming a natural unit of historic fact. (A. N.Whitehead, *Modes of Thought* (Cambridge : Cambridge University Press, 1956, p.120.)

있어 시간 — 또는 보다 정확하게 말해서 시공간 그 자체 — 은 그 본성상 박동하는 것이다. "따라서 우리는 시간을 연장의 별개 형식으로 간주해서는 안된다. 시간은 획기적 지속들의 단순한 계기 (succession)이다. 그러나 이 설명에서 서로 계기하는 존재들은 지속들이다."55) 시간의 획기성 이론(epochal theory of time)에는 몇가지 난점들이 내재해 있는 것으로 보인다. 일정사건에서 패턴이 실현되는데에 지속이 필요하다는 것은 분명하다. 그러나 "획기적 지속이 그것의 계기하는 가분적인 부분들을 통해 실현되는 것이 아니라 그것의 부분들과 함께 주어진다"56)는 것은 그 이론이 주장하고자 하는, 사물의 핵심에 들어있는 과정 자체를 부정하는 것처럼 보인다. 화이트헤드에게 있어 "생성과 운동 및 변화 그리고 시간적 과정은 일반적으로 불연속적인 것이어서 분산된 원자적 단계에서 발생하는 것이며, 생성과 정지가 불연속적인 것이라면 시간 또한 그런 것"57)이라는 점을 부인할 수 없긴 하지만 이러한 논증은 완벽한 것이 되지 못한다. 화이트헤드에게서 시간은 양태적 (modal ; 분리적, separative) 특성뿐만 아니라 파악적 (prehensive) 특성도 갖는다. 사실상 사건과 마찬가지로 불가분적인 시간적 요소인 현실적 계기는 "어떤 의미에서 다른 장소가 아니라 이 장소에 존재하며 다른 시간 동안이 아니라 이 시간 동안 존속한다." 이것은 "시공간의 양태적 특성"이다. 그러나 양태적 특성 그 자체만으로는 분명히 단순정위의 관념을 불러일으키며, 따라서 "그것은 분리적 특성 및 파악적 특성과 결합되어야 한다."58) 화이트헤드는 "시간화가 별개의 연속적인 과정이 아니며,"59) "시간은 획기적 지속들의 단순한 계기"60)라고 주장하면서도 또한 "이러한 추이는 분산된 존재들의 일

---

55) *SMW*, p158(191).
56) *Ibid.*
57) Vere C.Chappel, "Time and Zeno's Arrow," *The Journal of Philosophy*, Vol. LIX, No.8 (Apr.12, 1962), pp.200-1.
58) *SMW*, p.80(104).
59) *Ibid.*, p.159(104, 193).

직선적인 과정이 아니라"61) "공간의 각 체적이나 시간의 각 경과는 본질적으로 모든 공간 체적의 측면들과 모든 시간경과의 측면들을 포함한다"62)고 주장한다. "모든 체적은 그 자신속에 공간속의 다른 모든 체적들을 반영한다." 그리고 "시간의 각 지속은 모든 시간적 지속을 그 자신속에 반영한다."63) "어떤 의미에서 모든 것은 모든 시간에 있어 모든 장소에 있다."64) 여기서 우리는 명백히 사건들에 대한 베르그송의 철저한 해석과 꼭 마찬가지로 철저한 "해석"을 만나게 된다. 시간적 획기들 사이의 연속성은 획기들의 분산성 못지 않게 근본적인 것이다. "현실적 존재를 가장 구체적인 요소로 분석할 때 일차적으로 그것은 파악의 합생으로 나타난다."65) 그리고 "파악의 벡터적 성격은 근본적인 것이다."66) 현실적 존재는, 단순히 그 양태적 성격에서만 고찰한다면 단순정위하는 것으로 보이겠지만, "우주의 각 항목과 완전히 확정적인 유대관계를 갖는다. 이 결정적인 유대 관계는 그 항목에 대한 현실적 존재의 파악이다."67)

그러므로 화이트헤드의 용어에 비추어볼 때, 우리는 베르그송의 『의식의 직접소여에 관한 시론』(*Essai sur les données immédiates de la conscience*)이 시간의 파악적 통일을 과장하고 그것의 양태적 내지 획기적 특성을 무시하고 있다고 말할 수 있을 것이다. 그의 이원론적 입장은 오직 공간에 대해서만 (화이트헤드의 의미에서) 양태적 구별을 인정하고 있다. 그의 공간은 질적으로 동질적이며 근본적으로 불연속적인 것으로 특징지워진다. 시간은 질적으로 이질적인 연속체로 기술

---

60) 상계 주6을 보라.
61) *SMW*, p.116(146).
62) *Ibid.*, p.89(114).
63) *Ibid.*, p.82(106).
64) *Ibid.*, p.114(144).
65) *PR*, p.23(81-2).
66) *Ibid.*, p.317(550).
67) *Ibid.*, pp.41-2(113-4).

된다. 모든 공간적 범주를 배제할 때, 시간은 분산된 시간적 요소들에 의해 빚어질 수 있는 어떠한 불연속성도 지닐 수 없는 것이 된다.

필자는 과정 형이상학의 기본적인 전략이 시간의 획기성 이론에 드러나 있다고 생각한다. 과정은 현실적 존재의 생성이다. 현실적 존재는 다수의 가능태들의 실재적인 합생이다. 현실태가 자신의 완결인 만족을 달성해 가는 과정으로서의 합생은 시간의 원자적 경과를 포함한다. 문제의 핵심은 화이트헤드의 설명의 범주에 있다. 현실적 존재가 어떻게 생성하는가 하는 것이 그 현실적 존재가 어떤 것인가 하는 것을 결정한다. 여기서 발생적 설명은 형이상학적 설명의 방법으로서 일반화되고, 그 결과 그것은 더이상 역사적인 우연이 아니라 현실태의 결정을 위한 지렛대가 된다.

화이트헤드의 시간이론은, 앞장에서 보았듯이 자연의 "추이"(passage)가 하나의 시간질서에 의해 완벽하게 기술될 수 없는 것이라고 가정하고 있다. 왜냐하면 각각의 지각적 사건은 오직 하나의 시간 계열을 파악하며 그래서 모든 사건은 그 사건에서 교차하는 무수한 현재속에 포함될 수 있기 때문이다. 그의 시간이론은 또한 (보다 보수적인 시간 이론과 함께) 시간이 비가역적인 것이라고 주장한다 — 비록 그의 시간이론이 이러한 속성을 직접적인 직관보다는, 자연의 창조적 전진인 생성에 의해 탄생되는 각 사건의 특수성과 특이성으로부터 끌어내고 있기는 하지만. 그러나 그 이론의 핵심은 시간이 자연의 실재적 지층(real strata)에 순응하는 연장된 현재의 계기(succession)라는 학설이다. 왜냐하면 그 어떤 현재도 완전히 순간적인 것일 수 없을 뿐만 아니라 현존은 시간적 연장성을 필요로 하기 때문이다. "시간 간격"(a period of time)이라는 개념은 자연적 존재에 주목할 때 감각적인 앎에 자연스럽게 드러난다. 그리고 사건은 하나의 지속 내에 자리할 수 있는 시간 간격을 동반하는 특성을 지닌 존재이다. 순간에 놓인 자연과 같은 것은 존재하지 않기 때문에 우리는 불가피하게 그것의 주기성에 주목하게 되며, 사실상 모든 자연적 존재의 일반적인 주기적 특성에 주목하게 된다. 그리고 이런 이유 때문에 우리는 형이상학적으로 입자나 형태 또는 실체적 형식보다 리듬을 강조하게 된다.

화이트헤드가 리듬을 취급하기 시작한 것은 초기에 베르그송의 강력한 영향을 받으면서부터이다.68) 여기서도 리듬이 없이 그 현실태가 주기적일 수 있는 그런 제일적인 대상과, 그 리듬의 부분들이 일정하게 연장된 총체성을 구성하는 그런 지속의 완결을 필요로 한다는 점에서 비제일적인(no-uniform) "생명을 담지한 대상"으로 구별하는 것이 가능하다. 살아있는 사건들은 물론 물리적 대상들의 장소이다. 그러나 그것의 인과적 구성요소들과 관련하여, "전체 상황의 외양적인 특성은 다수의 부분들의 유사 주기적인(quasi-periodic) 리듬의 특성으로 대치된다…."69) 베르그송의 통계적 실재관은 물리적 대상이 어떤 의미에서 리듬의 평균치로 이해된다는 점에서 용인된다. 그러나 물리적 대상들은 그들의 집적(集積)에서는 더이상 리듬의 복합체를 형성하지 않는다는 점에서 생명이 없는 것이다. 여기서 리듬이 생명의 인과적 상응물과 동일시됨으로써 이미 일원론적 범심론(monistic panpsychism)이 발아하고 있다. 이 범심론은 후기 화이트헤드에 이르러, 자연을 이분화(bifurcation of nature)시키고 있는 베르그송의 특수한 형식을 넘어서게 된다. 또한 여기서 동일성과 새로움의 혼합 및 패턴의 통일성과 세부에 있어서의 대비의 혼합이 강조되고 있는데, 이는 나중에 파악과 합생이론을 예술의 일반이론으로 전환시키게 된다. 그래서 우리가 범주적 제약을 이해하게 될 때, 이런 일반이론에서는 형이상학적 일반성의 형식과 미적인 일반성의 형식을 구별하는 것이 더이상 적절한 것처럼 보이지 않게 된다.

---

68) Roland Stahl, "Bergson's Influence on Whitehead," *The Personalist*, pp.36(1955), 255 ; Leszek Kolakowski, *Bergson* (Oxford University Press, 1985), p.101 참조.
69) *PNK*, p.197.

플랑크(Planck)에 의해 처음으로 제기된 물리적 이론의 제반 요구가 시간의 획기성 이론(epochal theory of time)의 요구와 아주 유사한 결과를 시사한다는 것은 분명하다. 이것은 그 파생의 원천도 아니고 시간에 대한 형이상학적 이론이 그것의 발생 시기에서 일치하는 물리적 이론과 조화되지도 않지만 그 양자 모두에 의해 거부되는 낡은 실체이론은 존속이라는 성질이, "관련된 삶의 역사를 통해 유지되는 무차별적인 동일성"을 의미한다는 점을 파생적으로 함축한다. 엄격한 아리스토텔레스적 이론에서 존속하는 실체는 변화나 장소의 이동을 뒷받침하지만, 이들은 존속의 본질적인 성질과 다른 지평에 있는 우연적인 규정들이다. 물리적 장의 기초에 있는 입자적 유기체들이 진동하는 존재들로 개념화되는 것과 마찬가지로 현실적 계기들의 사회들은 그들의 관계적 패턴의 반복이라는 의미에서 존속을 드러낸다.[70] 과정철학에서의 존속은 단순한 사실일 수 없다. 그것은 "사회적" 질서와 "인격적" 질서의 여러 유형으로 분석적으로 환원될 수 있다. 따라서 존속하는 객체는 시간 경과를 통해 유사—동일적 패턴을 계승하는 현실적 계기들의 결합체이다. 화이트헤드는 과정의 계기하는 현실화들에 의해 향유되는 공통 형상의 요소들이 "한정특성"(defining characteristics)이라고 생각한데서 분명히 옳았다. 아리스토텔레스의 체계이건 화이트헤드의 체계이건 모든 체계는 경험속의 영속성과 존속성을 개념화하고 있어야 한다. 그러나 필자는 화이트헤드의 체계가 다음과 같은 장점을 갖고 있다고 생각한다. 즉 존속을 주어진 것으로 간주하는 것이, 시간을 통한 패턴의 순응적 계승이라는 미시적 개념을 존속에 적용하는 것보다 덜 민감한 형이상학적 분석의 도구를 제공한다는 것이다.

이 논의를 통해 필자는 시간이론에서 화이트헤드의 관점과 베르그송의 관점을 적절하게 구별하지 못했다. 중요한 여러가지 점에서 그들

---

70) *SMW*, p.166(200).

은 근본적으로 다르다. 그리고 그들의 불일치의 실마리는 그들이 상이한 두 시간 이론을 각기 활용하고 있는데서 발견된다. 화이트헤드는 베르그송의 체계에 있어 주춧돌이 되고 있는 이질적인 인격적 시간과 동질적인 자연적 시간 사이의 구별에 공감하지 않는다. 그리고 유사하게 베르그송의 형이상학은 생명있는 경험의 지평과 생명없는 경험의 지평을 절대적으로 구별하는 자연의 이분화에 기초를 두고 있는 반면 화이트헤드의 냉혹한 범심론은 모든 이분화를 거부한다. 그 결과 궁극적으로 화이트헤드는 과학철학의 전제들에 적합한 방식으로 자연의 통일성을 확립할 수 있었던 반면 베르그송은 기계론과, 문학적 정신에 깊이 공감하는 방식으로 이루어지는 느낌 사이의 불일치를 강조하였다.

지속으로서의 시간과 생명

베르그송에게서 형이상학적 충동은 순수하다. "지식의 뼈대"(인식의 틀, les cadres de la connaissance)를 넘어서서 대상 — 우리가 "대상"이라는 말을 형이상학적 의미로 이해한다면 — 을 직접적으로 보려는 것이 그의 야망이다. 왜냐하면 "현상과 실재"라는 형이상학적 기초개념이 무엇보다도 먼저 실재의 "내부"와 "외부"계열에 대한 심리적 술어로 번역되어야 하기 때문이다. 다른 사물들에 대한 우리의 인식은 외적이고 피상적이다. 그러나 우리 자신에 대한 인식은 내적이고 심층적이다. 나는 (나의 감각, 느낌, 의지, 관념에서) 변하지만 심리적 삶의 현실태속에는 어떠한 불연속성도 없다 — 나의 주의가 분리된 행동에 의해 고정되고 있을 뿐이다. 그대가 원자론적 심리학자라면 분리된 행동들에 주목할 것이다. (흄을 유명하게 만들었던 것도 이런 주의집중이다.) 하지만 그대가 맥락론자(contextualist)라면 각각의 상태는 개인적인 과거 전체를 요약한 것이 될 것이고, 상태들의 중첩은 단지 각각의 현실적 계기들을 한정하는 맥락의 연속성을 증언하게 될 것이다.

　다른 한편 데모크리투스의 통찰은 과학적 지성의 영구적 필요성을 표현한다. 물리적인 사물들은 불변하는 것들(원자들)과 반복가능한 것들(요소들)로 구성되어 있다. 사고가 요소와 원리의 체계를 불러일으킬 때면 언제나, 칸트가 오성의 법칙으로 정식화한 이러한 지적인 도구들이 작동하고 이들의 구조는 물질의 영향력을 반영한다. 물질은 정의상 고립되어 있는 것이며, 이러한 이유 때문에 기하학적으로 취급될 수 있는 것이다. 하지만 전체로서의 우주는 계측적 취급에 부응하지 않는다. ― 그것은 지속한다. 진정한 우주의 상호작용은 실재 그 자체이며, 어떠한 대수(代數)도 그것을 완전히 개념화시키지 못한다.

　실재적 시금석이 될 수 있는 사례는 살아있는 신체이다. 왜냐하면 이러한 맥락에서 우리는 각별히 개체적인 것을 다루고 있기 때문이다. 물론 개체성은 그 정도가 다양하다. "이상적인" 개체성은 인간에게서조차 완벽하게 실현되지 않는다. 나무는 살아있지만 개체라기보다는 낮은 등급의 사회이다. 왜냐하면 그것은 구체적인 시간의 환경속에서 자신을 실현하지 않기 때문이다. "구체적" 시간과 "추상적" 시간 사이의 구별은 대단히 중요하다. 각 유기체가 "그의 삶을 통해 줄곧 의존하고 있는" 존재의 흐름이 있다. 나무는 고도의 개체성을 지니고 있기는 하지만 인공적인 체계라기보다는 "자연적인" 체계이다. 물질은 어떤 의미에서(아리스토텔레스의 체계에서처럼) 보편적인 기체이다. 하지만 아리스토텔레스가 형상의 체계에서 지각한 연속성은 베르그송에게 있어 중심적인 이원화 ― 진화적으로 발전하는 "생기있는" 물질과 물리적 체계를 정의하는 "불활성" 물질 사이의 이원화를 야기한다. 연속성의 원리(퍼어스가 과학의 본질적인 전제라고 생각했던)는 깨어지고, 여기서 정신이 요구하고 신성화하는 우주의 중심은 물리과학과 생물과학의 구별이라는 다소간 사소한 형태로 쪼개진다. 그러나 "생물과학"이라는 말은 기술이라기보다는 역설이다. 그것은 생명의 현상을 보편적 기계론의 보호 아래로 끌어들이려는 시도, 즉 반항하는 개체를 법칙적 필연성의 영역내에로 끌어들이려는 시도를 대변한다.

그러나 생성은 양화되거나 기술될 수 있는 수(數)나 고정성을 갖고 있지 않다. 생명체를 측정하거나 해부하는데에는 분할의 작용이 필요한데, 이는 생명체의 본성에 대한 부정이다. 왜냐하면 생명의 본성속에는 개념이나 형식적 패턴 또는 보편적인 것에 대한 완강한 거부, 그러므로 지성에 대한 완강한 거부가 존재하기 때문이다. 비유기적 필연성에 의해 해석되는 "인식"과 "불활성적 본성"은 "인과성"이나 "실체"와 마찬가지로 동전의 양면에 지나지 않는다. 따라서 기계론은 실재적 시간에 대한 호소에 의해 거부되며, 지성은 모든 이데아들을 미리 주어진 것으로 발견하는 플라톤주의를 함의하고 있는 것으로 간주된다.

어째서 화이트헤드가 그의 유기체철학이 베르그송주의를 반지성주의로부터 구출하는 것이라고 느꼈는지는 쉽게 이해할 수 있다. 그러나 베르그송은 이러한 "구출"의 전제를 정중하지만 단호하게 거부할 것이다. 화이트헤드의 플라톤주의는 그의 거부감을 한층 더 심화시켰을 것이다. "신의 원초적 본성"이라는 장치와 "영원적 객체"의 영역은 그에게, 생명을 이해하는 진정한 수단과는 조화될 수 없는 자연적인 플라톤주의를 지성이 단순하게 합리화해 놓은 것에 불과한 것으로 보였을 것이다.

"생명"과 "물질"의 만남은 베르그송의 철학에 있어 중심이다. 생명의 역할은 물질속에다 비결정성을 끌어들이고 합리적인 지성이 그것에 접근할 수 없게 만드는데 있다. 왜냐하면 지성은 언제나 형식적인 구조에 대한 지식을 제공하며 그래서 지성은 비유기적 고체들을 자신의 주요 대상으로 갖기 때문이다. 그러므로 모든 범주표는 물질의 특성을 반영하는 동시에 지성적 사유를 위한 가능성들의 목록을 반영할 것이다. 따라서 지성이 경험으로부터 그 범주들을 추상해내는 것인지 아니면 칸트의 경우에서처럼 지성이 경험에 범주들을 부여하는 것인지를 묻는 것은 소용없는 일이다. 사실은 그 양자 사이에 상호 적합성이 있다. 그래서 물질의 특성들은 마치 지성에 의해 그런 것처럼 언제나 연장성, 외재성, 부분들로의 가분성, 분산성, 원자성 등으로 환원될 수 있을 것이다. 그리고 물질을 특징지우는 이러한 연장성과 외재성이 공간을 필요로 하며 공간은 동질적이고 비어있으며 무한한 것(따라서 무한히 가분적인 것)이어야 한다는 반론이 제기될 경우 베르그송의 답변은 무한히 연장된 것의 연속성은 결코 지각되지 않는다는 것이 될 것이다. 그것은 작용하기 위한 뼈대로서 생각될 수 있을 뿐이라는 것이다. 지각되는 것은 항상 채색되어 있으며 연장에 저항한다. 그리고 바로 이러한 이유 때문에 우리의 기하학과 우리의 논리는 고체를 토대로 하여 정형화되어온 것이다.

이로부터 베르그송에게 있어서는 항상 인식론과 형이상학 사이에 아주 밀접한 관계가 있게 될 것이라는 결론이 나온다. 실재의 형식들은 그들에 적합한 인식의 형식들을 요구한다. 전자에서의 이원론은 후자에서 그에 상응하는 이원론을 필요로 한다. 물질과 생명의 관계는 지성과 직관의 관계와 같다. 그러나 이와 같은 우리의 인식적 삶의 이원성은 기원의 일원성에 의해 복잡하게 된다. 물질이 불가분의 전체로서 지각될 때, 그것은 하나의 "사물"이라기보다 하나의 "유동"이며, 이것은 불활성적인 것과 살아있는 것을 화해시킬 수 있을 것처럼 보인다. 지성과 물질이 상호 적응에 의해 형성되어온 것이라면 양자는 존재의 보다 광범한 형식으로부터 파생되었을 것이다. 시간에서의 발전은 분리, 분화, 단편화를 의미했다. 물질은 판이한 물체들로 분리된다. 그러나 형이상학적 충동은 자연 발전의 주요 흐름에 영웅적으로 항거하여 투쟁한다 — 그것은 기원으로 돌아가고자 한다.

우리가 잠겨있는 생명의 대양이 있다. 지성은 그것으로부터 빠져나오며 철학은 그것으로 되돌아가려 한다. 그러나 대립은 실재의 운명이다. 물질과 정신은 여전히 대립하고 있다. 물질성과 정신성 배후에는 서로 반대 방향으로 향하고 있는 두 과정이 존재한다. 살아있는 존재들(실재적 시간의 담지자들)은 퇴락해가는 가운데 결국은 단순한 연장으로서의 죽음을 맞게 된다. 경험은, 공간성으로 퇴락해가는 "공간 외적인 것"(extra-spatial)의 끊임없는 퇴보를 드러낸다. 이는 마치 물질성이, 불가분의 전체로서의 실재가 전진해 나아가는 끊임없는 창조의 중단에서 나타나는 것인 것과 마찬가지다.

베르그송에게는 일원론에 대한 향수가 있었고, 이것은 그 자신의 궁극적인 결론이 아주 완고하게 이원론적이었기 때문에 더욱 더 통렬한 것이었다. 그리고 우리는 이 점이, 『창조적 진화』의 마지막 부분에서 이루어지고 있는 철학사에 대한 흥미진진한 여정에서 아주 명확하게 나타나고 있음을 볼 수 있다. 주제는 17세기 철학에 의해 제공된 것으로서의 근대 과학에 대한 형이상학적 해석이다. 베르그송은 과학과 형이상학 사이에 가교가 없는 간극을 원하고 있다. 그리고 그의 증거는 존재의 가동성으로서의 실재적인 시간(진정한 지속)이 어떻게 과학적 인식의 그물을 빠져나가는지를 보여주는 것이다. 그에 따르면 근대 세계의 여명기에 형이상학은 공간의 인위적인 연장성을 준거로 하여 마련된 시간과 살아있는 존재의 독특한 시간성 사이에서 주춤거리고 있었다. 이러한 망설임은 데카르트에게서 확연하게 찾아볼 수 있다. 베르그송은 데카르트가 인간의 자유의지를 손상시키지 않으면서 보편적인 결정론적 필연성을 부과하고자 했던 열의 없는 기계론자였다고 불평하고 있다. 그러나 이것은 다만 데모크리투스의 전통과 아우구스티누스의 전통을 모순없이 화해시킨다는 것이 얼마만큼 어려운 것인지를 보여주고 있는데 지나지 않는다 해도, 베르그송은 그가 데카르트에게

가하고 싶은 비난을 철회하려 하지 않을 것이다. 신체와 정신, 연장된 것과 사유하는 것을 나누어보고 있는 17세기 이원론에 대한 베르그송의 질책은 적어도 부분적으로는 그 자신과 데카르트와의 명백한 동족성을 인정하고 싶지 않은데서 연원하고 있다. 그러나 그는 라이프니츠와 스피노자에게서 찾아볼 수 있는 평행론에 대해 훨씬 더 강력하게 반대하는데, 이는 단일 실체와 두 속성이라는 스피노자의 발견이 올가미이자 착각일 뿐인 일원론을 보여주고 있기 때문이며, 사유를 연장성에 선행할 뿐 아니라 더 중요한 것으로 간주하고 있는 라이프니츠가 지성주의의 오류에 희생되고 있는 것으로 보였기 때문이다.

칸트에게는 라이프니츠와 스피노자를 능가하는 커다란 장점이 있었다. 그의 관심은 형이상학의 최대화에 있었던 것이 아니라 형이상학의 최소화에 있었다. 그는 뉴톤과 갈릴레오의 물리학을 보편과학의 모델로 만드는데 필요한 인식론적 구조의 가장 경제적인 형태를 마련하기 위해 개념적 가능성들의 보고에 오캄의 면도날을 적용하였다. 그러나 이것은 또한 형이상학적 파편들이 완전히 제거된 후 과학적 일원론을 복원한 것에 지나지 않는다. 오성(Understanding)이 있다면(초기 실증주의자들이 주장했듯이) "과학의 통일성"이 있어야 한다. 칸트의 최초의 자료는 수학과 물리학이었고 생물학이나 심리학은 물론 아니었다. 베르그송에 따르면 이것은 그에게 지성의 범주들을 제공하였으나 그로하여금 직관을 발견하지 못하게 하였다. "내감"에 대한 칸트의 취급은 수학적이고 추상적이다. 그러나 그가 여기서 진정한 경험론을 받아들였더라면 그는 분명히 "체험된 시간"인 지속에 부딪치게 되었을 것이며, 이것은 그에게 과학의 통일성보다도 과학의 이원성을 확신시켜주었을 것이다. 그래서 그것은 그에게 정신이 물리적인 주제에서 살아있는 심리적 주제로 옮겨감에 따라 그것의 기어(gear)를 어떻게 바꾸어야 하는 것인지를 보여주었을 것이다.

베르그송은 항상 "과학의 통일성"에 반대하고 과학의 이원성을 지지할 수밖에 없었다. 왜냐하면 정신을 기계론적으로 이해하고 실재를 유물론적 시각에서 바라보는데 대해 반발하는 가운데 그는 지속에 대한 직관을 철학적 작업의 절대적 중심에 위치시키고 있었기 때문이다. 그러므로 칸트의 "선험적 감성론"에 대한 그의 비판은 철저하다. 왜냐하면 그것은 시간과 공간이 성질과 일반성에서 동일한 지평에 있는 범주들이라는 것을 부정하고 있기 때문이다. 실재적 시간은 물리학의 공간화된 시간과 완전히 다르다. 그리고 이러한 시간의 이원성은 물질과 생명의 이원성 및 이들의 상반되는 운동성 — 물질은 필연성을 동반하는 완전한 공간성을 지향하는 반면 생명은 자유를 동반하는 완전한 시간성을 지향한다 — 을 상징한다.

화이트헤드와 베르그송 모두에게 있어 무엇보다도 생명은 우리가 17세기로부터 계승한 과학적 유물론이 결코 이해할 수 없는 어떤 것이다. "환경에의 적응"이라는 개념은 환경에 대한 생명의 적극적인 공략을 누락시키고 있는 반쪽짜리 생명의 역사만을 이야기 하고 있다. 아마도 베르그송의 생명존중은 화이트헤드에게 강한 인상을 주었을 수 있다. 하츠혼이 말하고 있는 바에 따르면 "화이트헤드는 우리가 생명 속에서 창조적인 힘을 발견하며 열등한 물리적 실재들은 이런 힘이 최소한으로 그리고 퇴행적인 방식으로 표현된 것일 뿐이라고 생각한 점에서 베르그송과 의견을 같이하고 있다."71) 그러나 이러한 일반성들은 화이트헤드가 철학하기 시작했을 때 결코 베르그송만의 것이 아니었다. 우리가 "생명"이 유기체 철학에서 다루어지는 방식으로 눈을 돌릴때, 우리는 그 저자가 베르그송에게서 얻고 있는 것을 거의 발견할 수 없고 오히려 많은 차이점만을 찾아볼 수 있을 뿐이다. 예를 들어 우주 가운데 생명이 있어야 한다는 것은 그 체계에 절대적으로 필요한 조건

---

71) C.Hartshorne, "Whitehead's Idea of God," in : *LLP-W*, p.540.

이 아니다. 그래서 무기물을 생명의 "퇴행적인 표현에 불과한 것"으로 간주하는 것은 베르그송이지 화이트헤드가 아니다. 양자 사이의 대비에 대한 베르그송의 이원적인 취급은 화이트헤드에게서 간략하게 언급되고 있다.72) "우리는 누구나 생명의 약동(elan vital)과 이것의 물질로의 퇴보에 관한 베르그송의 학설을 기억한다. 여기에는 전진과 퇴보의 이중적인 경향성이 명백하게 진술되어 있다. 그러나 우리는 어떠한 설명적 통찰도 제공받고 있지 않다." 화이트헤드는 생명의 과정을, 순수하게 물리적인 우주의 특징이 되는 완만한 소모의 과정과 대립하는 것으로 간주하고 있기는 하지만 이는 어디까지나 모든 과정이 어느 정도 소유하고 있는 욕구의 요소 때문이다. 일반적으로 베르그송은, 역사가 회프딩(Höffding)이 정확하게 지적했듯이, 무기물과 유기체 사이의 절대적인 대립을 자신의 기초로 삼은데 반해 화이트헤드는 욕구의 새로움, 리듬, 구조적인 통합 등에서의 그들간의 상대적인 차이를 밝혀놓고 있다. 그래서 베르그송의 철학에서는 살아있는 존재들이 새로움과 개체성을 독점적으로 향유하는데 반해 화이트헤드의 철학에서는 그렇지 않다. 또 하나의 커다란 차이 — 의식과 관련한 — 가 있다. 프랑스의 이원론자에게 있어 "살아있는 것은 권리상 의식적이지만" 화이트헤드에게 있어서는 그렇지 않다. 왜냐하면 생명은 "물질속에 진수된(launched) 의식"이기 때문이다.73) 베르그송의 생명개념은 근본적으로 일원론적인데 반해 화이트헤드의 생명개념은 다원론적이다. "인간의 출현 내지 이와 동일한 본성을 지닌 어떤 존재의 출현이 지구상에 생명이 존재하게 된 근거"라는 베르그송의 확신을 화이트헤드가 진지하게 받아들였다고 상상하기는 어렵다.74) 그리고 화이트헤드는 자유를 의식과 동연장의 것으로 만들고 있는 안이한 인간중심적 전통을 거부

72) A.N.Whitehead, *The Function of Reason* (Boston : Beacon Press, 1929, 1967), p.23.
73) *CM*, p.108 ; *CE*, p.181.
74) "Introduction Ⅱ," *CM*, p.69 : V.Lowe, *Understanding Whitehead* (Baltimore : The Johns Hopkins Press, 1966), p.261에서 재인용.

한다.75)

원자성과 연속성의 대비, 그리고 시간

『과정과 실재』의 서문은 "이 강의는 데카르트로부터 시작되어 흄에게서 마감되고 있는 철학사상의 국면으로의 회귀에 그 기초를 두고 있다"는 말로 시작하고 있다. 종합을 향한 화이트헤드의 노력은 바로 이 처음 구절에서 명백하게 드러나 있다. 그의 주장에 따르면 우주론은 인간의 미적, 도덕적, 종교적 관심을 자연과학의 개념들과 관계지워야 하며, 이는 결국 지성과 상상력의 작용을 어떻게든 통일시키려는 과감한 노력이어야 한다. 『과정과 실재』가 떠맡은 과제는 다만 칸트의 제1비판과 제3비판 사이의 간극을 메우는 일이다. 화이트헤드는 공간, 시간, 인과성, 지각 등의 학설을 그의 주제로 택하는 가운데 자연과학의 기초에 경의를 표하는 한편 듀이, 제임스, 베르그송을 반지성주의로부터 구제하려고 노력하는 가운데 과학의 순수성이나 가치를 손상시킴이 없이 느낌, 정서, 직관, 직접적인 경험 등의 학설을 정당하게 취급하고 싶어한다.

베르그송과 화이트헤드는 모두 기계론을 거부하고 공허한 현실태의 학설에 반대하지만, 생성, 존재, 현실적 존재들의 관계 등에 초점을 맞추는 가운데 화이트헤드는 베르그송의 유동과는 일치하지 않는 원자론을 궁극적 현실태속에 끌어들이고 있다. 그리고 "관계성"의 범주가 "성질"의 범주보다 우위에 있다는 화이트헤드의 주장은 베르그송이 기계론적 자연과학의 주요 원천이라고 생각하는 관계적 논리에 그가 빠져있다는 것을 보여준다. 화이트헤드는 그의 우주론이 플라톤의『티마이우스』와 갈릴레오-데카르트-뉴톤의 세계관을 혼합하고 있다고 말한다. 그러나 연장적 연속체의 보편성과 이것을 원자화하고 있는 개별

---

75) Lowe, *op. cit.*

적인 현실적 존재들을 동시에 유지시키면서 직접적인 경험을 명료화하려고 하는 것은 형이상학적 통일성을 위해 불협화음의 긴장을 극단으로까지 몰고가는 처사이다.

그러나 통일과 연관을 향한 열정은 단연코 화이트헤드에게 있어 핵심원리가 되고있다. 그는 "부정합성"을 끊임없이 공박하는 가운데 방법적으로 새롭게 그것을 개척한다. 화이트헤드에게 있어 부정합성은 "제일원리들의 인위적인 단절"이다. 그는 사유하는 것과 연장된 것이라는 데카르트의 두종류의 실체를 그러한 부정합성의 예증사례로 인용하고 있다. 그는 베르그송의 이원론에 대해서도 똑같은 방식으로 비판할 수 있었을 것이다.

화이트헤드철학의 가장 중요한 특징은 무엇보다도 그것이 라이프니츠의 철학과 유사한 모습을 하고 있다는 점이다. 그의 철학은 모든 피조물에 대해 지각의 개념을 일반화하려 하고 있다는 점에서, 보편적인 생성을 전망의 체계로 분석하고 있다는 점에서, 그리고 궁극적인 형이상학적 진리가 원자론이라고 주장하고 있다는 점에서 라이프니츠의 철학과 유사하다. 모든 계기가 이원적이라고, 즉 "물리적 극"과 "정신적 극"을 갖는다고 말할 때 화이트헤드는 유기적 통일에 대한 그의 열정을 포기함이 없이 데카르트주의의 진리를 정당하게 취급하기 위해 "속성"이라는 스피노자의 장치를 사용한다. 그러나 세계가 다수의 원자적 피조물들로 이루어져 있으며 원자론은 결코 복잡성과 보편적 상대성을 배제하지 않을 뿐 아니라 각 원자는 모든 사물의 체계라고 하는 주장속에는 라이프니츠에 대한 호소가 아주 분명하게 나타나 있다. 각 현실적 존재는 "우주 내의 모든 요소에 대한 자신의 결정적인 태도에 의해 그 우주를 포함한다"고 하는 것은 단자론에 대한 순수한 화이트헤드의 번역이다.

동시적 사건들은 인과적으로 상호 독립해서 일어난다는 당연한 결과를 수반하는 상대성이론은 화이트헤드에게 연장의 일반적 체계는 현실태로부터의 추상으로 간주되어야 한다고 하는 확신을 가져다 주었다. 그래서 뉴톤의 시간과 공간개념에 대한 그의 비판은 뉴톤이 가능태와 현실태를 혼동했다는 주장을 기본으로 하고 있다. 따라서 화이트헤드에게 있어 연속성은 가능적인 것에 관계되는 것인 반면 현실태는 본질적으로 원자적이라는 결론이 나온다. 연장은 단순한 시간과 공간을 넘어서는 관계의 일반적인 도식을 포함하지만 이 도식은 가능태들의 모체에 지나지 않는다. 현실적 존재들은 연장적 연속체를 "원자화한다." 연장적 연속체는 무한히 분할될 수 있으며, 그것을 분할하는 것은 바로 현실적 존재들이다.

연장성과 현실태 사이의 관계에 관한 이러한 이론은 물리과학의 이론적 요구로부터 생겨난 것인가? 그래서 화이트헤드의 형이상학은, 오직 하나의 경험만이 있으며 형이상학이란 그 직관의 근거와 원천인 과학없이는 불가능하다고 주장하는 실증주의적 이론의 보다 심원한 형태에 지나지 않은 것인가? 우리가 살펴본 바에 의해 판단컨대 베르그송은 주저없이 그렇게 말했을 것이다. 실재가 불가분의 전체로 간주될 때, 그것은 사물이라기보다는 유동이며 다수의 분리될 수 있는 실체들이라기보다는 무한한 과정이다. 우리가 직접적으로 존재를 경험하려고 할 때, 우리는 그것이 지속의 성질을 갖는 것임을 발견하게 될 것이다. 모든 성질은 변화이며, 모든 영속은 다수 진동의 반복일 뿐이다. 그 자체로 볼 때 그것은 이행(transition)의 순간 모습에 지나지 않는다. 그리고 우리의 지각이 실재의 유동하는 연속성을 불연속적인 심상으로 고체화시킨다면 이는 실천적 현존을 위한 필요에서일 뿐이며 실재 그 자체의 본성에 대한 통찰의 결과가 아니다.

필자가 보기에 우리는 이제, 비록 화이트헤드와 베르그송이 공히 기계론을 거부하고 느낌을 강조하면서 과정의 우주론에 전념하고 있긴 하지만, 이들의 형이상학 사이의 근본적인 불일치점의 핵심에 접근하고 있다. 그것은 실재적인 것으로서 정당하게 주어진 것에 대한 우리의 경험을 지배하는 원리들을 양자가 달리 이해하는데서 연원하고 있다. 화이트헤드에게 있어 그것은 원자성의 원리이다. 베르그송에게 있어 그것은 연속성의 원리이다. 필자가 보기에 이들 각자는 상대방의 통찰을 잘못놓인 구체성의 오류를 범하고 있는 사례로 간주할 것이다. 화이트헤드에게 있어 연속성은 연장적 관계가 인위적인 구성물을 대변하는 한에 있어서만 — 연장적 관계가 자연의 진정한 사물들의 가능한 차원성을 대변하는 한에서만 — 연장적 관계의 체계를 특징지운다. 반대로 베르그송에게 있어 원자성은 지성이 가동적이고 유동하며 연속적인 실재에다 지성이 부과하는 형식들이다. 이런 실재속에서 상태들은 서로 융합되어 과거, 현재, 미래의 전망을 이음새 없는 하나의 그물로 만들고 있다. 베르그송은 연속성에서 자연의 질서를 보고 원자성에서 지성의 형식을 본다. 화이트헤드는 원자성에서 궁극적인 현실적 존재의 징표를 발견하며 연속성에서 현실태의 모체 — 수학적 관계의 공통 세계를 공유하는 동시적인 현실태들의 공동체의 조건 — 를 발견한다. 이들 평가가 각기 수반하게 되는 상이한 특징은 궁극적으로 시간에 대한 상이한 두 이론으로 표현될 수 있다.

　베르그송의 전체적인 형이상학적 구조는 단순한 양으로서의 시간과 질적인 차별화로서의 시간 사이의 차이 — 일상적인 계측기에 의해 기계적으로 표시되는 시간과 유기적으로 경험되는 실재적 지속 사이의 차이 — 에 의존하고 있다. 그러나 이러한 중대한 구별에도 불구하고 베르그송은 고전적인 시간이론을 완전히 포기하지는 않는다. 시간의 동질성은 거부되지만, 그것의 계열성(seriality)과 그것의 연속성(continuity)은 의문시되지 않는다. 먼들(C.W.K. Mundle)[76]이 지적하고

---

76) C.W.K.Mundle, "The Consciousness of Time," in: *The Encyclopaedia of Philosophy*,

있듯이 베르그송이 시간의 공간화를 강력하게 비판하고 있음에도 불구하고 그의 형이상학적 이론의 토대를 주로 공간적 심상과 은유를 이용한 공간 기술에서 찾고 있다는 것은 매우 아니러니컬하다. 여기서 베르그송은 우리의 공간화된 시간개념이, 내적인 의식에 의해 파악되고 또 내적인 의식에만 속하는 실재적인 구체적 시간(durée)을 왜곡시켜 보여주는 지성의 구조물이라고 주장했다는 점(『시간과 자유의지』)을 다시 지적할 필요는 없을 것이다. 그러나 지속을 기술하면서 그는 조화되기 어려운 사항들, 적어도 해석되기 어려운 사항들을 말하였다. 지속은 흐른다고 말한다. 그러나 그것의 상이한 순간들(moments)은 상호 침투하며 서로의 내부에 있다. 베르그송은 여기에는 시간을 일직선적인 것으로 기술하는 경우에서와 같은 공간적 은유가 들어 있다고 보지 않는다. 베르그송이 역설적인 결론에 이르게 되었던 것은 그 자신이 사용한 은유 때문이었다. 예를 들어, "지속과 계기(succession)는 외적인 세계에 속하지 않고 의식적인 정신에만 속한다"는 주장이 그런 것이다.77) 반면에 화이트헤드는 전혀 다른 결론에 이르고 있다. "과정의 리듬"이 있기 때문에 창조적 전진은 자연적 박동을 낳으며 각각의 박동은 역사적 사건의 자연적 단위를 형성한다. 말할 필요도 없이 "역사적 사건의 자연적 단위"라는 관념은 그 패턴이 획기(epoch), 즉 특정한 연장적인 시간적 단위를 통해서만 현실화되는 그런 현실태의 양자 이론을 함의한다. 그러므로 화이트헤드의 "시간"은 단순한 연장의 연장성으로부터뿐만 아니라 전통적인 아리스토텔레스적 시간의 속성과 본질적으로 연결되어 있는 무한가분성으로부터도 구별되어야 한다. 화이트헤드에게 있어 시간은 연장이 아니다. 그것은 획기적 지속(epochal duration)들의 순수한 계기(succession)이다. 임의의 현실적 존재는 어떤 물리적 시간량(a certain quantum of physical time)의 향유이다. 그러나

Vol.Ⅷ(New York : The Macmillan Company & The Free Press, 1967, 1978), p.538.
77) *TFW*, p.120.

그것의 생성 과정은 시간적 계기(succession)로 설명될 수 없다. 과정 내의 각각의 위상은 그 양자(quantum) 전체를 전제로 한다. 그리고 각 위상의 각 국면들도 또한 그렇다. 이것은 유명한 "시간의 획기성 이론"(epochal theory of time)이다. 하나의 "획기"는 원자적 사건속에 포함되는 지속의 켜(slab)이다. 따라서 우리가 조금 전에 보았듯이 화이트헤드가 우선시하는 원자성과 베르그송이 우선시하는 연속성은 시간의 과정에 대한 상이한 해석을 낳고 있는 것이다. 우리는 베르그송과 화이트헤드 모두에게 있어 지속의 연속성은 역동적인 유형의 것이라는 점을 기억해야 한다. 그러나 화이트헤드의 편에 서서, "생성의 연속성"을 말하기보다는 "연속성의 생성"에 대해 말하는 것이 훨씬 더 적절하다는 것을 깨닫게 될 때 비로소, 풍부한 결실을 동반하는 질적인 다양성이라는 관념에 이를 수 있을 것이다.

제6장

결론, 회고와 전망

1. 화이트헤드와 베르그송에 있어 지속으로서의 시간에 대한 분석의 진전

2. 시간의 문제에 대한 기능적 접근 : 가치, 사실, 시간의 상호연관성

1. 화이트헤드와 베르그송에 있어 지속으로서의 시간에 대한 분석의 진전

베르그송은 다음과 같이 썼다. "나의 모든 관념을 뒤바꿔놓고 나로 하여금 내가 지금까지 받아들여왔던 거의 모든 것들을 거부하게 하고 나의 관점을 완전히 변화시킨 것은 다름아닌 시간관념에 대한 분석이었다." 우리가 보았듯이 이 놀라운 방향전환은 베르그송의 다음과 같은 발견, 즉 물리적 시간의 개념이, 그가 경험에 있어 가장 본질적인 성질이라고 믿고 있던 것뿐만 아니라 이런 성질들과 인간 사이의 관계까지도 폐기시켜버렸다는 발견과 관계가 있었다. 그리고 그의 철학에 있어 다양성의 일부를 구성하면서 중요한 개념이 된 것도 바로 이와같은 체험된 것으로서의 시간개념이다. 그는 시간의 범주에다 그의 형이상학체계에서의 핵심적인 지위를 부여한다. 그는 시간의 경험적 성질에 대한 현상학적 분석에 치중하고(그러나 주관의 지향성이나 주관의 선험적 지위에 대한 고찰을 하지는 않았다.1)) 과학적 개념들에 대한 논리적 분석에는 중점을 두지 않았다. 시간을 핵심적인 요인으로 보게 된 까닭은 어디까지나 그것의 성질들이 주관적으로 의미심장한 것이라는데 있었으며, 그것의 속성이 자연의 객관적 구조와 관련되어 있을 수 있다는데에 있지 않았다.2)

과학이 보여주는 세계는 합리적으로 재구성된 세계이지만 그 세계는 자연과 역사에 대한 인간의 경험적 반응을 특징지우고 있는 실재성

---

1) C.A. van Peursen, *Phenomenology and Reality,* trans. Henry J. Koren (Pittsburgh : Duquesne University Press, 1972), p.169.

2) H.Meyerhoff, *Time in Literature*(Berkeley and Los Angeles : University of California Press, 1968), p.138.

과 가치로부터 유리되어 있는 세계이다. 화이트헤드는 다음과 같이 말하고 있다. "우리의 구체적인 경험에 대한 시적인 표현을 염두에 둔다면, 우리는 가치의 구체적 요소가… 어떤 경우에도 빠져서는 안되리라는 것을 곧바로 알게 된다… 가치는 시적인 자연관에 충만해 있는 요소이다. 우리는 인간 삶의 견지에서 흔히 인식하게 되는 가치를 사물의 실현 형태 그 자체의 구조속에 옮겨놓기만 하면 된다."3) 다시 말해 시인들은 "구체적 경험"의 의미를 전해준다는 것이다. 더구나 경험의 이와같은 가치 담지적 측면에 이르는 실마리는 "인간의 삶의 관점에서" 우리가 인정하는 가치들 가운데 있다. "그래서 우리는 시인으로부터 자연에 관한 철학은 적어도 다음 여섯가지 개념에 관여하지 않으면 안된다는 것을 배우게 된다. 변화, 가치, 영원적 객체, 지속, 유기체, 융합이 그것이다.4) 변화, 의미관계(significance), 영원적 객체, 존속, 융합은 모두 시간에 대한 문학적 취급의 특성이 되는 경험의 측면들이다. 철학에 대한 접근이 삶에 대한 미적인 조망을 모델로 하는 것이라면 "철학은 과학일 수 없다는 결론이 나온다."5) 물론 철학이 과학이 아니라고 말하는 것은 철학이 과학을 포함할 수 없다거나 과학을 설명할 수 없다고 말하는 것이 아니다. 화이트헤드는 항상 근대세계에서의 과학의 논리와 지위를 문제삼았다. 철학의 과제는 과학의 논리를 설명하는데 있을 뿐만 아니라, 가능하다면 직접경험속에 녹아있는 삶의 구체적인 질적 측면에로의 회귀를 위해 논리적 추상의 과정을 역전시키는데 있기도 하다는 것이 화이트헤드의 믿음이었다. 화이트헤드는 형식논리학이 지성사에 기여한 바를 충분히 파악하고 있었다. "인간사고의 과정은 그것(논리적 분석)에 의해 산출된 점진적인 계몽으로부터 파생되고 있다."6) 그러나 그는 또한 "철학의 과제가 이(논리적 추상) 과

---

3) *SMW*, p.116(147-8).
4) *Ibid.*, pp.108-9(140).
5) A.N.Whitehead, "Mathematics and the Good," in : *LLP-W*, p.681.
6) "Imm," pp.698-9.

정을 역전시키고 그래서 분석과 현실태의 융합을 드러내는데 있다"[7]고 믿고 있었다. 그리고 이러한 과제를 수행하는데 있어, "논리를 사상 발전의 충분한 분석기능으로 본다면 이는 하나의 사기(fake)"라고 보았다.[8] 우리가 보았듯이, "현실태"(actuality)는 "구체적인 경험의 통일체"로 기술되기도 하고, "각 통일체에 다른 여러 통일체들의 양태적 존재들이 융화되는 가운데 서로 얽히고 있는 파악적 통일체를 나타내는 것으로서의 자연에 대한 느낌으로" 기술되기도 한다.[9] 그래서 시간을 취급할 때, 어떤 단일의 통일적인 성질이 시간적 계기(moment)들의 계기(succession), 즉 어떤 연속성과 존속성의 성질속에 드러난다. 이러한 성질들은 얽혀있다. 이들은 베르그송의 표현으로 하자면 "상호 침투의 통일성들"이다. 이들은 일직선적으로 잇따라 나타나는 것이 아니라 역동적으로 상호연관되어 융합되어 있다 — 이들은 "다른 존재들의 양태적 현존으로," 즉 직접경험의 조직속에 끼여들어 있는 빛깔, 색조, 가치로 가득 차 있다. 따라서 경험의 구체적 성질들로서 나타나고, 가치와 의미관계를 머금고 있는 것은 지속, 흐름, 연속성, 통일성과 같은 시간속의 사건들의 다양한 측면, 그리고 사건들의 역동적인 융합이다. 화이트헤드는 묻는다. 대체 이처럼 경험세계를 철학적으로 재구성하기 위한 "증거는 무엇인가?" "유일한 답변은 우주내의 삶의 일반적인 여러측면에 대한 우리자신의 반응이다."[10] 다시 말해 검증과정은 단순한 객관적 방법이나 지성적인 작용의 문제가 아니라 어디까지나 우리자신의 본성인 자아의 독특하고 총체적인 구조와의 관련을 포함하는 문제라는 것이다.

우리가 보았듯이 시간과 관련한 철학적 문제는 한편으로 심리학적

---

7) A.N.Whitehead, "Mathematics and the Good"(상게 5), p.681.
8) "Imm ," p.700.
9) *SMW*, p.104(133).
10) "Imm," p.698.

으로 아주 확실하고 중요한 것으로 보이는 것과 다른 한편으로 논리적으로 분명하고 의미있는 것 사이의 독특한 딜레머에서 생겨난다. 인간의 경험에 있어 시간의 주관적 구성요소들은 비판적으로 검토될 때 모호성과 모순으로 귀착된다. 논리적으로 순수한 시간개념은, 직접적으로 주어진 것으로 보이는, 그리고 인간의 삶과 깊은 관련이 있는 시간의 측면들을 배제한다. 그러므로 시간과 삶의 강물속의 방향설정은 시간의 과학적 재구성과 전혀 조화될 수 없는 것처럼 보인다. 우리가 정밀과학을 모델로 하는 지식의 이상을 실현하려고 하면 할수록, 그만큼 더 우리는 우리의 삶의 산만한 경험적 배경내에서 지성적으로 의미있게 방향설정할 토대를 잃어버리게 되는 경향이 있다. 이러한 딜레머는 절대적인 것이 아닐지도 모른다. 그러나 그것은 명백히 인간사유 일반의 다극화, 그것도 다양한 정도의 다극화를 반영하는 것이 아닐 수 없다. 사유가 과학적 지식의 방향으로 옮겨가면 갈수록 그 만큼 그것은 실재적 삶의 근거와 조건으로부터 유리되어 간다. 인간의 정신이 시간과 삶의 가치담지적 국면으로 나아가고자 할 때 그것은 예술과 문학의 방향으로 나아가게 된다.11)

베르그송과 화이트헤드에게 있어 우주는 끊임없이 자기를 창조하는 존재이다. 전자에게 있어 이러한 창조성은 생명과정의 연속적 발전을 의미하며, 후자에게 있어 그것은 현실적 존재에 의한 연장적 연속체의 원자적 분할을 의미한다. 사실 베르그송과 화이트헤드 사이의 기본적인 차이가 그들이 상이한 시간이론을 적용하는데 있다고 한다면 아마 다음과 같이 물어보는 것도 부적절하지는 않을 것이다. 시간이론은 우주에 대한 어떤 논의의 세계에서 생겨나는가? 최소한 두가지 가능성이 항상 존재한다. 그리고 우리가 보기에 서양전통에서 시간이론의 발생은 이들 둘 중의 어느 하나에 대한 결연한 선택을 반영하고 있다는

---

11) Meyerhoff, *op. cit.*, pp.144-7.

것은 자못 흥미로운 현상이 아닌가 생각된다. 아리스토텔레스에게 있어 시간에 대한 주요 논의는 『영혼론』(De Anima)보다는 『자연학』(Physics)의 맥락에서 이루어지고 있으며, 그래서 영혼의 특수한 운동보다는 물리적 운동 일반의 문제와 연관되어 있다. 서양의 사상은 주로 이러한 관례를 지속시켜왔으며, 그래서 시간에 대한 철학적 분석이 전통적으로 의존하고 있는 "사실들"은 물체의 운동과 관련된 사실들이었다. 베르그송은 이런 사실들이 주관적 상태들 — 경험하는 자아에 대한 앎의 양태들 — 에 대한 기술과 관계가 있는 그런 정반대의 모델을 확립한, 또는 적어도 부각시킨 사람이었다. 이들 두가지 경험의 모델인 물리적 모델과 심리적 모델은 증거를 위한 두 원천이 되며, 그래서 상이한 두 철학이론의 기초가 된다. 이것은 아마도 베르그송의 시간이론과 화이트헤드의 시간이론 사이의 대비에 대한 궁극적 설명이 될 수 있을 것이다.

따라서 시간의 두 측면 — 형식적 측면과 비형식적 측면 — 은 아주 유익한 존재론적 연구를 위한 소재를 제공한다. 시간 내지 창조적 전진(creative advance)에 비형식적 측면이 존재한다는 사실은 플라톤 이래로 인정되어 왔다. 그러나 그것은 몇몇 눈에 띄는 예외가 있기는 하지만 거의 논의되지 않았다. 이는 아마도 그것이 본성상 형식적으로 분석될 수 없는 것이기 때문일 것이다. 그렇지만 위에서 말했듯이 그것은 인간의 가치에 관련되는 한, 시간의 가장 중요한 측면이다. 돌이킬 수 없는 과거라는 비극과 피할 수 없는 미래에 대한 기대는 모두 그때 거기에 있었고, 지금은 지나가버린 시간의 특수성과 비가역성(irreversibility)을 전제로 하고 있다. 그러나 시간의 형식적 측면도 이에 못지 않게 중요하다. 시간이 그 구조적이고 형식적인 측면에서 반복될 수 없다면 모든 시간 분석과 시간–기하학은 불가능하게 될 것이고 시간에 대한 측정같은 것도 불가능하게 될 것이다.

시간의 형식적 측면과 비형식적 측면 사이의 상호 얽힘은 자연에 있어 본질적인 대립쌍의 결합이다. 화이트헤드에게서 이것은 정교하게 체계화되어 생생한 상상의 형태로 나타나 있다. 화이트헤드가 다른 사상가들과 구별되는 점은 무엇보다도 라이프니츠에게서 볼 수 있는 것과 같은 포괄적이고도 명확한 일반화의 능력에 있으며 이는 특히 그의 과학적 인식에 의해 크게 강화되고 있다. 이러한 명확한 일반화의 능력은 화이트헤드와 베르그송을 가름하는 주된 특징이 되고 있다. 그래서 화이트헤드적인 통일이 보다 심오한 통찰을 예시한다고 볼 수 있을 것이다.

2. 시간의 문제에 대한 기능적 접근 : 가치, 사실, 시간의 상호연관성

시간의 본성은 여러 시대를 두고 인간의 사고에 늘 붙어 따라다녔다. 예를들어 칸트는 시간(과 공간)을 우리가 세계를 지각하는데 필요한 근본적인 구조로 간주하였다. 절대시간(과 절대공간)은 칸트에게 있어 이러한 관념의 토대였고, 뉴톤에게 있어 그것들은 과학에서의 모든 측정을 위한 두가지 기초였다. 이러한 사실은 우리로 하여금, 절대시간에 대한 논의가 절대공간에 대한 논의와 정확하게 일치할 것이 아닌가 하고 추정해보게 한다. 그리고 어떤 의미에서 그것은 그렇다. 여기서 주요한 철학적 문제는 절대시간의 지지자들과 상대적 시간관의 옹호자들 사이의 대립이다. 그러나 이것이 전부는 아니다. 왜냐하면 공간과 달리 시간은 탐구하기 위해 한정해놓기가, 말하자면 주의깊게 검토할 수 있도록 "고정시켜놓기"가 아주 어렵기 때문이다. 그래서 시간의 존재 — 그것의 객관성과 지각하는 정신에의 의존성 — 라는 것도 또한 여러가지 방식으로 답변되어온 중요한 철학적 문제이다.

사실상 시간의 문제 전체는 정서와 적개심을 불러일으킨다. 사람들은 시간을 탐구의 대상으로 지각하는 방식에서부터 뚜렷하게 구별된다.[12] 심지어 "한 개인의 세계관과 한 시대의 세계관, 즉 삶과 선호하는 사물의 개념에 대한 인식은 본질적으로 시간관의 문제라고"까지 주장되기도 한다.[13]

이러한 사실은 이 모든 관용구에 스며들어 있는, 또는 이들의 기초가 되고 있는 단일한 실재(아마도 단일한 정신적 구조물) 내지 시간이 있다는 것을 시사한다. 이러한 가정 자체는 그로부터 도출될 수 있는 함의 — 즉 시간에 대한 과학적, 문학적, 철학적 접근은 상보적인 것으로 드러날 것이라는 점 — 와 마찬가지로, 문제가 되는 가정이다. 요컨대 시간과 관련되어 있는 문제들은 많고 복잡하다. 그러므로 "시간이란 무엇인가?"라는 물음은 사고, 인간, 물질, 삶, 죽음에 관해 동일한 형식으로 던져지는 많은 물음들을 묻는 아주 미묘하고도 예민한 하나의 물음일 따름이다. 따라서 시간의 개념을 명료화하기 위해서는 이들 다양한 존재들과 관련하여 시간을 이해하려는 연구가 선행되거나 또는 적어도 동시적으로 이루어져야 한다.

그러나 인간사에 있어 시간의 독특한 지위와, 시간관념이 지배하는 사고의 광대한 영역은 정밀과학의 탐구만으로는 명백하게 드러나지 않는다. 왜냐하면 이러한 과학은 무역사적 성격을 띠고 있기 때문이다. 이러한 무역사성(unhistoricity)과 그에 따르는 시간경시의 원천은 자연의 합법칙성이라는 관념에서 찾을 수 있다. 이러한 관념은 그에 기초하여 운영되는 과학이 크게 성공함으로써 강화되어 왔다. 정밀과

---

12) 예를들면, J.T.Fraser(ed.), *The Voices of Time* (London: Allen Lane The Penguin Press, 1968)은 R.Glasser, *Time in French Life and Thought* (Manchester University Press, 1972)와 대조를 이루고 있다.

13) Fraser, *op. cit.*, xxi.

학의 응용에 기초한 산업혁명의 거대한 힘은 시간적 경험세계로부터 무시간적 규칙을 도출해냄으로써 환경에 대하여 막강한 영향력을 행사해 왔다. 불행하게도 이러한 과학들은 사실과 불변성을 강조하고 가치와 예측할 수 없는 것들을 무시함으로써, 지성으로 확인되는 세계관과 우리의 의미와 목적을 암중모색하는 탐구사이에 건널 수 없는 골을 파놓았다. 이러한 골은 새로운 것이 아니다.

휘트로우(G.J.Whitrow)가 지적하였듯이[14] 서양의 자연철학사는 두 가지의 대립하는 관점, 즉 "시간을 배제하려는 경향과 시간을 근본적이고도 환원불가능한 것으로 간주하려는 경향 간의 상호작용"으로 특징지워지고 있다. 이러한 구분은 여러시대를 통해 시간을 고찰해온 대다수의 사람들에게 그다지 곤혹스런 요인으로 작용하지 않았다. 그들은 흔히 어느 한쪽 관점의 옹호자가 되었기 때문이다. 새롭고도 통일된 세계관에 대한 요구가 생겨난 것은 전문화 시대의 도래와 가치판단의 경시에서 비롯되었다. 브랜든(S.G.F. Brandon)이 표현하고 있듯이, "…과학의 평결과 우리의 본능의 평결사이에 존재하는 간극은 우리가 점차적으로 당혹감속에 깨닫게 되어가는 것으로서, 우리의 문화를 괴롭히고 그래서 불가피하게 우리의 개인적 삶을 괴롭히게 되는 정신적 불안을 크게 조장하는 요인이 된다는 것은 분명하다."[15] 이러한 간극의 역사적 원인이 무엇이든지 간에 우리의 시대는, 칸막이 방에서 살고있는 과학인들을 구성원으로 하는 복잡한 전문화의 시대이다.

---

14) G.J.Whitrow, *The Natural Philosophy of Time* (London and Edinburgh : Nelson, 1961 ; Oxford: Clarendon Press, 2nd ed., 1980), p.1 ; G.J.Whitrow, *Time in History : Views of Time from prehistory to the present day*(Oxford University Press, 1990) 참조.
15) "Time and the Destiny of Man," in: *The Voices of Time, op. cit.*, p.157.

철학의 고전적 기능은 포괄적인 세계관을 제공함으로써 사상의 원심력을 제거하고, 또 그럼으로써 자신의 삶에서의 의미와 질서를 추구하는 인간에게 힘과 지침을 제공하는데 있었다. 우리는 화이트헤드, 베르그송, 훗설, 메를로 뽕띠, 그리고 그밖의 몇몇 사람들의 시간관을 검토해 보았거니와 이들은 모두 이러한 전통을 따르고 있었으며, 그래서 보편적인 철학적 체계의 윤곽을 추구하고 있었다. 그러나 오늘날의 철학적 상황을 반성해 볼 때, 현대의 자연과학적이고 인문학적인 대비(preparedness)라는 관점에서 영감을 줄 만한 지성적이고 합리적인 이상들이 발견되지 않는다. 이러한 이유 때문에 우리는 우리의 시대가, 우리 인간이 자신의 환경에 대한 통제에서 거대한 성공을 거두었음에도 불구하고 본질적으로 아무것도 아는 바가 없는 그런 시대라고 생각한다. 그러므로 과학의 복잡성과 다양성과 다양한 인문학적 언설들 속에 들어있는 보편적인 원리들을 추구하는 일이 반성적 사유의 가장 중요한 주제가 되어야 할 것이다. 적어도 우리가 보기에, 시간연구를 이끌어가는 원천적인 힘은, 시간연구가 오늘날의 자연과학적 지식과 인문학적 지식의 혼돈속에서 질서와 의미를 추구하는데 있어 적절한 지침을 제시해 줄 수 있다는 하나의 확신에 있다.

시간연구의 역사는 느껴진 지식(knowledge felt)과 이해된 지식(knowledge understood)의 상호작용으로 특징지워지고 있다. 시간의 본성에 대한 반성은 경험적 성질들을 이끌어들인다. 그래서 시간에 관련된 다수의 쟁점들이 다양한 방식으로 제기되어 왔고 이들을 이해하려는 시도 역시 인상적일 정도로 계속되어 왔다. 시간은 경험적이고 사변적인 성격의 관심사들 가운데서 독보적인 위치를 차지한다. 그것은 인간이 그의 개인적 운명이나 사회적 운명을 탐구하는데 있어 본질적인 요소가 되기 때문이다. 그러므로 시간의 문제를 해명하고 재정의하는 작업은 보편적일 뿐만 아니라 또한 지속적이어야 한다. 여기서 요구되는 것은 수학적, 논리적 규칙을 활용하면서도 그것에만 구속되지 않는 자유로운 합리주의정신, 즉 인간의 정서적이고 가치평가적인 요구를 수용할 수 있는 합리주의정신이다. 인간이 실재와 만나는데에는 여러가지 길이 있을 것이다. 시간개념을 둘러싸고 이루어지는 추론적 인식과 내성적인 경험간의 융합은 아마도 느껴진 지식과 이해된 지식이 공유하고 있는 뿌리를 파악하는데 도움이 될 것이다.

참고문헌

데이비드 봄, 『현대물리학의 철학적 테두리 : 전체와 내포질서』, 전일동 역, 민
    음사, 1991.
아우구스티누스, 『고백록』, 최민순 역, 성 바오로 출판사, 1970.
오영환 외, 『과학과 형이상학』, 자유사상사, 1993.
화이트헤드, A.N. 『과학과 근대세계』, 오영환 역, 서광사, 1989.
＿＿, 『과정과 실재 : 유기체적 세계관의 구상』, 오영환 역, 민음사, 1991.
＿＿, 『열린 사고와 철학』, 오영환·문창옥 공역, 고려원, 1992.
＿＿, 『관념의 모험』, 오영환 역, 한길사, 1996.

Al- Azm, Sadik J. *Kant's Theory of Time,* New York: The Philosophical
    Library, 1967.
Alexander, H.G. (ed.), *The Leibniz-Clark Correspondence,* New York: The
    Philosophical Library, 1956.
Alexander, Ian W. *Bergson: The Philosopher of Reflection,* London: Bowes
    & Bowes, 1957.
Alexander, Samuel. *Spinoza and Time,* London: 1921.
Alston, W.P. "Whitehead's Denial of Simple Location," *The Journal of
    Philosophy*, 48, 1951.
Aristotle. The Basic Works of Aristotle: *Metaphysica, Physica, De
    Generatione,* (trans. & ed.), Richard McKeon, New York: Random
    House, 1941.
Augustine, St. *The Confessions*, trans. Rex Warner, New York: The
    American Library, 1963.
Ayer, A.J. *The Problem of Knowledge,* Penguin Books, 1956, chap. 4 (see
    reviews by P.F. Strawson, *Philosophy*, 1957, and H.H. Price, *Mind*,
    1958).

Barrow, John D. & Frank J. Tipler, *The Anthropic Cosmological Principle,*
    Oxford University Press, 1990.

Bergson, Henri. *Creative Evolution*, trans. Arthur Michell, London: Macmillan & Co., Ltd., 1960.

____ *L'Evolution créatrice* (1907), Paris: Presses Universitaires de France, 1959.

____ The Creative Mind, trans. Mabelle L. Andison, New York: The Philosophical Library, 1946.

____ *La pensée et le mouvant* (1934), Paris: Presses Universitaires de France, 1958.

____ *Duration and Simultaneity, with Reference to Einstein's Theory*, trans. Leon Jacobson, New York: Bobbs-Merrill, 1966.

____ *Durée et simultaneité* (1922; 2nd ed. with three appendices, 1923), Paris: Alcan, 1924.

____ *Ecrits et paroles*, Textes rassemblés par R-M. Mossé-Bastide (T. I, 1957, T. II, 1957. T. III, 1959): lettre-préface d'Edouard Le Roy, Paris: Presses Universitaires de France, 1959.

____ *An Introduction to Metaphysics*, trans. T.E. Hulme, New York: Bobbs-Merril, 1955.

____ *"Introduction á la métaphysique,"* Revue de métaphysique et de morale, 1903.

____ *Matter and Memory*, trans. Nancy Margaret Paul and W. Scott Palmer, London: George Allen & Unwin Ltd., 1962.

____ *Laughter*, (4th ed. & trans.), C. Brereton and F. Rothwell, London: Macmillan, 1911.

____ *Le Rire, essai sur la signification du comique*, Paris: Alcan, 1900.

____ *Matière et mémoire* (1896), Paris: Felix Alcan, 1934.

____ *Mind-Energy, Lectures and Essays*, trans. H. Wildon Carr, London : Macmillan & Co., Ltd., 1920.

____ *L'énergie spirituelle*, Paris: Alcan, 1919.

____ *Time and Free Will*, trans. F.L. Pogson, London: George Allen & Unwin Ltd., 1959.

____ *Essai sur les données immédiates de la conscience* (1889), Paris : Presses Universitaires de France, 1958.

____ *The two Sources of Morality and Religion*, Garden City, N.Y.: Doubleday and Co., 1954.

____ *Les Deux Sources de la Morale et de la Religion*, Paris Alcan, 1932.

Berteval, W. "Bergson et Einstein," *Revue philosophique*, CXXXII, January,

1942-43, pp. 17-28.

Blyth, John W. *Whitehead's Theory of Knowledge,* Providence: Brown University Press, 1941, 1973.

Boas, George. "The Acceptance of Time," *University of California Publications in Philosophy,* XVI, 12, 1950, pp. 249-70.

Bohm, David. *Wholeness and the Implicate Order,* London: ARK PAPERBACKS, 1983.

Brandon, S.G.F. "Time and the Destiny of Man," in J.T. Fraser (ed.), *The Voices of Time,* London: Allen Lane The Penguin Press, 1968, pp. 140-157.

Bridgman, P.W. *The Nature of Physical Theory,* New York: John Wiley & Sons, Ltd., 1964.

Buckley, J.H. *The Triumph of Time, A Study of the Victorian Concepts of Time, History, Progress and Decadence,* Harvard Univ. Press, 1966.

Busch, J.F. "Einstein et Bergson, Convergence et Divergence de leurs idées," *Proceedings of the Tenth International Congress of Philosophy,* North-Holland Publishing Co., 1957, pp. 872-75.

Callahan, John F. *Four Views of Time in Ancient Philosophy,* New york: Greenwood Press, 1968.

Čapek, Milič. *Bergson and Modern Physics,* Dordrecht: D. Reidel Publishing Co., 1971.

_____ The Philosophical Impact of Contemporary Physics, New York: Van Nostrand Co., Inc., 1961.

_____ Stream of Consciousness and "Durée Réelle," *Philosophy and Phenomenological Research,* Vol. X, 1950, pp. 331-353.

_____ "Time," in Philip P. Wiener (ed.), *Dictionary of the History of Ideas, Studies of Selected Pivotal Ideas,* Vol. IV. New York: Charles Scriber's Sons, 1973, pp. 389-398.

_____ *The New Aspects of Time: Its Continuity and Novelties,* Dordrecht: Kluwer Academic Publishers, 1991.

Carr, H. Wildon. "The Problem of Simultaneity," *Aristotelian Society Supplementary Volume III,* Symposium: The Problem of Simultaneity, 1923, pp. 15-25.

Cassirer, Eva. *The Concept of Time: An Investigation into the Time of Psychology with Special Reference to Memory and a Comparison with the Time of Physics,* University of London Ph.D. Thesis, 1957.

Cesselin F. *La philosophie organique de Whitehead,* Paris: Presses Universitaires de France, 1950.

Chappel, Vere C. "Time and Zeno's Arrow," *The Journal of Philosophy,* Vol. LIX, no. 8, Apr. 12, 1962.

Chevalier, Jacques. *Henri Bergson,* trans. Lilian A. Clare, New York: Books for Libraries Press, 1970.

Christian, W.A. *An Interpretation of Whitehead's Metaphysics,* New Haven: Yale Univ. Press, 1967.

Clark, Ronald W. *Einstein: The Life and Times,* New York and Cleveland: The World Publishing Company, 1971.

Cleugh, M.F. *Time and Its Importance in Modern Thought,* New York: Russell & Russell, reissued, 1970.

Costa de Beauregard, Oliver. "Le Principe de relativité et la spatialisation de temps," *Revue des questions scientifiques,* Ve Série, January 20, 1947, pp. 351-70.

Devaux, P. "Le bergsonisme de Whitehead," *Revue Internationale de Philosophie,* 56-57, 1961, pp. 217-36.

Dewey, John. "The Philosophy of Whitehead," in P.A. Schilpp (ed.), *The Philosophy of Alfred North Whitehead,* New York: Tudor Publishing Company, 1951, pp. 643-61.

＿＿ "Time and Individuality," in Harlow Shapley (ed.), *Time and Its Mysteries,* New York: Collier Books, 1962.

Dingle, Herbert. "Introduction," to *Duration and Simultaneity,"* New York: Bobbs-Merrill Co., Inc., 1965.

Einstein, Albert. *Relativity: The Special and General Theory,* trans. Robert W. Lawson, Methuen & Co., Ltd., 1970.

Eisendrath, Craig R. *The Unifying Moment: The Psychological Philosophy of William James and Alfred North Whitehead,* Cambridge, Massachusetts: Harvard University Press, 1971.

Emmet, Dorothy. *Whitehead's philosophy of organism,* 2nd (ed.), London: Macmillan, 1966.

＿＿ *The Passage of Nature,* Philadelphia: Temple University Press, 1992.

Fetz, Reto Luzius, *Whitehead: Prozeßdenken und Substantanzmetaphysics*, München: Verlag Karl Alber, 1981.

Fraser, J.T., Haber, F.C., Müller, G.H. (eds.), *The Study of Time: Proceedings of the First Conference of the International Society for the Study of Time*, Berlin, Heidelberg, New York: Springer Verlag, 1972.

Fraser, J.T. (ed.), *The Voices of Time: A Cooperative Survey of Man's View of Time as Expressed by the Sciences and by the Humanities*, London: Allen Lane The Penguin Press, 1968.

Freeman, Eugene and Sellars, Wilfrid (eds.), *Basic Issues in the Philosophy of Time*, La Salle: Open Court Pub. Co., 1971.

Gale, Richard M. (ed.), *The Philosophy of Time*, London: Macmillan & Co., Ltd., 1968.

Gilson, E. *The Christian Philosophy of Saint Augustine*, New York, 1960.

Glasser, R. *Time in French Life and Thought*, trans. C.G. Pearso, Manchester University Press, 1972.

Green, F.C. *The Mind of Proust*, Cambridge: Cambridge University Press, 1949.

Griffin, David R. (ed.), *Physics and the Ultimate Significance of Time*, Albany: Suny Press, 1986.

Grünbaum, A. *Modern Science and Zeno's Paradoxes*, London: George Allen & Unwin, 1968.

_____ "Whitehead's Philosophy of Science," *The Philosophical Review*, LXXI, 1962.

_____ *The Philosophical Problems of Space and Time*, A. Knopf, 1963.

Gunter, P.A.Y. (ed. & trans.) *Bergson and the Evolution of Physics*, Knoxville: The University of Tennesee Press, 1969.

Hammerschmidt, W.W. *Whitehead's Philosophy of Time*, New York: Kings Crown Press, 1947.

Hanna, Thomas (ed.), *The Bergsonian Heritage*, New York: Columbia University Press, 1962.

Harris, Errol E. *The Foundation of Metaphysics in Science*, London: George Allen and Unwin, Ltd., 1965.

Hartshorne, Ch. *Whitehead's Philosophy*, Lincoln: University of Nebraska

Press, 1972.

_____ "The Immortality of the Past: Critique of Prevalent Misconception," *The Review of Metaphysics* VII, 1954-5, pp. 92-112.

Höffding, H. *La Philosophie de Bergson,* Paris: Alcan, 1916.

Holz, Harald & Ernest Wolf-Gazo (eds.), *Whitehead and The Idea of Process: Proceedings of The First International Whitehead-Symposium,* 1981. München: Verlag Karl Alber, 1984.

Hume, David. *A Treatise of Human Nature,* (ed.), L.A. Selby-Bigge, Oxford: The Clarendon Press, 1888, 1973.

Husserl E. *The Phenomenology of Internal Time-Consciousness,* trans. James S. Churchil, The Hague: M. Nijhoff, 1964.

Huxley, Julian. *Essays of a Biologist,* London: Chatto and Windus, 1926.

James, William. *The Principles of Psychology,* vols. I and II, New York: Henry Holt and Company, 1890.

_____ *Some Problems of Philosophy,* London: Longmans, Green & Company, 1948.

_____ *Essays in Radical Empiricism and a Pluralistic Universe,* New York: Longmans' Green & Company, 1942.

Jankélévitch, V. *Henri Bergson,* Paris: Alcan, 1959.

Jauss, Hans Robert. *Zeit und Erinnerung in Marcel Proust "A la Recherche du temps perdu,"* Heidelberg, 1955.

Kant, I. *Critique of Pure Reason,* trans. Norman Kemp Smith, London: Macmillan & Co., Ltd., 1956.

_____ *Kritik der reinen Vernunft,* Raymund Schmidt (ed.), Hamburg: Verlag von Felix Meiner, 1956.

Kleine, George L. (ed.), *Alfred North Whitehead: Essays on his Philosophy,* Englewood Cliffs: Prentice-Hall, Inc., 1963.

Kolakowski, Leszek. *Bergson,* Oxford University Press, 1985.

Kümmel, F. "Time as Sucession and the Problem of Duration," in J.T. Fraser (ed.), *The Voices of Time,* London: Allen Lane The Penguin Press, 1968, pp. 31-55.

Lacy, A.R. *Bergson,* London: Routledge, 1989.

Leclerc, Ivor (ed.), *The Relevance of Whitehead: Philosophical Essays in Commemoration of the Century of the Birth of Alfred North*

Whitehead, London: George Allen & Unwin, 1961.

_____ *Whitehead's Metaphysics,* London: George Allen & Unwin, Ltd., 1958.

Levi, A.W. "Bergson or Whitehead?" in *Process and Divinity,* (ed.), W.L.Reese & E. Freeman, La Salle, 1964.

_____ *Philosophy and Modern World,* Bloomington: Indiana University Press, 1959.

Lindsay, A.D. *The Philosophy of Bergson,* Dent, 1911.

Locke, Don. *Memory,* London: The Macmillan Press Ltd., 1971.

Locke, John. *An Essay Concerning Human Understanding,* (ed.), & Introd. John W. Yolton, 2 vols, London: Everyman's Library, 1961, revised (ed.), 1965.

Lovejoy, A.O. *The Reason, The Understanding and Time,* Baltimore: Johns Hopkins Press, 1961.

Lowe, Victor. "The Influence of Bergson, James and Alexander on Whitehead," *Journal of The History of Ideas,* Apr. 1949, pp. 267-96.

_____ *Understanding Whitehead,* Baltimore: Johns Hopkins Press, 1966.

Lucas, Jr., George R. *The Rehabilitation of Whitehead: An Analytic and Historical Assessment of Process Philosophy,* Albany: Suny Press, 1989.

Lucas, Jr. *A Treatise on Time and Space,* London: Methuen & Co., Ltd., 1973.

Malcolm, Norman. "Three Lectures on Memory," in *Knowledge and Certainty,* Prentice-Hall, 1963.

Mays, W. *The Philosophy of Whitehead,* London: George Allen & Unwin Ltd., 1959.

_____ "Whitehead and the Philosophy of Time," in J.T. Fraser, F.C. Haber, G.H. Müller (eds.), *The Study of Time, op. cit.,* 1972.

MacDougall, W. *An Outline of Psychology,* 7th (ed.), London: 1936.

Merleau-Ponty, Maurice. *The Bergsonian Heritage,* Thomas Hanna, (ed.), New York: Columbia University Press, 1962, pp. 133-49.

_____ *Phenomenology of Perception,* trans. Colin Smith, London: Routlege and Kegan Paul, 1969.

Meyerhoff, Hans. *Time in Literature,* Berkeley and Los Angeles: University of California Press, 1968.

Mundle, C.W.K. "Consciousness of Time," in P. Edwards (ed.), *The*

Encyclopaedia of Philosophy, vol. 8, 1967, (London), pp. 134-139.

Newton, Isaac. *Mathematical Principles of Natural Philosophy and His System of the World*, Florian Cajori rev. of 1729, trans. Andrew Motte, Berkeley: University of California Press, 1947.

Nordenson, Harold. *Relativity, Time and Reality: A Critical Investigation of the Einstein Theory of Relativity from a Logical Point of View*, London: George Allen and Unwin Ltd., 1969.

Northrop, F.S.C. "Whitehead's Philosophy of Science," in P.A. Schilpp (ed.), *The Philosophy of Alfred North Whitehead*, 2nd ed. New York: Tudor Publishing Company, 1951.

Palter, Robert M. *Whitehead's Philosophy of Science,* Chicago: The University of Chicago Press, 1960.

Papanicolaou, Andrew C. & Peter A.Y. Gunter (eds.), *Bergson and Modern Thought Towards a Unified Science,* Chur: Harwood Academic Publishers, 1987.

Perry, Ralph Barton. *The Thought and Character of William James,* 2 vols. Boston and Toronto: Little, Brown and Company, 1935.

Pflug, Günther. "Inner Time and the Relativity of Motion," in P.A.Y. Gunter (ed. & trans.), *Bergson and the Evolution of Physics,* Knoxville: The University of Tennessee, 1969, pp. 190-208.

Plato. *Timaeus, Republic and Theatetus*, in The Collected Dialogues of Plato including the Letters, (eds.), Edith Hamilton and Huntington Cairns, New York: Random House, 1966.

Poincaré, Henri. *Science and Hypothesis*, trans. W.J.G., Introd. J. Larmor, New York: Dover Publications, Inc., 1952.

Pols, Edward. *Whitehead's Metaphysics*: A Critical Examination of Process and Reality, London and Amsterdam: Feffer & Simons, Inc., 1967.

Poulet, Georges. *Studies in Human Time*, trans. Elliot Coleman, New York: Harper & Brothers, 1956.

Price, Lucian. *Dialogues of Alfred North Whitehead,* New York: The New American Library, 1956.

Prigogine, Ilya. *From Being to Becoming: Time and Complexity in the Physical Science,* W.H. Freeman & Co., 1980

Prigogine, Ilya & Isabelle Stengers. *Order out of Chaos: Man's New*

Dialogue with Nature, New York: Bantam Books, 1984.

Proust, Marcel. *The Past Recaptured,* trans. F. Blosom, New York: Albert and Charles Boni, 1932.

Ruhe, Algot and Paul, Nancy Margaret. *Henri Bergson,* London: Macmillan and Co., Ltd., 1914.

Russell, B. *The Analysis of Mind,* London, 1921.

_____ "The Experience of Time," *Monist,* 1915.

_____ *A History of Western Philosophy,* New York: Simon and Schuster, 1945.

_____ *Human Knowledge, Its Scope and Limits,* New York: Simon and Schuster, 1962.

_____ *Mysticism and Logic,* New York: Doubleday and Co., Inc., 1957: London: George Allen & Unwin Ltd., 1969.

_____ *The Philosophy of Bergson,* Foleroft Library Editions, 1971.

Schmidt, Paul F. *Perception and Cosmology in Whitehead's Philosophy,* New Brunswick: Rutgers University Press, 1967.

Sherburne, Donald W. (ed.), *A Key to Whitehead's Process and Reality,* Bloomington and London: Indiana University Press, 1966.

_____ *A Whiteheadian Aesthetic: Some Implications of Whitehead's Metaphysical Speculation,* New Haven: Yale University Press, 1961.

Sherover, Charles M. *Heidegger, Kant and Time,* Bloomington: Indiana University Press, 1971.

_____ (ed.), *The Human Experience of Time, The Development of Its Philosophic Meaning,* New York: New York University Press, 1975.

Schilpp, Paul Arthur (ed.), *The Philosophy of Alfred North Whitehead,* (The Library of Living Philosophers, Vol.3) Evanston and Chicago: Northwestern University Press, 1941: 2nd (ed.), New York: Tudor Publishing Company, 1951. Cited as *LLP-W.*

Sipfle, David A. "On the Intelligibility of the Epochal Theory of Time," in Eugene Freeman and Wilfrid Sellars (eds.), *Basic Issues in The Philosophy of Time,* La Salle: The Open Court Co., 1971.

_____ "Henri Bergson and the Epochal Theory of Time," in P.A.Y. Gunter (ed. & trans.), *Bergson and the Evolution of Physics,* Knoxville: The University of Tennessee, 1969, pp. 275-294.

Skolimowski, Henryk. *Living Philosophy: Eco-Philosophy as a Tree of Life*, London: ARKANA, 1992.

Smart, J.J.C. "Time" in P. Edwards (ed.), *The Encyclopaedia of Philosophy*, vol. 8, London: 1967, pp. 126–133.

Smith, Norman Kemp. *A Commentary to Kant's "Critique of Pure Reason,"* 2nd ed., New York: The Humanities Press, 1962.

Spiegelberg, Herbert. *The Phenomenological Movement: A Historical Introduction,* 2 vols, The Hague: M. Nijhoff, 1965.

Stahl, Roland. "Bergson's Influence on Whitehead," *The Personalist*, 36, 1955, pp.250–257.

Stallknecht, Newton P. *Studies on the Philosophy of Creation, with Especial Reference to Bergson and Whitehead,* Princeton: Princeton University Press, 1934.

Stephen, Karian. *The Misuses of Mind: A Study of Bergson's Attack on Intellectualism,* London: Kegan Paul, 1922.

Taylor, A.E. *A Commentary on Plato's Timaeus,* Oxford, 1928.

Thévenaz, Pierre. *What is Phenomenology?* (ed. & introd.), James M. Edie, Preface by John Wild, trans. James M. Edie, Charles Courtney, Paul Brockelman, Chicago: Quadrangle Books, 1962.

Thibaudet, A. *Le Bergsonisme,* 2 vols. Paris: Gallimard, 1924.

Van Peursen, Cornelis A. *Body, Soul, Spirit: A Survey of the Body-Mind Problem,* trans. Hubert H. Hoskins, London: Oxford University Press, 1966.

_____ *Phenomenology and Analytical Philosophy*, trans. Henry Koren, Pittsburgh: Duquesne University Press, 1972.

_____ *Phenomenology and Reality*, trans. Henry J. Koren, Pittsburgh: Duquesne University Press, 1974.

_____ *The Strategy of Culture*, trans. Hubert H. Hoskins, Amsterdam: North-Holland Publishing Company, 1974.

Wallack, F. Bradford. *The Epochal Nature of Process in Whitehead's Metaphysics*, Albany: Suny Press, 1980.

Watanabé, Satosi, "The Concepts of Contemporary Physics and Bergson's Pure Duration," in P.A.Y. Gunter (ed. & trans.), *Bergson and the*

Evolution of Physics, Knoxville: The University of Tennessee Press, 1969.

Weiss, P. "The Past: Its Nature and Reality," *The Review of Metaphysics,* V, 1952-3, pp. 507-22.

____ "The Past: Some Recent Discussions," *The Review of Metaphysics,* VII, 1954-5, pp. 299-306.

Whitehead, Alfred North. *Adventures of Ideas,* Cambridge University Press, 1933.

____ *The Aims of Education,* New York: MacMillan Co., 1929.

____ *The Concept of Nature,* Cambridge University Press, 1920.

____ *Essays in Science and Philosophy,* New York: The Philosophical Library, 1948.

____ *The Function of Reason,* Princeton University Press, 1929.

____ *The Interpretation of Science: Selected Essays,* (ed. & introd.), A.H. Johnson, New York: The Bobbs-Merrill Co., Inc., 1961.

____ "Immortality," in P.A. Schilpp (ed.), *op. cit.*

____ "Mathematics and The Good," in P.A. Schilpp (ed.), *op. cit.*

____ "On Mathematical Concept of Material World," *Philosophical Transactions, Royal Society of London,* Series A., Vol. 205, 1906: reprinted in *Alfred North Whitehead: An Anthology,* selected by F.S.C. Northrop and Mason W. Gross, New York: Macmillan, 1953.

____ *Modes of Thought,* Cambridge University Press, 1938.

____ *An Enquiry Concerning the Principles of Natural Knowledge,* Cambridge University Press, 1919.

____ *Process and Reality,* Cambridge University Press, 1929, corrected edition, New York: The Free Press, 1978.

____ *The Principle of Relativity, with Applications to Physical Science,* Cambridge University Press, 1922.

____ *Religion in the Making,* Cambridge University Press, 1926.

____ *Science and the Modern World,* Cambridge University Press, 1926.

____ *Symbolism, Its Meaning and Effect,* Cambridge University Press, 1927.

____ "Time," *Proceedings of the Sixth International Congress of Philosophy,* 1926, pp. 59-64, New york: Longmans Green and Co., 1927. Reprinted in A.H. Johnson (ed.), *The Interpretation, op. cit.,* pp. 240-47.

____ "Time, Space, and Material : Are They, and If So in What Sense, the Ultimate, Data of Science?" *Problems of Science and Philosophy,* pp.

44-57. Aristotelian Society Supplementary Vol. II. London: Williams & Norgate, 1919. (Whitehead's contribution to a symposium to which Sir Oliver Lodge, J.W. Nicholson, Henri Head, Mrs. Adrian Stephen, and H. Wildon Carr also contributed) Reprinted in *The Interpretation of Science, op. cit.*, pp. 56-68.

____ "The Problem of Simultaneity," (Is There a Paradox in the Principle of Relativity in Regard to the Relation of Time Measured to Time Lived?) *Aristotelian Society Supplementary* Vol. III, Symposium: The Problem of Simultaneity, 1923, pp. 34-41, Reprinted in *The Interpretation of Science, op. cit.*, pp. 149-56.

____ *Alfred North Whitehead: An Anthology*, selected by F.S.C. Northrop and Mason W.Gross, New York: Macmillan, 1953.

Whitrow, G.J. *The Natural Philosophy of Time,* London and Edinburgh: Thomas Nelson and Sons Ltd., 1961.

____ *The Nature of Time*, London: Penguin Books Inc., 1975.

____ "Time and Measurement," in P.P. Wiener (ed.), *Discovery of the History of Ideas*, Vol. IV. New York: Charles Scribner's Sons, 1973, pp.398-406.

____ *Time in History: Views of Time from Prehistory to the Present Day,* Oxford: Oxford University Press, 1990.

Wyman, Mary A. *The Lure For Feeling In the Creative Process,* New York: The Philosophical Library, 1961.

Zeman, J. (ed.), *Time in Science and Philosophy,* Amsterdam: Elsevier Publishing Co., 1971.

Zwart, P.J. *About Time,* Amsterdam: North-Holland Publishing Co., 1976.

화이트헤드 연보

1861년 2월15일

화이트헤드는 잉글랜드의 동남단 켄트 주에 있는 전원소도시 램즈게이트에서 태어났다. 퀘이커교파인 조지 화이트헤드의 후예였던 할아버지 토머스는 1815년, 21세의 나이로 이곳의 사립학교장이 되었으며 아버지 앨프레드도 1852년 25세에 할아버지의 후임으로 같은 학교장이 되었다. 또한 앨프레드는 1860년부터 영국 성공회의 성직을 겸임하여 후에 지방 부감독, 캔터베리의 명예성직회 의원, 대사교구회의 간사를 거쳐 고위 성직자가 되었다. 이처럼 화이트헤드의 문중은 종교적·교육적 분위기가 감돌았다.

1875년(14세)

남잉글랜드 중부 도싯주의 사립 샤번학교(675년에 창립했으며, 앨프레드대왕 등 역사적 인물을 많이 배출한 명문교)에 입학하였다. 여기서 주로 그리스어, 라틴어중심의 고전연구에 대한 교육을 받으면서 『헤로도토스』 등 그밖의 중요한 원전들을 모두 정독하였다. 각종 스포츠에서 주장으로 활약하였고, 워즈워스, 셸리의 시를 즐겨 읽었으며, 우수한 성적을 올려 최종학년에는 학생대표가 되었다.

1880년(19세)

케임브리지대학의 트리니티 칼리지에 입학하여 순수수학, 응용수학(수리물리학)을 전공하였다. 기숙사생활을 하였으며, 성적은 우수하였다. 철학, 문학, 역사, 정치, 종교, 예술분야에도 열렬한 관심을 쏟았고, 동료교사들과의 토론을 통해 사물의 이치를 깊이 연구하였다.

1885년 (24세)

트리니티 칼리지에서 특별연구원(Fellow)자격을 얻는 한편, 응용수학과 역학을 강의하였다. 이 무렵 학문적 관심은 주로 여러 대수이론의 공리주의적 재구성으로 체계를 통일시키는 것이었다.

1890년 (29세)

군인, 외교관의 딸로 프랑스에서 성장한 에벌린 웨이드(Evelyn W.Wade)와 결혼하였다. 1891~98년 사이에 2남 1녀를 낳았다. 화이트헤드는 그의 부인으로부터 윤리적·심미적 감각뿐만 아니라 세계관에 있어서도 많은 영향을 받았다. 그 당시에 18세이던 버트란드 럿셀이 트리니티 칼리지에 입학하였다. 주로 철학과 수학을 공부하던 럿셀은 화이트헤드의 추천으로 2급 장학금을 받는 특대생이 되었으며 1895년에 다시 화이트헤드의 추천으로 트리니티 칼리지의 특별연구원이 되었다.

1898년 (37세)

처녀작 『보편 대수론』(A Treatise on Universal Algebra) 제1권을 출판하였다. 이 책은 8년 동안의 연구결정이며 통일적 관점에서 수학의 기초를 정립시키고자 한 작업이다. 그라스만의 『연장론』(Ausdehnungslehre, 1844)과 불의 『사고의 법칙』(Laws of Thought, 1859) 등에서 자극과 시사를 받았다. 『보편 대수론』 제2권의 준비를 진행시키다.

1900년 (39세)

럿셀(28세)은 『라이프니츠철학의 비판적 해설』(A Critical Exposition of the Philosophy of Leibniz)을 출판하였다. 화이트헤드와 럿셀은 파리의 국제철학회에 참석하였는데 여기서 수학자 페아노를 만났다. 이것이 자극이 되어, 럿셀은 『수학원리』(Principles of Mathematics)의 저술을 착수하는 동시에 관계에 관한 이론을 페아노가 주관하는 학술지에 발표하였다.

1903년 (42세)

『보편 대수론』의 업적으로 왕립협회의 회원이 되었다. 『보편 대수론』 제2권의 원고를 완성하여 출판하려고 하는데 마침 럿셀의 『수학원리』가 출판되었다. 럿셀도 제2권을 준비중에 있었다는 것. 그리고 양자가 사실상 동일한 목적과 기도하에 연구를 하고 있다는 것을 알게 되어, 두사람의 제2권은 『수학원리』로서 공동집필할 것에 동의하여 공동연구를 시작하였다.

1906년 (45세)

『사영기하학의 공리』(*The Axioms of Projective Geometry*)와 『물질세계에 관한 수학적 개념들에 대하여』(*On Mathematical Concepts of the Material World*)를 출판하였다. 전자는 사영기하학을 공리적으로 재구성한 것이며, 후자는 물리학의 기초개념의 공리화를 시도한 것으로서 4차원 기하학을 구성하고 있다. 맨체스터대학의 W.메이즈교수는 이 저서를 가리켜 중기·후기철학의 초석이 되었다며 높이 평가하였다.

1907년 (46세)

『도형기하학의 공리』(*The Axioms of Descriptive Geometry*) 제1권을 출판하였다.

1910년 (49세)

화이트헤드와 럿셀의 공저 『수학원리』(*Principia Mathematica*)제1권을 출판하였다. 이 저작은 수학전반에 걸친 이론을 통일적 언어를 사용해서 공리적으로 재구성시키면서, 그것에 대한 철학적 기초를 부여하고자 한 시도라고 할 수 있다. 이는 화이트헤드와 럿셀의 7년간에 걸친 피나는 노력의 결정이다. 수학적 형식화에 관한 작업은 화이트헤드가 담당하였고, 그에 대한 철학적 기초작업은 럿셀이 맡았다. 화이트헤드는 케임브리지대학의 비과학적 봉건성, 보수성에 더 이상 견디기 어려움을 절감한 나머지 케임브리지대학의 수학 주임강사직을 사임하고, 런던대학으로 자리를 옮겼다.

1911년 (50세)

새로운 교육이념에 입각한 『수학입문』(*An Introduction to Mathematics*)을 출판하였다. 이 해에 런던대학의 유니버시티 칼리지의 강사로 임명되었다.

1912년 (51세)

화이트헤드와 럿셀의 공저 『수학원리』 제2권을 출판하였다. 럿셀은 『철학의 문제들』(*The Problems of Philosophy*), 『보편자와 개별자의 관계에 대하여』(*On the Relation of Universals and Particulars*)를 출판하여 발표하였다. 비트겐슈타인은 트리니티 칼리지에 입학하여 럿셀 밑에서 수학기초론과 논리철학연구를 시작하였다.

1913년(52세)

럿셀과 함께『수학원리』제3권을 출판하였다.

1914년(53세)

런던대학의 임페리얼 칼리지 오브 사이언스 앤드 테크놀로지(이공학부)의 응용수학 정교수로 취임하였다. 대학장, 대학평의회 의장, 대학이사 등 눈부신 사회활동을 하였다.

1915년(54세)

『공간, 시간, 그리고 상대성』(*Space, Time and Relativity*)을 간행하였다. 독자적인 시공론에 입각한 상대성이론을 전개하였다. 아인슈타인의『일반상대성이론』이 발표되었다.

1917년(56세)

『사고의 유기화』(*The Organization of Thought*),『약간의 과학적 관념의 분석』(*The Anatomy of Some Scientific Ideas*)을 출판하였다. 전자에서 수리논리학적 방법을 자연과학에 적용시켜야 할 필요성을 강조하였다. 아울러『수학원리』의 해설도 부기하고 있다.

1919년(58세)

『자연인식의 원리에 관한 연구』(*An Inquiry Concerning the Principles of Natural Knowledge*)를 출판하였다. 물리학 기초개념의 형식화를 꾀하면서 과학철학이 나아갈 방향을 제시하고 있다.

1920년(59세)

『자연의 개념』(*The Concept of Nature*)을 출판하였다. 물리학의 기초를 철학적으로 정립시키고자 시도하였다.

1922년(61세)

『상대성의 원리』(*The Principles of Relativity, with Applications to Physical Science*)를 출판하였다. 이 저작은 "과학철학 3부작"의 전(前) 2부작에서 추고된 시공론, 사건론, 대상론과 같은 과학철학의 기초이론을 일반 상대성이론으로 발전시킨 것이다. 그 전제와 기본개념에 있어 아인슈타인의 이론과 논리적 구조를 달리하고 있다. 아리스토텔레스 협회장으로 임명되었다. 취임강연에서 흄 비판을 통해서 경험론과 합리론의 새로운 종합을 시도하였다.

1924년 (63세)

런던대학을 정년 퇴직하고 하버드대학의 초빙을 받아 처음으로 철학 정교수가 되어 미국으로 건너갔다.

1925년 (64세)

『과학과 근대세계』(*Science and the Modern World*)를 출판하였다. 이는 하버드대학에서 발표한 첫 작품으로 화이트헤드가 과학철학에서 형이상학으로 발전해가는 과도기의 저작이다. 독자적인 근대사상사 내지 서구지성사로서 그의 형이상학체계로 넘어가는 추이를 매력적인 필치로 묘사하고 있다. 미국 지식인의 주목을 끌었을 뿐만 아니라 그의 전 저작 중 가장 널리 읽힌 명저이다.

1926년 (65세)

『종교의 형성』(*Religion in the Making*)을 출판하였다. 이 책은 보스턴의 킹스 채플에서 행한 종교에 관한 4차례의 강의를 정리한 것으로, 새로운 시대에 알맞는 비독단적 새 종교관을 제시하였다.

1927년 (66세)

『상징작용 — 그 의미와 효과』(*Symbolism — Its Meaning and Effect*)를 출판하였다. 이것은 "과학철학 3부작"을 다른 각도에서 정리한 것으로서, 경험론과 합리론을 새로운 관점에서 종합하는 독자적인 인식론을 전개한다. 제3장은 사회철학을 다루고 있다.

1929년 (68세)

『과정과 실재』(*Process and Reality*), 『이성의 기능』(*The Function of Reason*)을 출판하였다. 전자에서는 그의 유기체철학으로서의 형이상학체계가 집대성되어 있다. 후자는 독일관념론에 의해 신비화되고 왜곡된 이성의 개념을 자연주의적으로 새롭게 규정하고 있다.

1932년 (71세)

『교육의 목적』(*The Aims of Education*)을 출판하였다. 이것은 런던시대와 도미 이후의 교육관계 논문집이다.

1933년 (72세)

『관념의 모험』(*Adventures of Ideas*)을 출판하였다. 이 저작은 그의 과학철학, 형이상학, 역사, 미학을 유기적으로 통합한 것이며, 『과학과 근대세계』, 『과정과 실재』와 나란히 "형이상학 3부작"으로 불린다. 『과학과 근대세계』 다음으로 널리 읽히는 명저이다.

1934년(73세)

『자연과 생명』(*Nature and Life*)을 출판하였다. 그리고 『수학원리』를 개정하는 작업의 하나로 논문 "지시, 집합, 수, 타당화"(Indication, Classes, Numbers, Validation)를 발표하였다. 같은 해에 출판된 W.V.Quine의 『기호논리학체계』에 서문을 썼다.

1937년(76세)

하버드대학을 정년퇴직하고 명예교수가 되었다. 전년도 미국철학회의 "화이트헤드철학 심포지엄"에서 있었던 약간의 비판에 대해 반박하는 논문을 발표하였다.

1938년(77세)

『사고의 양태』(*Modes of Thought*)를 출판하였다. 이 책은 34년의 저작을 제3부에 포함시키고 있으며, 그의 형이상학적 체계의 기본 입장을 비전문적인 언어로 기술하였다. 논리실증주의의 논리와 수학관도 비판하고 있다.

1939년(78세)

논문 "수학과 선"(Mathematics and the Good), "건전한 정신에의 호소"(An Appeal to Sanity)를 발표하였다. P.A.Schilpp 편집의 『존 듀이의 철학』(*The Philosophy of John Dewey*)에 "듀이론"을 기고하였다.

1941년(80세)

같은 P.A.Schilpp 편집 총서의 하나인 『앨프레드 노스 화이트헤드의 철학』에 논문, "불멸성"(Immortality)과 앞에 기술한 "수학과 선," 최초의 "자서전"(Autobiographical Notes)을 발표하였다. 세계대전의 와중에서 가치체계의 충돌로 생기는 철학적 가치론을 재검토하고 있다.

1942년(81세)

다시 현실의 정치적 문제를 철학적으로 고찰한 논문 "재건의 문제"(The Problem of Reconstruction)를 발표(Atlantic Monthly, 2월)하였다. 전후 재건에 있어 정치적 기술이 특수한 시야에만 한정되는 관심으로 이끌려가서는 안된다는 점을 다시 경고하였고 평화공존사상을 제창하였다. 80세를 넘어서면서도 지적 활력에 있어서는 좀처럼 쇠퇴할 줄 모르는 불굴의 정신을 가졌지만 육체적으로 서서히 쇠약해지기 시작하였다.

1945년(84세)

영국의 문화훈장 "오더 오브 메이트" 훈장을 받았다.

1947년(86세)

12월 30일 하버드의 교외에서 일생을 마쳤다. 『과학, 철학논문집』(*Essays in Science and Philosophy*)이 출판되었으며 존슨(A.H.Johnson)편의 『화이트헤드의 기지와 지혜』(*The Wit and Wisdom of Whitehead*)가 캐나다에서 간행되었다.

1954년

그의 친구요 저널리스트인 프라이스(L.Price)에 의해서 『화이트헤드 대화록』(*Dialogues of A.N.Whitehead*)이 간행되었다. 이 책은 14년간에 걸친 화이트헤드와의 대화를 기록한 것으로, 생전에 그의 검열을 받았다. 화이트헤드의 사회관, 정치관, 인생관, 세계관을 이해하는데 귀중한 자료이다.

화이트헤드의 용어해설집

　화이트헤드의 사상과 용어들이 매우 난해하다는 평을 듣는다. 이 『화이트헤드와 인간의 시간경험』에서도 독자는 낯선 용어들을 만나면서 당혹감을 느꼈을 것이다. 그러나 새 술은 새 부대에 담아야 한다. 무릇 독창적 사상은 그것을 표현하는데 있어 그 독창성에 상응하는 새로운 개념들을 요구하기 때문이다. 이는 특히 화이트헤드의 형이상학인 "유기체의 철학"에서 그러하다고 볼 수 있다. 그의 주저 『과정과 실재』가 출판된 지 반세기가 훨씬 넘어서야 우리말로 옮겨졌다는 사실은 부분적으로는 그의 용어법의 참신성과 난해성에 기인하는 것으로 생각된다. 예를 들어 actual entity, eternal object, feeling, superject, prehension과 같은 것들은 화이트헤드의 특유한 신조어 (neologism)들이다.

　화이트헤드는 그의 철학을 발전시키는 과정에서 의도적으로 새로운 일련의 전문용어들을 도입하고 있다. 그 이유는 낡은 용어로는 그가 기도하는 인간 "경험의 모든 요소를 해석하는 일반적 관념들의 정합적, 논리적, 필연적 체계를 구축"(*PR* p.3)하기 위한 새로운 구도를 표현하기에 부적당하다고 보기 때문이다. 예를 들면, 그는 주어와 술어, 실체, 속성 등과 같은 종래의 기본적인 용어들은 "파악"(prehension), "영원적 객체"(eternal object), "진입"(ingression) 등과 같은 신조어로 대체시키고 있다.

　그의 새로운 용어들은 그의 철학의 가장 기초적인 개념들과 밀접한 연관을 맺고 있기 때문에 만약 그의 용어들을 낡은 철학적 어휘로 번역하려고 한다면 화이트헤드의 사상을 왜곡하거나 오해하는 위험성을 수반하게 된다. 사실상 그러한 시도는 그로스(M. G. Gross)도 지적한 바와 같이 화이트헤드의 사상에 들어 있는 본질적인 독창성을 보지 못하게 한다.

화이트헤드는 형식논리학자의 정의(定義) 방식에 의거하여 자신의 용어들을 정의하고 있다. 각각의 새로운 개념은 그에 앞서 정의된 어떤 개념에 의해 정의된다. 그리고 궁극적으로는 그 체계 내에서 형식적으로 정의되지 않는 근원적인 개념들이 남아 있게 되는데, 이들은 그 체계에 있어 기본적인 정의에 사용되는 개념들이다. 임의의 어떤 체계가 보다 큰 체계에 포함되어 있는 종속적인 체계인 경우, 이 종속적인 체계 내의 정의되지 않는 기본 개념들은 그보다 큰 체계를 배경으로 해서 설명될 수 있다. 그러나 그 문제되는 체계가 전체를 포괄하는 것으로 설정되어 있는 경우, 정의되지 않는 근원적인 개념들이나 이들에 의해 정의되는 개념들을 해명 내지 해석하기 위해 체계 밖의 무엇에 호소한다는 것이 불가능하게 된다.

이러한 경우에는 오직 관념들의 체계를 하나의 전체로서 취급하고, 나아가 그 체계가 우리의 경험을 분석하고 범주화시켜 조직하는 방식으로부터 어떻게 그 의미를 얻고 있는가를 검토하는 것이 가능할 뿐이다. 화이트헤드는 수시로 그의 기본개념들과 다른 철학자들의 관념들을 대비시키고 있다. 실제로 일부 고전적인 체계에서의 기본적인 난점에 대한 그의 지적은 새로운 기본 개념을 끌어들이기 위한 그의 통상적인 도약대가 되고 있다.

그러므로 다른 철학자들에게서 통용되었던 용어들을 이용하여 화이트헤드의 기본개념들을 정의하려는 것은 잘못이다. 왜냐하면 그의 개념적인 재조직 (conceptual reorganization)은 과거의 우주론에 내재해 있던 결함들을 피하기 위해 고안된 것이기 때문이다. 그러므로 이하에서 우리는 화이트헤드 자신의 말을 길잡이로 사용하면서, 화이트헤드가 그의 기본적인 개념들을 독자들에게 소개하는 방식을 요약해 보기로 하겠다. 독자가 화이트헤드의 전문용어의 명확한 의미를 파악하고 숙지하는데는 일정한 시간이 걸린다. 이를 돕기 위해서『과정과 실재』(*PR*) 중심으로 화이트헤드의 "용어 해설집"을 첨가하였다. 이 용어 해설집 작성을 위해서 "F.S.C. Northrop & Mason W. Gross"편, *Alfred North Whitehead, An Anthology*(New York, The MacMillan Co., 1953)와 "Donald W. Sherburne"편, *A Key to Whitehead's Process and Reality* (Indiana U.P., 1966)를 텍스트로 사용, 참조했음을 부기해 둔다.

가능태 ; 일반적 가능태와 실재적 가능태 Potentiality ; general and real

"연장적 연속체"(extensive continuum)를 보라.

가치평가 valuation

"개념적 파악"(conceptual prehension)과 "주체적 형식"(subjective form)을 보라.

개념적 역전 conceptual reversion

합생의 두번째 위상인 개념적 파악의 위상(그림1을 보라)은 합생의 최초 위상에 있어 현실적 존재인 여건을 특징지우고 있는 것으로서 경험되었던 영원적 객체들을 개념적으로 반복한다. 그러나 합생의 이러한 두번째 위상은 현실태에 있어, 개념적 반복(conceptual reiteration)과 개념적 역전이라는 판이

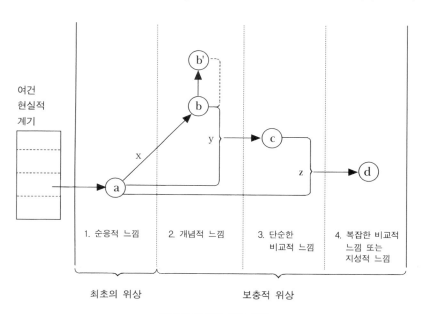

(그림1) 합생의 여러 위상

한 두 하위 위상으로 이루어지고 있다. 반복은 합생에 있어 언제나 나타나는 요소인 반면 역전은 나타날 수도 있고 그렇지 않을 수도 있다.

개념적 역전은 "(합생의 두 하위 위상 가운데) 최초의 하위 위상에서 여건을 형성하고 있는 영원적 객체들과 부분적으로는 동일하고 부분적으로는 상이한 여건들을 갖는 개념적 느낌의 이차적인 발생"(*PR* 448)이다. 개념적 역전의 결과로 "근사적인 참신성이 개념적으로 느껴진다. 바로 이러한 과정을 거치면서 주체적 형식들은 질적인 패턴에서, 그리고 대비를 통한 강도에서, 관련된 선택지들에 대한 긍정적인 개념적 파악에 의해 계속해서 풍부해질 수 있게 된다. … (개념적 역전)은 세계속에 새로움을 가능케 하는 범주이다. 따라서 안정속에서조차 획일적인 존속 같은 것은 결코 존재하지 않는다"(*PR* 448).

모든 개념적 느낌은 영원적 객체를 여건으로 하는 느낌이다. 개념적 느낌들 가운데는 물리적 느낌의 최초 위상에서 물리적으로 느껴진 한정의 형식을 개념적으로 단순히 반복하는 것들도 있고, 사실을 특징지우고 있는 것으로 느껴진 것이 아니라 역전에 의해 발생한 영원적 객체들을 여건으로 하는 것들도 있다. 하지만 역전의 결과로 말미암아 관련을 맺게 된 이 후자의 영원적 객체들은 반복된 영원적 객체들과 어떤 공통점을 지닌다. 그들의 새로움은 관련된 새로움이다. 관련성은 느낌의 강도에로의 최종적 지향(final aim)에 의해 지배되는 대비(contrast)에로의 지향에 의해 결정된다. 여기서 최종적 지향이란 "각각의 통일화로 하여금 최대 깊이의 느낌의 강도를 성취하게 하려는 궁극적인 창조적 목적의 표현…"(*PR* 449)이다. 이 궁극적 목적은 최종적인 분석에서 신의 목적이 된다. 그리고 "보다 근본으로 설명하자면, 시간적인 주체에 있어서의 역전된 개념적 느낌은, 신의 경험에 있어서 개념적으로 질서지워진 관련항들에 대한 혼성적인 물리적 느낌(hybrid physical feeling)으로부터… 파생된, 그 주체의 개념적 느낌에 귀속되지 않으면 안되는 것이다"(*PR* 449). 그러므로 역전이란 "다수의 가능적 형상들의 관련성에 대한 원초적 통일"(*PR* 599)인 신의 원초적 본성에 대하여 각 현실적 존재의 느낌이 행사하는 기능인 것이다("주체적 지향"[subjective aim]을 보라).

개념적 파악 conceptual prehension

개념적 파악은 영원적 객체를 그 여건으로 하는 파악이다. 물리적 파악도 비록 현실적 존재를 그 여건으로 하는 파악이긴 하지만 영원적 객체들을 포함하고 있다. 다만 이때의 영원적 객체들은 내재적인 것으로서, 다시 말해 특정의 현실태를, 즉 파악되고 있는 현실적 존재들속에 결정되어 있는 것으로서 포함되고 있을 뿐이다. 이에 반해 개념적 파악은 "무제약적인 부정에 대한 느낌이다. 다시 말하면 그것은 어떠한 개별적인 실현과도 관계가 없는 하나의 특정한 영원적 객체에 대한 느낌이다"(*PR* 439).

(그림2)가 보여주고 있듯이 합생의 두번째 위상은 개념적 파악의 위상이다. 각각의 현실적 존재는 순응적인 물리적 느낌들의 위상에서 자신의 합생을 시작한다. 그리고 범주적 제약 Ⅳ에 따라 각각의 물리적 느낌으로부터, "물리적으로 느껴진 현실적 존재의 한정성 내지 결합체의 한정성에 있어 예증된 영원적 객체를 여건으로 하는 하나의 순수한 개념적 느낌이 파생되어 나온다"(*PR* 446). 개념적 파악의 출현과 더불어, 그것의 무제약적 부정이라는 특성에 힘입어 소여의 압제로부터 해방될 수 있는 가능성이 열리게 된다.

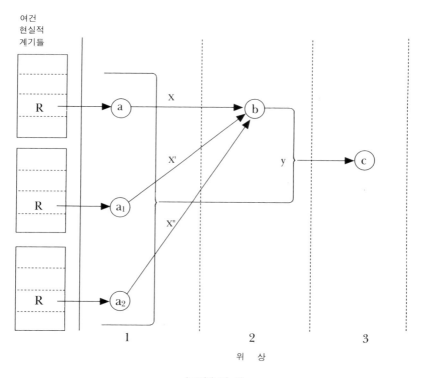

(그림2) 변 환

개념적 느낌의 주체적 형식은 가치평가 — 평가절상(역작용, adversion)일 수도 있고 평가절하(혐오, aversion)일 수도 있다 — 이다. 합생을 진척시키는데에 있어 그 여건인 영원적 객체의 중요성을 높이거나 억제하는 이 개념적 가치 평가는 현실적 존재들에게 있어 가능한 창조적 반응의 가장 근원적인 유형이다. 여기 바로 이러한 지평에서도 이미 창조적 목적은 작용하고 있으며, 합생하고 있는 주체는, 비록 그 이후의 비교적 파악(comparative prehension)의 위상이 창조적 반응을 위한 훨씬 더 풍부한 기회를 제공하는 것이 사실이긴 하지만, 그 자신의 합생을 결정짓는 자로서 자율적으로 작용하고 있는 것이다.

객체적 불멸성 objective immortality

"독특한 한정성을 달성하려 한다는 것은 객체적 과정에 생기를 불어넣는 목적인이다. 그것의 달성은 그 과정을 멈추게 한다. 그 결과 초월을 통해 그 개별적 과정은, 달성가능한 한정성의 보고(寶庫, riches)인 우주의 '실재적 가능태'에 추가되는 하나의 새로운 객체적 조건으로서의 그 객체적 불멸성으로 이행하게 된다"(*PR* 406).("객체적 존재"[objectivé], "자기 초월체"[superject], "만족"[satisfaction]을 보라.)

객체적 존재 objective

"'객체'는 우리의 '경험'이 순응해야만 하는 '한정성'(definiteness)을 특징지우는 초월적인 요소이다"(*PR* 394). 그리고 객체적 존재로 간주되는 현실적 존재는 "형상적인 것"(formaliter)으로, 즉 그 자신의 생성의 직접성을 향유하고 있는 것으로 간주되는 현실적 존재가 아니라 단순한 사실이 되어버린 죽은 여건(dead datum)으로 간주되는 현실적 존재, 따라서 주어지는 어떤 것, 즉 객체로서 그 자신을 넘어서는 모든 합생을 조건지우는, 객체적으로 불멸하는 죽은 여건으로 간주되는 현실적 존재이다. "데카르트의 표현으로 말하자면, 만족(satisation)은 '객체적 존재'로서의 그 현존과 관련하여 분석될 수 있는 것으로 간주되는 현실적 존재이다. 그것은 완고하고 피할 수 없는 여러 귀결을 수반하고 있는, 확정적으로 결정된, 정착된 사실로서의 현실적 존재이다"(*PR* 400).("만족"[satisfaction], "자기초월체"[superject], "객체적 불멸성"을 보라.)

객체화 objectification

"어떻게 현실적인 개체적 계기들이 새로운 창조를 위한 시원적(original)

요소가 되는가에 대한 논의는 객체화 이론이라 불린다. … 한 현실적 존재의 자기창조에 있어서의 다른 현실적 존재의 기능은 전자의 현실적 존재에 대한 후자의 '객체화'이다"(*PR* 386, 85).

객체화 이론은 화이트헤드의 인식론에 핵심이 된다. "상대성의 원리"(The Principle of Relativity)에서 구현되고 있듯이 객체화 이론은, 궁극에 있어 흄(Hume)의 회의론에 이르게 되는 기본적인 가정들을 폐기하려고 한다. 상대성의 원리에 따르면 "다수의 존재로부터 하나의 현실태가 생성되는 실재적인 합생에 있어 요소가 될 수 있다는 가능성은 모든 현실적 존재와 비현실적 존재가 지니고 있는 하나의 일반적인 형이상학적 성격이다"(*PR* 80). 이것은 각 현실적 존재가 생성하여 일단 그 만족에 도달하면 그 주체성, 즉 그 자신의 생성의 직접성을 상실하고, 다음 세대의 현실적 존재들을 위한 여건으로 기능하게 된다는 것을 의미한다. 이때 이들 다음 세대의 현실적 존재들은 그 존재를 그들의 합생속에 흡수될 수 있는 여건으로 파악함으로써 그 존재를 그 일부의 측면을 통해 그들 자신의 존재속으로 통합하여 끌어들인다. 아리스토텔레스에게서 비롯되어 흄에 이르고 있는 주어–술어, 실체–속성, 개별자–보편자의 이분법은 이러한 객체화 이론에서 한결같이 거부된다. "보편적 상대성의 원리는 '실체란 다른 주체에 내재하지 않는다'라는 아리스토텔레스의 언명을 정면에서 파기한다. 그와 반대로 이 원리에 따르면 현실적 존재는 다른 현실적 존재에 내재한다. … 유기체철학은 '다른 존재에 내재한다'(being present in another entity)는 관념을 명확하게 밝히려는 작업에 주력하고 있다. 이 구절은 아리스토텔레스에게서 유래한 것이지만 상서로운 표현이 못된다. 그래서 이하의 논의에서는 그것을 '객체화'라는 용어로 대체하기로 하겠다"(*PR* 130).

화이트헤드의 객체화 이론은 어떤 현실적 존재들과 임의의 한 현실적 존재 α 사이의 관계가 α 의 본질을 구성하고 있다는 의미에서 그 현실적 존재들은 α 속에 들어있다는 학설이다. α 의 파악은 그것과 이들 다른 존재들과의 관계와 그 자신의 본질을 구성한다. 영원적 객체는 이러한 객체화에서 중심적인 역할을 한다. "저 아리스토텔레스의 구절은 한 현실적 존재가 다른 존재에 단순히 부가된다는 조잡한 관념을 암시하고 있다. 이는 유기체의 철학이 의도하는 바가 아니다. 영원적 객체들의 한가지 역할은 그것이, 하나의 현실적 존재가 어떻게 해서 다른 현실적 존재들의 종합에 의해 구성되게 되는 것인가를 표현하는 요소가 된다는 것이다. … 영원적 객체들은 다수의 현실적 존재들(여건)을 문제의(합생하는) 현실적 존재의 구성요소로서 이끌어들이는 역할을 하고 있다. … 이는 '존재하기 위해 그 자신 이외에 아무것도 필요로 하지 않는 존재자' … 에 관한 데카르트의 학설을 정면에서 부정하는 것이다"(*PR* 130, 145).(여건적으로 기능하는 영원적 객체에 대한 더 이상의 설명을 위해서는 "영원적 객체"[eternal object]를 보라. 또 "파악"[prehension]을 보라.)

결합체 nexus

현실적 존재는 미시세계적 존재이다. 일상적인 경험에서 만나게 되는 거시세계적 존재 ─ 사람, 나무, 집 ─ 는 결합체 내지 사회라 불리는 현실적 존재들의 집합체이다. 비록 대부분의 논의에 있어 "사회"라는 말과 "결합체"라는 말은 서로 대체 가능하긴 하지만, 결합체의 집합은 사회의 집합보다 그 외연이 넓다. 사회는 모두 결합체이지만 모든 결합체가 다 사회는 아니다.

"현실적 존재들은 그들 상호간의 파악에 의해서 서로를 포섭한다. 그렇기 때문에 현실적 존재와 파악이 실재적이고 개별적이며 개체적이라고 하는 것과 동일한 의미에서 실재적이고 개별적이며 개체적인, 현실적 존재들의 공재(共在, togetherness)라는 실재적인 개별적 사실들이 존재하게 된다. 현실적 존재들의 공재라는 이와 같은 개체적 사실은 모두 '결합체' 라 불린다"(*PR* 75).

"상호내재"(mutual immanence)는 결합체를 구성하고 있는 현실적 존재들의 가장 일반적인 공통의 기능이다. 가장 공통되는 조건은 결합체가 공간적으로나 시간적으로 펼쳐져 있어야 한다는 것이다. 어느 한순간에 있어서 공간적으로 두께를 지닌 다수의 현실적 존재들인 한 그루의 나무는 또한 시간적으로 두께를 지닌 여러 세대의 현실적 존재들이다. 결합체에는 두가지 극단적인 종류가 있는데 그 하나는 순수하게 시간적인 것이고 다른 하나는 순수하게 공간적인 것이다. 순수하게 시간적인 결합체는 동시적인 현실적 계기들을 포함하고 있지 않다. 그것은 계기에서 계기에로의 시간적인 전이의 단순한 줄기이다. 여기에 관련된 상호내재는 그 줄기 내에 있는 현실적 존재들이 제각기 자신에 직접적으로 선행하는 존재를 파악하고 있는 인과적인 내재(causal immanence)이다. 순수하게 공간적인 결합체는 선후관계에 있는 계기들을 포함하고 있지 않다. 그것은 동시적인 현실적 존재들로 이루어진 시간상의 한 켜(slice)이다. 그래서 여기에 관련된 상호내재는 동시적 계기들에 고유한 간접적 유형의 내재이다. 다시 말해, 그것은 연장적 연관이라는 하나의 도식에 상호함축되어 있는데서 비롯되는 내재이다(보다 상세한 설명을 위해서는

"동시적인 것"[동시태, contemporaneousness]을 보라).

사회는 사회적 질서를 향유하는 결합체이다. 사회적 질서란 이전 세대에 대한 파악에서 파생되어, 각 세대의 현실적 존재 가운데 들어있는 특성을 보여주는 질서를 말한다. 따라서 순수하게 공간적인 결합체는 사회일 수 없는 것이다. 사회의 개념은 질서의 관념과 연관되어 있다. 그래서 화이트헤드는 "비사회적 결합체란 '혼돈'(choas)의 관념에 해당되는 것"(PR 166)이라고 단언하고 있다.

결합체와 사회는 상당한 복잡성을 띠고 나타날 수 있다. 구조를 갖는 사회들이 있다. 이런 사회는 종속하는 사회와 종속하는 결합체를 모두, 또는 어느 하나를 포함하고 있다. 구조를 갖는 사회에 들어 있는 종속하는 사회와 종속하는 결합체의 차이는, 종속하는 사회가 구조를 갖는 사회를 떠나 일반적인 환경 가운데 놓일 때에도 그 지배적인 특성을 유지하는데 반해 종속하는 결합체는 "그 구조를 갖는 사회에 의해서 제공되는 특수한 환경을 떠나서도 그들 자신을 발생적으로 유지할 수 있게 해주는 어떤 특성도 보여주지 못한다는데 있다"(PR 208).

과정 process

"두 종류의 유동성(fluency)이 있다. … 한 종류는 개별적 존재자(particular existent)의 구조에 내재하는 유동성이다. 나는 이런 종류의 유동성을 '합생'(concrescence)이라고 불러왔다. 다른 한 종류는 개별적 존재자의 완결에 따르는 과정의 소멸이 그 개별적 존재자를, 과정의 반복에 의해 생겨나게 되는 다른 개별적 존재자들을 구성하는 시원적인 요소(original elements)로 만들어가는 유동성이다. 이런 종류의 유동성을 나는 '이행'(transition)이라고 불러왔다. 합생은 그것의 주체적 지향(subjective aim)인 어떤 목적인(final cause)을 향해서 나아가고, 이행은 불멸하는(즉 객체적으로 불멸하는) 과거인 작용인(efficient cause)의 매개체이다"(PR 386).

우리는 이 구절을 해석하기에 앞서 이것을 또 하나의 다른 구절과 병치시켜 볼 필요가 있다. "과정에는 두 종류, 즉 거시적(macroscopic) 과정과 미시적(microscopic) 과정이 있다. 거시적 과정은 성취된 현실태로부터 성취중에 있는 현실태에로의 이행인 반면, 미시적 과정은 단순히 실재적일 뿐인 조건들을 결정적인 현실태로 전환시키는 것이다(다시 말해 이것은 합생이다)"(PR 393). 이 두번째 인용문은 저 두 종류의 유동이 과정의 두 종(種)이라는 사실을 분명히 밝혀주고 있다. 그래서 그것들은 "하나의" 과정에 속하는 종(種)들이라는데 주의해야 하겠다. 화이트헤드의 체계 내에 두가지 과정이 있는 것이 아니다. 하나의 과정이 있다. 그러나 그것은 상이한 두 전망으로부터, 상이한 두 맥락에서 논의될 수 있는 것이다.

두가지의 유동이 어떻게 하나의 과정의 종들일 수 있는가를 이해하기 위해서는 창조성의 원리를 먼저 이해해야 한다. 그래서 이하의 설명은 "창조성"에 관한 항목에서 제공되고 있는 설명들을 전제로 해서 진행시키기로 하겠다. 과정은 "다자"(many)로부터 "일자"(one)에로의 창조적 전진이다. 여기서 일자는 그것을 탄생시킨 다자와는 별개의 것으로서의 새로운 존재이며, 이렇게 해서 생겨나는 새로운 다자는 계속해서 새로운 일자들을 탄생시키게 된다. "다자"와 "일자" 사이의 이와 같은 규칙적인 순환적 변화가 곧 과정이다. 때때로 화이트헤드는 "다자"로부터 발생하는 새로운 "일자"의 "출현"(emergence)에 초점을 맞춘다. 이런 경우 그는 합생, 즉 미시적 과정을 논하고 있는 것이다. 이 과정의 연속되는 각 위상에 있어, 출현하는 현실적 존재는 만족에 도달하려는 창조적 충동을 머금은 채, 자신에게 주어진 여건과 만나게 된다. 또 어떤 경우에 화이트헤드는 사라지는 현실적 존재로부터 새로운 현실적 존재에로의 창조적인 전진, 곧 우주의 진행중인 팽창을 강조하고 싶어한다. 이런 경우에 그는 전이, 즉 과거가 미래에 행사하는 작용인의 활동인 거시적 과정을 논하고 있는 것이다.

"'유기체'라는 개념은 두가지 측면에서 '과정'의 개념과 결부되어 있다. 현실적인 사물들의 공동체(community)는 유기체이다. 그러나 그것은 정태적인 유기체가 아니다. 그것은 산출의 과정 가운데 있는 미완의 것이다. 따라서 현실적인 것들과 관련한 우주의 팽창이 '과정'의 일차적인 의미가 된다. 그리고 그 팽창의 임의의 단계에 있는 우주가 '유기체'의 일차적인 의미인 것이다. 이런 의미에서 유기체는 결합체이다. 그 다음으로, 각 현실적 존재는 하나의 유기적 과정으로서 기술될 수 있을 뿐이다. 그것은 대우주에 있어서의 우주를 소우주(microcosm)에서 되풀이한다. 그것은 위상에서 위상으로 진행해 나아가는 과정이며, 이때의 각 위상은 그 후속 위상이, 문제되는 사물의 완결을 향해 나아가기 위한 실재적인 토대가 된다"(*PR* 393).

구조를 갖는 사회 structured society
구조를 갖는 사회는 종속적인 사회와 종속적인 결합체를 모두 포함하고 있거나 아니면 이 둘 가운데 어느 하나를 포함하고 있는 복잡한 사회이다. "구조를 갖는 사회는 현저하게 상이한 한정 특성을 지니고 있는 다양한 결합 체들이 뒤얽혀 패턴화한 것이다. 이 결합체들 가운데 어떤 것은 다른 것보다 낮은 유형의 것이고, 또 어떤 것은 현저하게 보다 높은 유형에 속할 것이다. 구조를 갖는 하나의 사회속에는 '종속적인'(subservient) 결합체와 '지배적인' (regnant) 결합체가 있을 것이다. 이 구조를 갖는 사회는, 종속적인 것이든 지 배적인 것이든간에 그 각각의 하위 사회를, 똑같이 뒷받침해주는 직접적인 환경을 제공할 것이다"(PR 213).

일부의 구조를 갖는 사회들은 "무기적인"(inorganic) 것이라 불린다. 이런 사회들도 사실상 복잡한 것이긴 하지만 충분할 정도의 복잡성에는 도달하지 못한 것들이다. 이러한 수준에서 그 사회 내의 계기들은 그들의 주변세계를 파악할 때 문제되는 결합체의 여러 성원들이 지니고 있는 세부적인 다양성들 은 제거하면서, 그 "결합체를 전체적·평균적으로 객체화시킨다"(PR 210). 여 기서 우리는 "수정, 바위, 행성, 태양" 등과 같은 것들의 수준에 있게 되며, "변환의 범주(Category of Transmutation)에 따라 작용하는 정신성의 개입" (PR 211)을 다루고 있는 것이다.

구조를 갖는 살아 있는 사회는 더욱 복잡하다. 그것은 그 내부에 있는 구 조를 갖는 무기적인 사회들을, 그 자신을 구성하는 결합체로서 포함하고 있 을 것이다. 구조를 갖는 살아 있는 사회 내의 지배적인 결합체는 살아 있을 것이다. 결합체는 그것이 살아 있는 어떤 계기들을 포함하고 있을 때 살아 있는 것이다. "따라서 사회는 살아 있는 계기들이 그속에서 행사하는 영향력 에 따라 '살아 있음'의 정도가 달라질수 있다"(PR 213). 살아 있는 계기는 "개념적 파악, 즉 욕구에 있어서의 선도(先導, initiative)"(PR 211)를 산출하는 현실적인 존재이다. 이러한 계기들은 하나의 사회속에 배치될 때 단순히 전 체적인 평균만을 끌어낸다든가 세부적인 것들을 무시한다든가 하지 않는다. 그것들은 환경의 새로움에 부응하기 위해 새로움을 산출해 낸다. "보다 고등 한 유기체의 경우, 이러한 개념적 선도는 결국 다양한 경험에 관해 '사고하 는 것'을 의미하게 되며, 보다 열등한 유기체의 경우에는, 단지 조화라는 이 상에 복종하여 미적인 강조를 무반성적으로 조정하는 것을 의미하는데 지나 지 않게 된다"(PR 212). "'생명'(life)에 관한 이러한 학설에 따를 때, '생명' 이라는 말의 일차적인 의미는 개념적인 새로움 — 욕구의 새로움 — 의 창출 이다"(PR 212).

토마토와 하나하나의 세포들은 살아 있다. 살아 있는 동물이나 살아 있는 인간을 충분히 설명하자면 훨씬 더 복잡한 논의가 필요하다. "살아 있는 사회에 있어서는 그것을 구성하고 있는 여러 결합체들 가운데 오직 일부만이, 그들의 모든 성원들의 정신적인 극이 어떤 독창적인 반응을 하는 그런 성격의 것일 것이다. 이들은 그 사회 내의 '완전히 살아 있는' 결합체들일 것이며, 실제로 사회는 그와 같은 결합체들이 지배적일 때만 '살아 있는' 것이라 불린다"(*PR* 213~214). 완전히 살아 있는 결합체는 종속적 결합체이지 종속적 사회가 아니다. 그것이 생존할 수 있기 위해서는 전체 사회의 보호가 필요하다. 어째서 그런가 하는 것이 중요하다. 완전히 살아 있는 결합체는 입자적 사회가 아니다. 즉 그것은 존속하는 객체들의 줄기로 구성되어 있지 않다. 존속하는 객체들은 인격적으로 질서지워져 있다. 그들의 과거는 그들속에 보존되어 있는 것이다. 그러나 생명은 이러한 제한으로부터 자유로워야 한다. "생명이란 자유를 얻으려는 노력이다. 존속하는 존재는 그것의 모든 계기들 하나하나를 그 계통의 노선과 결부시킨다. 영속하는 특성을 지니는 존속하는 영혼을 주장하는 학설은 생명이 제기하는 물음에 대해 전적으로 부적절한 답변이다"(*PR* 215). 완전히 살아 있는 결합체는, "유사한 경험을 지니고 있는 과거의 계기들의 단순한 '인격적 질서'로부터가 아니라 물질적인 동물 신체의 복잡한 질서로부터 파생되는"(*PR* 218) 강도 높은 경험을 향유한다. "과거로부터의 반복이라는 구속이 없는 강도 높은 경험이 존재한다. 이것은 개념적 반작용의 자발성을 위한 조건이다"(*PR* 218). 요컨대 완전히 살아 있는 결합체는 주로 동물 신체에 의해 제공되는 복잡한 환경으로부터 계승하며, 그 자신의 이전 세대들로부터 계승하지 않는다. 그러나 완전히 살아 있는 결합체는 비록 이런 의미에서 비사회적인 것이긴 하지만, 그 성원들의 어떤 역사적 경로에 따르는 인격적 질서의 줄기를 뒷받침할 수 있을 것이다. 이렇게 존속하는 존재는 '살아 있는 인격'(living person)이다. 살아 있는 인격이라는 것은 생명의 본질에 속하지 않는다. 사실상 살아 있는 인격은 그 직접적인 환경이 살아 있는 비사회적 결합체일 것을 요구하고 있다"(*PR* 220). 살아 있는 인격이라는 이와 같은 개념은 영혼이라는 전통적인 개념에 상응하는 것이다. 거기에 전제된 비사회적 결합체는 신체적 활동을 보고하는 뇌의 부분들로부터 계승하면서 뇌의 부분에서 부분으로 돌아다닌다. 이에 반해 살아 있는 인격은 살아 있는 피조물인 구조를 갖는 완전하고 복잡한 사회를 지배하는 통일된 중추적 통제의 장소이다.

궁극자 the ultimate

"창조성"(creativity)을 보라.

긍정-부정의 대비 affirmation - negation contrast

대비란 복잡한 하나의 여건속에 있는 여러 상이한 구성요소들에 대한 경험내의 통일이다. 긍정-부정의 대비는 아주 특수한 두 종류의 구성요소를 통일속에 결합시키고 있는 것이다. 그리고 이러한 특정 종류의 대비는, 의식이란바로 이런 종류의 대비를 느끼는데에 포함되어 있는 주체적 형식을 말한다는중요한 이유 때문에 그것에 특수한 명칭을 부여하는 가운데 부각되어 왔다.

긍정-부정의 대비에 있어 통일속에 결합되어 있는 — 즉 하나의 여건속에종합되어 있는 — 두 구성요소는 (1) 현실적 존재들의 결합체에 대한 느낌과(2) 그 결합체의 구성원들인 논리적 주어를 갖고 있는 명제(proposition)에 대한 느낌이다. 화이트헤드는 명제를 이론이라 부른다. 그래서 이 대비는 주어진 사실과, 그 사실에 연관되어 있는 오류 가능한 이론 사이의 대비라고 할수 있다. (그림1)에서 괄호 z는 긍정-부정의 대비를 시각적으로(pictorially) 나타내고 있으며 원 d는, 주체적 형식에 의식을 포함하고 있을 수 있는, 그 대비에 대한 느낌을 나타내고 있다.

논리적 주어(명제의) logical subjects(of proposition)

"명제"(proposition)를 보라.

느낌 feeling

느낌은 긍정적 파악(positive prehension)이다("파악"[prehension]을 보라). "'느낌'이라는 말은 단순한 '전문용어'(technical term)이다. 그러나 이 말은 합생하는 현실태가 여건을 사유화하여(appropriate) 자신의 것으로 만들어 가는작용을 시사하기 위해 채택되었다"(*PR* 313). 화이트헤드는 록크(Locke)가 "개별자에 결정되어 있는 관념들"(ideas determined to particulars)에 대해서 말하고 있는 구절을 중시한다. 여기서의 요지는 록크가 적어도 몇 군데에서 지각의 표상이론을 버리는 한편, 경험에 있어 우리의 관념들은 단순한 표상이아니라 주제가 되는 존재들을 이끌어들여 자신의 구조 내의 구성요소로 통합시키는 방편적 매체라고 주장하고 있다는 것이다. "느낌"이라는 전문용어에는 록크가 우연히 제시했던 개념을 유기체철학의 핵심으로 포섭하려는 시도가 담겨 있다. "현실적 존재에 대한 직접적인 '관념' — 또는 '느낌' — 이라는 개념은 모든 상식의 전제이다. … 현실적 존재 하나하나는 그 여건에서 생겨나는 경험의 행위로 간주된다. 그것은 다수의 여건들을 하나의 개체적 '만족'(satisfaction)의 통일속에 흡수하기위해 그 여건들을 '느끼는' 과정이다. 여기서 '느낌'이란 용어는 여건의 객체성으로부터 문제되는 현실적 존재의 주체성에로 이행하는 기본적인 일반적 작용을 지칭하는데에 사용되는 용어이다"(*PR* 133, 112).

feeling이라는 말은 일상어에서는 an emotional response, an aesthetic sensitivity, 혹은 a physical contact with an object를 의미하는데, 화이트헤드는 이 세가지 의미를 모두 포섭하는 포괄적인 의미로 사용한다.

다수성 multiplicity

다수성은 화이트헤드의 체계에서 논리적 집합의 개념에 해당되는 것이다. "다수성은 다수의 존재들로 성립되며, 그것의 통일은 그것을 구성하고 있는 모든 존재들이 제각기 최소한 다른 어떤 존재도 충족시키지 못하는 하나의 조건을 충족시킨다는 사실에 의해서 이루어지고 있다"(PR 82). 다수성은 발생적으로 유지되는 질서지우는 특성(genetically sustained ordering characteristic)의 결과로 그 통일성을 갖게 되는 사회와 대조될 수 있다. 이러한 사회는 자립적(self - sustaining)인데 반해 다수성은 수학적 개념이 질서를 포함하고 있을 뿐으로, 동일한 집합명(class - name)이 적용되는 존재들의 한 집합에 지나지 않는다. "다수성은, 그 각 구성요소에 참여하는 어떤 규정(qualification)에서 파생되는 통일성을 갖고 있는 복잡한 사물의 한 유형이다. 그러나 다수성은 단순히 그 다양한 구성요소들로부터 파생되는 통일성을 갖고 있지는 않다"(PR 123).

단순한 느낌 simple feeling

"최초의 느낌"(primary feeling)을 보라.

대비 contrast

대비는 복잡한 하나의 여건 가운데 들어있는 다수의 구성요소들이 지니는 통일성이다. 이 명칭은 다소간 오해의 소지가 있다. 왜냐하면 "～과 대비시킨다는 것"(to set in contrast with)은 "～과 통일시킨다는 것"(to put in a unity with)을 의미하기 때문이다. "대비"란 "양립불가능성"과 반대되는 것을 가리키는 말이다. 현실적 존재가 그 경험의 항목들을 보다 많이 대비속에, 그리고 대비들의 대비속에 놓을 수 있으면 있을수록 그만큼 더 그 현실적 존재는 자신의 만족에 있어 깊이와 강도를 이끌어낼 수 있게 된다. 그 경험의 항목들을 대비속에 놓을 수 없는 근원적인 현실적 존재들은, 그에 따르는 양립불가능성 때문에 항목들 가운데 일부를 관련 없는 것으로 떨쳐버리지 않을 수 없게 되며, 그 결과 그들의 경험은 비교적 천박하고 사소한 것이 되고 만다.

동시적인 것(동시태) contemporaneousness

동시적인 현실적 존재들은 상호간에 인과적으로 독립해서 발생하는 현실적 존재들이다. 다시 말해, 그들은 그들 가운데 그 어느 것도 다른 것의 합성의 초기 수용적 위상을 위한 여건으로서 객체화되지 않는다. "현실적 존재들 가운데 그 어느것도 다른 것에 의해 한정되는 '주어진' 현실적 세계에 속하지 않을 때, 그 현실적 존재들은 '동시적'(contemporary)이라 불린다"(*PR* 155).

아인슈타인(Einstein)의 상대성이론은 동시성에 대한 화이트헤드의 설명속에 포섭된다. 위의 정의를 따른다면 어떤 현실적 존재 M은, 서로 동시적인 것이 아닌 두 현실적 존재 N, P와 동시적인 것이 될 수 있다(그림3을 보라, 또 "지속"(duration)을 보라).

동시적 영역들(regions)은 현시적 직접성의 양태에 있어서의 지각에 의해 인식된다. 이런 지각의 양태는 "세계의 '연장적' 관계에 대한 명석・판명한 의식"(*PR* 147)을 제공한다. 동시적인 현실적 존재들은 상대방의 느낌의 객체화에 의해 상대방의 구조속에 들어가지 않는다. 그들 사이의 유일한 연관성은 "그것들이 동일한 연장적 도식(extensive scheme)속에 포함되어 있다는 것"(*PR* 551~552)이다. 이러한 연관성은 동시적인 두 현실적 존재 A와 B가, "A와 B 모두에게 있어 여건이 되는 시공적 연장성의 가능적 도식내의 원자적 영역"(*PR* 246)이라는 사실에서 오는 것이다. A와 B는 모두 연장적 연관의 고리내에서 발생하고 있다. 여기서 연장적 연관의 이들 양태가 지니는 연장성은 공간적, 시간적 그리고 기하학적 관계가 과거로부터 중요한 것으로 주어져있을 경우, A와 B가 속해 있는 특정한 우주시대에 있어 전개되고 있는 우주로서는 유일하게 택할 수 있는 실재적 가능태이다. 따라서 A와 B는 모두 상대방의 연장적 속성에 관한 무엇인가를 느낀다. 왜냐하면 그들은 그들을 출현시킨 과거를 직접적으로 느끼기 때문이다. 동시적인 것들과 관련하여, 현시적 직접성의 양태에 있어서의 지각에서 얻어지는 것은 바로 이와 같은 연장적 속성에 대한 앎이다("현시적 직접성"[presentational immediacy]을 보라).

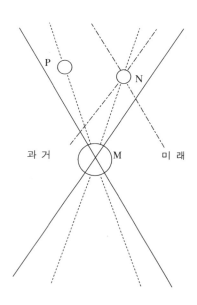

(그림3) 동시적인 것(또는 동시태)

만족 satisfaction

"현실적 존재는 우주의 모든 항목과의 완벽하게 결정적인 유대 관계 — 이는 긍정적인 파악이거나 부정적인 파악이다 — 를 동반하는 하나의 복잡한 느낌에서 그 생성을 종결한다. 이러한 종결이 그 현실적 존재의 '만족'이다" (PR 119~120). "만족"은 "'합생의 과정'으로부터 추상된 '응결체로서의 존재'라는 개념"(*PR* 184)을 구현하고 있다. "그것은 과정으로부터 유리된, 그래서 과정인 동시에 결실인 원자적 존재의 현실성을 상실하고 있는 결과물 (outcome)이다. … '만족'은 '실체'나 '주체'라기보다는 오히려 '자기 초월 체'(superject)이다. 그것은 존재를 마감한다. 그러면서도 그것은 문제의 존재에 대체되는 존재들의 생성을 가능케 하는 창조성에 그 자신의 특성을 부과하는 자기 초월체이다"(*PR* 184). 현실적 존재의 이와 같은 종결은 "그 자신을 넘어서는 현실적 존재의 자기초월을 구현한다"(*PR* 400). 다시 말해 그것은 현실적 존재가 "자신을 넘어서는 미래의 개척지에다 결정적인 조건을 부가하는"(*PR* 290) 방편이 되고 있다("객체적 존재," "자기 초월체"(superject), "객체적 불멸성"을 보라).

명제 proposition

명제는, 단순하거나 복잡한 영원적 객체가 현실적 존재나 현실적 존재들의 결합체와 융합되어 있는 혼성적(hybrid) 종류의 존재이다. 이러한 융합에 있어 관련된 영원적 객체와 현실적 존재들은 모두 그들의 특성 가운데 일부를 상실하게 된다. 영원적 객체로서의 영원적 객체는 비결정의 현실적 존재들 가운데 순수하게 일반적인 "임의의 것"(any)과 관계할 뿐이다. 그러나 명제속에 들어 있는 것으로서의 영원적 객체(이때 그것은 그 명제의 "술어적 패턴" [predicative pattern]이라 불리게 된다)는, 비록 그것이 현실적 존재의 가능적 한정자라는 특성을 여전히 보유하고 있다고는 하더라도, 관련의 절대적 일반성을 잃어버리고 오로지 그것에 융합된 현실적 존재들에 제한되고 만다. 또 융합에 연루된 현실적 존재들도 완벽하게 결정적이던 특성을 잃게 된다. 현실태들의 구체적인 한정성이 제거되어 특정한 장소를 지적해 주는 지시적 기능만이 남는다. 그리고 실제로 그 현실태들을 특징지워 주던 영원적 객체들은 제거된다. 그래서 그 현실태들은 단순한 "그것들"(its), 즉 할당되는 어떠한 술어적 패턴도 수용할 수 있는 단순한 가능태로 환원되어 버린다. 단순한 "그것들"(its)로서의 현실태들은 그 명제의 "논리적 주어"(logical subject)라 불리게 된다.

명제 그 자체는 그것의 진리치와 관련하여 결정되어 있지 않다. 비록 논리적 주어들이 사실로서 완벽하게 결정되어 있기 때문에, 명제는 그 술어적 패턴이, 그 논리적 주어들에 의해 현실적 세계속에 예증된 한정의 현실적 형식인가 아닌가에 따라 참이거나 거짓이 되는 것이긴 하지만 말이다. 명제는 또한 명제적 느낌속에 그 자신을 실현시키는 일과 관련해서도 본질적으로 결정되어 있지 않다. 그것은 그것을 느낄 주체를 기다리고 있는 느낌의 여건이다. 그래서 세계에서의 그것의 기능은 느낌에 대한 유혹으로 작용하는 것이다. 화이트헤드는 이러한 기능이 논리학자들에 의해 강조되어 왔던 명제의 단순한 진리치(truth value)보다 훨씬 더 중요하다고 되풀이해서 주장한다. 존재론적 원리에 따르면 모든 존재는 어떤 곳(여기서 "어떤 곳"[somewhere]은 어떤 현실적 존재를 의미한다)에 있어야 한다. 그래서 모든 명제는 장소(locus)를 갖는다. 명제의 장소는, 그들의 형식적 세계가 그 명제의 논리적 주어를 포함하고 있는 그런 모든 현실적 존재들로 이루어진다. 물론 이때 그 장소 안에 있는 모든 현실적 존재들이 그 명제를 긍정적으로 파악하는 것은 아니다. 어떤 도시에 살고 있는 많은 사람들이 그 도시 중앙에 빈터가 있다는 것을 인식하고 있는데도 오직 한 사람의 진취적인 기업가만은 "저 모퉁이에 있는 식당"이라는 말로써 지칭되는 명제를 긍정적으로 파악하는 수가 있는 것이다. 그가 처음으로 그 명제를 파악하는 순간에 있어 그 명제는 거짓이다. 그러나 이것은 그 명제에 있어 중요한 것이 아니다. 느낌에 대한 유혹으로서의 그 명제는 그 기업가로 하여금 그 땅을 사서 식당을 짓도록 할 수가 있다. 이것이 명제의 중요한 기능이다. 그러므로 명제는 새로움으로의 전진을 위한 길을 열어주고 있는 것이다.

명제적 느낌 propositional feeling

명제적 느낌은 명제를 그 여건으로 하고 있는 느낌이다. 명제적 느낌은 단순한 비교적 느낌이다(그림1을 보라). "결정된 논리적 주어와 관계맺고 있는 것으로서, 그 순수한 가능태에 있어서 실현된 영원적 객체는 문제되는 현실적 계기의 정신성에 있어서의 '명제적 느낌'이라 불린다"(*PR* 392).("명제" [proposition]와 "물리적 목적"[physical purpose]을 보라.)

물리적 목적 physical purpose

물리적 목적은 합생의 세번째 위상에서 발생할 수 있는 단순한 비교적 느낌(comparative feeling)들 가운데 가장 근원적인 종류의 느낌이다(그림2를 보라). 단순한 비교적 느낌에서는(첫번째 위상에서 생겨난) 단순한 물리적 느낌과 그것의 개념적 대응물, 즉(두번째 위상에서) 그 단순한 물리적 느낌에서 파생된 개념적 느낌과의 통합이 이루어진다. 물리적 목적과 보다 복잡미묘한 명제적 느낌(propositional feeling) 사이의 차이는 바로 이러한 통합의 성격에 있다. 이 차이는 두번째 위상에서 생겨난 개념적 느낌의 운명속에 있다. 통합에 있어 개념적 느낌의 여건인 영원적 객체가 사실에 대한 그것의 비결정성, 즉 그것의 보편성 또는 그것의 사실 초월성을 보존하고 있을 때 그 통합은 세번째 위상에서 명제적 느낌을 낳게 된다. 그러나 그 영원적 객체가 사실에 대한 그것의 비결정성, 곧 그것의 초월성을 상실하고 사실속으로 내재해 들어갈 때, 즉 첫번째 위상에서의 물리적 느낌에서 시원적으로 예증되었던 것으로서의 그 자신과 결합해 들어갈 때 그 통합은 세번째 위상에서 물리적 목적을 낳게 되는 것이다.

실질적으로 보자면 물리적 목적은, 두번째 위상에서의 개념적 느낌의 주체적 형식이 역작용(adversion)일 수도 있고 혐오(aversion)일 수도 있다는 사실만 접어둔다면, 첫번째 위상에서의 물리적 느낌의 반복이다. 주체적 형식이 역작용일 경우 물리적 목적의 주체인 현실적 존재는 그 물리적 느낌을 보존하여 이를 미래의 계기에로 전달하려는 경향을 띠게 되며, 그 주체적 형식이 혐오일 경우 어떻게든 그 물리적 느낌은 그 주체를 넘어서는 미래에 있어 중요성을 상실하게 되는 경향을 보이게 될 것이다.

명제적 느낌들은 의식을 낳을 수 있는 보다 복잡미묘한 통합과 통합의 통합을 위한 유혹이 되는데 반해 물리적 목적들은 최종적인 것이 되는 경향이 있다. 이들은 더이상의 통합을 금하며, 의식을 동반하지 않는다. 그래서 이들은 우리가 무생물이라 부르는 사회의 구성원인 근원적인 종류의 현실적 존재들의 특징을 이루고 있다.

물리적인 극 physical pole

"정신적인 극"(mental pole)을 보라.

물리적 파악 physical prehension

"순응적 느낌"(conformal feeling)을 보라.

변화 change

현실적 존재들은 변화하지도 않으며 운동하지도 않는다. 그것들은 생성한다. 그리고 그들의 생성은 또한 그들의 소멸의 순간이기도 하다. "현실적 존재는 결코 운동하지 않는다. 그것은 지금 있는 곳(where it is)에 있으며 지금의 그것(what it is)일 뿐이다"(*PR* 167). 그러나 그렇다면 화이트헤드가 지적하고 있다시피, "'운동'이라든지 '운동하는 물체'라는 개념에 주어질 의미가 있어야 한다는 것은 너무나 명백하다"(*PR* 167). 이 의미는 사건이라는 개념에 의해 짜여진다. 사건은 현실적 존재들의 결합체, 즉 상호연관된 현실적 존재들의 연장적 줄기(extensive string)이다. "'변화'라는 개념의 근본적인 의미는 '결정된 어떤 사건속에 포함되어 있는 현실적 계기들 사이의 차이'이다"(*PR* 168). 이런 사실을 표현하는 보다 기본적인 또 다른 방식은 영원적 객체라는 개념을 통하는 길이다. "'변화'는 현실적 사물들로 이루어진 발전하는 우주에서 영원적 객체들이 겪는 모험을 기술하는 말이다(*PR* 143). 이들 두 설명방식은 서로를 전제로 하고 있다. 계기(繼起)하면서 사건을 구성하고 있는 현실적 존재들 가운데 현존하는 영원적 객체들의 패턴에 아무런 변경도 없을 경우, 변화도 운동도 없게 될 것이며, 오직 반복에서 비롯되는 단순한 지속(mere duration)만이 있게 될 것이다.

변환 transmutation

변환은 미시세계적 파악들로부터 거시세계적 지각을 발생시키는 작용이다. 예를 들어 변환을 통해, 하나의 탁자에 대한 지각은 그 탁자를 구성하고 있는 개개의 현실적 존재들에 대한 파악들을 대신하게 되는 것이다. 변환은 임의의 한 주체 내의 순수한 물리적 느낌들의 계열에 있어(이 느낌들은 어떤 중요한 특징의 질서를 지니고 있는 결합체의 개별적인 구성원들에 대한 느낌들이어야 하겠다) 그 느낌들속의 영원적 객체들 내에 동일한 패턴이 있게 될 때 일어날 수 있다. 그 임의의 주체의 두번째 위상에서 동일한 개념적 느낌이 이 물리적 느낌들 각각에서 발생하게 된다. 첫번째 위상에서의 순수한 물리적 느낌들 모두 또는 그들 중의 대다수와 공평하게 관련되는 이 하나의 개념적 느낌은 변환에 있어 열쇠가 된다. 세번째 위상에서 따라나오는 통합된 느낌에서 이 하나의 개념적 느낌은 전체로서의 그 결합체와 대비되어 들어간다. 그리고 "전체로서의 그 결합체는 그것의 여러 성원에 어떤 방식으로 속하는 하나의 특성을 이끌어낸다"(*PR* 453). 어떤 특정의 특성을 예증하고 있는 하나의 전체로서의 그 결합체에 대한 이와 같은 변환된 물리적 느낌은, 결합체의 여러 현실적 존재들에 대한 처음의 여러 느낌들을 그 결합체에 대한 하나의 느낌으로 대체시킨 셈이 된다. 그래서 탁자를 구성하고 있는 현실적 존재들에 대한 다수의 느낌들을 대신하는 것으로서의 그 탁자에 대한 느낌이 있게 되는 것이다(그림2를 보라).

불순한 파악 Impure prehension

"파악"(prehension)을 보라.

사건 event

화이트헤드의 초기 저작에서는 사건의 개념이 중심에 있었다. 사건은(『과정과 실재』를 포함하는) 후기 저작에서 현실적 존재들이 행하고 있는 역할과 유사한 역할을 수행했었다. 초기 저작에서 사건은 시간적으로 명백히 연장될 수 있었다. 그러나 현실적 존재는 한순간에 발생한다. 그것의 생성은 또한 그것의 소멸의 순간이다. 그리고 이런 점에서 사건과 현실적 존재는 완전히 서로 다른 것이다.

화이트헤드는 후기 저작에서도 사건의 개념을 사용한다. 그러나 그것은 더 이상 초기 저작에서처럼 근본적인 개념이 아니다. 『과정과 실재』에서 "사건은 '어떤 연장량'(extensive quantum)에 있어 어떤 결정적인 방식으로 서로 관계맺고 있는 현실적 계기들의 결합체이다. 그것은 그 형상적 완결성(formal completeness)을 누리고 있는 결합체이거나 객체화된 결합체이다. 하나의 현실적 계기는 단 하나의 구성원만을 지니고 있는 사건의 극단적 유형이다. … 예컨대 분자는 현실적 계기들의 역사적 경로이며, 이러한 경로가 곧 하나의 '사건'이다"(*PR* 167, 178~179).

사회 society

사회는 사회적 질서를 갖추고 있는 결합체이다(보다 일반적인 설명을 위해서는 "결합체"를 보라). "결합체는 다음과 같은 경우에 '사회적 질서'를 향유하고 있다. 즉 1) 그 결합체에 포함된 각 현실적 존재들의 한정성에 예시된 공통요소로서의 형상이 있을 것, 2) 그 결합체의 각 구성원이 그 결합체의 다른 구성원들을 파악함으로 말미암아 그 각 구성원에 부과되는 조건들에 근거하여, 이 공통요소로서의 형상이 그 결합체의 각 구성원에서 생겨나고 있을 것, 그리고 3) 이때의 파악들이 그 공통형상에 대한 긍정적 느낌을 포함하고 있음으로 해서 재생(reproduction)의 조건을 부여하고 있을 것 등이다 (*PR* 100~101). 이 공통요소로서의 형상은 그 사회의 "한정 특성"(defining characteristic)이라 불린다.

형상적 한정의 의의는 다음과 같은 구절에서 분명하게 드러난다. "여기서 일컬어지는 '사회'의 핵심은 그것이 자립해 있다(self-sustaining)는 것, 다시 말하면 그것은 그 자신의 근거(reason)가 되고 있다는 것이다. 따라서 사회는 동일한 집합명(class-name)이 적용되는 존재들의 어떤 집합 이상의 것이다. 즉 그것은 단순한 수학적 개념의 '질서' 이상의 것을 포함하고 있다. 사회가 성립하기 위해서는 그 사회의 각 성원들이 동일한 사회 내의 다른 성원들로부터 파생되어 나왔다는데에 근거하여, 하나의 집합명이 그 각 성원들에게 적용되어야만 한다. 그 사회의 구성원은, 그것들이 그들의 공동 특성을 근거로 하여 각기 다른 구성원들에다, 그와 같은 유사성을 낳게 되는 여러 조건을 부과하기 때문에 유사한 것들이 된다"(*PR* 192).

사회에는 여러 유형이 있으며 그 복잡성의 등급도 천차만별이다. 그리고 사회들의 사회 내에는 상이한 종류의 많은 사회들이 있다(더이상의 자료를 위해서는 "입자적 사회," "존속하는 객체"[enduring object], "구조를 갖는 사회"를 보라).

상징적 연관 symbolic reference

상징적 연관은 인간의 극히 민첩한 지각을 특징지우고 있는 혼합된 양태의 지각이다. 그것은 인과적 효과성의 양태에 있어서의 지각과 현시적 직접성의 양태에 있어서의 지각과의 통합 내지 그들간의 상호작용이다.

인과적 효과성의 양태에 있어서의 지각은, "그 느낌의 여러 색조에 의해 구성되는 것으로서의, 그리고 이들 느낌의 여러 색조를 통해 효과를 낳는 것으로서의 과거의 정착된 세계에 대한 지각이다"(*PR* 242). 이러한 양태의 느낌은 물리적인 세계에 충만해 있으며 인간의 경험에서는 내장의 느낌(腹感, visceral feeling) ─ 예컨대 오래 끄는 위통 ─ 이나 맹목적으로 나타나는 기억 같은 것으로 예증된다. 이에 반해 현시적 직접성의 양태에 있어서의 지각은 "단지 감각 여건에 의해 동시적인 공간영역을, 그것의 공간적 형태 및 지각자로부터의 그것의 공간적 전망과 관련하여 모호성으로부터 구출해 내는데 그치는 지각…"(*PR* 243)이다. 현시적 직접성은 "단순한 시각"(bare sight)의 산물이다. "그러나 우리 모두는 회색의 돌에 대한 지각속에 있는 단순한 시각이, 그 지각자와 동시적인 회색의 형태, 그러면서도 지각자와 다소 모호하게 한정되는 어떤 공간적 관계를 맺고 있는 회색의 형태에 대한 시각이라는 것을 알고 있다. 따라서 단순한 시각은 지각자와 동시적인 어떤 공간적 영역이 그 지각자에 대해 갖는 기하학적인 전망적 관계를 예시하는데 그친다. 그리고 이러한 예시는 '회색'을 매개로 해서 이루어진다. '회색'이라는 감각여건은 그 영역을 다른 영역들과의 모호한 혼재 상태로부터 구출해낸다"(*PR* 243).

화이트헤드는 철학자들이 지각을 분석하면서 인과적 효과성의 양태에 있어서의 지각을 무시하는 경향이 있어 왔다고 주장한다. "철학자들은 내장의 느낌을 통해 얻어지는 우주에 관한 정보를 멸시하고 시각적 느낌(visual feeling)

에만 주의를 집중시켜 왔다"(*PR* 184). 그 결과 철학은 현시적 직접성에 의해서만 지각을 분석하려 하게 되었다. 그리고 이는 흄의 회의론을 낳았다. "인과율에 관한 흄의 논박은 사실상… 순수한 현시적 직접성이… 어떠한 인과적 영향력도 드러내 보여주지 못한다는 것을 장황하지만 설득력 있게 논증한 것이다. … 결론은 현시적 직접성에 의해 밝혀지는 것에 관한 한, 동시적인 우주내의 현실적 존재들은 인과적으로 상호 독립해 있다는 것이다"(*PR* 246~247).

그러나 화이트헤드는 일상적인 지각을 꿰뚫고 있는 "인과적인 영향력(causal influence)이 있다"고 주장한다. "우리가 회색의 돌에 대한 우리의 시지각(visual perception)을 의식에 새겨넣을 때, 거기에는 단순한 시각(sight) 이상의 무엇인가가 연루되어 있다. 그 '돌'은 그것이 과거와 관련을 맺고 있다. '돌'은 명백히 역사를 갖고 있는 것이다. 그리고 그것은 아마도 미래를 갖게 될 것이다. 미래에 있어 그것은, 아주 작은 것일 경우 돌팔매용으로 사용될 수도 있고, 아주 큰 것일 경우 의자로서 사용될 수도 있을 것이다"(*PR* 243). 현시적 직접성에 포함되는 감각 여건은 선행하는 동물 신체에서의 근원적인 느낌으로부터, 즉 인과적 효과성의 양태에 있어서의 지각으로부터 파생되어 나온 것이다. 그래서 인과적 효과성의 양태에 있어서의 지각 내의 감각 자료에 기본적으로 따라다녔던, 과거의 현존이 지니는 모호한 견실성(massiveness)은, 그 감각 자료가 현시적 직접성의 양태에 있어서의 지각 내의 선명하게 한정된 동시적인 공간적 영역에 투사되고, 그 결과 혼합된 양태의 상징적 연관이 그 돌을 공간의 동시적인 영역에 투사되고, 그 결과 혼합된 양태의 상징적 연관이 그 돌을 공간의 동시적인 영역에 분명하게 자리잡고 있는 것으로서 지각하는 동시에 그 돌은 과거를 지니고 있고, 또 미래에 있어 영향력을 행사할 수 있는 지속하는 존재로 지각하게 될 때에도 완전히 사라지지 않는다("인과적 효과성"[causal efficacy], "현시적 직접성"[presentational immediacy], "의식"[consciousness]을 보라).

생명 life
"구조를 갖는 사회"를 보라.

순응적 느낌 conformal feelings
합생의 최초 위상은 순응적 위상, 반응적(responsive) 위상, 최초의(initial) 위상, 수용적(receptive) 위상, 또는 근원적(primary) 위상 등으로 명명된다.

그래서 이 위상을 구성하는 파악들은 순응적 느낌, 반응적 느낌 또는 순수 물리적 느낌 등으로 불린다. 순응적 위상은 과거와 현재 사이의 연결고리를 제공함으로써 합생을 개시한다. 과거는 객체화된 여건으로서 주어지는데, "호응적 위상은 이러한 여건들을 느낌의 주체적 통일을 위한 소재로서 흡수된다"(*PR* 325). 이 순응적 느낌들은 "'벡터(vector)이다. 왜냐하면 그것은 저곳에 있는 것을 느끼고는 이를 이곳에 있는 것으로 변형시키기 때문이다"(*PR* 189). 순응적 느낌은 "객체적 내용을 주체적 느낌으로 변형시킨다"(*PR* 314). 순응적 느낌들은 "단순한 가능태(potentiality)였던 여건이 실현의 복잡한 통일을 위한 개체화된 기반이 되는"(*PR* 230) 통로가 되고 있다. 비록 이러한 통일은 합생의 보다 후기 위상에 이르러서야 비로소 달성되는 것이긴 하지만, 그러한 통일의 기반이 되는 재료는 순응적 느낌에 의해 제공되고 있는 것이다.

순응적 느낌은 반복하고 재생한다. 이 다음의 보충적 국면의 비교적인 느낌들이 새로움의 원천이며, 순응적 느낌은 새로움을 낳지 못한다. 그렇기는 하지만 순응적 느낌의 지평에서도 주체적 지향(subjective aim)의 지배에 따르는 창조적 선택이 있게 된다. 왜냐하면 순응적 느낌의 여건이 되는 계기(occasion) 내의 어떤 요소는 객체화되어 선택되는 반면 다른 어떤 요소는 부정적 파악에 의해 배제되어 아무런 영향력도 행사하지 못하게 되기 때문이다.

다음의 인용문은 화이트헤드의 도식에서 순응적 느낌이 갖는 중요성을 잘 보여주고 있다. "단순한 주체적 반응이라는 특징을 지니고 있을 뿐, 보다 높은 위상에서의 독창성을 결하고 있는 이 직접적인 지각은 수용성(receptivity)의 모습으로 나타난 현실적 존재의 구조를 보여준다. 인과관계의 표현으로 하자면, 그것은 현실세계에서 작동하고 있는 작용인을 기술하고 있다. 록크(Locke)가 제기했던 것과 같은 인식론의 표현으로 하자면, 그것은 개별적 존재자(particular existent)의 관념이 어떻게 지각자의 주관속으로 흡수되고, 어떻게 외부세계에 대한 그 지각자의 경험을 위한 여건이 되는가를 기술하고 있다. 과학의 표현으로 하자면, 그것은 국지화된(localized) 에너지의 양적(量的) 강도가 그 자신속에 그 기원의 여러 벡터적 흔적(vector marks)과 그 종적 형식들의 특수성들을 띠게 되는가를 기술하고 있다. 그것은 또한 원자적 양자들(量子, atomic quanta)이 일정량의 에너지 집성(building up)속에서 식별될 수 있는 근거를 제공한다. 이런 방식으로 유기체의 철학은 — 마땅히 그래야 하겠지만 — 사실에 호소한다"(*PR* 236~237).

술어적 패턴 predicative pattern

"명제"를 보라.

신 God

"신은 현실적 존재이며, 아득히 멀리 떨어져 있는 텅빈 공간에서의 지극히 하찮은 현존의 한 가닥도 현실적 존재이다. 그런데 비록 그 중요성에서 등급이 있고 기능에서 차이가 있긴 하지만, 현실태(actuality)가 예증하는 여러 원리에서 볼 때 모든 현실적 존재들은 동일한 지평에 있는 것이다. … 오직 한 가지 유(類)의 현실적 존재들이 있을 뿐이라는 가정은 유기체철학이 따르려는 우주론의 이상에 속한다"(*PR* 73, 225). 신에 대한 화이트헤드의 설명이 정확히 어떻게 이러한 이상과 조화될 수 있는 것인지에 대해서는 전문가들 사이에 의견이 분분하다. 하지만 화이트헤드가 그의 철학에서 "신은 형이상학적 원리들의 붕괴를 막기 위해서 불러들여진, 모든 형이상학적 원리들로부터의 예외자로 취급되어서는 안된다"(*PR* 590)고 보았던 것만은 분명하다. "신은 형이상학적 원리들의 주요한 예증 사례인 것이다"(*PR* 590~591).

신의 구조는 세계의 구조와 대칭(mirror image)을 이룬다. 세계는 미완의 것이다. 그것은 그 본성상 자신을 완결짓기 위해 모든 사물의 기초에 있는 하나의 존재를 필요로 한다. 이 존재가 신이다. 세계를 완결짓는 존재로서의 신은, 왼손이 오른손의 보완물이듯이 세계의 보완물이며, 그 결과 모든 현실적 존재들을 지배하는 원리들은 신에게서 몇몇 사례를 통해 반대되는 방식으로 예증된다.

시간적 세계의 존재들은 여건으로서의 계기들에 대한 물리적 파악과 더불어 생겨난다. 그래서 그 존재들은 시간과 공간속에 확고하게 뿌리박고 있게 된다. 신은 영원적 객체들의 비시간적 영역에 대한 그의 "개념적" 파악과 더불어 생겨난다. ― 이것은 신의 "원초적 본성"(primordial nature)이며, 이런 본성 때문에 신은 비시간적인 현실적 존재로 지칭될 수 있게 되는 것이다. 시간적 영역의 현실적 존재들은 물리적 파악으로부터 개념적 파악으로 나아간다. 신은 이와 반대이다. 왜냐하면 그의 "결과적 본성"(consequent nature)은 시간적 세계 내의 현실적 존재들에 대한 그의 물리적 파악들로 이루어지기 때문이다. 시간적 계기들과 마찬가지로 신은 그의 결과적 본성에 속하는 물리적 느낌들이 그의 원초적 본성에 속하는 개념적 느낌들과 통합되는 비교적 느낌의 위상에 의해 완결된다. 또 시간적 존재들에서와 마찬가지로 신에게서도 이러한 통합은 "자기 초월체적 본성"(superjective nature)을 낳는다. 이것은 "갖가지 시간적인 사례들속에서 초월적인 창조성을 규정하는 신의 특수한 만족이 가지는 실용적 가치의 성격"(*PR* 190)이다.

하나의 영역으로 간주되는 영원적 객체들은 존재론적 원리상 현실태와의 연계(link)를 필요로 하는 존재의 일종이다. "모든 것은 어떤 곳에 있어야 한다. 여기서 '어떤 곳'(somewhere)이란 '어떤 현실적 존재'를 의미한다. 따라서 우주의 일반적인 가능태는 어떤 곳에 있어야 한다. … 이 '어떤 곳'은 비시간적인 현실적 존재… (즉) 신의 원초적 정신이다"(*PR* 122). 이것은 체계의 내적 구조가 신을 필요로 하는 한가지 방식이다.

그 체계는 또한 객체화의 학설과 관련해서도 신을 필요로 한다. 현실적 존재들은 생성하고 이어서 소멸한다. 그러나 그것들은 또한 객체적으로 불멸하는 것으로 기능한다. 객체적으로 불멸하는 것으로서의 현실적 존재들은 현실태와의 연계를 상실한 것들이며, 이런 점에서 그것들은 영원적 객체들의 영역과 유사한 것이다. 객체적으로 불멸하는 현실적 존재들은 신의 결과적 본성을 통해 현실태와 연계된다. 결과적인 것으로 간주되는 신은 현실적 존재들의 각 세대를 파악하고 보존하여 미래에로 그들의 역량을 매개한다. 이러한 역할에 있어 신은 그의 전통적인 구원의 능력과 심판의 권능을 보여준다 신의 결과적 본성은 세계의 성장과 더불어 성장한다. 그리고 그의 결과적 본성에서 구원된 것으로서의 세계에 대한 그의 가치평가를 통해 신은 "구원될 수 있는 것은 그 어떤 것도 버리지 않는 사랑의 심판"(*PR* 595)을 보여준다.

마지막으로 그 체계는 새로움과 진보가 가능하도록 현실태와 가능태를 매개해 줄 존재를 필요로 한다. 원초적 본성에 있어서의 신은 가능태의 무한한 영역을 파악하며, 결과적 본성에 있어서의 신은 세계의 현실태들을 파악한다. 그리고 그의 자기 초월체적 본성은 그의 원초적 통찰과 그의 결과적 파악들이 짜여들어간 것이다. 여기서 현실적 사실이 가능태의 영역과 병치될 때, 그 사실적 상황에 있어 새로운, 그러면서도 관련된 가능태들이 실제로 일어났던 것과 중요한 대비를 이루며 나타나게 된다. 창조적 전진에 있어서의 신의 목적은 세계에 대한 그의 경험이 그 자신의 경험에 있어 가능한 최대의 강도를 낳게 할 그런 성격의 세계를 출현시키는데에 있다. 그러므로 신 — 이는 자기 초월체적으로 기능하는 신이다 — 은 발생하는 각 현실적 존재에다 주체적 지향을 제공한다. 그리고 그 존재 자체의 합생을 통한 그러한 지향의 완결은, 신에 의해 파악될 때 신에게 최대 강도의 만족을 가져다줄 수 있는 그런 류의 질서지워진 복잡한 세계를 창출하게 될 것이다. 이처럼 현실적 존재의 초기 주체적 지향을 제공한다고 하는 제한된 의미에 있어 "신은 각각의 시간적인 현실적 존재의 창조자라 할 수 있다"(*PR* 410).("주체적 지향"[subjective aim]을 보라).

여건 datum

파악의 여건은 파악되는 것이요, 주어지는 것이다. "느낌의 분석에 있어 '사물에 앞서는'(ante rem) 것으로 나타나는 것은 모두 여건이다…."(*PR* 423). "현실적 존재의 성격은 궁극적으로 그 여건에 의해 좌우된다. 합생에서 생겨나는 느낌의 자유가 어떤 성격의 것이든간에 현실적 존재는 그 여건에 내재하는 잠재능력의 한계를 벗어날 수 없다. 여건은 제한하면서 동시에 제공한다. 바로 이러한 학설로부터, 유기체의 성격은 그 환경의 성격에 달려 있게 된다는 결론이 나온다"(*PR* 226).

화이트헤드는 최초의 여건(initial datum)과 객체적 여건(objective datum)을 구별한다. 이 구별은 단순 물리적 느낌, 즉 단 하나의 현실적 존재를 여건으로 하고 있는 느낌을 고찰하고 있을 경우 관련이 있게 된다. 여건인 하나의 현실적 존재 전체는 최초의 여건이라 불린다. 이 최초의 여건은 자신을 구성하고 있는 느낌들 가운데 어느 하나에 의해서 합생하는 주체에 대하여 객체화된다. 이처럼 그것을 객체화시키는 느낌은 객체적 여건이라 불린다. "객체화는 객체화된 존재의 완전한 구조를 관련성 없는 것으로, 또는 종속적 관련성만을 지니는 것으로 축출해 버린다. 객체화된 존재 내의 어떤 실재적인 구성요소는, 그 객체화된 특정의 존재가 그 주체의 경험에 있어서 여건이 되는 방식의 역할을 떠맡는다"(*PR* 149). 이 "실재적 구성요소"는 객체적 여건이며, 그것이 만들어내는 객체화는 합생하는 주체에 있어서의 최초의 여건에 대한 "전망"(perspective)이라 불린다.

역전 reversion

"개념적 역전"을 보라.

연장적 연속체 extensive continuum

사회들은 고립되어 존재하지 않는다. 각 사회는 그 사회적 환경을 전제로 한다. 그리고 그것들은, 마치 한 도시가 어떤 지방에 속하고 그 지방은 어떤 주(州)에 속하며 다시 그 주는 어느 한 국가에 속하듯이 서로간에 순차적으로 감싸안고 있다. 물론 어느 한 주 안에 여러 지방이 있듯이, 감싸안고 있는 사회 안에는 같은 유형의 여러 사회들이 들어 있을 수 있다. 그래서 자연은 "보다 특수한 사회가 보다 넓은 사회속에 포함되어 있는 방식으로, 점차 그 지배의 폭에서 넓어지고 있는 사회들의 '계열'"(*PR* 197)로 이루어져 있다. 우리의 우주시대는 전자적인 현실적 존재들과 양성자적인 현실적 존재들의 거대한 사회에 의해 주도되고 있다. 그리고 이 사회가 보여주고 있는 질서는 우리가 "자연의 법칙"이라 부르고 있는 것이다. 그러나 이 사회는 기하학적 공리들을 머금고 있는 보다 넓은 사회적 배경속에 들어 있는 것이다. 그리고 이 보다 넓은 사회 가운데는, 한 지방에 두 도시가 있을 수 있는 것과 꼭 마찬가지로 반(反)전자적, 반(反)양성자적인 사회들이 존재하고 있을 수 있다. 그러나 기하학적 사회는 훨씬 더 넓은 4차원의 사회를 전제로 한다. 그리고 이 것을 넘어설 때 단순한 차원성(dimensionality)만을 지닌 사회에 부딪치게 된다. 그리고 궁극적으로는 오늘날 우리의 인식 범위 내에서 생각할 수 있는 가장 넓은 사회, 즉 화이트헤드가 "연장적 연속체"라 부르고 있는 단순한 연장성의 사회와 만나게 된다. "연장적 결합의 일반적 속성들속에서 우리는 우리의 직접적인 우주 시대를 훨씬 넘어서서 확대되고 있는 거대한 결합체의 한정 특성을 식별하게 된다. … 이 궁극적이고도 거대한 사회는, 우리가 우리의 현 발전단계에서 체계적인 특성들을 식별할 수 있는 한, 우리의 시대가 놓여 있는 전체 환경을 구성하고 있다"(*PR* 204).

지금까지는 연장적 연속체의 개념을 사회에 의거한 외적인 역할에서 고찰했다. 순수한 또는 일반적인 가능태라는 관념에서 출발하여 그 내적인 역할에서 그 개념에 접근해 가는 것도 이해에 도움이 된다. 일반적 가능태란 "영원적 객체의 다수성에 의해 제공되는, 서로 무모순적이거나 선택적인 가능태들의 묶음이다"(*PR* 154). 그것은, 세계속으로 진입할 때 논리적인 제한 외에는 아무런 제한도 받지 않는, 그 자체로서 고찰된 영원적 객체들의 영역이다. 그러나 실제로 세계에로의 진입에 있어 논리에 의한 제한뿐만 아니라 과거의 환경에 의한 제한도 있게 된다 ― 순수한 가능태에서 보자면 키가 5피드인 40대의 뚱뚱한 사람이 7피드의 높이까지 뛰어오를 수 있으나 이는 실재적인 가능태가 아니다. 실재적 가능태란 순수한 가능태를 제한한 것, 곧 한정한 것으로서, 주어진 사실적 세계의 여러 조건들이 그 세계로부터 생겨나는 임의의 특정 현실적 존재에다 제공하는 가능태이다. 연장적 연속체는 "세계의 일반적 특성에서 생기는 질서 ─ 즉 실재적 가능태 ─ 에 대한 최초의 규정이다. 현재의 시대를 넘어서는 그 완전한 일반성에서 볼 경우, 연장적 연속체는 형태나 차원 또는 측정 가능성 같은 것을 포함하지 않는다. 이것들은 우리의 우주시대에서 비롯되는 실재적 가능태의 부가적인 결정들이다"(*PR* 156). 우리의 우주시대 밖으로 뻗어 나가는 거대한 사회로서의 연장적 연속체는 그 무수한 세대들의 집단적인 사회적 계승을 통해, 일반적인 가능태에다 최초의 가장 일반적인 제한을 가하고 있다. 이 제한은 현실적 존재들의 각 세대가 그 나름의 어떤 특수한 성격의 질서를 지니고 있는지간에 최소한 그것들을 "'연장적 결합,' '전체와 부분,' '연장적 추상'에 의해 도출될 수 있는 다양한 유형의 '기하학적 요소들'"(*PR* 204) 등과 같은 일반적 속성들을 띠고 있게 되리라는 것이다. 그런데 "그것에는 직선을 정의할 수 있게 하며, 그래서 측정 가능성을 이끌어들이는 보다 특수한 속성들은 포함되지 않는다"(*PR* 204). 이 이론에 들어 있는 전문적인 기하학적 측면들은 지금과 같은 입문적 연구의 범위를 넘어선다. 여기서는 다음과 같은 언급으로 충분하겠다. 즉 시공연속체는 단순한 연장을 전제로 하는 보다 특수한 성질들의 집합이며, "그 시간화와 공간화를 떠난 연장은 다수의 객체들이 하나의 경험이라는 실재적 통일 속으로 결합해 들어갈 수 있는 가능성을 제공하는, 관계들의 일반적 도식이라는 것이다. 따라서 하나의 경험 행위는, 그 자신의 전망적 관점이 연장적 내용을 가지며, 다른 현실적 존재들은 그들 자신의 연장적 관계를 유지한 채 객체화된다는 두가지 사실에 근거하여 연장적 질서의 객체적 도식을 갖는다"(*PR* 158).

영원적 객체 eternal object

"그에 대한 개념적 인지에 있어 시간적 세계의 어떠한 특정의 현실적 존재와도 필연적인 관련이 없는 그런 존재는 모두 '영원적 객체'라 불린다"(*PR* 119). 영원적 객체들은 현실적 존재들의 성격을 특징지울 수 있는 한정의 형식이다. 그것들은 "사실의 종적인 결정(specific determination)을 위한 순수가능태(pure potentials)"(*PR* 79)이다. 현실적 존재의 생성과정이란 한정의 다양한 형식들(영원적 객체들)을 취사선택하는 일련의 결단을 통해 한정성을 획득해 가는 과정이다. "각 현실태의 결정적인 한정성은 이러한 형상들로부터의 선택의 표현이다. 그것은 이런 형상들을 다양한 관련성속에 등급화시킨다"(*PR* 118). 취사선택하는 주체는 현실적 존재이다. "영원적 객체는 항상 현실적 존재들을 위한 가능태이다. 그러나 그 본질상 그것은 개념적으로 느껴지는 것으로서, 시간적 세계의 임의의 특정 현실적 존재에로의 그 물리적 진입(physical ingression)과 관련하여 중성적이다"(*PR* 119).

임의의 현실적 존재는 완전히 자유로운 상태에서 결단하는 것이 아니다. "현실적 존재는 그것을 위해 주어진 여러 결단에서 생겨나며, 바로 그 자신의 현존에, 그것 다음에 오는 다른 현실적 존재들을 위한 결단을 제공한다"(*PR* 116). 그것이 계승하는 과거는 그것에다 그것이 반복하지 않을 수 없는 어떤 한정의 형식들을 제공한다. "과거와 현재를 통합시키는 벡터 전이(vector transition)의 토대로서 얼마간의 순응이 필요하다. 여건을 결정하고 주체적 형식을 결정한다는 두가지 기능에 있어서의 영원적 객체는 따라서 관계적(relational)이다. … 영원적 객체가 파악의 여건을 제공하기 위해, 현실적 세계를 객체화시키는 기능을 통해 진입할 때, 그것은 '여건적으로'(datively) 기능하고 있다"(*PR* 313).

개별적이고 구체적인 사실이 되려면 현실적 존재는 어떤 결정적인 형식을 취해야만 한다. 현실적 존재는 그의 합생의 구성요소로서 어떤 영원적 객체를 참여토록 하고 어떤 영원적 객체를 참여하지 못하도록 할 것인가를 결정하는 결단을 통해 이를 성취한다. 현실적 존재의 결단에 내포되어 있는 생성, 곧 과정은 그 현실적 존재의 생존과 하나가 되고 있다. 이에 반해 영원적 객체들은 그 본질상 영원하다는 점에서 본질적으로 변화를 벗어나 있다. 그러나 그것들은 임의의 현실적 존재인 생성의 과정 자체가 그 현실적 존재를 그것이게끔 해줄 일종의 한정인 종적 특성을 선택된 영원적 객체에 의해 결정해 가는 과정이라는 점에서 변화 가운데 내포되어 있다. "세계의 과정을 구성하는 현실태들은, 모든 현실적 존재에 있어 한정의 가능태를 조성하는 다른 사물들의 진입(또는 "관여"[participation])을 예시하고 있는 것으로 간주된다. 시간적인 사물들은 영원적인 사물에 관여함으로써 생겨난다"(*PR* 110).

이런 주장은 플라톤의 학설과 유사한데 사실상 어느 정도는 그의 학설을 염두에 두고 이루어진 것이다. 화이트헤드는 주체적 종(subjective species)의 영원적 객체와 객체적 종(objective species)의 영원적 객체를 구별하고, 나아가 "객체적 종의 영원적 객체들은 플라톤의 수학적인 형상"(*PR* 511)이라고 분명하게 말하고 있다. 이러한 형식(형상, form)들은 "느낌의 여건인 어떤 객체화된 결합체나 어떤 단일의 현실적 존재를 한정하는 요소"(*PR* 510)라는 의미에서 객체적이다. 주체적 종의 영원적 객체는 "느낌의 주체적 형식을 한정하는 요소"(*PR* 511)라는 의미에서 주체적이다. "그것은 정서이든가, 강도이든가, 역작용이든가, 혐오이든가, 쾌락이든가, 고통이든가이다"(*PR* 446). 화이트헤드의 도식은 영원적 객체의 영역에다 두드러진 실재성을 부여하지 않는다는 점에서 플라톤적 도식과 다르다. 존재론적 원리는 가장 완전한 의미의 실재성을 현실적 존재에 부여한다. 그리고 여기서 화이트헤드는 플라톤의 "피안"(other worldliness)에 대한 아리스토텔레스의 반론을 구현하고 있다. 그런데 존재론적인 원리에 따르면 "모든 것은 어떤 곳에 있어야 한다. 여기서 '어떤 곳'(somewhere)이란 '어떤 현실적 존재'를 의미한다. 따라서 우주의 일반적인 가능태(즉 영원적 객체의 영역)도 어떤 곳에 있어야 한다. 왜냐하면 그것은, 그것이 거기서 실현되어 있지 않은 그런 현실적 존재들에 대하여 근사적인 관련을 보유하고 있기 때문이다. … 이 '어떤 곳'은 비시간적인 현실적 존재이다. 따라서 '근사적인 관련성'은 '신의 원초적인 정신에 있어서의 관련성'을 의미한다"(*PR* 122).(더이상의 논의를 위해서는 "신"을 보라.)

욕구 appetition

"욕구란 우선 개념적으로 파악된 여건을 실현시키려는 충동과 결부되어 있는, 직접적인 물리적 느낌에 대한 개념적 가치평가(conceptual valuation)이다"(*PR* 97). 네번째 범주적 제약(Categoreal Obligation)에 따르면 각각의 물리적 느낌으로부터 파생되는 순수한 개념적 느낌이 있다. 그리고 개념적 느낌의 주체적 형식은 평가절상(역작용, adversion)일 수도 있고 평가절하(혐오, aversion)일 수도 있는 가치평가라는 특성을 지닌다. 욕구는 "불안정(unrest)의 원리를 자기 자신속에 간직하고 있는 직접적인 사태(matter of fact)이다"(*PR* 97). 그래서 이 가치평가의 요소 — 역작용 또는 혐오 — 는 불안정의 장소(locus)인 것이다. 역전(reversion)에 의해서 현실적 존재의 정신적 극에 새로운 개념적 느낌이 현존할 수 있게 되며, 욕구에 의해서 그러한 현실적 존재는 "창조성(creativity)을 제약하여 미래에 있어 그 정신적 극의 물리적 실현을 달성할 수 있게 된다"(*PR* 97).

"욕구"라는 개념은 신의 원초적 본성과 관련하여 사용되기도 한다. 신의 원초적 본성은 영원적 객체의 영역에 대한 "무제약적인 개념적 가치평가, 즉 스피노자(Spinoza)가 사용했던 의미의 '무한한' 개념적 가치평가"(*PR* 445)이다. 이것은 단순히 개념적 느낌이 아니라 개념적 가치평가라는 점에 유의해야 하겠다. "이것은 창조적 질서가 의존하는 영원적 객체들의 공재에 대한 궁극적이고도 기본적인 조정(adjustment)이다"(*PR* 98). "신의 원초적 본성 (primordial nature)을 구성하는 여러 욕구의 등급화된 질서"(*PR* 380)는 모든 현실적 존재에 의해 파악되는데, 이들 존재 하나하나에 있어 그 질서는 이들 각 존재가 각자의 합생을 이끌어가면서 지향하는 하나의 유혹이 되고 있다. 신의 목적은 느낌의 강도를 증진시키는데에 있다. 그의 욕구들은 그의 목적을 구성한다. 그래서 세계속에서 느껴진 것으로서의 그의 욕구들은 그의 목적에 이바지한다("주체적 지향"[subjective aim]을 보라).

우주시대 cosmic epoch

현실적 존재들의 철저한 형이상학적 특성은 모든 현실적 존재들이 공유하고 있는 특성이다. 그러나 현실적 존재들의 어떤 특정 집합은, 철저하게 형이상학적인 것이 아니라 특수한, 즉 보편적이지 않은 사회적 관계에서 비롯되는 많은 특성들을 가지고 있다. 우리의 우주시대라는 개념은, 명백하게 보편적이지도 않고 완벽하게 일반적이지도 않으나 "우리 자신과의 직접적 관련을 추적해 볼 수 있는 현실적 존재들의 가장 넓은 사회"(*PR* 195)를 구성하고 있는 그런 관계들의 기반으로서의 거대한 사회를 가리키는 개념이다. "이 시대를 특징지우는 것은 전자적인 현실적 존재, 양성자적인 현실적 존재, 그리고 에너지의 양자(量子)에서 희미하게 식별될 수 있는 훨씬 더 궁극적인 현실적 존재들이다"(*PR* 195).

이 학설에 내포되어 있는 흥미로운 사실은 화이트헤드가 자연의 법칙을 진화하는 것으로 보고 있다는 점이다. "그러나 한 사회의 무한한 존속을 보장해 줄 이상적인 질서의 완전한 달성이란 있을 수 없다. 사회란, '무질서'가 그 사회의 이상과 관련하여 정의되는 경우, 바로 그런 무질서로부터 생겨나는 것이다. 그 사회가 어느 정도의 성장을 거쳤을 때, 그것의 보다 넓은 환경이었던 유리한 배경은 소멸하거나 그 사회의 존속에 더이상 유리한 것으로 작용하지 않게 된다. 이렇게 될 때 그 사회는 그 구성원들의 재생을 중지하게 되며, 궁극적으로는 일정한 쇠퇴의 단계를 거친 후 소멸하게 된다. 따라서 우주의 어떤 부분에 있어서의 재생을 결정하는 "법칙들"의 체계는 서서히 등장하여 지배력을 갖추고 나서 그 나름의 지속의 단계를 거친 후, 그 체계를 낳았던 사회의 쇠퇴와 함께 소멸해 버리는 것이다"(*PR* 194~195). 우리의 우주시대는 이와 같은 어떤 법칙들의 체계에 의해 구성되어 있으며, 상당한 시간이 경과한 후, 지금으로선 생각할 수도 없는 어떤 새로운 형태의 사회적 질서로 대체될 것이다.

이렇게 분석해 놓고 보면 자연의 법칙들은 오늘날의 다른 몇몇 설명에서 보다 훨씬 덜 신비스럽고 훨씬 덜 불가사의한 것으로 나타난다. "전자기장에 관한 맥스웰(Maxwell)의 방정식은 방대한 수의 전자와 양성자를 근거로 하여 힘을 발휘하고 있다. 또한 각 전자는 전자적 계기들(electronic occasions)의 사회이며, 각 양성자는 양성자적 계기들(protonic occasions)의 사회이다. 이러한 계기들은 전자기적 법칙의 근거이다. … 그러나 법칙들이 완전히 지켜지는 않고 있다는 의미에서, 또 그 재생이 실패하는 경우가 종종 있다는 의미에서 무질서가 생겨난다. 따라서 현재의 자연법칙들을 대신하여 점차적으로 지배력을 행사하면서 뒤이어 등장하는 새로운 유형의 질서에로의 점차적인 전이가 있게 되는 것이다"(*PR* 195).

의식 consciousness

"의식은 우리가 긍정-부정의 대비를 느끼는 방식이다"(*PR* 439). 긍정-부정의 대비는 현실적 존재들의 결합체에 대한 느낌과, 그 결합체의 구성원들을 그 논리적 주어로 하고 있는 명제에 대한 느낌을 결합시켜 하나의 여건으로 통일시키는 작용을 수반하고 있다(보다 상세한 설명을 위해서는 "긍정-부정의 대비"를 보라).

명제적 느낌은 합생의 세번째 위상에서 발생하며, 명제적 느낌과 의식을 포함하고 있는 사실 사이의 대비는 합생의 네번째 위상에서 이루어지는 한층 더 높은 통합의 산물이기 때문에, 의식은 "경험의 불가결한 토대가 아니라 어쩌다 우연히 얻어질 뿐인 경험의 월계관(crown)이라는"(*PR* 476) 결론이 나온다. "의식은 경험을 전제로 하지만 경험은 의식을 전제로 하지 않기"(*PR* 133~134) 때문에 "의식에 있어서의 명석성이 발생 과정에 있어서의 근원성을 보증하는 증거일 수 없고, 오히려 그 반대의 학설이 진실에 보다 가깝다"(*PR* 328)고 하겠다. 화이트헤드의 체계에 중핵이 되는 이러한 일련의 연관관계는 흄에 대한 그의 논박에서 핵심을 이루고 있다. 왜냐하면 화이트헤드는 흄이 의식적인 지각을 그의 근원적인 사실로 삼아 출발했고, 그래서 인과관계에 대한 일체의 앎이 어떻게든 이 근원적인 사실로부터 유도될 수 있어야 한다고 주장했기 때문에 인과관계에 대한 흄의 분석 전체가 처음부터 부적절한 것이 될 수밖에 없었다고 주장하고 있기 때문이다. 물론 흄은 그러한 앎을 유도해 낼 수 없었다. 그러나 화이트헤드는 이런 사실은 인과관계에 관해 아무엇도 입증해 주는 바가 없다고 주장할 것이다. 왜냐하면 인과적 연관성은, 의식이 전제로 하고 있으면서도 모호하게 인지할 수 있을 뿐인 근원적인 파악에서 발견될 수 있는 것이기 때문이다. 화이트헤드는 "의식이란 다만 복잡한 통합의 후기에 속하는 파생적 위상에서 나타나는 것일 뿐"(*PR* 309)이라고 말한다. "이러한 종류의 위상이 그 합생에 있어 무시될 수 있는 그런 현실적 계기인 경우, 그 계기의 경험속에서 어떠한 인식(knowledge)도 있을 수 없게 된다. 의식은 보다 후기의 위상에 속하는 주체적 형식이기 때문에, 그것이 직접적으로 조명하는 파악들은 불순한(impure) 유형의 파악들이다. 의식은 다만 보다 근원적인 유형의 파악들이, 통합을 낳게 될 여러 요소로 남아 있는 한에 있어, 이러한 파악들을 조명할 뿐이다. 따라서 우리의 의식속에 명석 판명하게 부각되어 나타나는 우리 경험의 요소들은 경험의 기본적인 사실들이 아니다. 그것들은 과정에서 생겨난 파생적인 양상들(derivative modification)이다. 예컨대, 의식은 단지 인과적 효과성의 양태에 있어서의 파악을 희미하게 조명할 뿐이다. 왜냐하면 이런 파악은 우리의 경험에 있어 근원적인 요소이기 때문이다. 그러나 현시적 직접성의 양태에 있어서의 파악은 우리가 가장 생생하게 의식하면서 향유하는 파악들 가운데 하나이다. 이런 파악은 경험 주체의 합생에 있어서의 후기의 파생물이다. 이처럼 후기의 파생적 요소가 근원적인 요소보다도 더욱 명석하게 의식에 의해 조명된다고 하는 법칙을 무시한 결과, 경험하는 계기를 적절히 분석하려는 작업은 치명적인 손상을 입었다. 사실상 철학의 여러 난제들 가운데 대다수가 바로 여기에 기인하고 있다"(*PR* 309~310).("상징적 연관"을 보라.)

이론 theory

"명제"를 보라.

인격적으로 질서지워진 사회 personally ordered society

"존속하는 객체"(enduring object)를 보라.

인과적 효과성 causal efficacy

인과적 효과성은 지각의 두가지 순수양태 가운데 보다 근원적이고 근본적인 것이다(다른 하나의 양태는 "현시적 직접성"[presentational immediacy]으로 이 두가지가 결합하여 우리의 일상적인 앎의 양태인 "상징적 연관"[symbolic reference]이라는 복합적 지각양태를 형성하게 된다). 지각의 순수양태로서의 인과적 효과성은 의식이나 생명을 내포하고 있지 않으며, 생명 없는 물질적 대상들을 구성하고 있는 현실적 존재들을 포함하여 모든 현실적 존재들에게서 일어나고 있다.

인과적 효과성의 양태에 있어서의 지각은 과거의 여건으로부터 느낌을 계승하는 기본적인 양태이다. 그래서 그것이 전달하는 느낌들은 과거의 효과로서 느껴지는 것들로서 모호하고 전체적(massive)이며 불분명하다. 그것은 화이트헤드가 "생경한"(crude) 지각이라는 말로 지칭하고 있는 것이다. 그리고 그것은 합생의 최초 위상에 있어 순응적(conformal) 느낌으로서 일어난다. 순응적 느낌은 벡터(vector) 성격을 지니고 있다. 그것은 합생의 과정에 있는 임의의 주체속으로 다른 사물들이 들어와 구성요소가 되는 — 즉 객체화되는 — 통로이며, 그래서 또한 "인과적 느낌"(causal feeling)이라 불리기도 한다. "한 현실적 존재가 다른 존재에 작용하는 '힘'(power)이란 단지 전자가 후자의 구조속에서 객체화되는 방식에 지나지 않는다"(*PR* 142).("현시적 직접성" [presentational immediacy]과 "상징적 연관"을 보라.)

입자적 사회 corpuscular society

입자적 사회는 구조를 갖는 사회의 일종이다(배경이 되는 예비지식을 위해서는 "결합체," "사회"[society], 그리고 "구조를 갖는 사회"를 보라). 입자적 사회의 독특한 성격은 그것을 구성하는 하위사회들이 한결같이 존속하는 객체들(enduring objects)의 줄기라는 점이다. 존속하는 객체란 순수하게 시간적이면서 연속하는 사회를 말한다. 다시 말해, 그것은 어떠한 두 동시적인 현실적 계기도 포함하고 있지 않은 연속적인 계승의 단순한 줄기인 것이다. "입자적 결합체 전체의 한정특성의 중요성과 비교된, 여러 존속하는 객체들의 한정특성들의 상대적인 중요성에 따라 사회는 보다 더 입자적인 것이 될 수도 있고 보다 덜 입자적인 것이 될 수도 있다"(*PR* 102).

원인 : 작용인과 목적인 causation: efficient and final

"건전한 형이상학이 해결해야 할 하나의 과제는, 목적인과 작용인을 이들 상호간의 적절한 관계속에서 해명하는 일이다"(*PR* 184). 생물학에 대한 아리스토텔레스의 관심은, "중세기 기독교로 하여금 목적인의 개념을 무모하리만큼 지나치게 강조하는 방향으로 나아가게 하였고, 근대의 과학시대를 통해서는 그에 대한 반동으로 '작용인'의 개념을 똑같이 지나치게 강조하는 방향으로 이끌었던"(*PR* 184) 그런 여러 원리들을 빚어냈다. 화이트헤드는 이들 양극단 사이의 중간을 택하고자 한다.

화이트헤드의 철학에 있어 작용인과 목적인의 관계는 합생의 초기 순응적 위상과 후속하는 보충적 위상들간의 관계이다. 초기의 위상은 작용인의 위상이요, 인과적 효과성의 위상이며, 보충적 위상들은, 이들이 일단 중요한 것일 경우, 새로움과 합목적적 조정의 위상이다. 생명 없는 물질적 대상들을 구성하는 단순한 계기들인 경우, 보충적 위상들은 무기력하고 작용인이 지배력을 행사하지만, 보충적 위상이 중요하게 되는 보다 복잡미묘한 현실적 존재들인 경우, 전적으로 작용인을 통해서만 이루어지는 기술(description)은 관련된 현실적 존재들의 완전한 실재성을 사상(捨象)하게 되며, 그 결과 왜곡의 오류를 범하게 된다. 보충적 작용은 사소한 것에 머무는 단계로부터, 인간과 동물에 있어 지배적인 현실적 존재들의 경로에서처럼 지극히 중요한 것이 되는 단계에 이르기까지 차등화될 수 있다.

"유기체철학의 학설은, 합생의 구성요소들을 결정함에 있어 작용인이 아무리 광범하게 그 영향력을 행사한다 해도… 이러한 구성요소들의 결정 너머에는 언제나 우주의 자기창조적 통일의 최종적 반작용이 있다고 본다. 이 최종적 반작용은 작용인의 여러 결정에다 창조적 강조의 결정적인 날인(捺印)을 함으로써 자기창조적 활동을 완결짓는다. 각 계기는 그 주체적 강도의 정도에 비례하여 그 창조적 강조의 정도를 나타낸다. … 그러나 시간적 세계에 있어 비교적 경미한 경험적 강도를 지니는 계기들인 경우, 그 창조적 강조의 결단 하나하나는, 그것들이 수용하여 전달하는 결정된 구성요소들과 비교해 볼 때 무시될 수 있다"(*PR* 125).

자기 초월체 superject

"현실적 존재는 그 자신의 생성의 직접성을 관장하는 주체로서, 그리고 객체적 불멸성의 기능을 행사하고 있는 원자적 피조물인 자기 초월체로서 각각 고찰되지 않으면 안된다. … 그것은 자기 초월적 주체이며, 이 두 측면의 기술은 모두 어느 한순간도 간과할 수 없다"(*PR* 120, 91). 현실적 존재의 자기 초월체적 특성은 "초월적인 창조성을 규정하는, 특수한 만족의 실용적인 가치이다."(*PR* 189). 다시 말해 그것은 현실적 존재가 후속하는 세대의 현실적 존재들의 합생을 위해 주어진 여건으로서 기능하게 될 때 그 존재가 갖게 되는 죽은 여건(dead datum)으로서의 특성인 것이다("만족," "객체적 존재," "객체적 불멸성"을 보라).

작용인 efficient cause
"인과적 효과성"을 보라.

정신적인 극 mental pole
몇 가지 분석을 위해서 화이트헤드는 현실적 존재를 정신적인 극과 물리적인 극이라는 구별 가능한 두 부분으로 분할한다. 물리적인 극은 (그림1)에서 합생의 최초 위상, 즉 순응적 느낌의 초기 위상으로 분류되어 있는 것에 해당된다. 그리고 정신적인 극은 (그림1)에서 보충적 위상으로, 즉 개념적 느낌들과 비교적 느낌들이 속하는 독창적인 국면으로 분류된 것에 해당된다.

물리적인 극은 과거로부터 그것에 주어진 것을 단순히 수용할 뿐, 그 나름의 어떠한 기여도 하지 않는 현실적 존재의 측면이다. 정신적인 극은 주어진 것에 반응하는 현실적 존재의 측면이다. "정신적인 극은 그 합생의 결정자로서 주체를 이끌어들인다. 정신적인 극은 그 자신의 이상을 결정하는 주체이다. … 합생 중에 있는 경험의 양극적 성격은, 그 물리적인 극에 있어서는 외적인 현실적 세계로부터 파생되는 경험의 객체적 측면에 이바지하고, 정신적인 극에 있어서는 물리적 느낌들에 연관된 주체적인 개념적 가치평가로부터 파생되는 경험의 주체적 측면에 이바지한다"(PR 447, 491).

"물리적인 극"과 "정신적인 극"이라는 말은, 데카르트의 이원론을 거부하고 현실적 존재들이 궁극적으로 유일한 실재적 현실태라고 주장하는 철학속에 자리하기에는 그다지 적절한 것이 못될 수도 있겠다. 물론 화이트헤드도 정신과 물질이라는 낡은 개념을 다시 도입할 생각은 추호도 없었다. 그리고 물리적 세계에 있는 현실적 존재들은 단지 물리적인 극만을 가지며 정신적인 극은 보다 고등한 유기체에만 들어 있다고 하는 것도 결단코 사실이 아니다. "어떠한 현실적 존재도 양극 가운데 어느 하나를 결여하고 있을 수 없다. 비록 상이한 현실적 존재에서 그들의 상대적 중요성이 달라질 수는 있다고 해도. … 따라서 현실적 존재는 본질적으로 양극적인 것으로서, 물리적인 극과 정신적인 극을 가지고 있다. 그리고 물리적 세계조차도 정신적 작용들의 복합체인 반대쪽 측면과의 관련을 떠나서는 올바르게 이해될 수 없다"(PR 433). 반면에 이것은 "이러한 정신적인 작용이 복잡한 통합의 산물인 의식을 수반하고 있다"(PR 446~447)는 것을 의미하지는 않는다.

존속하는 객체 enduring object

"'존속하는 객체' 또는 '존속하는 피조물'이란, 그 사회적 질서가 '인격적 질서'(personal order)라는 특수한 형태를 취하고 있는 그런 사회이다"(*PR* 100). 인격적으로 질서지워진 사회는 연속적으로 질서지워진다. 다시 말해 그 것은 순수하게 시간적인 사회, 즉 동시적인 어떤 두 계기도 포함하고 있지 않은 연속적 계승의 단순한 줄기이다(보다 상세한 설명을 위해서는 "결합체," "사회," "입자적 사회," 그리고 "구조를 갖는 사회"를 보라).

존재 entity

화이트헤드에 의하면 어떠한 것도 그 자체만으로 자족(自足)적으로 고립해 서 존재하는 것은 없다. 존재하는 것은 항상 상호간에 연관되어 있고, 또 그 체계적 우주를 필요로 한다는 것이 화이트헤드의 인식의 밑바닥에 깔려 있다. 그의 주안점은 종래의 낡은 용어로 말미암아 소용없게 되고 만 직접 경험을 구출하자는데 있었고, 나아가서는 동적인 우주론속에서 보다 광범한 일반성 을 탐구하려는데 있었다고 할 수 있다.

entity란 말은 본래 라틴어 ēns, 희랍어의 einai와 연결되는 말로서, "있다" 나 "있는 것"을 의미한다. 역어로는 존재(물), 유(有), 실재, 실체 등을 생각할 수 있고, 또 단순히 "사물"이라고도 옮길 수 있는 말이다. 사실상 화이트헤드 는 어떤 특정한 용어와 구별할 필요가 없는 한 entity를 사물(thing)과 동의어 라고까지 말하고 있다.

술어(術語)로서 화이트헤드가 현실적 존재(actual entity)를 사용할 때 그것 은 "세계를 구성하는 궁극적인 실재물(real thing)"을 의미한다. 이때에 과정 자체가 현실적 존재의 구조이며, "현실적 존재가 어떻게 생성하느냐가 바로 그 현실적 존재가 무엇이냐를 구성한다"는 과정의 원리가 중요하다. 화이트 헤드에게 있어 존재하는 것은 과정과 끊을 수 없는 것이다. 이러한 관점에서 화이트헤드는 entity에 독특한 의미를 부여하고 있다.

존재론적 원리 ontological principle

존재론적 원리는 "생성의 과정이 임의의 특정 순간에 순응하고 있는 모든 조건은 그 근거를 그 합생의 현실적 세계속에 있는 어떤 현실적 존재의 성격 에 두고 있거나 합생의 과정에 있는 그 주체의 성격에 두고 있다(고 천명한다). … 존재론적 원리에 따르면 알지 못하는 곳(nowhere)으로부터 세계속으로 유입되는 것은 아무것도 없다"(*PR* 83, 440). 신은 모든 현실적 계기가 갖는 현실적 세계의 부분이다. 신은 그의 원초적 본성 가운데 영원적 객체의 영역을 포섭해 가지고 있다. "이러한 신적인 요소(divine element)를 인정함으로써, 현실적인 것을 떠나서는 아무것도 — 사실에 있어서든 효과에 있어서든 — 존재하지 않는다는 아리스토텔레스의 일반원리가 보존된다. … 따라서 현실 세계는 현실적 계기들로 구성되어 있는 것이며, 또한 존재론적 원리에 의하자면, '현존'(existence)의 어떤 의미에 있어서이건 존재하는 모든 사물은 현실적 계기들로부터 추상되어 파생된 것들이다"(*PR* 64, 113).

주체적 지향 subjective aim

현실적 존재의 주체적 지향은 그 주체가 장차 실현하려는 이상(理想)으로서, 바로 그 생성하고 있는 주체의 본성을 결정한다. 각 현실적 존재가 자기 원인자(causa sui)라는 학설은, 처음에 주체가 있고 이로부터 느낌들이 생겨난다는 것을 의미하는 것이 아니다. 오히려 그것은, 먼저 느낌들이 있고 이들이 통합을 거쳐 통일된 하나의 주체를 성립시키게 된다는 것을 의미한다. 과정은 주체를 전제로 하지 않는다. 오히려 주체가 과정으로부터 창출되어 나온다. "주체가 그 자신의 산출과정에 내재되어 있다는 이 학설은, 주체적 과정의 최초 위상에서 주체적 지향의 개념적 느낌이 있다는 것을 전제로 한다. 물리적인 느낌들과 그 밖의 다른 느낌들은, 초기 여건들을 처리하는 가운데 이 개념적 지향을 실현하기 위한 여러 중간 단계로서 생겨난다"(*PR* 407~408).

이러한 주체적 지향은, 신에 대한 혼성적인 물리적 느낌(hybrid physical feeling)의 결과로 각 현실적 존재의 최초 위상에서 생겨난다. 원초적인 것으로서의 신은 영원적 객체의 영역을 개념적으로 파악한다. 그리고 결과적인 것으로서의 신은 세계의 현실태들을 그 발생과 동시에 물리적으로 파악한다. 느낌의 통합을 통해 신은 그의 물리적 느낌과 그의 원초적 통찰을 결부시키는 가운데, 특정 단계에 도달해 있는 세계를 위해 관련성 있는 새로운 가능태들을 부각시킨다. 자기 초월체로서의 신은 각 현실적 존재에다, 그 현실적 존재가 장차 되어갈 수 있는 것에 대한 통찰을 그것의 주체적 지향으로서 제공한다. 이 주체적 지향은 각 현실적 존재에 있어 성장을 위한 이상을 형성한다. 이러한 이상은 실제로 실현될 경우, 질서지워진 최대의 복잡성을 세계 속에 낳게 될 그런 성격의 것이다. 이것은, 자신의 결과적 본성에 의해 물리적으로 파악될 때 자신에게 최대 강도의 만족을 선사해 줄 그런 종류의 세계를 산출하려는 의도를 수반하고 있는 신이 세계속에서 작용하는 방식이다. 따라서 주체적 지향은 세계속에서 신이 영향력을 행사하는 수단이 되고 있다. 화이트헤드가 자신은 신을, 통치자 시저(Caesar)의 상(像)이나 냉혹한 도덕주의자나 부동의 동자(unmoved mover)로 생각하지 않고 오히려 "정적속에서 서서히 사랑에 의해 작용하는, 세계 내의 부드러운 요소들을 강조"(*PR* 590)하는 겸양에 대한 갈릴리(Galilee) 사람들의 간결한 통찰과 같은 것으로 생각한다고 말할 때, 그는 주체적 지향의 원천으로서의 신에 대한 그의 학설을 암암리에 지적하고 있는 것이다. 신은 서서히 작용한다. 왜냐하면 현실적 존재로 하여금 제공된 유혹을 받아들이도록 강요하는 것은 아무것도 없기 때문이다. 주체적 지향은 합생의 계속되는 여러 위상을 거치는 가운데 단순화되거나 수정될 수도 있다("신"을 보라).

주체적 형식 subjective form

파악의 주체적 형식은 그 파악의 주체가 그 파악의 여건을 느끼는 "방식"(how)이다("파악"[prehension]을 보라). 주체적 형식은 그속에 들어 있는 (주체적 종의) 영원적 객체들에 의해 이루어지는 종적인 한정성(specific definiteness)을 지니기 때문에 주체적 형식이다. "주체적 형식에는 정서, 평가, 목적, 역작용, 혐오감, 의식과 같은 많은 종들(species)이 있다"(*PR* 82). 동일한 여건도 전혀 상이한 주체적 형식들로 채색되어 서로 다른 주체속에 수용될 수 있다. 예를 들어, 응석을 잘 받아주는 어머니와 이웃의 나이 많은 노처녀는 개구쟁이 어린애의 똑같은 거짓부렁을 전혀 다른 각도에서, 전혀 다른 정서적인 반응을 보이며 받아들일 수 있는 것이다. 가치 평가는 개념적 느낌의 주체적 형식으로서, 평가절상(valuation up / 역작용, adversion)일 수도 있고 평가절하(valuation down / 혐오, aversion)일 수도 있다. 전자의 경우에 그것은 현재의 합생에 있어, 그리고 이를 넘어서는 미래에 있어 그 여건들의 계속되는 중요성을 보장한다. 그러나 후자의 경우에는 여건들의 중요성이 어느 정도 줄어들게 된다.

임의의 한 주체를 구성하고 있는 파악들의 주체적 형식들은 독립적으로 발생하는 것이 아니다. 그것들은 서로 영향을 미친다. 그래서 그들의 전반적인 특성은 그 합생하는 주체의 자기형성을 지배하고 있는 하나의 주체적 지향에 의해 결정된다.

지배적인 사회 regnant society

"구조를 갖는 사회"를 보라.

지성적 느낌 intellectual feeling

지성적 느낌은 임의의 복잡미묘한 합생의 네번째 위상을 구성하는 복잡한 비교적 느낌이다(그림2를 보라). 그것은 이론과 사실의 대비, 있을 수 있는 것과 있는 것의 대비를 느낀다. 대비되는 요소들은 세번째 위상에서의 명제 — 이론 — 와, 그 명제의 논리적 주어를 포함하고 있는 첫번째 위상에서의 사실에 대한 느낌이다. 의식은 "긍정-부정의 대비"로 이따금 지칭되는 이와 같은 대비에 대한 느낌의 주체적 형식으로서 생겨난다. "추상적 가능성속에 있는 몇몇 영원적 객체들이 현실적 사실에 관련된 것으로서 실현된 경우, 지성적 작용을 수반하는 현실적 계기가 있게 된다"(*PR* 392).

지속 duration

지속이란, "그 임의의 두 성원이 동시적인 것이라는 특성에 의해 정의되는"(*PR* 250) 우주의 횡단면(cross section)이다. 임의의 현실적 존재 M이 있을 때, M을 포함하는 지속의 모든 구성원은 M과 동시적이다. "지속의 특징적인 속성은 '생성의 일치'(unison of becoming)라고 불린다"(*PR* 250).

고전적인 시간이론은 임의의 현실적 존재를 가로지르는 지속은 하나밖에 없다고 가정했었다. 화이트헤드가 현대의 상대성이론을 그의 체계속에 통합시키는 방식은 하나 이상의 지속이 임의의 현실적 존재를 관통하고 있다는 주장을 축으로 하고 있다. M을 통과하는 모든 지속의 모든 구성원은 M과 동시적인 것이 된다. 그러나 하나 이상의 지속이 M을 관통하고 있기 때문에, 그들 자체는 상이한 지속의 구성원이어서 동시적이지 않으나 M과는 모두 동시적인 두 계기가 있을 수 있다. 이것은 오늘날의 이론에서 시간과 공간의 뒤틀림(warping)이라는 표현으로 지칭되고 있는 것이 보여주는 효과의 한가지 사례이다.

그러나 화이트헤드는 "어떤 에포크에서의 세계의 직접적인 현재적 상태"(*PR* 249)라는 개념에 대한 일상적인 신념에 따라다니는 지극히 명백한 확신은 "어느 정도의 수용이 형이상학에서 피할 수 없는 것"(*PR* 249)이라는 사실을 받아들이도록 한다는 점을 인정한다. "이러한 관념이 전적으로 거부된다면, 확신이 갖는 보편적 명백성은 아무런 가치도 없게 될 것이다. 왜냐하면 이러한 명백성을 지닌 보다 강력한 사례는 달리 있을 수 없기 때문이다"(PR 249). 명백한 확신과 최근의 물리학 사이에 존재하는 갈등에 대한 화이트헤드의 해결책은 임의의 어떤 현실적 존재에 결부되어 있는 하나의 특정한 지속을 떼어내어 이 지속으로 하여금 일상적인 확신에 답하도록 하는 것이다. 이 특정한 지속은 "현재화된 지속"(presented duration)이라 불린다. 그것은 그것에 결부되어 있는 존재가 갖는 현시적 직접성의 양태에 있어서의 지각의 기능이다. 이러한 양태의 지각에 있어 감각여건(sensa)은 세계의 횡단면 내에 있는 잠재적인 하위분할(subdivision)을 예시한다. 이 횡단면은 그 존재의 직접적 현재이며, 그 존재의 현재화된 지속은 그것의 직접적 현재 내의 모든 것을 포함하는 하나의 지속이다.

진입 ingression

이 용어는 플라톤의 "관여"(participation)라는 개념과 내용적으로 유사하다. 그것은 영원적 객체가 현실적 존재속에 현존하게 되는 방식을 가리킨다("영원적 객체"를 보라).

창조성 creativity

"창조성"은 화이트헤드가 "궁극자의 범주"(Category of the Ultimate)라 부르고 있는 것에 포함되어 있는 세가지 개념 가운데 하나이다. 이 범주는 유기체철학(화이트헤드가 그 자신의 학설에 붙인 이름)의 다른 모든 측면이 전제로 삼고 있는 일반적인 원리를 표현한다. 여기에 들어 있는 다른 두 개념은 "다자"(many)와 "일자"(one)이다.

화이트헤드의 철학은 과정철학(process philosophy)이다. 그래서 창조성이라는 개념은 과정을 이해하는데 있어 대단히 중요하다. 체계 전체의 기본적인 전제는 진행(ongoingness)이다. 현실적 존재들의 세대는 끊임없이 계승하면서 이어진다. 창조성은 진행을 이해할 수 있게 해주는, 현실적 존재들에 관한 궁극적인 사실을 표현하고 있다.

창조성의 원리는 "다자"와 "일자"간의 관계성을 다음과 같이 천명한다. (1) 임의의 순간에 우주는 이접적으로 다양하게 존재하는 "다자"이다. (2) "다자가 복잡한 통일속으로 들어간다는 것은 사물의 본성에 속한다"(PR 78). (3) 이러한 단일화, 즉 합생에서 비롯되는 새로운 "일자"는 진실로 새로운 것이다. 다시 말해 그것은 그것이 통일시킨 것에 맞서 있으며, 그렇기에 또한 그것이 통일시킨 하나하나의 항목들과 구별되는 별개의 것이다. (4) 여기에 그 과정이 시작되었던 당시와 동일한 상황(즉 이접적인 다양성)이 있게 되며, 그래서 과정은 피조물에서 피조물로 창조적으로 전진하는 가운데 최후의 심판날까지 자신을 되풀이하게 되는 것이다. "궁극적 형이상학적 원리는 이접(disjunction)에서 연접(conjuction)으로 전진하는 가운데 이접적으로 주어진 존재들과는 다른 또 하나의 새로운 존재를 창출한다는 것이다"(*PR* 78).

창조성에 대한 화이트헤드의 이해는 존재론적인 원리를 침해하지 않는다. 창조성은 현실적 존재들과는 다른 어떤 종류의 존재도 아니요, 현실적 존재들보다 더 실재적인 어떤 것도 아니다. 그리고 창조성은 또한 그런 것들을 지칭하는 개념도 아니다. 그것은 오히려 모든 현실적 존재들이 관여하고 있는 가장 근본적인 관계성을 기술하고 있다. "'창조성'은 궁극적인 사태를 특징지우는 보편자들의 보편자이다"(*PR* 78).("과정"을 보라.)

최초의 느낌 primary feeling

"두가지 극단적인 경우에 있어서, 느낌의 초기 여건들은 그들 자신의 통일성을 갖고 있다. 한 경우에 있어서는 여건이, 그 느낌의 주체를 별개로 할 때, 단 하나의 현실적 존재로 환원된다. 다른 한 경우에 있어서는 그 여건이 단 하나의 영원적 객체로 환원된다"(*PR* 420). 화이트헤드는 최초의 느낌을 "단순한 느낌"(simple feeling)이라 부르기도 한다. 그는 "단순한 물리적 느낌"을 길게 논하고 있다 —— 이것은 첫번째 종류의 원초적 느낌에 속할 것이다. 이와 같은 단순한 물리적 느낌들은, 비록 모든 순응적 느낌(conformal feeling)이 단순한 느낌일 필요는 없지만, "순응적 느낌들"이다.

파악 prehension

파악은 "관계성의 구체적 사실"(Concrete Facts of Relatedness, *PR* 79)로 정의된다. 파악을 통해 임의의 한 현실적 존재는 다른 현실적 존재속에 객체화되며 영원적 객체는 현실적 존재속에 진입하게 된다. 그것은 "'벡터'(vector)이다. 왜냐하면 그것은 '저곳에'(there) 있는 것을 느끼고는 이를 '이곳에'(here) 있는 것으로 변형시키기 때문이다"(*PR* 189).

파악은 현실적 존재를 구성한다. "현실적 존재에 대한 그 가장 구체적인 요소들로의 최초의 분석은, 그 존재가 그것의 생성과정에서 생겨났던 여러 파악들의 합생임을 드러내 보여준다"(*PR* 81). 파악은 그 관계적 특성을 본질로 한다. "모든 파악은 세가지 요인으로 이루어져 있다. (a) 파악하는 "주체," 즉 그 파악을 자신의 구체적인 요소로 하고 있는 현실적 존재, (b) "파악되는 여건," (c) 그 주체가 그 여건을 파악하는 방식인 "주체적 형식"(subjective form, *PR* 82).

"물리적 파악"은 그 여건이 현실적 존재들을 포함하는 파악이다. "개념적 파악"은 그 여건이 영원적 객체들을 포함하는 파악이다. 물리적 파악과 개념적 파악은 공히 "순수한"(pure) 것으로 지칭된다. "불순한(impure) 파악"은 두 유형의 순수한 파악을 통합하는 합생의 후기 위상에 속한 파악이다. "혼성적(hybrid) 파악"은 "다른 어떤 주체에 속해 있는 개념적 파악 내지 '불순한' 파악에 대한 어떤 주체의 파악"(*PR* 220)이다. "긍정적 파악"(positive prehension), (또는 "느낌")은 그 여건을, 주체가 되는 계기의 종합속으로 포섭하는 반면 "부정적 파악"(negative prehension)은 그런 종합으로부터 그 여건을 배제한다.

"현실적 존재의 지각 구조는, 저마다 그 나름의 형상적 현존(formal existence)을 수반하고 있는 현실적 존재들이 어떻게 문제되는 현실적 존재의 지각적 구조속에 객체적으로 개입할 수 있는 것인가 하는 문제를 제기한다. 이는 우주의 연대성(solidarity)에 관한 문제이다. 보편과 특수, 주어와 술어, 다른 개별적 실체속에 내재할 수 없는 개별적 실체, 관계의 외재성 등에 관한 고전적 학설들은 하나같이 이 문제를 해결 불가능한 것으로 만들고 있다. 유기체철학이 제시하는 해결책은, 합생하는 통합에 포함되어 있다가 느낌의 일정한 복합적 통일에서 종결되는 파악에 관한 학설이다"(*PR* 139~140).

화이트헤드는 이 용어를 사용하는데 있어 라이프니츠(Leibniz)에게 간접적으로 빚지고 있음을 시인한다. 라이프니츠는 하나의 단자(單子, monad)가 다른 단자를 고려하거나 인식할 수 있는 보다 하등한 방식과 보다 고등한 방식을 각각 "지각"(perception)과 "통각"(apperception)이라 불렀다. 화이트헤드로서도 이와같은 용어들이 필요했지만 그는 이런 용어들을 그대로 사용하려 하지 않는다. 왜냐하면 라이프니츠가 사용한 용어들은 화이트헤드가 거부하는 표상적 지각(representative perception)의 관념과 밀접하게 결부되어 있기 때문이다. 그런데 "철저한 이해"를 의미하는 "파악"(apprehension)이라는 유사한 용어가 있다. 그래서 화이트헤드는 라이프니츠의 본을 따라 "파악"(prehension)이라는 용어를 만들어내게 되는데, 이 용어는 의식이나 표상적 지각과 같은 것을 전혀 시사함이 없이, 임의의 계기가 다른 현실적 존재들이나 영원적 객체들을 그 자신의 본질을 구성하는 요소로서 이끌어들이는 일반적이고도 보다 기본적인 방식을 가리키는 말이다(더이상의 논의를 위해서는 "객체화"와 "느낌"을 보라).

한정 특성 defining characteristic
"사회"를 보라.

합생 Concrescence [growing together(더불어 성장한다), crescive (成長한다는 것을 의미한다)]

합생이란 임의의 어떤 현실적 존재인 하나의 과정에 붙여진 명칭이다. 그것은 "개별적 존재자의 실재적인 내적구조"(PR 385)이다. 합생은 다자(many)가 일자(one)의 통일속에 결합해 들어가는 것이다("창조성"을 보라). 합생의 초기 위상은 문제되는 현실적 존재의 현실적 세계를 구성하는 다수의 이접적 존재들에 대한 별개의 여러 느낌들로 이루어진다. 그 이하의 위상에서 이러한 별개의 여러 느낌들은 그 현실적 존재의 만족이라 불리는 느낌의 통일속에 하나로 결합해 들어가게, 곧 합생하게 된다. "'합생'이란 다수의 사물들로 구성된 우주가, 그 '다자'(多者)의 각 항을 새로운 '일자'(一者)의 구조속에 결정적으로 종속시킴으로써 개체적 통일성을 획득하게 되는 그런 과정을 일컫는 말이다"(PR 387). 만족에 도달하면서 현실적 존재는 완결되어 소멸한다 — 즉 그것은 합생의 새로운 사례들을 위한 여건이 되기에 이르는 것이다("과정"을 보라).

현시적 직접성 presentational immediacy

현시적 직접성은 지각의 두가지 순수양태 가운데 보다 복잡미묘한 것이다 ("인과적 효과성"[causal efficacy]은 다른 하나의 순수양태인데, 이 양자가 결합하여 우리의 일상적인 앎의 양태인 "상징적 연관"[symbolic reference]이라는 지각의 복합양태를 형성한다).

현시적 직접성은 "세계의 '연장적' 관계에 대한 명석 판명한 의식을 포함하고 있는"(PR 147) 지각의 양태이다. "이 양태에서 동시적 세계는 연장적 관계의 연속체로서 의식적으로 파악된다"(PR 147). 과거를 계승하는 양태인 인과적 효과성은, 모호하고 불분명하면서도 정서적인 힘에서는 견실한(massive) 여건들을 현재속으로 전달하는 반면 현시적 직접성은, 선명하고 정확하며 공간적으로 정초되어 있으나 고립되어 분리되어 있고 시간적으로 독립해 있는 여건들을 전달해 준다. 그리고 이런 여건들은 연속의 능력을 갖고 있지 않다. 왜냐하면 그것들을 파악하는 주체와 동시적인 세계를 구성하는 연장적 관계들에 대한 앎에 지나지 않기 때문이다.

현시적 직접성은 인과적 효과성 가운데 이미 들어 있는 것이 지닌 어떤 측면들을 가공한 것이다. 이렇게 될 수 있는 까닭은, 비록 인과적 효과성의 양태에 있어서의 지각이 합생의 최초 위상에서 발생하는 것이긴 하지만 현시적 직접성의 양태에 있어서의 지각은 보다 후기 위상에서 발생하는 것으로서, 인과적 효과성을 전제로 하고 있다는데에 있다. 특히 인과적 효과성은 모호하고 불명확하며 거의 관련 없는 방식으로 감각여건들을 포함하고 있다. 현시적 직접성은 이들 모호한 정서적 느낌들을 포착하여, 그 지각적 계기와 동시적인 영역에 투사되는 선명한 성질들로 변형시킨다. 그 결과 "저기에 있는 회색"(gray there)과 같은 순간적인 앎이 성립하게 되는데, 이것은 현시적인 직접성의 양태에 있어서의 지각의 전형적인 사례이다. 이것은 색채의 순간적인 움직임이 눈의 가장자리에 포착될 때 우리가 갖게 되는 인식이다. 지속하는 회색의 돌에 대한 우리의 일상적인 인식이 있게 되는 것은 복합적 양태에 있어서의 지각이 성립하고 나서의 일이다("인과적 효과성," "상징적 연관," "동시적인 것[동시태]"을 보라).

현실적 계기 actual occasion

온갖 실질적인 논의에 있어 "현실적 계기"와 "현실적 존재"는 교체 가능한 개념이다. 화이트헤드는 단 한가지 차이점만을 지적하고 있다. 즉 "계기"라는 말은 시-공적 위치(spatio-temporal location)를 함의하고 있다는 것이다. 신(神)은 하나의 비시간적인 현실적 존재이다. 그래서 화이트헤드는 "신은 언제나 '현실적 계기'라는 용어가 적용되는 영역 밖에 있게 될 것"(PR 191)이라고 말한다. 그러나 비록 "'현실적 계기'라는 용어가 '현실적 존재'와 동의어로 사용된다"(PR 173)고는 하더라도 "현실적 계기"라는 말이 사용되고 있을 경우, 우리는 "연장성이라는 특성 — 시간적 연장, 즉 '지속'이라는 형태의 연장성이건, 공간적 연장이라는 형태의 연장성이건, 아니면 시공적 연장이라는 보다 완전한 의미에서의 연장성이건간에 — 이 문제의 논의와 다소간 직접적으로 관련된다"(PR 173)는 점에 유의해야 할 것이다.

현실적 세계 actual world

임의의 한 현실적 존재의 현실적 세계는 그 현실적 존재에 합생의 초기 수용적 위상에 주어진 여건으로서 객체화된 현실적 존재들의 집합이다. "현실적 세계"라는 표현은 "현재"라는 표현과 마찬가지로 상대적인 것이다. 다시 말해 그 표현은 관점이 변할 때마다 그 의미가 변하는 것이다. 그래서 어떠한 두 현실적 존재도 동일한 현실적 세계를 경험하지 못한다.

현실적 존재 actual entity

"'현실적 존재' — '현실적 계기'라고도 불린다 — 는 세계를 구성하고 있는 궁극적인 실재적 사물이다"(*PR* 73). 이들은 데모크리투스(Democritus)의 원자들처럼 미시적(microcosmic) 존재로서, 사회 또는 결합체라 불리는 이들의 집합체는 우리가 일상적으로 경험하는 거시적(macrocosmic) 존재, 예컨대 나무나 집, 사람 같은 것들을 형성한다. 그러나 데모크리투스의 원자들은 활성이 없고 소멸 불가능한 물질적 질료인데 반해 화이트헤드의 현실적 존재들은 활성과 무상성(無常性)을 지닌 "복잡하고도 상호 의존적인 경험의 방울들(drops of experience)"(*PR* 73)이다. 세계를 구성하고 있는 궁극적인 실재적 사물들은 경험의 방울들이라는 주장이, 의식이 무생물계에 충만해 있다는 주장을 함의하고 있는 것은 아니다. 왜냐하면 의식이란 지극히 복잡미묘한 현실적 존재들의 특성에 지나지 않기 때문이다. 그래서 현실적 존재들은, 이들이 우리가 인간의 뇌라고 부르는 사회와 같은 고도로 복잡한 사회의 구성원이 될 때 비로소 의식을 산출하게 되는 복잡미묘성의 가능태(potentiality)를 지니고 있는 것이다. 화이트헤드의 통찰은, 우리가 진화론을 진지하게 수용하고서 감각력을 갖춘 합목적적인 생명체가 원초적인 늪지로부터 점차적으로 발생하게 되었다고 주장할 수 있으려면 그 늪지로부터의 동물과 인간의 발생을 불가사의한 사태로 만들어 버리지 않는 그런 성격의 것으로 이해되어야 한다는 것이다. 그래서 화이트헤드는 다음과 같은 성격의 중성적 일원론(neutral monism)을 내세우고 있다. 즉 현실적 존재들은 물질적 질료도 아니요 라이프니츠의 영혼도 아니다. 그것들은 오히려 다른 현실적 존재들과 결합하여 물질의 시간적 줄기를 형성할 수도 있고, 뇌와 같은 복잡한 사회와 얽혀 있는 다른 복잡미묘한 현실적 존재들과 결합하여, 우리가 보통 지속성을 지닌 인격체의 의식적인 영혼이라 부르고 있는 계승의 경로(route of inheritance)를 형성할 수도 있는 과정의 단위들(units of process)이다(보다 상세한 설명을 위해서는 "구조를 갖는 사회"를 보라).

현실적 존재들은 과정의 단위들이다. 그리고 『과정과 실재』(*Process and Reality*)라는 제목은 화이트헤드에게 있어 과정의 이 미시적 단위들이 궁극적 실재라는 점을 보이기 위해 채택되고 있다. ―"보다 더 실재적인 어떤 것을 발견하기 위해 현실적 존재의 배후로 나아갈 수 없다"(*PR* 73). 다른 한편 현실적 존재들의 집합체를 궁극적인 실재로 오해하는 것은 "잘못 놓여진 구체성의 오류"를 범하는 것이다. 데카르트는 정신과 물질을 판이한 두 종류의 실재로 상정함으로써 이런 오류를 범했다.

현실적 존재는 "합생의 개별 사례에 귀속될 수 있는 통일성(unity)이다"(*PR* 388). 합생이란 사라져가는 과거의 잔여물들이 현재의 새로운 통일체의 생동하는 직접성속으로 결합해 들어오는 것을 말한다. 현실적 존재의 존속은 한 순간 ― 그 생성의 순간, 즉 사라져가는 과거의 요소들로부터 자기를 창조하는 그 적극적인 과정의 순간 ― 에 불과하며, 이어서 그것은 또한 소멸한다. 그것은 이제 객체적으로 불멸하는 것으로서, 후속하는 현실적 존재들의 발생을 위한 죽은 여건이 되기에 이른다. 현실적 존재의 합생은 과거의 소여 (givenness)가 그것에게로 밀려오는 수동적이고 수용적인 시점에서 시작된다. 다음으로 그것은 주어진 여건들을 조정하고 통합하고 때때로 수정하는 일련의 창조적인 보충의 여러 위상을 거쳐 자신의 생성을 완결짓는다. 단순한 현실적 존재들인 경우에는 소여의 단순한 반복이 있게 된다. 그것들은, "받아들여 그대로 간직했다가 아무런 가감없이 복원시키는 매개체"인 셈이다. 복잡미묘한 현실적 존재들은 복잡한 계승(complex inheritance)을, 그들의 사회적 환경의 결과로서 향유한다. 그리고 이와 같은 계승의 복잡성은 통합과 통일을 실현시키는 수단으로서의 여러 보충의 위상에서 독창성(originality)을 낳게 된다.

현재화된 장소 presented locus

임의의 한 현실적 존재의 현재화된 장소란 "감각여건에 의해 한정된 자신의 영역을 지니고 있는, 현시적 직접성의 양태에서 지각된," 그 현실적 존재와 "동시적 결합체"(*PR* 250~251)를 말한다. 이따금 화이트헤드는 현재화된 장소를 현실적 존재의 "직접적 현재"(immediate present), 또는 현실적 존재의 "현재화된 지속"(presented duration)이라는 말로 지칭하기도 한다("지속"을 보라. 거기서 이 개념은 현재화된 지속이라는 명칭 아래에서 논의되고 있다).

형상적인 것 formaliter

형상적인 것으로서 고찰되는 현실적 존재는 주체적인 것으로서, 즉 그 자신의 생성의 직접성을 향유하고 있는 것으로서 고찰되는 현실적 존재이다. "나는 칸트 이전의 용어법을 채택해서, 현실적 존재가 향유하는 경험은 형상적 존재라고 말하겠다. 이것을 통해 내가 뜻하는 바는 '형상적으로'(formally) 고찰되고 있는 존재는 그 구조의 여러 형상과 관련하여 기술되고 있다는 것이다. 그리고 여기서 그 존재는 그 형상에 힘입어 그 나름의 절대적인 자기실현을 달성한 개체적 존재가 되고 있다. … 문제의 현실태가 갖는 '형상적' (formal) 실재성은 그 합생과정에 속하며 그것의 '만족'에 속하지 않는다"(*PR* 132, 184~185).("객체적 존재"를 보라.)

형이상학 metaphysics

형이상학 또는 사변철학은 "우리의 경험의 모든 요소를 해석해낼 수 있는, 일반적인 관념들의 정합적이고 논리적이며 필연적인 체계를 축조하려는 시도이다. 여기서 내가 말하는 '해석'(interpretation)이라는 개념은, 우리가 향유하고 지각하고 의지하고 생각할 때 의식되는 모든 것이 일반적 도식의 특수한 사례라는 특성을 갖게 되리라는 것을 의미한다. … 철학적 구성의 참된 방법은 가능한 한 최선을 다해 관념들의 도식을 축조하고, 그 도식에 의거하여 과감하게 경험을 해석해 나아가는 것이다"(*PR* 49, 44~45).

화이트헤드는 완벽하게 일반적인 현실적 존재들의 특성을 논할 때 '형이상학적'이란 형용사를 사용한다. "현실적 존재의 형이상학적 특성 — "형이상학"이라는 말 본래의 일반적 의미에서 — 은 모든 현실적 존재에 적용되는 것들이어야 한다"(*PR* 194). 화이트헤드의 태도에는 독단주의의 기색이 전혀 없다. "그러한 형이상학적 개념들이 지금까지 그 엄격한 순수성에 있어서 한 번이라도 정식화되어 본 적이 있는지에 대해서는 의문의 여지가 있을 것이다. 논리학이나 수학의 가장 일반적인 원리들을 고찰하고 있는 경우에도 사정은 마찬가지이다. 우리는 충분히 넓은 사회, 그러면서도 그 한정 특성이 지금까지 있어 왔거나 앞으로 있게 될지도 모르는 모든 현실적 존재들에다 그대로 귀속될 수는 없는 그런 사회에 국한시켜 고찰하지 않으면 안된다. … 철학적 논의에서는 어떤 진술을 궁극적인 것으로 보려는 독단적 확실성을 암시하는 것만으로도 어리석음의 징표가 된다"(*PR* 194, 45).

혼성적 파악 hybrid prehension

"파악"을 보라.

화이트헤드와 인간의 시간경험

1997년 3월 29일 초판발행
1999년 8월 29일 1판 2쇄

지은이　오 영 환
펴낸이　남 호 섭
펴낸곳　통 나 무

종로구 연건동 273 국도빌딩 2층
전화 : (02) 744-7992
팩스 : (02) 762-8520
출판등록 1989. 11. 3. 제1-970호

──────────────────────────────

ⓒ Oh Young-Hwan, 1997　　　값 17,000원

ISBN 89-8264-068-1　93160